Kohlhammer

Die Autorin

Prof. Dr. Etta Wilken ist Sonderschullehrerin und Diplom-Sprachtherapeutin. Sie war bis zu ihrer Pensionierung an der Leibniz-Universität Hannover tätig im Lehrgebiet Allgemeine und integrative Behindertenpädagogik.

Etta Wilken hat bereits 1973 erstmalig zur Sprachförderung von Kindern mit Down-Syndrom publiziert. Sie besitzt langjährige Erfahrungen in der Ausbildung von Sonderpädagogen und Diplompädagogen sowie in der Elternarbeit und in der Therapie von Kindern mit Down-Syndrom. Die Gebärden-unterstützte Kommunikation (GuK) wurde von ihr entwickelt. Weitere Forschungsgebiete sind Unterstützte Kommunikation und Frühförderung.

Etta Wilken

Sprachförderung bei Kindern mit Down-Syndrom

Mit ausführlicher Darstellung des GuK-Systems

14., aktualisierte Auflage

Verlag W. Kohlhammer

Dieses Werk einschließlich aller seiner Teile ist urheberrechtlich geschützt. Jede Verwendung außerhalb der engen Grenzen des Urheberrechts ist ohne Zustimmung des Verlags unzulässig und strafbar. Das gilt insbesondere für Vervielfältigungen, Übersetzungen, Mikroverfilmungen und für die Einspeicherung und Verarbeitung in elektronischen Systemen.

Die Wiedergabe von Warenbezeichnungen, Handelsnamen und sonstigen Kennzeichen in diesem Buch berechtigt nicht zu der Annahme, dass diese von jedermann frei benutzt werden dürfen. Vielmehr kann es sich auch dann um eingetragene Warenzeichen oder sonstige geschützte Kennzeichen handeln, wenn sie nicht eigens als solche gekennzeichnet sind.

Es konnten nicht alle Rechtsinhaber von Abbildungen ermittelt werden. Sollte dem Verlag gegenüber der Nachweis der Rechtsinhaberschaft geführt werden, wird das branchenübliche Honorar nachträglich gezahlt.

Dieses Werk enthält Hinweise/Links zu externen Websites Dritter, auf deren Inhalt der Verlag keinen Einfluss hat und die der Haftung der jeweiligen Seitenanbieter oder -betreiber unterliegen. Zum Zeitpunkt der Verlinkung wurden die externen Websites auf mögliche Rechtsverstöße überprüft und dabei keine Rechtsverletzung festgestellt. Ohne konkrete Hinweise auf eine solche Rechtsverletzung ist eine permanente inhaltliche Kontrolle der verlinkten Seiten nicht zumutbar. Sollten jedoch Rechtsverletzungen bekannt werden, werden die betroffenen externen Links soweit möglich unverzüglich entfernt.

14., aktualisierte Auflage 2022

Alle Rechte vorbehalten
© W. Kohlhammer GmbH, Stuttgart
Gesamtherstellung: W. Kohlhammer GmbH, Stuttgart

Print:
ISBN 978-3-17-042789-1

E-Book-Formate:
pdf: ISBN 978-3-17-042790-7
epub: ISBN 978-3-17-042791-4

Inhaltsverzeichnis

Einführung			9
1	**Der Begriff des Down-Syndroms**		11
2	**Ursachen des Down-Syndroms**		13
	2.1	Freie Trisomie 21	14
	2.2	Mosaikstruktur	14
	2.3	Translokation	15
	2.4	Ätiologische Faktoren	15
		2.4.1 Alter der Mutter und des Vaters	16
		2.4.2 Familiensituation	18
	2.5	Genetische Beratung	19
		2.5.1 Wiederholungsrisiko	19
		2.5.2 Pränatale Diagnostik	20
		2.5.3 Probleme der Beratung	21
		2.5.4 Folgen der Pränataldiagnostik	22
	2.6	Diagnosemitteilung und Bewältigungsprozesse	23
3	**Beschreibung des Down-Syndroms**		25
	3.1	Syndromtypische Merkmale	25
		3.1.1 Erscheinungsbild	25
		3.1.2 Größe und Gewicht	27
		3.1.3 Syndromspezifische Veränderungen und gesundheitliche Probleme	28
		3.1.4 Funktionsbeeinträchtigungen von Ohren und Augen	29
		3.1.5 Spezielle Erkrankungen	31
		3.1.6 Vorsorgeuntersuchungen	32
		3.1.7 Lebenserwartung	33
	3.2	Pädagogisch-psychologische Besonderheiten	34
		3.2.1 Entwicklung	34
		3.2.2 Intelligenz	39
		3.2.3 Wahrnehmung	41
		3.2.4 Verhalten	42
		3.2.5 Fähigkeiten	44
		3.2.6 Lernen	46
	3.3	Therapie und Förderung	48

		3.3.1	Medizinische Behandlung	48
		3.3.2	Plastische Chirurgie	49
		3.3.3	Therapeutische Maßnahmen	49

4	**Spracherwerb und Sprachentwicklung**			**52**
	4.1	Kommunikation, Sprache und Sprechen		52
	4.2	Syndromspezifische Besonderheiten		54
	4.3	Sprachentwicklung		56
	4.4	Syndromspezifische Veränderungen der Sprachentwicklung		62

5	**Förderung von Kommunikation und Sprachentwicklung**			**66**
	5.1	Prodromale sprachliche Fähigkeiten und präverbale Kommunikation		67
	5.2	Unterstützte Kommunikation		71
	5.3	Gebärden-unterstützte Kommunikation – GuK		77
		5.3.1	Gesten, Gebärden und Gebärden-unterstützte Kommunikation	77
		5.3.2	Theoretische Grundlagen von GuK	81
		5.3.3	Methodisches Vorgehen	86
		5.3.4	Erfahrungen mit dem GuK-System	95
	5.4	Sprechenlernen durch Frühes Lesen		101
	5.5	Gestützte Kommunikation		110
	5.6	Sprachförderungsprogramme		112

6	**Zweisprachigkeit bei Kindern mit Down-Syndrom**		**117**
	6.1	Sozio-kulturelle Ursachen der Zweisprachigkeit	117
	6.2	Sprachentwicklung und Zweisprachigkeit	119
	6.3	Simultaner oder sequentieller Spracherwerb	120
	6.4	Auswirkungen der Zweisprachigkeit auf die Kognition	122
	6.5	Konsequenzen für die zweisprachige Erziehung	123
	6.6	Erfahrungen mit Zweisprachigkeit bei Kindern mit Down-Syndrom	124
	6.7	Empfehlungen für die zweisprachige Erziehung	127
	6.8	Sprachförderung und Sprachtherapie bei Zweisprachigkeit ..	129

7	**Sprachtherapie bei Kindern mit Down-Syndrom**			**132**
	7.1	Sprachförderung und Sprachtherapie als systemische Hilfe ..		132
	7.2	Begründung einer syndromspezifischen Therapie		135
	7.3	Orofaziale Beeinträchtigungen		136
		7.3.1	Offene Mundhaltung	137
		7.3.2	Atmung	138
		7.3.3	Nase	139
		7.3.4	Lippen	139
		7.3.5	Zähne und Kiefer	140
		7.3.6	Gaumen und Gaumensegel	141
		7.3.7	Zunge	142

		7.3.8	Orofaziale Regulationstherapie und die Gaumenplatte	143
8	**Sprachstörungen**..			**147**
	8.1	Artikulation		147
	8.2	Syntax und Pragmatik		149
	8.3	Stottern und Poltern		151
	8.4	Stimmstörungen		156
	8.5	Kritische »Zeitfenster«		158
9	**Alters- und entwicklungsorientierte Sprachförderung und Sprachtherapie**			**160**
	9.1	Sprachförderung und Sprachtherapie im Säuglings- und Kleinkindalter		161
		9.1.1	Sprachtherapie	162
		9.1.2	Sprachförderung	166
		9.1.3	Förderung motorischer Kompetenzen	169
		9.1.4	Förderung allgemeiner sprachrelevanter Kompetenzen	171
		9.1.5	Tabellarische Darstellungen	175
	9.2	Sprachförderung und Sprachtherapie im Kindergartenalter ..		178
		9.2.1	Sprachtherapie	179
		9.2.2	Sprachförderung	183
		9.2.3	Motorische Förderung	186
		9.2.4	Institutionelle Förderung	187
		9.2.5	Tabellarische Darstellungen	190
	9.3	Sprachförderung im Schulalter		191
		9.3.1	Kompetenzprofile	192
		9.3.2	Sprachtherapie	194
		9.3.3	Sprachförderung	198
		9.3.4	Inklusion und sonderpädagogische Förderung	204
		9.3.5	Tabellarische Darstellungen	208
10	**Übungen zur syndromspezifischen Sprachförderung**			**210**
	10.1	Atmungs- und Blaseübungen		210
	10.2	Zungen-, Kiefer- und Kauübungen		214
	10.3	Lippenübungen		216
	10.4	Förderung der Gaumensegelbeweglichkeit		218
	10.5	Förderung der auditiven Wahrnehmung		219
	10.6	Förderung der visuellen Wahrnehmung		222
	10.7	Förderung des Sprachverständnisses		224
	10.8	Förderung des Sprechens		228
	10.9	Förderung der Feinmotorik		236
	10.10	Motorikübungen		238
	10.11	Förderung der Selbstständigkeit und der sozialen Fähigkeiten		240

| 11 | Perspektiven | 243 |

Literaturverzeichnis **245**

Einführung

Die Sprachförderung von Kindern mit Down-Syndrom hat sich, wenn man auf die letzten Jahrzehnte zurückblickt, erheblich weiterentwickelt. Die Erfahrungen mit den Kindern und mit ihren Eltern erbrachten neue Erkenntnisse, die die Zielsetzungen und Methoden der Kommunikations- und Sprachförderung veränderten. Aber auch die Erfahrungen mit offengebliebenen Möglichkeiten und mit Grenzen, mit Hoffnungen, die eingelöst werden konnten, und Erwartungen, die sich nicht erfüllten, Freude über unvermutete Fortschritte oder Ratlosigkeit, warum im Einzelfall Weiterentwicklung nur sehr langsam erfolgte, bewirkten eine Neuorientierung und die Erweiterung um Angebote der alternativen und ergänzenden Kommunikation.

Während es mir anfangs wichtig war nachzuweisen, dass eine behinderungsspezifische Therapie beim Down-Syndrom nötig, möglich und sinnvoll ist (Wilken 1973), wurde in den nachfolgenden Jahren zunehmend deutlich, dass sprachliche Förderung nicht überwiegend als spezielle Therapie zu sehen ist, sondern möglichst in den Familienalltag integriert werden sollte (Wilken 1985). Sprachförderung hat das Ziel, die Kommunikationsfähigkeit und Partizipation des Kindes in und außerhalb der Familie zu erweitern. Deshalb sind in der Familie, in der Krippe, im Kindergarten und in der Schule entwicklungsgemäße Kommunikations- und Lernsituationen zu gestalten, die dem Kind ermöglichen, sprachliches Handeln als bedeutsam zu erleben. Dazu ist es wichtig, die nötigen individuellen therapeutischen Maßnahmen möglichst in Alltagssituationen zu integrieren.

Die Familienstruktur von Kindern mit Down-Syndrom hat sich in den letzten Jahrzehnten deutlich verändert: Das Alter der Eltern entspricht heute dem allgemeinen Durchschnitt und auch die Stellung innerhalb der Geschwisterreihe ist nicht mehr als »exponiert« zu bezeichnen. Damit hat sich auch die Einstellung und das Verhalten der Eltern gewandelt. Sie erleben nicht mehr so sehr ihr Kind als ein besonderes, sie wollen vielmehr die besonderen und nötigen Hilfen.

Das Engagement der Eltern und ihr Vertrauen in die Entwicklungsmöglichkeiten ihres behinderten Kindes sind gewachsen, und die Chancen für gemeinsames Spielen und Lernen im Kleinkind-, Kindergarten- und Schulalter haben sich erheblich ausgeweitet. Auf der Grundlage der UN-Behindertenrechtskonvention haben sich auch die Möglichkeiten für Integration bzw. Inklusion deutlich erweitert. Gerade die Förderung der sprachlichen Kompetenzen hat dabei für das angestrebte gemeinsame Spielen und Lernen der Kinder und Jugendlichen eine herausragende Bedeutung.

Das Down-Syndrom ist eine besondere genetische Bedingung, die typische physische und psychische Veränderungen verursacht. Aber trotz vieler syndrombedingter Gemeinsamkeiten ist die Individualität des behinderten Kindes zu betonen. Kinder mit Down-Syndrom sind vor allem Kinder mit den jeweiligen Bedürfnissen, Wünschen und Interessen ihres (Entwicklungs-)Alters und haben familientypische Vorlieben und Gewohnheiten.

Eine Sprachförderung für Kinder mit Down-Syndrom muss nicht nur auf individuelle und syndromspezifische Besonderheiten eingehen, sondern hat auch alters- und entwicklungsbezogene Aspekte im systemischen Kontext zu berücksichtigen. Deshalb werden sowohl die aktuellen familiären und gesellschaftlichen Bedingungen beachtet als auch Erkenntnisse über die allgemeine Entwicklung und das Lernverhalten von Kindern mit Down-Syndrom.

Kinder mit Down-Syndrom benötigen besondere Unterstützung beim Spracherwerb und bei der weiteren sprachlichen Entwicklung. Eine syndromspezifische entwicklungsbegleitende Sprachförderung vermag frühzeitige Hilfen zu geben, damit nicht nur Verständigung besser gelingt, sondern auch das kognitive Potenzial der Kinder sich günstiger entfalten kann. Vor allem die vielfältigen Erfahrungen mit der Gebärden-unterstützten Kommunikation (GuK) zeigen, wie durch diese Methode basale sprachliche Kompetenzen erworben werden und die Kommunikation weniger frustrierend verläuft. Auch die speziellen Schwierigkeiten beim Spracherwerb von Kindern mit Down-Syndrom können damit vermindert werden.

In der Sprachtherapie sind die unterschiedlich ausgeprägten orofazialen Schwierigkeiten differenziert zu erfassen und zu behandeln. Zudem müssen beim methodischen Vorgehen die syndromtypischen und individuellen Besonderheiten im Lernen und Verhalten berücksichtigt werden.

Durch eine solche Gestaltung der Sprachförderung als Teil einer ganzheitlichen Förderung können sich die Fähigkeiten der Kinder heute zunehmend günstiger entfalten.

Das Buch möchte mit der vorliegenden 14. Auflage pädagogisch relevante Erkenntnisse vermitteln und vielfältige Anregungen zur sprachlichen Förderung von Kindern mit Down-Syndrom für Eltern, Pädagogen und Therapeuten bieten.

Ich danke den vielen Familien von Kindern mit Down-Syndrom für gemeinsame Erfahrungen, für interessante Gespräche bei Seminaren und Tagungen sowie für das freundliche Überlassen von Bildern, von denen ich nur einige für das Buch auswählen konnte. Dem Deutschen Down-Syndrom InfoCenter in Lauf danke ich für langjährige Zusammenarbeit und ebenfalls für das Zusenden von Bildern.

Prof. Dr. phil. Etta Wilken
Leibniz Universität Hannover

1 Der Begriff des Down-Syndroms

Abb. 1: Ein freundliches Mädchen mit Down-Syndrom – kein Down-Kind

Langdon Down war als Arzt und Leiter einer großen Anstalt für Menschen mit geistiger Behinderung tätig, als er 1866 eine Schrift verfasste zur »ethnische(n) Klassifizierung von Schwachsinnigen«, mit dem Ziel, durch solche Zuordnung sichere Prognosen für die Entwicklung geben zu können. Die auffällige Lidfalte (Epikanthus) bei einigen Patienten veranlasste ihn anzunehmen, dass bei diesen Menschen ein »mongolischer Typus« der geistigen Behinderung vorliege (Langdon Down 1996, 261). Deshalb bezeichnete er diese Form der Intelligenzbeeinträchtigung als »Mongolismus«. Dieser Begriff wird heute abgelehnt, da die zugrunde liegende historisch zu verstehende Annahme über die Entstehung dieser Behinderung falsch und diskriminierend ist. Die typischen klinischen Merkmale sind bei allen Rassen gleich und immer deutlich als pathologisch zu erkennen.
In Anerkennung der Bemühungen von Langdon Down, Übungen und Fördermöglichkeiten für Menschen mit dieser Beeinträchtigung zu gestalten, hat sich heute die Bezeichnung Down-Syndrom durchgesetzt. Daneben werden Begriffe wie (Langdon) Down(›s)-Syndrom oder Down Anomalie, Morbus Down und – seit einiger Zeit– auch Trisomie 21 benutzt. Betroffene Menschen lehnen den Begriff Down-Syndrom jedoch wegen der negativen Konnotation von »down« (= nieder) zunehmend ab. Es ist deshalb zu überlegen, wie der Anspruch der betroffenen Personen auf begriffliche Mitbestimmung respektiert werden kann und ob nicht ein

neutralerer Begriff gefunden werden könnte. Da aber gerade erst der stigmatisierende Begriff »Mongolismus« auch international durch Down-Syndrom abgelöst wurde, erscheint zum gegenwärtigen Zeitpunkt eine erneute Änderung nicht sinnvoll (vgl. Wilken 2017, 17). Auch zeigt die Diskussion über eine mögliche Umbenennung des Schwerbehindertenausweises (»Schwer-in-Ordnung-Ausweis«) wie schwierig es ist, eine als nicht diskriminierend empfundene Bezeichnung zu finden ohne damit die Eindeutigkeit und die nötige Zuwendung von Ressourcen zu gefährden.

Manchmal werden auch Bezeichnungen wie »Down-Baby«, »Down-Kind«, »Downie«, »Down-Syndrom-Kind« oder »Trisomie-Kind« benutzt. Dagegen ist jedoch einzuwenden, dass durch solche Begriffe die Behinderung zur dominierenden Kennzeichnung der Person wird. Aber auch Kinder mit Down-Syndrom sind vor allem Kinder, mit den ganz normalen Bedürfnissen, die alle Säuglinge und Kinder haben, sind Jugendliche und Erwachsene, zeigen als Kinder ihrer Eltern familientypische Vorlieben und Gewohnheiten, sind ihren Geschwistern Bruder oder Schwester. Allerdings bedingen syndromspezifische Beeinträchtigungen typische Veränderungen. Aus diesen Gründen bezeichne ich die von dieser Behinderung betroffenen Personen als Säuglinge, Kinder und Erwachsene *mit* Down-Syndrom.

Menschen mit Down-Syndrom bilden trotz der syndrombedingten Gemeinsamkeiten eine sehr heterogene Gruppe. Nicht nur die gesundheitlichen Beeinträchtigungen sind in Art und Ausprägung recht verschieden, sondern auch das individuelle Potenzial weist eine große Streubreite auf.

Es ist deshalb wichtig, mögliche syndromspezifische gesundheitliche Probleme durch entwicklungsbegleitende Vorsorgeuntersuchungen rechtzeitig zu erkennen und zu behandeln, um so typische Folgebeeinträchtigungen zu verringern (vgl. Leitlinien 2016).

Für eine entwicklungsbegleitende Förderung der Kinder mit Down-Syndrom sind sowohl individuelle als auch syndromspezifische Aspekte zu beachten. Zudem müssen die familiären Bedürfnisse und Kompetenzen angemessen reflektiert werden.

Die Feststellung von Langdon Down, dass bei Menschen mit Down-Syndrom durch Übung viel mehr erreichbar ist als zunächst vielleicht angenommen wird, ist noch immer aktuell. Es ist deshalb wichtig, neue Möglichkeiten zu nutzen und die Grenzen des Erreichbaren zu erweitern und offener zu sehen. Das betrifft besonders auch die sprachlichen Kompetenzen.

2 Ursachen des Down-Syndroms

Die Ursachen des Down-Syndroms waren lange Zeit nicht bekannt. Zahlreiche Vermutungen und absurde Theorien wurden geäußert (z. B. Alkoholismus, Tuberkulose, Regression in der menschlichen Entwicklung), die zeitweise zu problematischen Einstellungen gegenüber Betroffenen und ihren Familien führten. Obwohl schon 1932 aufgrund der Vielzahl auftretender Veränderungen vermutet wurde, dass beim Down-Syndrom eine Chromosomenstörung vorliegen müsse (Waardenburg), gelang erst 1959 einer französischen Forschergruppe (Lejeune, Gautier, Turpin) der Nachweis, dass dem Auftreten des Down-Syndroms eine Trisomie der G-Gruppe zugrunde liegt.

Jede Körperzelle des Menschen besitzt in ihrem Kern 46 Chromosomen, die paarweise angelegt sind. Jeweils die Hälfte der Chromosomen stammt von der Mutter bzw. dem Vater. 22 dieser Paare bezeichnet man als Autosomen, ein Paar bilden die Geschlechtschromosomen. Die Chromosomen mit ungefähr gleicher Größe werden in Gruppen zusammengefasst und mit den Buchstaben A–G gekennzeichnet. Die Darstellung der nach Größe geordneten Chromosomen wird als Karyogramm bezeichnet.

Bei der Bildung der Keimzellen wird der normale Chromosomensatz von 46 auf 23 Chromosomen halbiert. Dies geschieht in zwei Reifeteilungen (Meiose). Dabei können verschiedene Fehlverteilungen der Chromosomen entstehen.

Beim Down-Syndrom ist das Chromosom 21 nicht zweimal, sondern dreimal vorhanden. Dieses zusätzliche dritte Chromosom bewirkt erhebliche Störungen des normalen biochemischen Gefüges und führt zu deutlichen Abweichungen in der Entwicklung – obwohl es zu den kleinsten Chromosomen gehört (nur 1,5 % der menschlichen Erbinformation liegen darauf). Die bei einer Trisomie 21 auftretenden prä- und postnatalen Veränderungen und Beeinträchtigungen sind trotzdem vielfältig und werden u. a. auf eine Überproduktion bestimmter Zellenzyme (Superoxydismutase – SO D1) zurückgeführt. Da diese besonderen Bedingungen für alle genetischen Formen des Down-Syndroms gelten, führen die verschiedenen chromosomalen Bedingungen auch meistens nicht zu deutlichen Unterschieden in der Entwicklung der betroffenen Kinder. Die große Heterogenität innerhalb der Gruppe von Menschen mit Down-Syndrom ist deshalb, bis auf einige sehr seltenen Ausnahmen, nicht die Folge einer besonderen genetischen Form des Down-Syndroms, sondern überwiegend mit einem individuell ungleichen Potenzial und unterschiedlich ausgeprägten gesundheitlichen Beeinträchtigungen zu erklären.

2.1 Freie Trisomie 21

Die Verteilungsfehler, die zum Entstehen einer Trisomie 21 führen, können im Verlaufe jeder der beiden Reifeteilungen bei der Mutter (90–95 %) oder beim Vater (5–10 %) erfolgen, entstehen aber überwiegend wohl bei der ersten Teilung. Aus noch unbekannten Gründen unterbleibt dabei das Auseinanderweichen der beiden Chromatiden des Chromosoms 21 (non-disjunction) und beide Chromatiden befinden sich dadurch zusammen in nur einer der beiden Tochterzellen. So entsteht eine Keimzelle, die ein Chromosom zu wenig, und eine andere, die ein Chromosom zu viel hat. Hat die Keimzelle nur 45 Chromosomen (46–1), ist sie nicht lebensfähig. Dagegen ist die Keimzelle mit dem überzähligen Chromosom entwicklungsfähig und bei einer Befruchtung entsteht eine Eizelle mit 47 Chromosomen. Diese so genannte freie Trisomie 21 ist zumeist die Ursache des Down-Syndroms; ihre Häufigkeit wird mit ca. 92 % aller Fälle angegeben (Murken 1990, 12).

2.2 Mosaikstruktur

In einigen Fällen, so stellte man bei zytologischen Untersuchungen fest, ist das Down-Syndrom auf eine Mosaikstruktur zurückzuführen; dann haben zwei oder mehr verschiedene Zellstämme eine unterschiedliche Chromosomenzahl (Wunderlich 1977, 23). So können z. B. die Zellen von Haut, Schleimhäuten oder Blut verschiedene Chromosomensätze haben. Die Mosaikbildung ist wahrscheinlich auf Fehlverteilungen bei den Zellteilungen *nach* der Befruchtung zurückzuführen (mitotische Nondisjunction – Schwinger 1992, 34). Entsprechend ist der Anteil der trisomen Zellen umso größer, je früher die Teilungsstörung aufgetreten ist (Wendeler 1988, 165). Es ist jedoch auch möglich, »dass bei einer ursprünglich vollständigen Trisomie 21 nach einer der ersten Zellteilungen in einer Zelle das überzählige Chromosom 21 nicht mehr vorhanden ist und nun Zellen mit Trisomie 21 und Zellen mit der normalen Disomie 21 nebeneinander liegen« (Murken 1990, 14). Es gibt keine genauen Prozentangaben, bei welchem Anteil von trisomen Zellen es zu syndromspezifischen Auswirkungen kommt, aber es ist davon auszugehen, »daß das klinische Bild eines Down-Syndroms umso stärker abgeschwächt ist, je größer der Anteil der normalen Zelllinie ist« (ebd.). Die intellektuellen Fähigkeiten von Kindern mit Mosaikform unterscheiden sich manchmal positiv von denen mit freier Trisomie und bei einem sehr geringen Anteil trisomer Zellen kann eine normale Entwicklung möglich sein (vgl. Fallbeispiele in Wilken 2017, 19 f.). Die Häufigkeit einer Mosaikstruktur beim Down-Syndrom wird mit 1 bis 3 % angegeben.

2.3 Translokation

In einigen Fällen geht das Auftreten des Down-Syndroms auf eine Translokationssituation zurück. Translokationen entstehen, »wenn Chromosomen zerbrechen und wenn die Bruchstücke dann falsch zusammenheilen« (Fuhrmann, Vogel 1968, 51). Zum Erscheinungsbild des Down-Syndroms führt eine solche Translokation, wenn das zusätzliche Chromosom 21 oder ein wesentliches Stück davon sich mit einem der übrigen Autosomen verbindet und »hieraus ein neues, ganzes und genetisch wirksames Formelement« (Wunderlich 1977, 29) entsteht. Bei einer balancierten Translokation handelt es sich dagegen nicht um ein *zusätzliches* drittes Chromosom, weil in diesem Fall das Chromosom 21 nur an ein anderes Chromosom gebunden ist. Der Chromosomensatz ist deshalb balanciert und der Träger ist phänotypisch gesund. Beim Down-Syndrom konnten bisher Translokation des 21. Chromosoms auf verschiedene andere Chromosomen festgestellt werden (z. B. auf das Chromosom 13, 14 oder 15, aber auch eine 21/22- und eine 21/21-Translokation). Balancierte Translokationen bei einem Elternteil können beim Kind zu einem erblich bedingten Auftreten des Down-Syndroms führen, oft jedoch sind die Translokationen beim betroffenen Kind neu entstanden (ca. 50 %). Im Vergleich mit der freien Trisomie 21 können sich Kinder mit Translokationen in ihren biochemischen Bedingungen unterscheiden (Pueschel u. a. 1987, 25). Deshalb kann es möglich sein, dass die Entwicklung im Einzelfall etwas günstiger verläuft als bei einer freien Trisomie.

Fortschreitende Techniken in der Zytogenetik und genauere Identifizierung der Chromosomen zeigten, dass in seltenen Fällen nur ein Teil des Chromosoms 21 dreifach vorhanden und in einem anderen der 46 Chromosomen integriert ist. Wirksam werden und zum Erscheinungsbild des Down-Syndroms führen kann diese partielle Trisomie, wenn es sich bei dem translozierten Teil um das Segment des Chromosoms 21 handelt, das für die Ausprägung der Behinderung entscheidend ist (Down-Syndrom Critical Region, zytogenetisch als 21q22.3 bezeichnet).

Für humangenetische Familienberatungen ist es sehr wichtig, die verschiedenen Formen der Translokationen voneinander zu unterscheiden (Leitlinien 2016, 16). Der prozentuale Anteil der Translokationsbefunde beim Down-Syndrom liegt bei 5 % (Murken 1990, 14).

2.4 Ätiologische Faktoren

Die verschiedenen Formen der Trisomien, die dem Auftreten des Down-Syndroms zugrunde liegen, lassen sich zwar feststellen, aber es ist bisher nicht möglich, die Faktoren anzugeben, die diese Teilungsstörungen verursachen.

Immer wieder werden allerdings Vermutungen geäußert, dass neben den bekannten altersbedingten Faktoren auch eine Vielzahl unterschiedlicher ätiologischer Risiken wie Strahlenschädigungen oder vielfältige Umweltbelastungen eine auslösende Wirkung haben könnten. Bisher gibt es aber keine bewiesenen Zusammenhänge. Auch die Berliner Studie nach dem Reaktorunfall in Tschernobyl konnte keinen eindeutigen Nachweis erbringen. Deshalb muss nach derzeitigen Erkenntnissen davon ausgegangen werden, dass viele dieser Faktoren zwar chromosomale Schädigungen und dadurch bedingte Behinderungen auslösen können, aber sie führen wohl nicht zu einer zahlenmäßigen Abweichung (Trisomie 21) von ansonsten unbeschädigten Chromosomen.

Das Down-Syndrom gibt es auf allen Erdteilen, bei allen Rassen und, wie einige alte Darstellungen und Funde belegen (Wendeler 1988, 14 f.), schon seit Jahrhunderten. Es ist deshalb eher wahrscheinlich, dass Chromosomenfehlverteilungen und Translokationen sich zufällig ereignende Störungen bei den Reifeteilungen sind.

Ob die Entschlüsselung des Chromosoms 21 zu neuen Erkenntnissen über die Ursachen des Down-Syndrom führt, nicht nur was einzelne krankheitsauslösende Gene betrifft, zeichnet sich bisher noch nicht ab.

2.4.1 Alter der Mutter und des Vaters

Ein Zusammenhang, der bereits früh festgestellt wurde, besteht zwischen dem mit zunehmendem Gebäralter der Mutter auch vermehrt auftretenden Down-Syndrom. Beträgt die Wahrscheinlichkeit für die Geburt eines Kindes mit Down-Syndrom bei einem Alter der Mutter von 20 bis 30 Jahren noch eine auf ca. 1500 Geburten und im Alter von 30 bis 35 Jahren eine auf ca. 800 Geburten, so steigt das Risiko im Alter von 35 bis 40 auf eine zu 280 und im Alter von über 40 Jahren auf eine zu 150 mit weiter zunehmender Tendenz.

Tab. 1: Mütterliches Alter

20–30 Jahre	1 auf 1500
30–35 Jahre	1 auf 800
35–40 Jahre	1 auf 280
über 40 Jahre	1 auf 150

Auf den Internet-Seiten der WHO wird die Empfehlung gegeben, Schwangerschaften bei älteren Frauen zu vermeiden, um die Anzahl der Kinder mit Down-Syndrom zu verringern. »Diese einfache Methode der primären Prävention könnte die Anzahl der davon betroffenen Kinder um bis zu 50 % reduzieren« (WHO 2000, Übers. E. W.). Ein solcher Rat ist generell problematisch und berücksichtigt zudem nicht die vielfältigen individuellen Gründe für eine abweichende Familienplanung.

Obwohl die Wahrscheinlichkeit für die Geburt eines Kindes mit Down-Syndrom bei einem erhöhten Gebäralter der Mütter ansteigt, ist mittlerweile eindeutig festzustellen, dass die Altersstruktur der Mütter (und Väter) betroffener Kinder heute dem Durchschnitt entspricht. Das hat verschiedene Ursachen. So bekommen weit mehr Frauen ihre Kinder in jüngeren Jahren, weshalb trotz der geringeren Relationen die rechnerische Wahrscheinlichkeit für die Geburt eines Kindes mit Down-Syndrom in dieser Gruppe am größten ist. Zudem wird die Erstelternschaft heutzutage zeitlich deutlich später als noch vor zwei oder drei Jahrzehnten geplant und liegt mittlerweile bei etwa 29 bis 30 Jahren. Diese typische Entwicklung trifft auch zu für Familien, die ein Kind mit Down-Syndrom haben. Somit entspricht das Alter der Eltern bei der Geburt ihres Kindes mit Down-Syndrom überwiegend der normalen Altersstruktur von Eltern heute und zeigt keine deutlichen Abweichungen mehr.

Eine eigene umfangreiche Untersuchung (Wilken 2001, 8 ff.) bestätigt diese Entwicklung.

Tab. 2: Altersverteilung der Eltern

	Alter der Mutter bei der Geburt des Kindes mit DS	Alter des Vaters bei der Geburt des Kindes mit DS
N	705	702
Mittelwert	31,55	34
Minimum	17	19
Maximum	47	54

Eine japanische Elternbefragung ergibt gleichfalls, dass 82 % der Frauen bei der Geburt ihres Kindes mit Down-Syndrom unter 35 Jahre alt war mit einem Durchschnittsalter von 31 Jahren (Tatsumi-Miyajima u. a. 1997).

In einer Schweizer Untersuchung wurde festgestellt, »dass die Anzahl der Kinder mit Down-Syndrom bei Müttern im Alter von 35 Jahren und mehr abnimmt, und dass die Zahl der Down-Syndrom-Kinder von Müttern unter 35 Jahren ... steigt« (Jeltsch-Schudel 1999, 55). Eine Datenauswertung von prä- und postnatal erfasster Fälle von Trisomie 21 in der Deutsch-Schweiz ergab, dass insgesamt »die Häufigkeit der mit Trisomie 21 geborenen Kinder seit 1985 konstant (ist), obwohl in der Periode 1992 bis 1996 rund ein Drittel aller Fälle infolge Schwangerschaftsabbruch nach pränataler Diagnose nicht zur Welt kamen ... Die Ursache ist eine Rechtsverschiebung der Altersverteilung der Mütter bei der Geburt. Dadurch stieg das mittlere Alter einer Mutter zwischen 1980 und 1986 von 26 Jahren auf 30 Jahre« (Binkert, Mutter, Schinzel 1999, 19). Insgesamt muss davon ausgegangen werden, dass die zunehmende Inanspruchnahme von pränataler Diagnostik durch ältere Schwangere (und Schwangerschaftsabbruch bei entsprechendem Befund) die Anzahl der Geburten von Kindern mit Down-Syndrom in dieser Altersgruppe verringert (Murken 1990, 13).

Ob auch zwischen dem väterlichen Alter und dem Auftreten einer freien Trisomie 21 ein Zusammenhang besteht, ist nicht hinreichend geklärt. Die bisher vorliegenden Untersuchungen ergaben widersprüchliche Ergebnisse. Während in einigen Erhebungen sich keine Anhaltspunkte für einen Alterseffekt bei Vätern von Kindern mit Down-Syndrom ergaben, wiesen andere Untersuchungen durchaus einen Zusammenhang nach. Wenn Auswirkungen des mütterlichen Alters ausgeschlossen wurden, zeigte sich jedoch – wenn überhaupt – bei Männern erst über 55 Jahren ein möglicher Effekt, während unterhalb dieses Alters keine Hinweise auf einen Zusammenhang erkennbar waren (Weber, Rett 1991, 16). Unabhängig vom Altersfaktor ist jedoch zweifelsfrei nachgewiesen, dass die Chromosomenfehlverteilung auch bei der väterlichen Keimzellbildung entstehen kann. Die geschätzte Häufigkeit wird mit etwa 20 bis 25 % angegeben (Wendeler, 1988, 166).

Die mit zunehmendem mütterlichen Alte erhöhte Wahrscheinlichkeit für die Geburt eines Kindes mit Down-Syndrom und das altersunabhängige zufällige Entstehen einer Trisomie ist bisher ursächlich nicht hinreichend zu erklären. Nicht beweisen ließ sich die oftmals geäußerte Hypothese, dass bei zunehmendem Alter der Mutter eine funktionelle Beeinträchtigung der Keimzelle erhöht wahrscheinlich wird. Gerade dann bleibt unverständlich, dass »der Karyotyp in allen Geweben gleich ist (und) nach Verteilungsstörungen der Chromosomen keine Form-, sondern Zahlenanomalien auftreten, d. h. Abweichungen von der Modalzahl« (Pfeiffer 1975, 678).

2.4.2 Familiensituation

Ein Unterschied ergibt sich zwischen Familien ohne und mit einem Kind mit Down-Syndrom hinsichtlich der Anzahl der Kinder. Während es in der Gesamtbevölkerung heute relativ viele Einzelkinder gibt, wachsen Kinder mit Down-Syndrom selten ohne Geschwister auf. So ergab eine schweizerische Untersuchung zur Familiensituation von Kindern mit Down-Syndrom im Vergleich mit durchschnittlichen Familien: »Es gibt weniger Einzelkinder mit DS, etwas weniger Zweikindfamilien, dafür deutlich häufiger Familien mit drei und mehr Kindern« (Jeltsch-Schudel 1999, 57). Auch eine japanische Untersuchung kommt zu einem entsprechenden Ergebnis. Danach war das Kind mit Down-Syndrom in 40 % der Familien das erste Kind, in 48 % das zweite; 40 % der Familien hatten nach der Geburt eines Kindes mit Down-Syndrom noch weitere Kinder. Die durchschnittliche Kinderzahl betrug 2,3 (Tatsumi-Miyajima u. a. 1997). Auch in einer Reutlinger Befragung lag der Anteil der Drei-Kind-Familien bei 21 % im Gegensatz zu den durchschnittlichen 9 % in anderen deutschen Familien (Klatte-Reiber 1997, 198).

In einer eigenen Untersuchung zur Familiensituation (Wilken 2001) zeigte sich, dass etwa 40 % der Kinder mit Down-Syndrom als erste Kinder geboren wurden und in 42 % der Familien waren die Kinder mit Down-Syndrom zweite Kinder. In vielen dieser Familien wurde danach noch ein drittes Kind geboren. In 18 % der Familien waren die Kinder mit Down-Syndrom das dritte bis siebte Kind.

Für die Familiensituation von Kindern mit Down-Syndrom ergeben diese neueren Daten, dass es nur wenige Unterschiede zu anderen durchschnittlichen Familien gibt. Sowohl die Altersstruktur der Eltern als auch die Stellung in der Geburtenfolge der Kinder zeigt überwiegend Gemeinsamkeiten. Durch diese normale Einbindung der Kinder mit Down-Syndrom in ihre Geschwisterreihe – selbst wenn sie die Jüngsten sind, besteht kein übergroßer Altersabstand zu den anderen Kindern – sind sie auch in die normalen Spielaktivitäten und Freundschaften ihrer

Abb. 2: Drei Brüder – miteinander leben, voneinander lernen

Geschwister einbezogen. Sie erhalten so vielfältige Anregungen und sind ganz natürlich in das soziale Umfeld ihrer Familie integriert. Die Erfahrungen der Eltern mit diesem gemeinsamen Aufwachsen ihrer Kinder führen dazu, dass sie für ihr behindertes Kind die erlebte Integration im Familienalltag und in normalen sozialen Bezüge auch im Kindergarten und in der Schule erhalten wollen. Sie wünschen sich deshalb für ihre Söhne und Töchter entsprechende Möglichkeiten des gemeinsamen Spielens und Lernens mit anderen Kindern und Teilhabe in der Freizeit und später auch im beruflichen Bereich.

2.5 Genetische Beratung

2.5.1 Wiederholungsrisiko

Die Chromosomenanalyse ist die Grundlage der zweifelsfreien Diagnostik des Down-Syndroms und Voraussetzung für eine genetische Beratung. Die Prognose für das Wiederholungsrisiko bei weiteren Schwangerschaften ist bei den verschiedenen zytogenetischen Formen des Down-Syndroms unterschiedlich.

Die mit ca. 92 % häufigste Ursache des Down-Syndroms, die freie Trisomie 21, ist nicht auf erbliche Faktoren zurückzuführen, trotzdem muss von einer erhöhten Wahrscheinlichkeit für das erneute Auftreten einer Chromosomenaberration ausgegangen werden. »Insgesamt kann das Wiederholungsrisiko unabhängig vom Alter bei einer Größenordnung von 1 % angegeben werden, wobei sich bei einer weiteren Schwangerschaft nicht die gleiche Chromosomenaberration wiederholen muß« (Murken 1990, 22). Entsprechend müssen Eltern von Kindern mit Down-Syndrom bei der genetischen Beratung darauf hingewiesen werden, dass das Wiederholungsrisiko sich nicht allein auf die Trisomie 21 bezieht, sondern allgemein auf chromosomale Fehlverteilungen, durch die sowohl schwerere Behinderungen

(Trisomie 13, 18) als auch weniger umfangreiche Beeinträchtigungen (Klinefelter-Syndrom) ausgelöst werden können.

Solche Informationen müssen mit ausführlicher und einfühlsamer Beratung erfolgen, damit sie die Eltern nicht unnötig verunsichern. Eine unzureichende Information über diese besondere Problematik ist jedoch nicht sinnvoll und deshalb abzulehnen.

Bei ca. 5 % aller Kinder mit Down-Syndrom liegt eine unbalancierte Translokation vor. Sie kann beim Kind *neu entstanden* sein, was für etwa 50 % zutrifft, oder sie wurde von einem Elternteil, der Träger einer balancierten Translokation ist, vererbt. Ist die Translokation beim Kind neu aufgetreten, kann für die Eltern von einem nicht erhöhten Risiko bei weiteren Kindern ausgegangen werden. Soweit ein Elternteil jedoch Träger einer balancierten Translokation ist, besteht ein deutlich erhöhtes Wiederholungsrisiko. Es beträgt z. B. bei der häufigen Form, der 14/21 Translokation, theoretisch 25 % (Murken 1990, 16 f.), aber die empirische Wahrscheinlichkeit liegt deutlich niedriger. Bei mütterlicher Trägerin wird das tatsächliche Risiko mit 13 % und bei väterlichem Träger mit 4 % angegeben (Schwinger 1992, 33).

Mosaikstrukturen als Ursache des Down-Syndroms sind mit ca. 3 % sehr selten. Wenn die Fehlverteilung erst bei den späteren Zellteilungen nach der Befruchtung aufgetreten ist, kann von einem nicht erhöhten Wiederholungsrisiko ausgegangen werden, während bei einer ursprünglichen Trisomie 21, wo erst im Verlauf der ersten Zellteilungen die Mosaikform entstand, ein vergleichbares Risiko wie bei der freien Trisomie 21 angenommen werden muss.

Die mit den verschiedenen Formen des Down-Syndroms gegebenen unterschiedlichen genetischen Bedingungen machen die Notwendigkeit einer differenzierten, individuellen Beratung deutlich (Leitlinien 2016, 17).

2.5.2 Pränatale Diagnostik

Die Vorsorgeuntersuchungen der schwangeren Frau haben das Ziel, gesundheitliche Probleme oder Risiken der werdenden Mutter oder des sich entwickelnden Kindes möglichst frühzeitig zu erkennen und ggf. zu behandeln. Dazu gehören auch routinemäßig drei Ultraschalluntersuchungen. Neben diesen Standardverfahren werden spezielle Maßnahmen angeboten, um mögliche Beeinträchtigungen beim ungeborenen Kind zu erfassen (Spezialultraschall, Serumscreening, Bluttest). Das führt zu einem immer üblicher werdenden Einsatz solcher Untersuchungen, selbst wenn es keine begründete Annahme für ein bestimmtes Risiko gibt. Der seit einiger Zeit angebotene Praena-Test wird diese Entwicklung wahrscheinlich verstärken und damit langfristig die riskanteren invasiven Verfahren (Amniozentese) ersetzen. Es wird allerdings durchaus kritisch gesehen, wenn dieser Test »sicherheitshalber« durchgeführt wird.

Es ist vielmehr wichtig, dass alle speziellen Untersuchungen nicht als Routine, sondern als ein offenes Angebot an Schwangere gesehen werden, die eine Abklärung aufgrund ihrer individuellen Situation wünschen. Die am häufigsten genannten

Gründe für das Inanspruchnehmen von pränatalen Untersuchungen mit Bezug zum Down-Syndrom sind

- ein erhöhtes Alter der Mutter,
- die Eltern haben bereits ein Kind mit Down-Syndrom,
- bei einem Elternteil liegt ein Translokationsbefund vor,
- in der Familie eines Elternteils ist ein Betroffener,
- es bestehen diffuse Ängste vor der möglichen Geburt eines behinderten Kindes.

Fast immer bedeutet die pränatale Diagnose einer Trisomie des Kindes für die Eltern, eine schwierige und belastende Entscheidung zu treffen für das Leben mit einem behinderten Kind oder für den Schwangerschaftsabbruch (auf der Grundlage des § 218a).

Auch empfinden Eltern von Kindern mit Down-Syndrom den häufig undifferenzierten Umgang mit Angeboten zur Pränataldiagnostik oftmals als diskriminierend und sie befürchten problematische Auswirkungen auf die Bewertung von Geburt und Leben ihrer behinderten Kinder.

2.5.3 Probleme der Beratung

Der vermehrte Einsatz von pränatalen Untersuchungsverfahren vermittelt oft den Eindruck, dass durch solche Kontrollen während der Schwangerschaft die Geburt eines gesunden Kindes garantiert würde. Das ist jedoch nicht möglich. Auch können die meisten Beeinträchtigungen nicht vorgeburtlich erkannt werden und zudem entstehen viele Beeinträchtigungen erst peri- oder postnatal.

Es ist deshalb ein weit verbreitetes Missverständnis, wenn davon ausgegangen wird, dass Kinder mit Down-Syndrom heute vermeidbar seien. Diese falsche Annahme kann zu einer problematischen Schuldzuweisung hinsichtlich der Selbstverantwortung der Eltern für ihr behindertes Kind führen und ist deshalb nachdrücklich zurückzuweisen.

Meistens ist die pränatale Entwicklung von Kindern mit Down-Syndrom unauffällig. Nur manchmal ergeben sich aufgrund von abweichenden Organbefunden Hinweise, dass sich möglicherweise ein Kind mit Down-Syndrom entwickelt. Ohne eine weitere Abklärung mit anderen Diagnostikverfahren kann jedoch keine sichere Aussage getroffen werden.

Abweichende Befunde, ein erhöhtes mütterliches Alter (über 35 Jahre) oder die bereits erfolgte Geburt eines Kindes mit Down-Syndrom veranlassen Eltern, zur Abklärung eines möglichen Wiederholungsrisikos spezielle Verfahren der pränatalen Diagnostik in Anspruch zu nehmen. Wichtig ist dann eine ausführliche genetische Beratung, die den Eltern genügend Zeit gibt, die erhaltenen Informationen zu verarbeiten und die Risiken und den möglichen Konflikt nach Ermittlung der diagnostischen Ergebnisse zu bedenken (Leitlinien 2016, 17). Die individuelle und einfühlsame Unterstützung für eine eigenständige Entscheidungsfindung sollte unbedingt gewährleistet sein, damit nicht durch Inhalt und Form der Beratung die elterliche Entscheidungsfreiheit direkt oder indirekt beeinflusst wird. Auch die im sozialen Umfeld oft empfundene deutliche Erwartungshaltung bezüglich der Inanspruchnahme von pränataler Diagnostik kann für die Eltern eine Einschränkung ihrer Entscheidungsfreiheit bedeuten. Deshalb ist wichtig, weder durch moralisierende Einflussnahme pränatale Diagnostik zu verurteilen noch ihre Inanspruchnahme mit Nachdruck zu erwarten. »Wir müssen alle als Gesellschaft dafür sorgen, dass einerseits eine elterliche Entscheidung für die Geburt eines Kindes mit Down-Syndrom nicht als unzumutbare Belastung empfunden wird, und dass andererseits eine elterliche Entscheidung gegen die Geburt eines Kindes mit Down-Syndrom nicht als unzumutbarer Egoismus bewertet wird. Beide Sichtweisen wären einseitig« (Stengel-Rutkowski 1990, 44). Daraus ergibt sich hinsichtlich einer ethisch verantwortlichen elterlichen Entscheidungsfindung die Notwendigkeit für eine Beratung, die weder professionell noch moralisch dominiert sein darf. Anzustreben ist, dass »auf der Basis einer persönlich positiven Einstellung zu Menschen mit Behinderungen, eine angemessene und sachgerechte Antwort auf elterliche Fragen und Befürchtungen möglich wird, so dass Eltern kompetent für eine eigenverantwortliche Entscheidung werden« (Wilken, U. 1992, 189).

2.5.4 Folgen der Pränataldiagnostik

Verbesserte diagnostische Möglichkeiten und eine erhöhte Akzeptanz für den Einsatz entsprechender Verfahren haben dazu geführt, dass zunehmend mehr Eltern aufgrund von vorgeburtlicher Diagnostik erfahren, ein Kind mit Down-Syndrom zu bekommen.

Oftmals ergab ein Triple-Test einen auffälligen Wert, der dann aber noch durch eine ergänzende Amniozentese abgeklärt werden musste. Auch aufgrund eines Herzfehlers, der besonders häufig bei Kindern mit Down- Syndrom vorkommt und im Ultraschall feststellbar war, konnte in einzelnen Fällen eine Trisomie vermutet werden. In ähnlicher Weise wurde manchmal auch nach Feststellung einer typische Magen-Darm-Anomalie und daraufhin durchgeführter Amniozentese das Down-Syndrom erkannt. Auch ist es möglich, bei einer speziellen Ultraschalluntersuchung in der 11.–14. Schwangerschaftswoche ein Nackenödem festzustellen, dessen tatsächliche Bedeutung allerdings durch ein invasives Diagnoseverfahren noch bestätigt werden muss. Der mittlerweile vorwiegend angebotene Praena-Test, der kein Risiko mehr für das ungeborene Kind darstellt, wird voraussichtlich die Inanspruchnahme vorgeburtlicher Diagnostik deutlich verstärken.

Ausgesprochen problematisch wird besonders von den Müttern erlebt, dass Beratung und Begleitung bei einer Entscheidungsfindung nach der Diagnose eines sich entwickelnden Kindes mit Down-Syndrom nicht oder völlig unzureichend angeboten wird.

Langfristig werden sich die erweiterten Diagnosemöglichkeiten auf die Zahl der Geburten von Kindern mit Down-Syndrom auswirken. So zeigen die Daten einer großen Untersuchung in der Deutsch-Schweiz (Binkert, Mutter, Schinzel 1999, 19), dass von insgesamt 1118 Fällen von Down-Syndrom 396 pränatal und 722 postnatal erkannt wurden. Dabei stieg der Anteil der pränatalen Erfassung mit ansteigendem Alter der Mutter. Zudem wurden in den letzten Jahren durch Ultraschall- und

Serum-Screening-Methoden bereits bei den 25- bis 29-Jährigen ein Viertel und bei den 30- bis 34-Jährigen ein Drittel der Fälle pränatal nachgewiesen. Nach einem solchen pränatalem Befund wurden die Schwangerschaften in 5,5 % der Fälle ausgetragen (ebd.).

Es ist anzunehmen, dass durch die angebotenen verschiedenen Diagnoseverfahren es insgesamt zu einer Verringerung der Anzahl von Menschen mit Down-Syndrom kommen wird. Allerdings ist zu berücksichtigen, dass lebensbedrohliche Erkrankungen, wie die verschiedenen Herzfehler, heute besser behandelt werden können, und auch die Lebenserwartung ist durch bessere medizinische Versorgung deutlich gestiegen. Daten, die im Rahmen einer größeren Befragung erhoben wurden (Wilken 2000), zeigen, dass der Anteil der Schüler mit Down-Syndrom in Förderschulen bzw. mit dem entsprechenden Förderschwerpunkt von über 20 % noch vor 30 Jahren auf etwa 11 % gesunken ist, mit weiter fallender Tendenz (vgl. Wilken 2017, 22).

2.6 Diagnosemitteilung und Bewältigungsprozesse

Während bei den meisten Kindern mit einer Behinderung sich erst im Laufe der Entwicklung herausstellt, dass eine Funktionsbeeinträchtigung oder eine Abweichung in einem oder mehreren Entwicklungsbereichen vorliegt, erfolgt die Feststellung Down-Syndrom meist unmittelbar nach der Geburt oder wenige Stunden bzw. Tage danach.

Der Schock, die Verzweiflung und die Fassungslosigkeit von Eltern, denen mitgeteilt wurde, dass ihr neugeborenes Kind das Down-Syndrom hat, kennzeichnet fast alle Elternberichte.

Dem mit Freude erwarteten Kind werden plötzlich alle Vorzüge genommen. Es sieht anders aus, syndromspezifische Merkmale werden oft wenig einfühlsam wie Negativlisten aufgezählt, häufig liegen noch spezielle gesundheitliche Probleme vor. Die Erstinformation wird von vielen Eltern noch immer als problematisch und wenig verständnisvoll erlebt, obwohl zunehmend auch positive Erfahrungen berichtet werden.

Bedenkt man die nachhaltige Wirkung gerade dieser ersten Gespräche über das Down-Syndrom des Kindes, wird die Notwendigkeit angemessener und hilfreicher Informationen deutlich. Als wichtig wird erachtet, dass

- die Eltern die Mitteilung über die Behinderung möglichst gemeinsam erfahren,
- nach Möglichkeit das Kind anwesend sein sollte,
- bei der Beschreibung auf stigmatisierende Begriffe verzichtet werden sollte,
- weder überzogen positive noch unnötige negative Perspektiven aufgezeigt werden,
- nicht alle Aspekte auf einmal angesprochen werden müssen.

So widersprüchlich, ablehnend und verzweifelt die Gefühle der Eltern anfangs auch sein mögen, es ist wichtig, ihnen deutlich zu machen, dass sie diese Reaktionen mit vielen anderen Eltern teilen, die sich mit der gleichen Situation auseinandersetzen mussten. Und es ist wichtig zu vermitteln, dass die meisten Eltern die anfänglichen Schwierigkeiten bewältigen lernen und zunehmend in der Lage sind, auch positive Aspekte wahrzunehmen. Immer wieder wird betont, wie durch die Kinder gelernt werden konnte, »die Welt mit anderen Augen zu sehen«, und wie dadurch Liebe, Freundlichkeit und individuelle Leistung neu erfahren und bewertet wurde.

So zeigen viele Elternberichte, wie es ihnen allmählich gelang, das Leben mit dem Kind zunehmend positiv zu gestalten: »Jeder kleine Entwicklungsschritt war mühsam, aber deshalb haben wir auch gelernt, uns zu freuen über noch so kleine Veränderungen.« »Unsere Tochter ist ein Schelm. Mit ihrer Fröhlichkeit kann sie alle anstecken.« »Das Leben mit unserem Sohn ist anders als wir es uns einmal erhofft haben. Aber es ist unser Leben und es ist auch schön« (Fürnschuß-Hofer, 2007).

Besondere Erfahrungen, wichtige Freundschaften und andere Perspektiven erschließen Erkenntnisse und vermögen den Lebenssinn neu zu beantworten, so dass trotz aller Erschwernisse das Leben mit dem behinderten Kind nicht nur als Aufgabe, sondern auch als Bereicherung erlebt wird. Eine pauschalierende Feststellung von dauerhaftem Leid durch die Geburt eines behinderten Kindes ist somit nicht gerechtfertigt. Nach anfänglichen, oft schwierigen Verarbeitungsprozessen gelingt den meisten Familien die Anpassung an ihre besondere Lebenssituation. Auch Geschwisterkinder haben in der Regel wenig Probleme im Umgang mit ihrem behinderten Bruder oder ihrer Schwester, wenn von ihnen nicht unnötig viel Rücksichtnahme und Verantwortung verlangt werden (Wilken 2017, 34 ff.).

Allerdings sind erfolgreiche Bewältigungsprozesse abhängig von entsprechenden Bedingungen. Sie beziehen sich auf individuelle und familiäre Faktoren, aber auch auf soziale, gesellschaftliche und materielle Ressourcen. Deshalb sollten Familien nicht in eine Sonderrolle geraten, sondern eingebunden bleiben in normale verwandtschaftliche, nachbarschaftliche und freundschaftliche Bezüge, die ihnen Solidarität und Verständnis im Lebensalltag bieten. Als eine besondere Hilfe bei der Neuorientierung haben sich Elternselbsthilfegruppen und spezielle Elternseminare bewährt. Durch Gespräche über eigene Erfahrungen, Informationen zu aktuellen Fragen, Diskussionen über das Angebot unterschiedlicher Therapien und Hilfen erleben die Eltern, dass sie mit ihren Problemen nicht alleine sind, und es wird möglich, ihr Selbsthilfepotenzial zu stärken (ebd., 33).

3 Beschreibung des Down-Syndroms

Abb. 3: Vorlieben und Freude am Spielen wie alle Kinder

3.1 Syndromtypische Merkmale

3.1.1 Erscheinungsbild

Das überzählige Chromosom 21, das zum Down-Syndrom führt, wirkt sich von Beginn an auf die embryonale Entwicklung aus und verursacht auffällige und gravierende Veränderungen und ein typisches Aussehen. Dabei ist es vor allem der untere Abschnitt auf dem langen Arm des 21. Chromosoms, der für die typischen Besonderheiten im äußeren Erscheinungsbild verantwortlich ist. Bereits 1887 schrieb Langdon Down, »daß es schwierig zu glauben ist, daß sie nicht Geschwister sind, wenn die Mitglieder dieses Typs nebeneinandergestellt werden. Tatsächlich ist ihre Ähnlichkeit untereinander unendlich größer als mit Mitgliedern ihrer eigenen Familie« (1996, 144). Auch in neuerer Literatur wird noch oft die große Ähnlichkeit von Kindern, Jugendlichen und Erwachsenen mit Down-Syndrom überbetont und behauptet, sie sehen »anderen Menschen mit der gleichen genetischen Veränderung ähnlich wie Geschwistern und unterscheiden sich von ihren leiblichen Geschwistern und Familienangehörigen ... zum Teil erheblich« (Stengel-Rutkowski 1990, 31). Problematisch an solchen Beschreibungen ist, dass dadurch die typischen äußeren Merkmale als dominant und bestimmend gesehen werden.

Die deutlichen Gemeinsamkeiten dürfen jedoch nicht dazu führen, die homogenisierende Wirkung des Down-Syndroms zu generalisieren und die z. T. erheblichen individuellen Unterschiede zu übersehen. Es ist bewusst zu machen, dass auch ein Kind mit Down-Syndrom zuerst und erkennbar das Kind einer ganz bestimmten Familie ist, das deutliche Ähnlichkeiten mit den Eltern und Geschwistern hat und familientypische Vorlieben und Verhaltensweisen zeigt. Allerdings können syndrombedingte Veränderungen des Aussehens und des Verhaltens sowie verschiedene typische gesundheitliche Beeinträchtigungen zu speziellen Problemen führen.

Abb. 4: Die Ähnlichkeit der Geschwister ist oft deutlich zu sehen

Obwohl Menschen mit Down-Syndrom oft eine Vielzahl morphologischer und funktioneller Abweichungen aufweisen, haben die meisten Einzelmerkmale nur eine geringe Spezifität. So werden zwar zahlreiche Symptome als syndromtypisch aufgeführt, aber deren Ausprägung und Variabilität ist erheblich und kein Kind weist alle möglichen Veränderungen auf. Zudem können einzelne dieser typischen Kennzeichen auch bei nicht behinderten Kindern auftreten. Deshalb sind es weniger einzelne Merkmale als das typische Gesamtbild, das die Diagnose meistens schon beim Ersteindruck zulässt.

Die Kenntnis der individuellen Bedingungen und ihrer spezifischen Auswirkungen ist für die rehabilitative Förderung wesentlich.

3.1.2 Größe und Gewicht

Die Körpergröße bei Kindern, Jugendlichen und Erwachsenen mit Down-Syndrom liegt deutlich unter dem Durchschnitt. Deshalb gibt es spezielle Wachstumsdiagramme für Kinder mit Down-Syndrom (DS-InfoCenter 2018, 16 ff.). Bei großer individueller Verschiedenheit im Längenwachstum zeigt sich im Allgemeinen eine progressive Differenz von Geburt an (Hammersen 2017, 210). Im Alter von sechs Jahren sind die Kinder durchschnittlich etwa 12 cm kleiner als andere Gleichaltrige. Besonders auffällig wird der Unterschied zur Normalentwicklung jedoch erst nach dem nur relativ schwach ausgeprägten pubertären Wachstumsschub. Die körperliche Endgröße wird für Männer mit Down-Syndrom mit ca. 147 bis 162 cm und für Frauen mit ca. 135 bis 155 cm angegeben (Canning, Püschel 1987, 43). Auch neuere Daten zeigen, dass »die mittlere endgültige Körperhöhe von Jungen mit Down-Syndrom 163,3 cm beträgt, sie sind knapp 20 cm kleiner als Jungen in der allgemeinen deutschen Bevölkerung. Frauen mit Down-Syndrom sind im Mittel 149,6 cm groß, sie sind somit knapp 19 cm kleiner als Frauen ohne Down-Syndrom« (Leitlinien 2016, 23). Eine medikamentöse Behandlung allein zur Förderung des Längenwachstums wird aber übereinstimmend abgelehnt (Canning, Pueschel 1987), jedoch ist bei deutlich unterdurchschnittlichen Werten abzuklären, ob spezielle Erkrankungen (z. B. eine Schilddrüsenunterfunktion) das Wachstum verlangsamen (vgl. ebd.).

Das Gewicht der Kinder mit Down-Syndrom liegt bei der Geburt leicht unter dem Durchschnitt, bleibt aber während der Kindheit überwiegend im normalen Bereich. Einige Kinder entwickeln jedoch bereits in den ersten Lebensjahren Übergewicht. In einer eigenen Untersuchung (Wilken 1977) wurden insgesamt 42 % der Kinder und Jugendlichen von den Eltern als dick bezeichnet. Auch neuere Ergebnisse bestätigen die Tendenz zur starken Gewichtszunahme, vor allem nach der Pubertät (Leitlinien 2016, 118). Dabei scheinen Frauen mit Down-Syndrom häufiger übergewichtig zu sein als Männer (Weber, Rett 1991, 80). Eine Ursache für dieses häufige Übergewicht ist vermutlich der genetisch bedingte geringere Kalorienbedarf (Pueschel, Sustrova 1997) sowie ein »overeating« aufgrund hirnorganisch bedingter gestörter Regulation von Gewicht und Appetit. Aber auch die Ernährung und das allgemeine Bewegungsverhalten der Jugendlichen spielen eine Rolle. Trotzdem sollte Übergewicht nicht als typisch und damit als nicht veränderbar angesehen werden, da gerade bei Menschen mit Down-Syndrom die damit verbundenen gesundheitlichen Risiken erheblich sein können. Es ist deshalb Einfluss zu nehmen auf das allgemeine Essverhalten und auf die Auswahl geeigneter Nahrungsmittel. Auch die mit zunehmendem Alter eingeengten Freizeit- und Sportangebote können sich ungünstig auswirken sowie eine oft feststellbare allgemeine Bewegungsunlust. Es ist deshalb wichtig, motivierende und den individuellen Interessen und Kompetenzen entsprechende Angebote zu gestalten. Eine genaue tabellarische Übersicht über die Entwicklung von Größe und Gewicht bei Mädchen und Jungen mit Down-Syndrom ist im Internet zu finden.

3.1.3 Syndromspezifische Veränderungen und gesundheitliche Probleme

Besonders charakteristische Merkmale des Down-Syndroms beziehen sich auf das Gesicht und den Kopf. Der Augenabstand wirkt verbreitert und oft entsteht durch eine Lidfalte (Epikanthus) das typische Aussehen, das Langdon Down zur Namensgebung veranlasste (»mongoloid«). Die Nase ist klein und der verengte Nasen-Rachen-Bereich kann zu einer Behinderung der Nasenatmung führen. Der Gaumen ist oft relativ hoch und schmal, der Mundraum ist eng. In Verbindung mit der Tonusminderung von Lippen- und Zungenmuskulatur wird dadurch der häufig offene Mund und das Heraustreten der Zunge bewirkt.

Der Hinterkopf ist oft abgeflacht und der Schädel zeigt eine Verkürzung im Verhältnis zur Kopfbreite. Der Hals ist meistens gedrungen und weist im Nackenbereich manchmal typische Hautfalten auf. Arme und Beine sind im Verhältnis zum Körper kürzer und die Hände und Füße sind kürzer und breiter und haben auffällige Hautleisten- und Furchenmerkmale. Auch die Vierfingerfurche der Hände und der vergrößerte Abstand zwischen dem ersten und zweiten Zeh ist auffallend. Während die Haut des Babys und Kleinkindes mit Down-Syndrom zumeist keine Besonderheiten zeigt, können sich vor allem mit zunehmendem Alter spezielle Probleme entwickeln (vgl. Leitlinien 2016, 110). Die Haut kann trocken und schuppig werden und eine verstärkte Faltenbildung zeigen. Besonders beeinträchtigend können Risse und Furchen an den Lippen sein. Allerdings sind diese Probleme durch entsprechende Behandlung erheblich zu lindern.

Angeborene Herz- und Gefäßfehlbildungen haben etwa 45 % der Kinder mit Down-Syndrom. »Das Spektrum der angeborenen Herzfehler ist groß. Häufig liegt nicht ein einzelner Defekt vor, sondern eine Kombination von zwei oder mehr Herzfehlern« (Hammersen 2017, 220). Durch Früherkennung und erfolgreiche herzchirurgische Maßnahmen sowie kardiologische Betreuung hat sich nicht nur die Lebensqualität der betroffenen Kinder erheblich verbessert, sondern auch die Lebenserwartung von Menschen mit Down-Syndrom ist deutlich gestiegen.

Fehlbildungen des Magen-Darm-Traktes werden für Kinder mit Down-Syndrom mit einer Häufigkeit von etwa 4 bis 10 % angegeben (ebd., 211). Die operative Korrektur kann mit vergleichbarem Erfolg wie bei anderen Kindern durchgeführt werden (Schmidt, 1990, 117).

Die Trisomie 21 bewirkt auch einige typische orthopädische Probleme. Durch vermindertes Wachstum und verzögerte Reifung in Verbindung mit vermehrter Bindegewebsnachgiebigkeit sowie herabgesetzter Grundspannung der Muskulatur und einer Überstreckbarkeit der Gelenke können syndromspezifische Auffälligkeiten entstehen. Dazu gehören Gangbildveränderungen, Fußdeformitäten, Hüftgelenksprobleme und Kniescheibeninstabilität, Verbiegungen der Wirbelsäule sowie die häufig vermehrte Beweglichkeit zwischen den oberen Halswirbeln (atlantoaxiale Instabilität), die zu orthopädischen Folgebeeinträchtigungen führen können (vgl. Kamping 2017, 231 ff.). Häufig ist auch eine deutliche Reklination des Kopfes festzustellen, die sich ungünstige auf motorisch-funktionelle Fähigkeiten im orofazialen Bereich auswirken kann.

3.1 Syndromtypische Merkmale

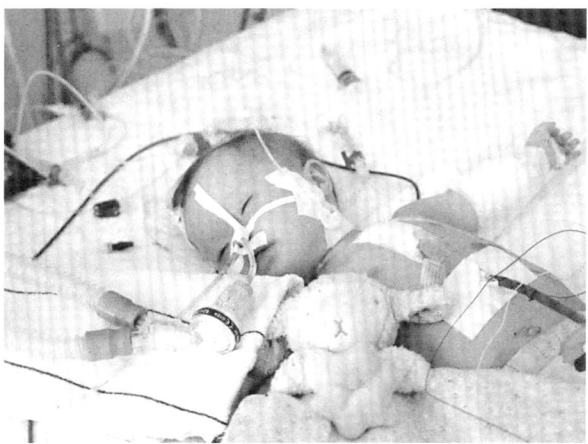

Abb. 5: Manchmal ist der Anfang schwierig, aber viele gesundheitliche Probleme werden überwunden

Bei Kindern mit Down-Syndrom sind die Arme und Beine im Verhältnis zum Rumpf kürzer. Das erschwert kleinen Kindern das freie Sitzen, so dass sie sich oft mit den Armen auf den Beinen abstützen. Auch die Finger sind meistens deutlich kürzer. In Verbindung mit der allgemeinen Hypotonie können dadurch feinmotorische Aktivitäten erschwert sein.

Auffällig ist auch die Beckenform. Die Darmbeinschaufeln weisen eine geringere Höhe und größere Breite auf, und es kommt zu einer deutlichen Abflachung der Beckenwinkelmaße (Wunderlich 1977, 63), was möglicherweise auch eine Ursache für das Rutschen auf dem Gesäß unter Vermeiden des Kriechens in der frühen Bewegungsentwicklung ist sowie für die häufige Vorliebe, im Schneidersitz zu sitzen. Allerdings hat sich dieses Verhalten durch entwicklungsbegleitende Physiotherapie und Frühförderung deutlich verringert.

Es ist wichtig, die verschiedenen orthopädischen Veränderungen zu kennen und mögliche Erkrankungen auszuschließen. »Oftmals gibt es einfache bis hin zu komplexen Behandlungsmöglichkeiten, die die Entwicklung einer guten Motorik unterstützen oder möglich machen« (Kamping 2017, 231).

3.1.4 Funktionsbeeinträchtigungen von Ohren und Augen

Bei Kindern mit Down-Syndrom sind Erkrankungen des Hals-Nase-Ohren-Bereichs und insbesondere Hörstörungen relativ häufig (Hammersen 2017, 214). Die Ohren sind kleiner, einfacher geformt, etwas tiefer angesetzt und haben oft engere Gehörgänge. Die schallaufnehmende Funktion der Ohrmuschel kann dadurch beeinträchtigt und die Schalllokalisation erschwert sein (Leitlinien 2016, 42). Zudem besteht beim Down-Syndrom relativ häufig die Tendenz zur Bildung von Cerumenpfröpfen (Ohrenschmalz), wodurch es zu einer Schallleitungsschwerhörigkeit kommen kann. Eine übliche mechanische Entfernung etwa mit Wattestäbchen wird kritisch gesehen, empfohlen wird eine Reinigung mit einer speziellen Lösung

(Cerumex) oder einigen Tropfen Baby-Öl (Hammersen 2017, 216). Es ist davon auszugehen, dass bei etwa der Hälfte aller kleinen Kinder mit Down-Syndrom ständig oder rezidivierend eine Schwerhörigkeit auftritt. Überwiegend handelt es sich bei den ermittelten Beeinträchtigungen um Schallleitungsstörungen, die meistens im geringen bis mittelgradigen Bereich liegen während Schallempfindungsstörungen deutlich seltener sind. »In den meisten Fällen beruht die Schallleitungsschwerhörigkeit auf einer chronischen Funktionseinschränkung der Ohrtrompete. Die Ursachen dieser Tubenfunktionsstörung sind in anatomischen Besonderheiten des Mittelgesichts und der Ohrtrompete selbst zu suchen sowie in einer funktionellen Schwäche der hypotonen Velummuskulatur. Auch eine gesteigerte Infektneigung der oberen Atemwege« gilt als mitverantwortlich (ebd.). Die typischen Paukenergüsse als Folge dieser Belüftungsstörungen kommen gehäuft in den ersten Lebensjahren sowie im frühen Grundschulalter vor. Die ermittelten Beeinträchtigungen ergaben bei ca. 32 % eine geringe Hörstörung von unter 40 dB und bei 49 % eine mittelgradige Hörstörung von 40 bis 49 dB. Oft sind solche Hörstörungen bei jüngeren Kindern kaum auffällig, ihre Auswirkungen auf den Spracherwerb sind jedoch erheblich. Besonders die wichtige Differenzierung von Konsonanten (Hose – Dose) wird dadurch erschwert, und das Verstehen ist deutlich beeinträchtigt.

Eine umfassende ältere audiologische Untersuchung bei Kindern mit Down-Syndrom ergab, dass bei 54 % eine Schallleitungsschwerhörigkeit vorlag, bei 16 % eine Innenohrschwerhörigkeit unterschiedlichen Ausmaßes und bei 8 % eine kombinierte Schwerhörigkeit (Schorn 1990, 159). Die in verschiedenen neueren Untersuchungen ermittelten Hörstörungen gehen von 35 %–56 % aus, und bei etwa 2 %–14 % wird eine kombinierte Hörstörung angenommen (Leitlinien 2016, 41). Die Schallleitungsschwerhörigkeit besteht manchmal nur vorübergehend und kann selbst beim einzelnen Kind erheblich variieren. Dadurch entsteht oft Unsicherheit über die Richtigkeit der ermittelten Ergebnisse oder auch über die subjektiven Beobachtungen der Eltern was die Hörfähigkeit ihres Kindes betrifft. Die Ursache für diese wechselnde Beeinträchtigung liegt in den typischen Infekten. In Verbindung mit der bei vielen Kindern mit Down-Syndrom bestehenden chronischen Tubenventilationsstörung sind Ohrentzündungen mit Mittelohrerguss häufig. Aufgrund solcher oft wiederkehrenden Erkrankungen können Narbenbildung und Verwachsungen des Mittelohres auftreten und eine Schallleitungsschwerhörigkeit verursachen. Durch entsprechende medikamentöse Behandlung oder durch Absaugen des Sekrets bei einem Mittelohrerguss und mit dem Einsetzen von Paukenröhrchen in das Trommelfell ist in vielen Fällen die Schallleitungsschwerhörigkeit bei jüngeren Kindern zu mindern oder zu beheben (Schorn 1990, 160 und 167). Allerdings wird ein wiederholtes neues Einsetzen von Paukenröhrchen kritisch gesehen.

Hörüberprüfungen sind daher für alle Kinder mit Down-Syndrom gerade im Hinblick auf die Sprachentwicklung und sprachliche Kommunikation regelmäßig erforderlich. Empfohlen werden in den ersten vier Lebensjahren jährlich zwei Untersuchungen beim Hals-Nasen-Ohrenarzt und anschließend in jährlichem Abstand (Hammersen 2017, 215). Geeignet für Hörüberprüfungen bei Kindern mit Down-Syndrom sind objektive Methoden, die keine Mitarbeit des Kindes voraussetzen (OAE oder BERA). Die oftmals relativ früh eintretende Altersschwerhörigkeit und mögliche mit zunehmendem Alter auftretende Hörstörungen machen auch weiterhin genaue Beobachtung und regelmäßige Kontrollen erforderlich. Verhaltensänderungen wie Desinteresse oder Unaufmerksamkeit, die durch Schwerhörigkeit begründet sein können, werden sonst nicht angemessen behandelt und vorschnell allgemeinen Abbau- und Alterungsprozessen zugeschrieben (Wilken 2013b, 160).

Bei etwa 85 % der Kinder und Erwachsenen mit Down-Syndrom finden sich Beeinträchtigungen im visuellen Bereich. Einige der Augenveränderungen beziehen sich auf syndromtypische Merkmale wie Epikanthus, schräge Lidachsenstellung, Brushfield Spots, weiter Augenabstand, die keine funktionelle Bedeutung haben. Die verschiedenen zahlreichen anderen Augenerkrankungen und Sehstörungen bedürfen dagegen einer möglichst frühzeitigen Erkennung und Behandlung. Dazu zählen Astigmatismus, Lidrand- und Bindehautentzündungen, Schielen, Kurz- und Weitsichtigkeit, Keratokonus, Linsentrübungen, Nystagmus. Zu bedenken ist auch, dass mit zunehmendem Alter die Prävalenz von Sehstörungen steigt. Aber »die Behandlung von Fehlsichtigkeiten und Augenerkrankungen unterscheidet sich beim Down-Syndrom nicht von den in der Allgemeinbevölkerung üblichen Maßnahmen« (Hammersen 2017, 223).

Sehbehinderung und visuelle Wahrnehmungsstörung können das räumliche Sehen beeinträchtigen und auch zu »charakteristischen Entwicklungsdefiziten der motorischen, sozialen und kognitiven Entwicklung« führen (Leitlinien 2016, 98). Da gerade die visuelle Wahrnehmung eine relative Stärke von Kindern mit Down-Syndrom darstellt und für die pädagogische und therapeutische Förderung eine große Bedeutung hat, ist deshalb wichtig, mögliche Beeinträchtigungen früh zu erkennen und zu behandeln.

Für die Sprachförderung kommt vor allem dem Hören eine wesentliche Bedeutung zu. Deshalb ist die Kenntnis der besonderen Bedingungen bei Kindern mit Down-Syndrom sowie die angemessene Behandlung von Hörstörungen von großer Relevanz. Aber auch das Sehen ist wichtig für das Erlernen des referentiellen Blickkontakts, für die Zuordnung des Gehörten zu den bezeichneten Dingen sowie für die allgemeine Kommunikation im Lebensalltag. Zudem hat auch die Verknüpfung von visuellen und auditiven Informationen für die kognitive und soziale Entwicklung große Bedeutung (vgl. Wilken 2017, 110).

3.1.5 Spezielle Erkrankungen

Auch wenn das Down-Syndrom keine Krankheit, sondern eine chromosomale Veränderung bezeichnet, führt die Trisomie doch dazu, dass die Betroffenen häufiger gesundheitliche Probleme haben und spezielle Krankheitsrisiken (Hammersen 2017, 209 f.).

Angeborene Herzfehler kommen bei 44 bis 58 % vor. Auch Infekte der oberen Luftwege (Bronchitis, Pneumonie, chronischer Schnupfen) sind vor allem im Kleinkindalter sehr häufig und unter Mittelohrentzündungen leiden ca. 50 bis 70 % (ebd.). Angeborene Fehlbildungen des Magendarmkanals (Morbus Hirschsprung) gibt es beim Down-Syndrom oftmals. Auch Störungen der Schilddrüsenfunktion treten häufiger auf, dabei kommt vor allem der Behandlung der Unterfunktion

(Hypothyreose) für die kognitive Entwicklung eine große Bedeutung zu. Zweimalige Kontrollen im ersten Lebensjahr und regelmäßig einmal jährlich werden deshalb empfohlen (Leitlinien 2016, 20).

Bei Kindern mit Down-Syndrom besteht im Vergleich zu anderen Kindern ein höheres Risiko, an Leukämie zu erkranken. Die Heilungschancen sind recht positiv und günstiger als bei Kindern ohne Down-Syndrom (Hammersen 2017, 217). Diabetes kommt bei Menschen mit Down-Syndrom häufiger vor. Ein Zusammenhang wird mit dem oft gegebenen Übergewicht und der mit zunehmendem Alter eingeschränkten Bewegungsfreude gesehen.

Auch Zöliakie kann bei Menschen mit Down-Syndrom vermehrt auftreten und dann eine glutenfreie Ernährung erforderlich machen. Aber eine prophylaktische glutenfreie Ernährung ist nicht sinnvoll! Manchmal ist es schwierig, die für die besondere Ernährung notwendige konsequente Unterstützung im außerfamiliären Bereich zu erhalten. Aber es ist wichtig und möglich, dass die Kinder zu Hause und in ihrem sozialen Umfeld Hilfen erhalten, um zu lernen, sich an entsprechende Diätmaßnahmen zu halten.

Ein besonderes Problem von Kindern und Erwachsenen mit Down-Syndrom können Ein- und Durchschlafschwierigkeiten sein. Besonders die obstruktive Schlafapnoe (Atemaussetzer im Schlaf) kommt aufgrund von Verengungen der oberen Atemwege, der allgemeinen Hypotonie und häufigem Übergewicht bei Menschen mit Down-Syndrom relativ oft vor (vgl. Chicoine, McGuire 2013, 219). Hilfreich kann es sein, für eine geeignete Schlafhaltung zu sorgen und – bei älteren Kindern – die Rückenlage zu vermeiden. Auch eine spezielle Atemmaske (CPAP-Beatmung) wird empfohlen, allerdings ist dann eine einfühlsame Begleitung und Unterstützung bei der Eingewöhnung erforderlich (ebd., 222).

Zwar legen einige genetische Faktoren nahe, dass Menschen mit Down-Syndrom wahrscheinlich ein durch die Trisomie bedingtes erhöhtes Risiko für die Entwicklung einer Demenz des Alzheimer Typs (DAT) haben, aber gerade deshalb ist es wichtig, eine Differenzialdiagnose vorzunehmen zur Trennung von verschiedenen möglichen Krankheitsprozessen (Depression, Schilddrüsenprobleme) sowie sozialen und psychischen Folgen eingeengter Lebensbedingungen im Alter. Nur so ist zu gewährleisten, dass die individuell nötigen und möglichen therapeutischen und medikamentösen Hilfen angeboten werden können (Wilken 2013b). Ein unmittelbarer Rückschluss von körperlichen Befunden auf kognitive Funktionen, soziale Fähigkeiten und allgemeines Verhalten ist zudem nur eingeschränkt möglich. Aufgrund neuerer Erkenntnisse wird heute davon ausgegangen, dass »die Alzheimer-Krankheit bei Erwachsenen mit Down-Syndrom in einer ähnlichen Größenordnung wie in der Durchschnittsbevölkerung, aber durchschnittlich 20 Jahre früher auftritt« (MacGuire, Chicoine 2008, 354).

3.1.6 Vorsorgeuntersuchungen

Da mit dem Down-Syndrom häufig zusätzliche Beeinträchtigungen und Fehlbildungen, Funktionseinschränkungen sowie typische Krankheitsrisiken verbunden sind, ist eine entwicklungsbegleitende Diagnostik zur frühzeitigen Erkennung und Behandlung möglicher Beeinträchtigungen erforderlich.

Es wird deshalb empfohlen, die üblichen kinderärztlichen Vorsorgeuntersuchungen um syndromspezifische Untersuchungen zu ergänzen und auch im Jugend- und Erwachsenenalter regelmäßige Kontrollen zu statistisch häufigen medizinischen Komplikationen beim Down-Syndrom durchzuführen (Hammersen 2017, 225). Ausdrücklich wird betont, dass diese Untersuchungen nicht erst bei bestimmten Beschwerden erfolgen sollten, sondern aufgrund der speziellen gesundheitlichen Problematik beim Down-Syndrom in jährlichen Abständen angezeigt sind. Die vorgeschlagenen Untersuchungen beziehen sich auf die allgemeine körperliche Entwicklung (Größe, Gewicht, Motorik), auf Abklärung möglicher Herzfehler, auf Funktionsprüfungen von Augen und Ohren, auf mögliche typische orthopädische Komplikationen und auf Störungen der Schilddrüsenfunktion. Mit einer solchen entwicklungsbegleitenden ärztlichen Betreuung kann es gelingen, durch frühzeitiges Erkennen und rechtzeitiges Behandeln die Auswirkungen der behinderungsspezifischen gesundheitlichen Probleme zu vermindern. Dadurch werden nicht nur günstigere Bedingungen für die Förderung geschaffen, sondern vor allem die Lebensqualität von Kindern und Erwachsenen mit Down-Syndrom wird so nachhaltig verbessert.

Eine wichtige Hilfe kann das Führen eines Gesundheitsbuches sein (DS-Info-Center 2011), das wesentliche Informationen enthält. Unabhängig davon ist das Anlegen eines entsprechenden Dokumentationsordners sinnvoll.

3.1.7 Lebenserwartung

Die Lebenserwartung von Personen mit Down-Syndrom hat sich in den letzten Jahrzehnten kontinuierlich günstiger entwickelt. Vom Zeitpunkt der Geburt an gerechnet stieg sie von neun Jahre (1929) auf zwölf Jahre (1947) dann 18 Jahre (1963) und auf jetzt etwa 60 Jahre (Lambert 1997, 13) mit deutlich zunehmender Tendenz. Ein wesentlicher Grund für diese positive Entwicklung liegt in der besseren medizinischen Versorgung der Kinder mit angeborenen gesundheitlichen Problemen, wodurch die Frühsterblichkeit erheblich gesenkt werden konnte (Operation der Herzfehler und der Fehlbildungen des Magen-Darm-Traktes). Auch die heute gegebenen therapeutischen Möglichkeiten, besonders bei den typischen Infektionen (Lungenentzündung), und die entwicklungsbegleitende medizinische Betreuung bewirken wesentlich günstigere gesundheitliche Bedingungen. In den ersten Lebensjahren besteht allerdings aufgrund der vielfältigen möglichen Beeinträchtigungen noch eine erhöhte Gefährdung.

Zwar kann nach der Pubertät, vielleicht auch bereits nach dem fünften Lebensjahr, von einer sich normalisierenden Lebenserwartung ausgegangen werden, aber Erwachsene mit Down-Syndrom haben erheblich mehr gesundheitliche Probleme als andere Gleichaltrige. Sie benötigen deshalb mit zunehmendem Alter vorsorgende medizinische Begleitung und Behandlung. Als häufige Todesursachen bei Erwachsenen wurden Infektionen des Respirationstraktes (42 %) und kardiale Probleme (20 %) ermittelt (Lambert 1997, 62). Abweichend zur Normalbevölkerung leben Männer mit Down-Syndrom durchschnittlich länger als Frauen. Die älteste Frau, die beschrieben wurde, erreichte ohne Nachlassen ihrer geistigen Fähigkeiten (!) ein Alter von 84 Jahren (MacGuire, Chicoine 2008, 354).

Die deutliche Zunahme alter Menschen mit Down-Syndrom in Heimen und Werkstätten macht die Entwicklung neuer Konzepte der Begleitung und Assistenz erforderlich, um Gesundheit und Lebensqualität auch im Alter angemessen zu erhalten (vgl. Wilken 2013b). Dabei kommt auch dem Erhalt und der Unterstützung der kommunikativen Fähigkeiten eine wesentliche Bedeutung zu.

3.2 Pädagogisch-psychologische Besonderheiten

3.2.1 Entwicklung

Die Entwicklung von Kindern mit Down-Syndrom wird – wie bei allen Kindern – bestimmt durch das individuelle Potenzial und die Bedingungen im sozialen Umfeld, aber auch von syndromspezifischen Problemen. Besonders die vielfältig möglichen gesundheitlichen Beeinträchtigungen und die unterschiedliche Ausprägung der syndromtypischen Veränderungen führen zu einer großen Variationsbreite innerhalb der Gruppe der Personen mit Down-Syndrom, während fälschlicherweise oft von einer großen syndrombedingten Homogenität ausgegangen wird.

Um den unterschiedlichen Entwicklungsbedingungen und Kompetenzen der Kinder gerecht zu werden, ist es deshalb wichtig, sowohl die individuellen Fähigkeiten als auch die unterschiedlich ausgeprägten syndromspezifischen Beeinträchtigungen differenziert zu erfassen.

»Neben einer Verlangsamung der Knochenreifung ist auch die Reifung des Kleinhirns und der Gehirnwindungen verzögert. Dies führt zu einer Beeinträchtigung des Gleichgewichts und der Motorik. Zusätzlich ist das Zusammenspiel von Nerven und dazugehörigen Muskeln gestört: Die Muskelantwort auf einen Nervenbefehl erfolgt verspätet« (Kamping 2017, 231). Das betrifft auch den orofazialen Bereich und zeigt sich mehr oder minder deutlich manchmal schon bei der Nahrungsaufnahme, vor allem aber bei den typischen Schwierigkeiten in der lautsprachlichen Entwicklung.

Neben der Verlangsamung werden auch Veränderungen in der Struktur und bei der Differenzierung der Hirnentwicklung deutlich. Die Zell- und Synapsendichte bleibt bei vielen Menschen mit Down-Syndrom geringer und die Myelenisierung ist verzögert (Wishart 2006, 174). Der Kopfumfang ist meistens kleiner und besonders Hirnstamm und Kleinhirn sind geringer entwickelt.

Säuglinge und Kleinkinder mit Down-Syndrom sind meistens ausgeprägt hypoton und weniger aktiv als andere Kinder. Auch weinen sie eher selten und machen Wünsche kaum durch Lautieren oder entsprechendes Verhalten deutlich. Dadurch kann es für die Bezugspersonen schwierig sein, die Bedürfnisse des Kindes zu erkennen und entsprechend zu beantworten.

Manchmal bereitet es anfangs Mühe, das kleine Kind mit Down-Syndrom zu stillen, aber wenn Mütter nicht durch Hinweise auf die »typische Trinkschwäche« entmutigt werden, sondern Unterstützung und Anleitung erfahren (Board 2006), sind die meisten Babys mit Down-Syndrom sehr wohl in der Lage, das Trinken an der Brust bald zu lernen. Das ist nicht nur unter gesundheitlichen Aspekten wichtig und fördert die normale Mundmotorik, sondern unterstützt auch die wichtige emotionale Interaktion von Mutter und Kind.

Der Entwicklungsverlauf von Kindern mit Down-Syndrom zeigt eine kontinuierliche Zunahme in allen Leistungsbereichen. »Typische Plateaus oder Entwicklungsstillstände, auf die in älterer Literatur noch hingewiesen wird, konnten bei systematischen Untersuchungen weder für einzelne Kinder noch für die Durchschnittswerte der gesamten Gruppe ermittelt werden« (Rauh 1992, 212).

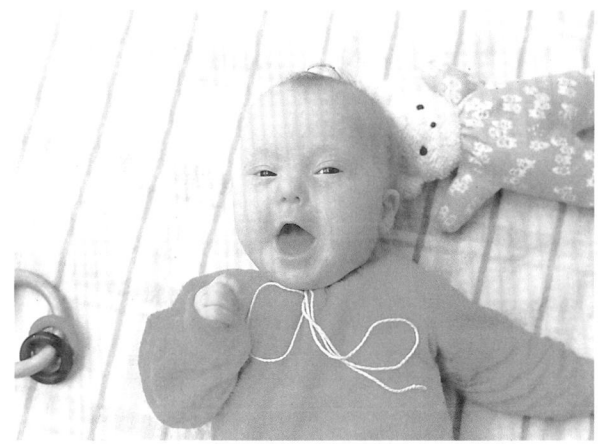

Abb. 6: Die freundliche emotionale Zugewandtheit der Kinder erleichtert den Aufbau von positiven Beziehungen in der Familie und im Lebensumfeld

Die verschiedenen gesundheitlichen Probleme können die Entwicklung erheblich beeinträchtigen und die immer vorliegende, allerdings individuell unterschiedlich ausgeprägte Hypotonie wirkt sich aufgrund der wechselseitigen Beeinflussung von motorischer, kognitiver und kommunikativer Entwicklung mehr oder minder deutlich in allen Entwicklungsbereichen aus.

In gemeinsamen Handlungen ist die Antwortfähigkeit – z. B. Lächeln, Kopfwenden oder Zeigen, spontan oder nach entsprechender Aufforderung – oft deutlich verlangsamt. Dadurch sind die Interaktionen von Kind und Bezugsperson nicht hinreichend koordiniert und werden als weniger erfolgreich erlebt (Horsch u. a. 2008, 17). Neben der verlängerten Reaktionszeit und der insgesamt schwächeren Eigenaktivität wirken sich auch die oftmals nur unsicher zu interpretierenden Reaktionen der Kinder auf die gemeinsame Kommunikation aus.

In verschiedenen entwicklungsbegleitenden Untersuchungen wurde deutlich, dass »sich Kleinkinder mit Down-Syndrom mit etwa halbem Entwicklungstempo entwickeln und dabei in ihrer motorischen Entwicklung eher etwas langsamer als in ihrer geistigen Entwicklung sind« (Rauh ebd.). Auffallend sind vor allem die großen zeitlichen Unterschiede bezogen auf das Erreichen der einzelnen Entwicklungsschritte.

Tab. 3: Entwicklung von Kindern mit Down-Syndrom

	DS – Streubreite	Durchschnitt	NB – Streubreite	Durchschnitt
Sitzen	6–8 Monate	10 Monate	5–9 Monate	7 Monate
Laufen	12–65 Monate	24 Monate	8–18 Monate	13 Monate
Sprechen – Wörter	9–31 Monate	24 Monate	8–14 Monate	12 Monate
Sprechen – Sätze	18–96 Monate	36 Monate	14–32 Monate	18 Monate

Verglichen mit nicht behinderten Kindern ist die Streubreite innerhalb der Gruppe der Kinder mit Down-Syndrom deutlich größer. Während z. B. Kinder mit Down-Syndrom beim Laufen lernen eine Streubreite von etwa vier Jahren aufweisen, beträgt diese bei nicht behinderten Kindern nur zehn Monate. Noch größer sind die individuellen Unterschiede beim Sprechenlernen (vgl. Canning, Püschel 1987, 45). Aus diesen Verzögerungen in der Entwicklung der verschiedenen Kompetenzbereiche ergibt sich für Kinder mit Down-Syndrom im Vergleich mit nicht behinderten Kindern eine Asynchronie, die die wichtige wechselseitige Verstärkung von motorischen, sprachlichen und kognitiven Fähigkeiten beeinträchtigt und deshalb gerade im Spracherwerb zu einem ungenauen wechselseitigen Zusammenwirken der relevanten biologischen Zeitfenster führen kann. Deshalb sollte nicht von einer lediglich langsameren Entwicklung gesprochen werden, sondern es ergeben sich wahrscheinlich auch relevante qualitative Veränderungen (Rauh 1996, 248). Bei den meisten Kindern kann davon ausgegangen werden, dass die frühzeitig erkennbaren Unterschiede im jeweils erreichten Entwicklungsniveau nach dem zweiten Lebensjahr eine relative Stabilität aufweisen (Rauh 1992, 213).

Mit dem Erwerb der motorischen Grundfähigkeiten werden Kinder mit Down-Syndrom aktiver und interessierter, da jetzt nicht mehr so viel Energie gebunden ist an den Erhalt einer stabilen Sitzposition oder an die Ausführung des Laufens. Bei einigen Kindern entwickelt sich in diesem Alter manchmal eine gewisse Umtriebigkeit und ein ständig wechselndes Interesse. Verbunden mit geringerer Anstrengungsbereitschaft und einem typischen Ausweichverhalten zur Vermeidung von Misserfolgen kann dadurch die Lernerfahrung eingegrenzt werden. Es ist allerdings nicht unbedingt gerechtfertigt, dann bereits von der Doppeldiagnose Down-Syndrom und ADHS auszugehen. Vielmehr ist es wichtig, Aufmerksamkeit und Interesse zu fördern und dann sachgebunden Motivation und Ausdauer zu unterstützen.

Im Kindergartenalter und in der weiteren Entwicklung werden die sehr unterschiedlichen Fähigkeiten und Schwierigkeiten der einzelnen Kinder mit Down-Syndrom immer deutlicher. Die zu beobachtenden Unterschiede der motorischen, kognitiven und sprachlichen Fähigkeiten und im Verhalten sind erheblich. Sie sind keineswegs allein auf bestimmte Therapien, Behandlungen oder besondere Maßnahmen zurückzuführen, sondern sie beruhen auf den sehr unterschiedlichen individuellen Fähigkeiten der Kinder. Zudem hat eine syndromspezifische und kindorientierte Förderung heute wesentlich Anteil daran, dass Kinder mit Down-Syndrom ihr individuelles Potenzial besser entfalten können als früher. Dadurch hat sich aber auch eine größere Heterogenität ausprägt.

Abb. 7: Gemeinsames Spielen und Lernen im Montessori-Kindergarten

Mit zunehmendem Alter werden nicht nur die Unterschiede innerhalb der Gruppe der Kinder mit Down-Syndrom größer, sondern auch die Abweichungen von der durchschnittlichen Entwicklung anderer Kinder werden deutlicher. Dadurch kommt es bei den üblichen Testverfahren zu scheinbar sinkenden Werten. Aber diese oft festgestellte progressive Entwicklungsverzögerung ist bezüglich ihrer Aussagefähigkeit zu problematisieren (Dittmann 2004, 54 f.). Da die meisten Tests mit zunehmendem Alter weniger Handlungsaufgaben stellen, sondern verstärkt sprachbezogene Fähigkeiten erfassen, ergeben sich nicht nur für kaum oder (noch) nicht sprechende Kinder mit Down-Syndrom Schwierigkeiten, sondern generell scheinen die überwiegend verbalen Anforderungen spezifische Probleme zu bereiten (vgl. Müller u. a. 2018, 48 f.). Ein anderes Problem können die bei standardisierten Testverfahren vorgegebenen Ausführungsrichtlinien sein, da Kinder mit Down-Syndrom oftmals nicht bereit sind, die Aufgaben im Sinne des Tests zu beantworten. Sie setzen oft typische Ablenkungsstrategien ein, gähnen demonstrativ oder verweigern die Mitarbeit generell.

Mit Beginn des Schulalters zeigen Kinder mit Down-Syndrom sehr unterschiedliche Fähigkeiten und Interessen. Auffällig ist jedoch, dass die sozialen Kompetenzen der meisten Kinder oft deutlich über dem Niveau ihrer sonstigen Entwicklung liegen. Eine differenzierte Erfassung der individuellen Fähigkeiten und eine entsprechende Formulierung des individuellen Förderbedarfs muss deshalb Grundlage für die Beschulung sein – und nicht primär pauschalierende syndromspezifische Vorurteile.

Die Pubertät beginnt meistens altersentsprechend. Jugendliche bedürfen aber bei der emotionalen Verarbeitung und dem Erlernen von sozial angemessenem Verhalten einfühlsamer Unterstützung. Der Unterschied zu Nichtbehinderten wird vielen Jugendlichen aufgrund entsprechender Erfahrungen mehr oder weniger bewusst deutlich. Verstimmungen, Gereiztheit und Unsicherheit sind wie bei anderen Gleichaltrigen häufig. Viele erleben jetzt auch zunehmend ihre Behinderung als Eingrenzung und Verhinderung von gewünschten Zielen (Wilken 2017, 158 f.). Daraus können spezielle Probleme erwachsen, die konkrete Hilfe und Beratung erfordern, während eine Verdrängung dieses Themas die möglichen psychischen Schwierigkeiten verstärken kann (MacGuire, Chicoine 2008, 52).

Abb. 8: Einschulung – für alle Kinder ein wichtiger Tag

Im Jugendalter kann eine Ergänzung oder Neuorientierung der schulischen Ziele auf ihre Lebensbedeutsamkeit hin notwendig werden. Das gilt auch für die alters- und entwicklungsgemäße Sprachförderung. Es ist jedoch wichtig dabei zu berücksichtigen, dass Menschen mit Down-Syndrom die Grenzen ihrer Entwicklung offenbar später erreichen als nicht behinderte Jugendliche. Allerdings sind alters- und reifungsbezogene Aspekte der sprachlichen Entwicklung bei der Förderung und der Zielsetzung zu beachten. Aber es ist auch unbedingt notwendig, eine Trennung von Entwicklung und Lernen vorzunehmen. Denn selbst wenn die Entwicklung abgeschlossen ist, kann – wie bei nicht behinderten Menschen auch – Lernen in jedem Lebensalter möglich sein, wenn die entsprechenden individuell nötigen Bedingungen geschaffen werden.

Alterungsprozesse setzen bei Menschen mit Down-Syndrom im Vergleich zu anderen Menschen offenbar früher ein. Die gesundheitliche Situation wird oft wieder fragiler und vielfältige Beeinträchtigungen sind möglich. Dadurch kann die vorherige Streubreite in den verschiedenen Leistungsbereichen mit steigendem Alter zu größerer Einengung tendieren. Im Verhalten, in den Interessen und in der Motorik werden Alterungsprozesse oft früher erkennbar und auch in den kommunikativen Fähigkeiten, sowohl beim Verstehen als auch beim Sprechen, können sich zunehmend deutliche Einschränkungen zeigen. Es ist jedoch abzuklären, inwieweit diese beschriebenen Veränderungen tatsächlich das Ergebnis einer syndromspezifischen Entwicklung sind oder eher als Folge von oft eingrenzenden Lebensbedingungen älterer behinderter Menschen gesehen werden müssen (Wilken 2013).

3.2.2 Intelligenz

Die kognitiven Fähigkeiten von Kindern mit Down-Syndrom weisen zwar eine große Streubreite auf, aber meistens liegt eine leichte bis mittelschwere kognitive Beeinträchtigung vor. Trotz großer individueller Unterschiede zeigen sich syndromtypische Stärken und Schwächen im Kompetenzprofil. Auch der Vergleich mit Untersuchungsergebnissen zur Intelligenzentwicklung aus verschiedenen Ländern (Australien, England, Kanada, USA, Deutschland) zeigt wesentliche Übereinstimmungen (Rau 1999, 1). Danach haben die meisten Menschen mit Down-Syndrom eine mittlere bis leichtere Form der kognitiven Beeinträchtigung. Bei einigen ist die Ausprägung sehr milde, aber nur wenige gelten als schwer geistig behindert. Somit ist durchschnittlich von einem IQ um 50 auszugehen, während Einzelergebnisse aber durchaus zwischen IQ 20 und 100 streuen können (Dittmann 2004, 53). Zur verlässlichen Interpretation solcher Befunde ist es wichtig zu wissen, ob eine Freie Trisomie, eine Translokation oder eine Mosaikform vorliegt. Als mögliche Ursache für die große Streubreite der individuellen Fähigkeiten können auch die verschiedenen zusätzlichen Beeinträchtigungen und Krankheiten angesehen werden. Auch das Geschlecht spielt wahrscheinlich eine Rolle, da Mädchen sich öfter etwas günstiger entwickeln. Wie bei allen Kindern sind zudem die allgemeinen Lebens- und Lernbedingungen bedeutsam.

Die Intelligenz beim Down-Syndrom entwickelt sich zwar langsamer, aber nach den gleichen Gesetzmäßigkeiten wie bei regelhafter Entwicklung. Aber Kinder und Jugendliche mit Down-Syndrom erreichen und durchschreiten die verschiedenen kognitiven Entwicklungsabschnitte im Vergleich zu nicht beeinträchtigten Kindern vor allem zeitverzögert und im jeweiligen Abschnitt länger verweilend. Dadurch erreichen sie – im Vergleich zur Regelentwicklung – höhere kognitive Kompetenzen deutlich später. Während in der frühen Entwicklung von einem durchschnittlich etwa halben Entwicklungstempo im Vergleich zu regelhaft entwickelten Kindern ausgegangen wird, vermindert sich dieses Tempo nach den ersten Jahren auf etwa ein Drittel, wahrscheinlich aufgrund der besonderen Probleme im sprachlichen Bereich (Rauh 1999, 2). Obwohl der größte Zuwachs an kognitiver Kompetenz in den ersten zehn bis fünfzehn Lebensjahren erfolgt und danach nur noch geringere Zunahmen zu beobachten sind, können die kognitiven Fähigkeiten doch – trotz der mit zunehmendem Alter verringerten Zuwachsraten – durchaus bis ins mittlere Erwachsenenalter ansteigen, in einzelnen Fällen sogar bis in das fünfte Lebensjahrzehnt (Dittmann 2004, 53). Auch wenn solche positiven Einzelfälle nicht zu generalisieren sind, ist doch zu betonen, dass auch im Erwachsenenalter differenzierte Förderung noch sinnvoll sein kann und eine medizinische Begleitung unbedingt notwendig ist.

Bei der Beschreibung qualitativer Aspekte der Intelligenzentwicklung von Menschen mit Down-Syndrom zeigt sich, dass die kognitive Entwicklung aber nicht nur verlangsamt ist, sondern hinsichtlich mancher Fähigkeiten und Teilaspekte der Intelligenz auch anders als bei nicht behinderten Menschen erfolgt. Die Kinder und Jugendlichen durchschreiten nach der von Piaget beschriebenen Konzeption der Intelligenzentwicklung zunächst die senso-motorische Stufe. Hierbei erwerben sie Leistungen wie Raumerfassung, Imitation, Kausalität, Mittel-Zweck-Relationen und Objektpermanenz (Rauh 1983, 121). Für die Bewältigung der einzelnen Übergänge innerhalb dieser sensomotorischen Entwicklungsstufen benötigen sie jedoch unterschiedlich lange Zeitspannen, die nicht ausschließlich durch ihre insgesamt verlangsamte Entwicklung erklärt werden kann. So scheint für den Aufbau von Mittel-Zweck-Relationen mehr Zeit erforderlich zu sein als für den Aufbau von Objektpermanenz (Dittmann 2004). Das Kurzzeitgedächtnis ist oft erheblich betroffen, aber vor allem die sprachliche Informationsverarbeitung und das verbale Gedächtnis sind deutlich beeinträchtigt. Deshalb sind gerade die sprachgebundenen kognitiven Fähigkeiten durch visuelle Unterstützung mit Gebärden und Symbolen zu fördern, um die relevanten »biolinguistischen Zeitfenster« (Grimm 2012, 217) nicht zu verpassen, sondern durch ergänzende Formen der Unterstützten Kommunikation einen Ausgleich zu bieten.

Die Entwicklung setzt sich weiter fort über die symbolisch-vorbegriffliche Stufe bis zur anschaulich-voroperationalen Stufe. Damit wird ein kognitives Entwicklungsniveau erreicht, das von nicht beeinträchtigten Kindern in der Regel im Vorschulalter bzw. zu Beginn des Schulalters durchlaufen wird. Menschen mit Down-Syndrom können jedoch lange oder auch dauerhaft auf diesem Entwicklungsniveau bleiben und sind deshalb in ihrem Denken oft sehr konkret anschauungsgebunden. Eine mögliche Ursache wird in der geringeren Leistungsfähigkeit des Kurzzeitgedächtnisses gesehen, weil dadurch die Anzahl der speicherbaren Inhalte zu gering ist, um damit die notwendigen operatorischen Beziehungen herzustellen (vgl. Zimpel 2016, 99). Auch gelingt es den Kindern nur bedingt, bereits im Langzeitgedächtnis gespeicherte Inhalte sach- und inhaltsbezogen abzurufen und entsprechend mit zu berücksichtigen. Ihr Interesse ist weniger sachbezogen, sondern richtet sich eher auf Aspekte der sozialen Interaktion. Die Fähigkeit zur Verinnerlichung von Handlungen bleibt überwiegend konkretistisch und die Handlungsplanung ist dadurch erschwert. Dabei wirken sich vor allem die syndromspezifischen Probleme in der Sprachentwicklung und beim Sprechen aus.

Einige Jugendliche und Erwachsene mit Down-Syndrom erlangen jedoch die nächste der von Piaget beschriebenen Stufe der Intelligenzentwicklung, das konkret operationale Niveau. Ein Entwicklungsstand, den Kinder mit regelhafter Entwicklung etwa zwischen dem siebten und elften Lebensjahr erreichen. Das abstrakt logische Denken wird von Menschen mit Down-Syndrom eher selten erreicht, auch wenn gerade über solche herausragenden Einzelleistungen gern berichtet wird (vgl. Wilken 2017, 119).

Oftmals zeigen Erwachsene mit Down-Syndrom mit zunehmend höherem Alter deutliche Leistungsminderungen in der Orientierung, der Aufmerksamkeit, beim Gedächtnis und auch bei Selbstversorgungsfähigkeiten. Berücksichtigt werden muss jedoch, dass verschiedene gesundheitliche Probleme oder abnehmende Hör- und/oder Sehfähigkeit zu Veränderungen der intellektuellen Leistungsfähigkeit führen können (Wilken 2014).

Auch ist zu bedenken, welche Kompetenzen möglich werden, wenn angemessene Angebote nicht nur in der Frühförderung und im Schulalter erfolgen, sondern auch noch im Jugend- und Erwachsenenalter dazu führen, dass Menschen mit Down-Syndrom ihre Interessen erweitern können und ihre erlangten Fähigkeiten erhalten.

Die bisherigen Erkenntnisse über die Entwicklung von Menschen mit Down-Syndrom sollten dazu führen, gerade für das kleine Kind keine engen Entwicklungsprognosen mehr zu geben, die sich an dem alten homogenen Negativbild über das Down-Syndrom orientieren. Kinder lernen im Erwartungshorizont ihrer Bezugspersonen. Deshalb ist es zusätzlich beeinträchtigend, wenn den Eltern gleich bei der Diagnosemitteilung positive Entwicklungserwartungen für ihr Kind genommen werden.

3.2.3 Wahrnehmung

Wahrnehmung ist die bedeutungsbezogene Verarbeitung von Informationen, die wir mit unseren Sinnen aufgenommen haben. Die Sinnestätigkeit ist somit zwar eine Voraussetzung dafür, aber sie bedarf der Strukturierung durch kognitive Ordnungsschemata. Die Fülle der gleichzeitigen sensorischen Informationen – was wir fühlen, spüren, riechen, sehen und hören – würde ohne eine bedeutungsbezogene Auswahl unser Kurzzeitgedächtnis mit unwichtigen ungeordneten Eindrücken überfluten. Wahrnehmungen sind somit »die Bedeutung(en), die das Gehirn einem Sinneseindruck beimisst« (Ayres 1984, 262), und damit subjektiver Natur. Deshalb bestehen zwischen Wahrnehmungsleistungen, Gedächtnis, Denken und Lernen unmittelbare Zusammenhänge.

Bei Menschen mit Down-Syndrom liegen Veränderungen bei der Strukturbildung des Gehirns vor, die eine informationsverdichtende Auswahl und Verarbeitung von Wahrnehmungen erschweren. Ein Geräusch, das gehört wird, erhält erst durch Erfahrung eine Bedeutung und kann dann mit entsprechendem Handeln beantwortet werden. Eine Verlangsamung dieser Verarbeitung führt auch zu einer Beeinträchtigung des Kurzzeitgedächtnisses.

Zusätzlich zu den häufigen Sinnesbeeinträchtigungen im Sehen, Hören und in der Motorik ist deshalb von einer allgemeinen Wahrnehmungsschwäche im visuellen, auditiven, taktilen und kinästhetischen Bereich auszugehen mit entsprechenden Auswirkungen nicht nur auf die allgemeine Entwicklung und das Lernen, sondern auch auf relevante Grundlagen für Sprache und Sprechen.

Mit der Anwendung erster Fähigkeiten im Saugen, Schauen und Greifen und darauf bezogenem explorierenden Verhalten beginnen wichtige Lernprozesse des kleinen Kindes. Aus erfolgreichen Handlungen erwächst dann in der konkreten Situation die Möglichkeit zur Wiederholung, weil das Kind die unmittelbare Abfolge »kennt«. Über Feedback-Kontrolle (die eigene Aktivität als erfolgreich erleben) entwickelt sich eine Feed-Forward-Organisation (der Wille, den Erfolg zu wiederholen). Positive Erfahrungen ermöglichen dann Erinnern, Vorstellen und antizipierendes Handeln in konkreten Situationen. Eine Mutter berichtet, wie es ihrer Tochter mit Down-Syndrom im Alter von vier Monaten gelingt, durch unmittelbare Verstärkung und Nachahmung Handlungen zu wiederholen: »Rahel streckte die Zunge raus. Als ihre Zunge wieder im Mund war, ahmte ich sie nach und streckte ebenso die Zunge heraus. Das beobachtete sie sehr aufmerksam und machte es mir dann wieder nach. So wechselten wir uns eine ganze Weile lang ab« (Hendl 2017, 24).

Kindern mit Down-Syndrom fallen solche Lernprozesse aufgrund struktureller Beeinträchtigungen der zerebralen Organisation schwerer und die Selektion und Verarbeitung von Wahrnehmungen ist deshalb oft mühsamer. Durch die verzögerte Wahrnehmung vermitteln schon die körpernahen Sinne (Fühlen, Schmecken, Riechen) ungenauere Rückmeldungen. Das Sehen und besonders das Hören als körperferne Sinne sind jedoch noch stärker betroffen. Sie verlangen für die Informationsaufnahme nicht nur eine gerichtete Aufmerksamkeit, sondern die visuelle Wahrnehmung erfordert eine räumliche und die auditive Wahrnehmung eine zeitlich geordnete Verarbeitung.

Eine wichtige Hilfe für die Kinder ist deshalb, über responsives Verhalten der Eltern und über konkrete gemeinsame Erfahrungen im Lebensalltag Bedeutung zu erleben, um dadurch Vorstellungen zu entwickeln. Dagegen führt ein direktives aufforderndes Verhalten und ein vermehrter Aktionismus der Bezugspersonen zur Kompensation der eingeschränkten Aktivität des Kindes oft zu überstimulierenden Angeboten, die dann dem eigenen explorierenden Verhalten des Kindes nicht genügend Raum und Zeit geben. Auch ist das Interaktionssystem von Kindern mit Down-Syndrom sehr empfindsam, so dass bei Überstimulation oftmals ausweichendes oder gar ablehnendes Verhalten bzw. Nichtbeachtung zu beobachten ist. Es ist deshalb wichtig, Kindern mit Down-Syndrom in ihrem Lebensalltag und bei entwicklungsentsprechenden gemeinsamen Spielen vielfältige Möglichkeiten zu bieten, Sinneserfahrungen bedeutungsbezogen zu verarbeiten.

3.2.4 Verhalten

Menschen mit Down-Syndrom wird häufig ein typisches Verhalten zugeschrieben und es wird ihre gute soziale Anpassungsfähigkeit, Freundlichkeit, heitere und gutmütige Wesensart betont. Diese Typisierung und Übergeneralisierung von Verhaltensweisen ist aber durchaus kritisch zu sehen. Auch wenn in einigen Untersuchungen entsprechende Tendenzen erkennbar waren, sind die Ergebnisse zu relativieren. Auch Kinder mit Down-Syndrom zeigen abhängig von ihrer individuellen Befindlichkeit sowie situations- und personenbezogen verschiedenes Verhalten. Obwohl sie zumeist freundlich und kontaktfreudig sind, können sie durchaus versuchen, ihren Willen uneinsichtig durchzusetzen, und oftmals sind sie ausgesprochen »bockig«. Bereits Langdon Down verweist auf »ihre große Hartnäckigkeit – sie können lediglich durch vollendetes Feingefühl geführt werden. Kein noch so großer Zwang wird sie dazu bewegen, das zu tun, was sie sich nicht zu tun in den Kopf gesetzt haben« (1996,145). Es ist deshalb häufig nicht leicht, ungewünschtes Verhalten durch angemessene Erziehungsmaßnahmen zu vermeiden oder bestimmte Anforderungen durchzusetzen. So ist ein häufiges Problem, dass die Kinder weglaufen und entsprechende Vorhaltungen nicht annehmen. Wenn sie aufgefordert werden, sich zu beeilen, z. B. beim morgendlichen Anziehen, können sie sich mit hartnäckiger Langsamkeit widersetzen, und wenn sie bei einem Spaziergang oder beim Einkaufen sich weigern, weiterzugehen und sich einfach hinsetzen, ist es meistens schwierig, sie umzustimmen. »Im Urteil der Eltern oder Lehrer werden bei Kindern mit Down-Syndrom signifikant häufiger als bei gleichaltrigen Kindern ohne Entwicklungsstörungen Probleme in der Aufmerksamkeitssteuerung, eine geringere Kooperationsbereitschaft mit sozialen Anforderungen (mangelnde Folgsamkeit, ›Sturheit‹), Rückzugsverhalten und Auffälligkeiten in der sozialen Interaktion mit Gleichaltrigen berichtet« (Sarimski 2018, 51).

Ein besonderes Problem der Kinder ist ihr ausgeprägtes Vermeidungsverhalten. Sobald eine Aufgabe ihnen nur als etwas zu schwer erscheint, geben sie auf und wenden sich ab oder sie sind geradezu »erfinderisch« in der Entwicklung von Vermeidungsstrategien (Rauh u. a.1996, 132). Dabei gelingt es ihnen oft, ihren Charme so einzusetzen, dass die Bezugspersonen von der eigentlichen Aufgabenstellung absehen. Die häufig beschriebene Bockigkeit ist wahrscheinlich auch als eine Reaktion zu verstehen, um mögliche Überforderungen oder Misserfolge zu vermeiden (Wishart 2006, 185). Die Sorge von Eltern und Pädagogen ist, dass solches »verweigernde Verhalten« des Kindes viele Teilhabe- und Lernmöglichkeiten einschränkt. Deshalb bezieht sich »eine der häufigsten psychologischen Fragestellungen an das interdisziplinäre Team der Down-Syndrom-Ambulanz« in Wien (Lebersorger 2022, 44) darauf, wie damit umzugehen ist.

Dittmann kommt nach Auswertung zahlreicher Untersuchungen zu dem Ergebnis, dass »im Vergleich zu intellektuellen Leistungen ... die Down-Syndrom-Menschen bei Verhaltensweisen, die der Sozialkompetenz zugeordnet werden, höhere Leistungen (erzielen). In Teilbereichen, wie etwa der persönlichen Selbstversorgung (z. B. Anziehen, Körperpflege, Nahrungsaufnahme), werden Fertigkeiten erreicht, die nicht oder unwesentlich von der Nichtbehindertennorm abweichen«, und daraus wird geschlossen, dass »diese insgesamt durchschnittlich höheren Sozialkompetenzscores ... somit zu einer guten Sozialprognose ... beitragen, sofern ergänzend hierzu geeignete Lernangebote im sozialen Umfeld eröffnet werden« (Dittmann 1992, 282). Diese verhältnismäßig gute Sozialkompetenz im Vergleich zur Intelligenz ist in verschiedenen Untersuchungen und Einzelbeobachtungen festgestellt worden. Allerdings ist darauf hinzuweisen, dass trotz dieser oft festgestellten prosozialen Kompetenzen »viele Kinder Probleme in der Gestaltung von Beziehungen zu Gleichaltrigen haben« (Sarimski 2018, 57).

Wichtig ist auch, sich entwickelndes problematisches Verhalten zu erkennen und die Ursachen aufzudecken, damit angemessene Hilfen angeboten werden können (MacGuire, Chicoine 2008). Diese Erkenntnisse sollten zu Konsequenzen führen bei der pädagogischen Förderung und der Gestaltung des sozialen Umfeldes (vgl. Lebersorger 2022, 44 f.).

Das Verhalten von Menschen mit Down-Syndrom ist deshalb differenziert zu erfassen und nicht nur syndromspezifisch zu interpretieren. Es ist durchaus als Ergebnis entsprechender Erziehungs- und Sozialisationsbedingungen zu verstehen. Das gilt gleichfalls für die Tendenz, nicht nachtragend zu sein und anderen Personen mit Freundlichkeit und mit offenem Vertrauen zu begegnen – auch wenn dies Verhalten durchaus einer kritischen Begleitung bedarf, damit sich keine unangemessene Distanzlosigkeit entwickelt.

3.2.5 Fähigkeiten

Sehr typisch für alle Kinder mit Down-Syndrom ist ihre Freude an Musik und Rhythmik. Selbst sehr kleine Kinder lassen sich schon bei Unterstützung durch Musik und Rhythmik besonders gut aktivieren. Einen ersten Versuch, diese möglicherweise behinderungstypische Fähigkeit zu überprüfen, unternahm Rabensteiner (1975, 66 f.). Es erfolgte ein Vergleich von Kindern mit Down-Syndrom zu anderen Kindern mit gleich ausgeprägter kognitiver Beeinträchtigung sowie zu durchschnittlich entwickelten Kindern im gleichen Lebensalters und zu einer Gruppe regelhaft entwickelter Kinder mit dem gleichen Intelligenzalter. Überprüft wurde das Gedächtnis für Melodien, das rhythmische Gefühl und das Gedächtnis für Rhythmen. Die Ergebnisse bestätigten z. T. die allgemeine Erfahrung: Die Kinder mit Down-Syndrom waren im gesamten Musiktest signifikant und im rhythmischen Teil des Tests sogar hochsignifikant besser als andere kognitiv beeinträchtigte Kinder. Auch im Vergleich zur Gruppe der Kinder ohne Beeinträchtigungen mit gleichem Intelligenzalter waren ihre Leistungen signifikant besser, jedoch nicht gegenüber den Kindern mit gleichem Lebensalter ohne Beeinträchtigung. Es ist zu betonen, dass in diesem Test unter Musikalität nicht eigenes Singen und Musizieren verstanden wurde, sondern die Ansprechbarkeit für Musik und Rhythmus. Auch in einer anderen Untersuchung, bei der verschiedene Klopfrhythmen nachgeschlagen werden sollten, zeigten Kinder mit Down-Syndrom im Vergleich zu anderen Kindern mit geistiger Beeinträchtigung und gleichem Intelligenzalter deutlich bessere Ergebnisse (Wendeler 1988, 93). Die Aussagefähigkeit der verwendeten Testverfahren ist zwar nicht hinreichend geklärt, doch können die Ergebnisse als Bestätigung für eine allgemeine Erfahrung dienen und wichtige methodische Hinweise für eine entsprechend gestaltete sprachliche Förderung geben.

Die motorische Entwicklung verläuft bei Kindern mit Down-Syndrom deutlich verlangsamt und zeigt typische Schwierigkeiten bei der Koordination. Fast alle Kinder zeigen besonders in der frühen Entwicklung eine mehr oder minder ausgeprägte Muskelschlaffheit (Hypotonie) und eine Überdehnbarkeit der Gelenke. Daraus kann es bei ungenauer Beobachtung der Motorik zu einer Fehleinschätzung der Leistungsfähigkeit von Kindern mit Down-Syndrom kommen. Die erhöhte Flexibilität der Gelenke kann leicht eine gute Beweglichkeit vortäuschen, aber bei genauerer Untersuchung sind typische Beeinträchtigungen in koordinierten Bewegungsabläufen und besonders in der Feinmotorik festzustellen. Viele Berichte von

3.2 Pädagogisch-psychologische Besonderheiten

Abb. 9: Kinder mit Down-Syndrom haben ganz unterschiedliche Interessen und Fähigkeiten

Eltern und vielfältige Erfahrungen zeigen jedoch, dass durch systematisches Üben wesentliche Verbesserungen in der Kondition und Koordination möglich sind. Radfahren, Skilaufen, Schwimmen, Fußball, Tischtennis oder der Besuch eines Fitnessstudios sind für viele Jugendliche und Erwachsene mittlerweile gern ausgeübte Hobbys, selbst die Teilnahme an internationalen Sportwettkämpfen ist heute keine Ausnahme mehr.

Die Imitationsfähigkeit von Menschen mit Down-Syndrom wird oft als besonders gut beschrieben. Bereits Langdon Down und danach zahlreiche andere Autoren haben diese Fähigkeit als typisch bezeichnet. Allerdings liegen nur wenige systematische Untersuchungen zu dieser Frage vor; die Ergebnisse zeigen zwar eine entsprechende Tendenz, sind jedoch nicht so überzeugend, wie es das oft benutzte Stereotyp erwarten lässt. In neueren »Untersuchungen zur Imitation konnte nachgewiesen werden, dass Menschen mit Trisomie 21 auch beim Imitieren von immer komplexer werdenden Bewegungen signifikant früher Schwierigkeiten haben als Menschen ohne Syndrom« (Röhm 2016, 149). Während die oft beschriebene allgemeine Imitationsstärke somit nicht bestätigt wurde, galt das nicht für die Freude am Imitieren. Auch sind die schauspielerischen Leistungen einzelner Personen mit Down-Syndrom auf der Bühne und in Filmen häufig beeindruckend und zeigen deutlich ihre darstellerischen Kompetenzen.

Das Rechnen bereitet den meisten Kindern mit Down-Syndrom große Schwierigkeiten, da viele in ihrer Intelligenzentwicklung auf der so genannten anschaulich-voroperationalen Stufe verbleiben. Mit entsprechenden Hilfsmitteln und besonderen Methoden (Fingerrechnen, Numicon, Montessori-Material) können jedoch oftmals Grundkenntnisse erworben werden (vgl. Wilken 2017, 133 f.).

Viele Kinder und Erwachsene mit Down-Syndrom sind in der Lage, unterschiedliche Kompetenzstufen des Lesens zu erlernen (Buckley u. a. 1993, 268 ff.). Unter Berücksichtigung syndromspezifischer und individueller Erfordernisse sollte deshalb Kindern mit Down-Syndrom das Lesenlernen vermittelt werden (Wilken 2017, 126 f.). Lesen hat einen nachweislichen günstigen Effekt auf die sprachlichen Fähigkeiten. Zudem ermöglicht es Teilhabe und Orientierung und bedeutet auch für viele Menschen mit Down-Syndrom eine angenehme Freizeitbeschäftigung. Zudem benutzen etliche Jugendliche heute einen Computer und lesen und schreiben E-Mails oder SMS und haben WhatsApp-Kontakte.

Die Aussagen über typische Fähigkeiten und Schwächen bei Menschen mit Down-Syndrom sind in Bezug auf die große Streubreite in allen Leistungsbereichen nicht unkritisch zu generalisieren, aber sie bieten durchaus wichtige Hinweise für die Gestaltung einer syndromspezifischen Förderung. Diese Erkenntnisse gilt es auch für die Sprachförderung zu nutzen.

3.2.6 Lernen

Für die Förderung und Therapie von Kindern mit Down-Syndrom ist es wichtig, die typischen Eigenheiten ihres Lernverhaltens zu kennen, um das methodische Vorgehen darauf entsprechend abzustimmen und angemessen zu gestalten.

Kinder mit Down-Syndrom werden als ineffektive Lerner charakterisiert, die ihre vorhandenen Kompetenzen nicht hinreichend einsetzen. Sie zeigen oftmals »kontraproduktive Verhaltensweisen, wenn ihnen neue und kognitiv anspruchsvollere Lernaufgaben angeboten« werden (Wishart 2006, 173). Aus sich zufällig ergebenden Lernsituationen ist es ihnen nur bedingt möglich, einen effektiven Lerngewinn zu ziehen. Vielmehr benötigen sie eindeutig strukturierte Aufgaben und entsprechend geplante Lernangebote. Das betrifft auch die als Selbstversorgungsfähigkeiten bezeichneten Bereiche (z. B. Aus- bzw. Anziehen, Körperpflege).

Die syndromspezifischen Beeinträchtigungen beim Lernen werden vor allem in den Bereichen der Informationsaufnahme, der Informationsverarbeitung und der Wiedergabe des Gelernten sichtbar. In neueren Untersuchungen zeigte sich, »dass Menschen mit Trisomie 21 weniger Informationen simultan verarbeiten als neurotypische (und) dass Personen mit Trisomie 21 über einen kleineren Aufmerksamkeitsumfang verfügen« (Zimpel 2016, 127). Die Speicherung und Verarbeitung von Informationen ist durch reduzierte Kurzzeitspeicherleistungen und verlängerte Latenzzeiten charakterisiert. Besonders Höreindrücke verarbeiten Kinder mit Down-Syndrom langsamer; deshalb sollten verbale Inhalte öfter in gleicher Art und Weise wiederholt und möglichst visuell gestützt werden. Die Schwierigkeiten bei der Informationsverarbeitung sind wahrscheinlich auch mit den spezifischen Beeinträchtigungen der Sprache zu erklären, die weniger zur symbolischen Repräsentation verwendet wird und somit als Mittel des Denkens nicht voll zur Verfügung steht. Durch vielfältige sensorische und motorische Erfahrungen und handlungsgebundenes Lernen kann versucht werden, die eingeschränkte Fähigkeit, Sprache zur Verinnerlichung von Handlungen zu verwenden, auszugleichen. Dabei gilt es, die besonders große Diskrepanz zwischen Verstehen und Sprechen zu berücksichtigen und das Versprachlichen von Handlungen durch Bezugspersonen unterstützend einzusetzen.

Es fällt Kindern mit Down-Syndrom schwer, aus Fehlern zu lernen, weil dazu reflektierende und vergleichende Denkleistungen nötig sind. Sie tendieren leicht zu ausweichendem Verhalten oder zur Verweigerung. Es ist deshalb wichtig, ihnen ein möglichst Fehler vermeidendes Lernen anzubieten. Zudem sollte bei der Aufgabenstellung berücksichtigt werden, dass in der Regel mit einem deutlichen Abfall in der Genauigkeit bei der Aufgabenausführung zu rechnen ist, wenn zu langes aufmerksames Verhalten gefordert wird oder unter zeitlichem Druck gearbeitet werden soll.

Kinder mit Down-Syndrom haben eine geringere Leistungsfähigkeit des Kurzzeitgedächtnisses mit einer durchschnittlichen simultanen Aufnahmekapazität von etwa zwei bis drei Einheiten. In entsprechenden neueren Untersuchungen zeigte sich, dass »bei Menschen mit Trisomie 21 der Aufmerksamkeitsumfang konstant auf zwei Einheiten verringert« ist (Zimpel 2016, 99). Allerdings ist die Gedächtnisleistung auch abhängig von den Anforderungen und der Motivation sowie der Art des benutzten Materials und davon, ob der Inhalt der Information konkret oder abstrakt vermittelt wird. Besonders auditiv-sequenzielle Informationen sind von den verringerten Kurzzeitspeicherleistungen betroffen, während visuelle Informationen länger betrachtet werden können und deshalb besser erfasst werden. Bei längeren verbalen Anweisungen ist es hilfreich, eine Strukturierung vorzunehmen und ergänzend eine visuelle, motorische oder rhythmische Unterstützung anzubieten.

Um in einem prinzipiell begrenzten Kurzzeitgedächtnis wieder Platz für neu aufzunehmende Inhalte zu schaffen, müssen die bereits gespeicherten Informationen vergessen oder ins Langzeitgedächtnis transportiert werden. Um eine solche Überführung ins Langzeitgedächtnis zu organisieren, wird der zu lernende Inhalt strukturiert, gruppiert oder mit Assoziationen verknüpft. Bei Menschen mit Down-Syndrom sind jedoch diese grundlegend wichtigen Strategien aufgrund der sprachlichen Einschränkungen oft unzureichend ausgebildet. Eine sinnvolle Kategorisierung der Inhalte ist erschwert und auch verbale Wiederholungen werden von ihnen seltener eingesetzt. Das ist vermutlich die Ursache, weshalb das Verarbeiten von sprachlich angebotenen Informationen verzögert ist. Die Gedächtnisleistungen können aber erhöht werden, wenn die Kinder multimodale Lernangebote erhalten.

Sind Lerninhalte jedoch im Langzeitgedächtnis gespeichert, ist das Behalten bei Menschen mit Down-Syndrom ähnlich gut wie bei anderen Personen (Wendeler 1988, 87). Deshalb verfügen sie meistens auch über ein gutes Orts-, Ereignis- und Personengedächtnis.

Kinder mit Down-Syndrom können sich Lernangebote besser merken, die ein Wiedererkennen statt eines aktiven Erinnerns erfordern. Damit sind z. B. Angebote in Form von Bildern, Piktogrammen, Signal- bzw. Ganzwörtern gemeint, die nur eine sachgerechte Auswahl verlangen. Im Gegensatz dazu ist das aktive Erinnern von Gedächtnisinhalten schwieriger und deutet auf ein spezifisches Abruf-Defizit beim Down-Syndrom hin – vor allem bedingt durch die eingeschränkte innere Sprache.

Deshalb können die im Gedächtnis gespeicherten Informationen über ergänzende Bilder oder Materialien manchmal besser erinnert und wiedergegeben werden.

Kinder mit Down-Syndrom haben ein spezifisches Lernprofil mit typischen Stärken und Schwächen. Um ihr kognitives Potenzial optimal entfalten zu können, müssen ihnen deshalb sowohl die individuell nötigen als auch die syndromspezifischen Hilfen für das Lernen angeboten werden.

3.3 Therapie und Förderung

Die typischen gesundheitlichen Beeinträchtigungen und auffälligen Veränderungen beim Down-Syndrom machen verständlich, dass verschiedene medizinische und therapeutische Ansätze bestehen, um durch spezielle Behandlungen und besondere Fördermaßnahmen diese syndromspezifischen Probleme abzumildern.

3.3.1 Medizinische Behandlung

Das Down-Syndrom bewirkt unterschiedliche Schädigungen, Funktionsstörungen und Beeinträchtigungen, die sich wechselseitig beeinflussen und verstärken können. Eine ursächliche Behandlung des Down-Syndroms ist nicht möglich, die Chromosomenstörung ist als solche nicht korrigierbar. Ausgehend von der hypothetischen Annahme einer durch die Trisomie 21 bedingten Störung des Stoffwechselprozesses wird aber manchmal versucht, die vermuteten Auswirkungen zu erfassen und medikamentös auszugleichen. Oft soll durch eine Addition vieler unterschiedlicher Medikamente eine möglichst breite Wirksamkeit erreicht werden. Während individuell verordnete Medikamente und Maßnahmen aufgrund festgestellter gesundheitlicher Beeinträchtigungen wichtig sind, ist eine pauschale Verabreichung von Medikamenten ohne genaue Indikationsstellung zu problematisieren. Trotzdem gibt es immer wieder Berichte über neue Medikamente, die wesentliche Verbesserungen versprechen (vgl. Wilken 2017, 51). Auch die gezielte Nahrungsergänzung (TNI – targeted nutritional intervention) hat das Ziel, die aufgrund der Trisomie veränderte Stoffwechselsituation auszugleichen. Der Nachweis jedoch, ob »TNI unter kontrollierten Bedingungen« mehr ist als eine »interessante Option«, steht noch immer aus (Gelb 2006, 36), wird jedoch immer wieder diskutiert. Aber auch eine differenzierte neuere Untersuchung ergab keinen deutlichen Effekt (van der Haar; Zeinstra 2021). Auch Empfehlungen, die über eine allgemein richtige Ernährung hinausgehen und den Verzicht auf bestimmte Nahrungsmittel für alle Kinder mit Down-Syndrom empfehlen (z. B. glutenfrei), sind kritisch zu sehen. Wenn jedoch bei Vorsorgeuntersuchungen Fehlfunktionen oder Beeinträchtigungen erkannt wurden, ist eine entsprechende Behandlung wie bei allen anderen Kindern nötig und möglich (Leitlinien 2016, 8).

3.3.2 Plastische Chirurgie

Während vor einigen Jahren die plastische Chirurgie bei Kindern mit Down-Syndrom noch als eine hilfreiche Maßnahme angesehen wurde, wenn das Kind große Probleme mit der Zungenkontrolle hatte, wollen heute nur noch vereinzelt Eltern Informationen über diese Behandlung. Allgemeine kosmetische Operationen zur Änderung des optischen Gesichtseindrucks und zur Milderung behinderungstypischer Merkmale spielen aber keine Rolle mehr. Es hat sich als Illusion gezeigt, wenn angenommen wurde, »durch operative Veränderung des Gesichtsbildes die Re-Integration oder eben auch die Integration ... zu ermöglichen« (Olbrisch 1983, 7).

Von der Zungenverkleinerung wird dagegen manchmal noch erhofft, dass der Mundschluss damit erleichtert wird und dass dadurch auch eine deutlichere Artikulation bewirkt wird. Wenn die Zungenverkürzung durchgeführt wird, um die Infektanfälligkeit zu mindern oder um die Beweglichkeit im Mundraum beim Kauen und Sprechen zu verbessern, ist es unbedingt nötig zu überprüfen, inwieweit diese Ziele durch eine solche Operation tatsächlich erreichbar sind. Der mangelhafte Mundschluss wird durch die Hypotonie der Gesichts- und Zungenmuskulatur verursacht und nicht durch eine wirklich größere Zunge (Makroglossie). Durch eine entsprechende Verkleinerung der Zunge kann somit wohl das Herausstrecken der Zunge aus dem Mund verhindert werden, aber der Mundschluss wird damit allein nicht erreicht. Therapeutische Hilfen zur Kräftigung der Mundmuskulatur bleiben zudem notwendig, um die evtl. operativ erzielten, veränderten Voraussetzungen überhaupt ausnutzen zu können. Da die Beweglichkeit der Zungenspitze durch die Operation beeinträchtigt sein kann, darf keineswegs eine generelle positive Auswirkung auf das Sprechen erhofft werden – und die Sprache insgesamt kann sich gar nicht verändern, da sie vorwiegend nicht auf motorischen, sondern auf kognitiven Lernprozessen beruht!

Aufgrund der vorliegenden Erfahrungen können Zungenoperationen bei Kindern mit Down-Syndrom nicht empfohlen werden. Die üblichen therapeutischen Maßnahmen zur Behandlung der orofazialen Schwierigkeiten sind als hinreichend effektiv anzusehen.

3.3.3 Therapeutische Maßnahmen

Die vielfältigen Beeinträchtigungen der Entwicklung beim Down-Syndrom erfordern begleitende Unterstützung und angemessene therapeutische Maßnahmen. Fast alle Kinder erhalten deshalb heute Frühförderung, die entwicklungsbegleitende Hilfen bietet. Darüber hinaus werden zahlreiche, auch so genannte alternative Therapien angeboten. In Seminaren mit Eltern von Kindern mit Down-Syndrom lasse ich mir seit vielen Jahren auch immer nennen, welche und wie viele verschiedene Therapien die Kinder erhalten. Es ist interessant festzustellen, dass immer wieder ganz neuartige Therapien aktuell werden und andere, die noch vor einigen Jahren häufig genannt wurden, wieder verschwinden. Aber manchmal tauchen solche Therapien nach einiger Zeit wieder als »neu« auf. Die jährlichen »Hitlisten« zeigen oftmals einen erheblichen Wechsel! Darum ist wichtig, die angegebenen

Ziele und Methoden einer Therapie kritisch zu prüfen, um die Wirksamkeit solcher Maßnahmen realistisch beurteilen zu können, zumal dann, wenn ganz unglaubliche Erfolge versprochen werden (vgl. Wilken 2004).

Abb. 10: Mit Physiotherapie kann die motorische Entwicklung frühzeitig unterstützt werden

Wenn einige Kinder drei bis vier verschiedene Therapien in der Woche erhalten, müssen nicht nur die daraus erwachsenden Belastungen für das Kind berücksichtigt werden, sondern auch die Konsequenzen für die Familie, und zwar nicht nur unter zeitlichen, sondern durchaus auch unter finanziellen Aspekten. »Ohne darauf zu achten, welche Auswirkungen therapeutische Interventionen auf die Interaktion haben, kann Behandlung nicht nur ineffektiv, sondern ausgesprochen nachteilig werden« (Schlack 1989, 16). Zudem ist zu reflektieren, dass »ein gesteigertes Bedürfnis nach therapeutischer Aktivität und der Wunsch, etwas zu verändern, eine besonders für frühe Phasen der Auseinandersetzung charakteristische Reaktions- und Bewältigungsform« ist (ebd.). Die Eltern sollten deshalb Gelegenheit haben, Erfahrungen auszutauschen und zu überlegen, was sie sich von einer bestimmten Maßnahme erhoffen und was sie wirklich damit erreichen können. Das Down-Syndrom ist zwar nicht »wegzutrainieren«, aber es ist sinnvoll und hilfreich, dem Kind individuell günstige Bedingungen für seine Entwicklung zu bieten und dabei die syndromspezifischen Probleme besonders zu berücksichtigen.

Die Motorik von Kindern mit Down-Syndrom ist – trotz großer individueller Unterschiede – beeinträchtigt durch einen verringerten Muskeltonus (Hypotonie) und eine erhöhte Flexibilität der Gelenke und Bänder. Ein wichtiges Ziel der Frühförderung ist deshalb, die normale motorische Entwicklung zu unterstützen und abweichende Bewegungsformen zu vermeiden wie Rutschen auf dem Gesäß statt Kriechen, Aufsetzen aus einem extremen Spagat, überwiegendes Sitzen im Schneidersitz (Wilken 2017, 47). Die Erfahrung zeigte, dass es nicht so entscheidend ist, welche der verschiedenen physiotherapeutischen Maßnahmen eingesetzt wird (Bobath, Vojta o. a.), sondern wie die kindliche Aktivität gefördert wird und wie die Zusammenarbeit mit der Therapeutin von Eltern und Kind erlebt wird. Auch ist nicht das wesentliche Ziel von Therapie, die Entwicklung zu beschleunigen, sondern die Qualität der einzelnen Entwicklungsschritte und die Koordination zu fördern, denn »das Gras wächst nicht schneller, wenn man daran zieht!«.

Insgesamt zeigen neuere Daten zur Entwicklung von Kindern mit Down-Syndrom, dass eine syndromspezifische Förderung sich sowohl kurz- als auch langfristig positiv auswirkt, dass aber überzogene Erwartungen gerade im Hinblick auf generalisierbare Langzeiteffekte oft nicht gerechtfertigt sind (Weiss 1995, 63) und zudem eine realistische Sicht auf die tatsächlich möglichen positiven Veränderungen verstellen können (Wishart 2006, 177).

4 Spracherwerb und Sprachentwicklung

Abb. 11: Dialogisches Bilderbuch ansehen mit Sprache und Gebärden

4.1 Kommunikation, Sprache und Sprechen

Obwohl im allgemeinen Sprachgebrauch die Begriffe Kommunikation, Sprache und Sprechen oft wenig differenziert werden, haben sie doch recht unterschiedliche Bedeutung. Gerade für das Verständnis der besonderen Bedingungen bei Kindern mit Down-Syndrom ist aber eine Unterscheidung wichtig und für eine angemessene Förderung eine unerlässliche Voraussetzung.

Kommunikation bezeichnet alle Verhaltensweisen und Ausdrucksformen, mit denen wir anderen Menschen Mitteilungen machen. Deshalb umfasst Kommunikation viel mehr als nur die verbale Sprache. Schon kleine Kinder können durch Weinen und Lautieren, aber auch durch Körperhaltung, Blickkontakt, Anfassen und Zeigen ihre Bedürfnisse und Interessen deutlich machen und sich so mit ihren Bezugspersonen zunehmend verständigen. Allerdings sind solche basalen Kommunikationsformen nur kontextgebunden zu verstehen und bedürfen der Interpretation durch die Bezugspersonen. Die individuellen Ausdruckszeichen werden deshalb von vertrauten Personen zwar noch relativ gut verstanden, aber für Fremde sind sie meistens nicht verständlich.

Wichtige Grundlagen der Kommunikation des kleinen Kindes sind – mit unterschiedlicher Relevanz – die sensorischen Fähigkeiten Sehen, Hören, Fühlen, Schmecken, Riechen, aber auch das Bewegungsempfinden und der Gleichgewichtssinn. Gelernt werden muss die Bedeutungsgebung der erlebten Sinneseindrücke sowie die Auswahl und Ordnung der mit den verschiedenen Sinnen aufgenommenen Informationen (»sensorische Integration«). So kann das Kind z. B. eine Stimme hören, sie als Stimme der Mutter erkennen (Wahrnehmung) und mit dem visuellen Eindruck vom Gesicht der Mutter verbinden (auditiv-visuelle Integration) und dann eine bestimmte Folgeaktion erwarten (Bedeutungsgebung).

Im sozialen Miteinander von Kind und Eltern erfährt das Kind die Beantwortung seiner lautlichen Äußerungen sowie seines mimischen und gestischen Verhaltens und erlernt das abwechselnde Handeln in Interaktionen (turn-taking). Dadurch erwirbt es wichtige »dialogische Kompetenzen und Verhaltensweisen als Basiskompetenzen« für seine weitere allgemeine und sprachliche Entwicklung (Horsch u. a. 2008, 10).

Sprache ist ein Kommunikationssystem, das auf festgelegten Symbolen beruht, die von jedem Angehörigen der entsprechenden Sprachgemeinschaft verstanden werden. Diese sprachlichen Symbole repräsentieren Dinge und Handlungen, strukturieren Abfolgen, Beziehungen und Zeit, und zwar unabhängig, ob es sich dabei um Gebärden, Lautsprache oder Schrift handelt. Sprache ermöglicht somit das kognitive Verarbeiten von Wahrnehmungen und Erfahrungen und ist ein wesentliches Mittel für das Vergleichen und Bewerten, für das Erinnern sowie die Bildung von Kategorien. Aber diese Funktionen sind nicht an die Lautsprache gebunden, sondern vielmehr an ein differenziertes kommunikatives Symbolsystem. Deshalb können Menschen ohne Lautsprache auch mit anderen Sprachsystemen durchaus gleichwertige kognitive Fähigkeiten entwickeln.

Für das Erlernen des sprachspezifischen Regelsystems sind individuelle kognitive Kompetenzen, insbesondere Objektpermanenz und Symbolverständnis, wichtige Grundlagen. Zu den relevanten sozialen Bedingungen gehören dagegen vor allem die gelingenden Eltern-Kind-Interaktionen. Mit dem differenzierten Aufbau des Vokabulars (Lexik) muss das Kind auch dessen genaue Bedeutung erwerben (Semantik), es muss grammatische Strukturen verstehen und lernen, diese richtig anzuwenden. Zudem ist es wichtig zu wissen, wie Sprache zweckorientiert und situationsangemessen einzusetzen ist (Pragmatik). Die Sprache dient aber nicht nur der Verständigung mit anderen Menschen, sondern sie ist auch ein wichtiges Mittel zum Erwerb von Wissen, Kultur und sozialen Regeln.

Sprechen bezeichnet das Produzieren der hörbaren Sprache. Dazu ist erforderlich, dass die sprachtypischen Normlaute gebildet, zu Wörtern verbunden und bedeutungsbezogen benutzt werden. Sprechen ist ein besonders effektives und differenziertes Mittel der Kommunikation. Das Erlernen erfordert sowohl vielfältige basale Voraussetzungen als auch spezielle motorische und kognitive Fähigkeiten.

Für die normale Realisierung von Sprechen sind sehr viele verschiedene Aspekte wichtig. So müssen die einzelnen Laute korrekt gebildet werden (Artikulation), bei der Wortfolge und Satzstruktur sind Regeln zu beachten (Syntax) und mit den geäußerten Wörtern werden Absichten verbunden (Pragmatik). Auch die Sprechflüssigkeit, die Lautstärke und die Betonung (Prosodie) sind wichtig für eine ungestörte Kommunikation.

Ein besonderer Aspekt bezieht sich auf allgemeine Regeln des Gesprächsverhaltens. So ist zu beachten, wie und wann Nachfragen gestellt werden können und wann ein Sprecher unterbrochen werden darf, wie ein Gespräch begonnen, ein Thema bestimmt oder gewechselt werden kann. Missverständnisse müssen korrigiert und unterschiedliche Annahmen geklärt werden können. Die (Vor-)Kenntnisse des Gesprächspartners bei einem Thema sind zu berücksichtigen. Auch gilt es, angemessene Höflichkeitsformen zu beachten – das bezieht sich auch auf situationsgerechte Wortwahl und das Verwenden von typischen Peergroup-Begriffen.

4.2 Syndromspezifische Besonderheiten

Bei Kindern mit Down-Syndrom liegen individuell unterschiedlich ausgeprägte Veränderungen von Kommunikation, Sprache und Sprechen vor. Sie betreffen die motorisch-funktionalen Fähigkeiten, aber auch die kognitiven und sozialen Voraussetzungen sowie die Motivation und das Bedürfnis, sich mitzuteilen. Auffällig ist besonders die verlangsamte sprachliche Entwicklung nicht nur im Vergleich zu anderen Kindern, sondern auch verglichen mit der intraindividuellen Entwicklung von motorischen, kognitiven und sozialen Fähigkeiten. Dadurch ergibt sich eine spezielle Asynchronie der verschiedenen Entwicklungsbereiche im Kompetenzprofil bei Menschen mit Down-Syndrom, die auch die Wechselwirkungen von sprachlicher und allgemeiner Entwicklung beeinflussen.

Um differenzierte Hilfen gestalten zu können, müssen deshalb sowohl die individuellen Voraussetzungen und Beeinträchtigungen des Kindes erfasst werden als auch die möglichen syndromtypischen Veränderungen in der Interaktion und Kommunikation mit seinen Bezugspersonen und in anderen außerfamiliären Lebenskontexten (vgl. Müller, Wolf, Aktas 2021, 39).

Die *kommunikativen Fähigkeiten* und Verhaltensweisen von Kindern mit Down-Syndrom entsprechen überwiegend ihrer sonstigen allgemeinen Entwicklung. Allerdings reagieren Babys in der Kooperation mit ihren Müttern oft weniger aktiv als erwartet und ihr Antwortverhalten ist häufig undeutlicher und manchmal so verzögert, dass Interaktionsprozesse erschwert sein können oder asynchron verlaufen. Dadurch kann der wechselseitige Bezug von verbalen und handlungsbezogenen Kommunikationsformen gestört werden. Die allgemeine geringere Aktivität des Kindes und das eher seltenere Lautieren können das kommunikative Angebote der Eltern reduzieren. So zeigte sich, dass das Zuwendungsverhalten »im Zusammenspiel von Vokalisation des Kindes und dialogischem Echo der Eltern« verglichen mit Eltern nicht behinderter Kinder verändert ist (Horsch u. a. 2008, 17). Es ist weniger deutlich ausgeprägt und insbesondere zeigt das entwicklungsrelevante dialogische

Echo einen »Abwärtstrend« mit einem Tiefpunkt etwa im neunten (Entwicklungs-) Monat. Um die basalen Interaktionen von Eltern mit ihren Kindern mit Down-Syndrom zu fördern, müssen sie deshalb »in ihren dialogischen Verhaltensweisen bestärkt und ermuntert werden, damit die Aufeinanderbezogenheit dialogischer Prozesse nicht geschwächt wird« (ebd., 19).

Zu berücksichtigen ist auch, dass kleine Kinder mit Down-Syndrom zwar Blickkontakt in sozialen Situationen benutzen, es ihnen aber schwerer fällt, den referenziellen Blickkontakt als Mittel einzusetzen, um die Aufmerksamkeit ihrer Bezugsperson auf das zu lenken, was sie möchten. Mit zunehmendem Alter wird jedoch deutlich, dass Kinder mit Down-Syndrom, selbst bei eingeschränkten sprachlichen Fähigkeiten, sich relativ gut verständlich machen können und meistens motiviert und erfolgreich kommunizieren, weil ihre pragmatischen Fähigkeiten relativ gut entwickelt sind. Allerdings nutzen sie »Sprache oft weniger als Werkzeug eines Austausches von Inhalten, sondern mehr als soziales Spiel« (Leitlinien 2016, 64).

Die *sprachlichen* Fähigkeiten von Kindern mit Down-Syndrom werden erheblich beeinflusst von ihrer individuell unterschiedlich ausgeprägten kognitiven Beeinträchtigung. Dabei sind die allgemeinen Fähigkeiten jedoch oft deutlich weiterentwickelt als das Sprachverhalten vermuten lässt. Auch die verschiedenen sprachlichen Kompetenzbereiche zeigen ein unterschiedliches Niveau sowie eine typische asynchrone Entwicklung. Die daraus folgende häufig erhebliche Unterbewertung der kognitiven Fähigkeiten vermag nicht nur Erwartungen und Ansprüche der Bezugspersonen zu verändern, sondern kann auch zu einer Unterforderung des Kindes führen und dadurch seine Motivation und Mitteilungsbereitschaft erheblich beeinträchtigen. Es ist davon auszugehen, dass das Sprachverständnis bei Kindern mit Down-Syndrom meistens ihren nonverbalen kognitiven Fähigkeiten entspricht (Bird, Buckley 1994, 16). Eine diagnostische Abklärung mit entsprechenden Testverfahren ist jedoch sinnvoll, um angemessene sprachliche Angebote zu machen und Überforderung zu vermeiden. Schwierigkeiten können sich ergeben bei zu langen verbalen Informationen, zu abstrakten und wenig bedeutsamen Inhalten und bei schwierigeren grammatischen Satzstrukturen wie Negationen oder Relativsätzen.

Beim *Sprechen* zeigen sich die typischen Schwierigkeiten der Kinder mit Down-Syndrom besonders deutlich. Motorische und funktionelle Beeinträchtigungen von Zunge und Lippen, Veränderungen des Gaumens, der Kiefer und Zähne und eine allgemeine orofaziale Hypotonie können sich bereits auf die Primärfunktionen der Sprechorgane auswirken und Saugen, Schlucken, Kauen und Trinken erheblich beeinträchtigen.

Eine ungenaue kinästhetische Wahrnehmung im Mundbereich erschwert das Fühlen, Wiederholen und Merken von Zungenbewegungen bei der eigenen Lautproduktion als Voraussetzung, um Laute nachahmen zu können. Beeinträchtigungen der Sinnesorgane, insbesondere des Hörens, können das Sprechenlernen zusätzlich erschweren. Dadurch weist die expressive Sprache oft typische Störungen auf.

Zudem haben Menschen mit Down-Syndrom vor allem in den Fähigkeiten, Zusammenhänge zwischen Dingen und Handlungen oder Gedanken zu bezeichnen, besondere Schwierigkeiten (Kumin 1994, 17). Legt man jedoch ein erweitertes Verständnis von sprachlichen Mitteilungen zugrunde, das Gebärden einbezieht, so wird oft deutlich, dass die meisten Kinder ihrem Entwicklungsalter entsprechend durchaus in der Lage sind, Ähnlichkeiten zu erkennen, Generalisierungen vorzunehmen oder semantische Bezüge herzustellen und sprachliche Regeln anzuwenden. Deshalb haben Gebärden nicht nur eine wichtige Bedeutung, um sich mitteilen zu können, sondern auch für das Lernen der sprachgebundenen kognitiven Fähigkeiten.

Bei einem Vergleich mit kognitiv beeinträchtigten Kindern, bei denen andere Ursachen zur Behinderung geführt hatten, konnte abgeleitet werden, dass die besonderen Schwierigkeiten der Kinder mit Down-Syndrom beim Spracherwerb und beim Sprechen nicht allein mit ihren kognitiven Einschränkungen erklärbar sind (Miller 1999, 29), sondern dass von spezifischen Schwierigkeiten auszugehen ist. Trotz großer Variabilität in den verschiedenen Fähigkeiten und Beeinträchtigungen konnte deshalb für Kinder mit Down-Syndrom ein typisches Sprachprofil ermittelt werden mit Schwächen in der expressiven Sprache, besonders in Grammatik und Syntax, aber mit deutlichen Stärken im Bereich der Pragmatik (ebd.).

Die Berücksichtigung dieser Erkenntnisse ist deshalb eine wichtige Bedingung für die Sprachförderung, damit die Kinder ihre kommunikativen und kognitiven Kompetenzen möglichst günstig entfalten können.

4.3 Sprachentwicklung

Die Darstellung von Sprache und Sprachentwicklung kann in Bezug zum jeweiligen wissenschaftlichen Interesse in unterschiedlichem Kontext und unter speziellen Aspekten erfolgen. So unterscheiden sich medizinische und biologische Fragestellungen von interkulturellen, psychologischen, soziologischen oder linguistischen Sichtweisen. Für die Förderung von Kindern mit Down-Syndrom ist zudem die Entwicklung präverbaler und nichtsprachlicher Kommunikationsformen angemessen zu berücksichtigen. Bei den zeitlichen Angaben zur Sprachentwicklung bedürfen die üblichen Durchschnittswerte aufgrund der immer vorliegenden großen Streubreite einer zurückhaltenden Interpretation und können nur als ein grober Orientierungsrahmen gesehen werden.

Gesprochene Sprache beruht auf vielfältigen koordinierten Bewegungen von Lippen und Zunge, Kiefergelenken, Stimmbändern und Atmung. Aber den geäußerten Lauten kommt nur dann sprachliche Bedeutung zu, wenn der Sprecher damit etwas meint und sich dabei eines konventionellen Zeichensystems bedient. Das Kind muss also sowohl die sprechmotorischen Bewegungsabläufe lernen als auch das konventionelle Zeichensystem in der Kommunikation mit seinen Bezugspersonen erwerben.

Bei den Grundlagen der Sprachentwicklung können wir zur besseren Beschreibung einerseits den motorisch-funktionellen Bereich sowie andererseits den kognitiven und den sozio-emotionalen Bereich unterscheiden, obschon eine erhebliche wechselseitige Beeinflussung besteht. Im motorisch-funktionellen Bereich werden basale Voraussetzungen für die Sprechbewegungen erworben. Damit das Kind aber sprechen kann, d. h. Wörter verfügbar hat, müssen im kognitiven Bereich die Grundlagen der Sprache erworben werden.

Tab. 4: Grundlagen der Sprachentwicklung

Motorisch-funktioneller Bereich	Kognitiver und sozio-emotionaler Bereich
Primärfunktionen der Sprechorgane: Saugen, Kauen, Schlucken, Zungen- und Lippenbeweglichkeit, Atmung (Mund- und Nasenatmung), Pusten, Schnäuzen, Vegetative Laute, Ausdruckslaute, Motorik (Kopfkontrolle), Sensorische Fähigkeiten: Hören, Sehen, Fühlen, Schmecken, Riechen	Wahrnehmung, Blick, referenzieller Blickkontakt, Aufmerksamkeit, Interesse, Antwortverhalten, Dialogisches Lallen, Situationsverständnis, Objektpermanenz, Symbolverständnis, Deklaratives Zeigen, Nachahmung (unmittelbar, aufgeschoben), Vorstellungen, Erwartungen, Interaktives Handeln (turn-taking), Sprachverständnis

Für die Sprachentwicklung ist jedoch nicht nur das Zusammenwirken dieser funktionalen und kognitiven Entwicklungsprozesse eine wesentliche Grundlage, sondern auch den allgemeinen Lebens- und Lernbedingungen des Kindes kommt eine wichtige Bedeutung zu. Die Entwicklung der Sprache ist deshalb nicht von den Prozessen der Sozialisation und der Enkulturation zu trennen.

Sprachliche Entwicklung ist auch von Reifungsprozessen und den damit verbundenen »biolinguistischen Zeitfenstern« (Locke zit. n. Grimm 2012, 167) abhängig. Eine wesentliche Grundlage bilden zudem gemeinsame sinn- und bedeutungsvoll erlebte Interaktionen. Solche als dialogisches Handeln bezeichneten Aktivitäten beginnen beim Aufnehmen und Tragen des Kindes, beim Pflegen und Nähren und entwickeln sich weiter bei gemeinsam gestalteten Alltagshandlungen und im Spiel miteinander.

Die noch undifferenzierten und nicht intentionalen Bewegungen des Säuglings werden allmählich durch gegenseitige Beeinflussung von Reifung und Lernen koordiniert und können dann bewusst ausgeführt werden. Das gilt auch für die Primärfunktionen der »Sprechorgane«. So erfolgen beim Saugen, Kauen und Trinken Wahrnehmungen im Mundbereich und die Lippen- und Zungenmuskulatur wird geübt. Dadurch ist das Kind in der Lage, bereits in den ersten Lebenswochen einfache Vokalisationen zu äußern. Diese so genannten »Gurr-Laute« sind akustisch deutlich vom Schreien zu unterscheiden und treten überwiegend im sozialen Kontext auf. Oft sind sie verbunden mit dem Lächeln des Kindes und deutlich als Antworten auf direkte Zuwendung zu verstehen.

Bei der Lautbildung verknüpft das Kind visuelle und auditive Wahrnehmungen mit den entsprechenden kinästhetischen Wahrnehmungen an den »Sprechorganen«

und die vom Kind geäußerten Laute werden von den Bezugspersonen imitiert und damit verstärkt. Diese frühen Lalldialoge ermöglichen dem Kind ein beginnendes Verstehen der Wirkung von eigener Aktivität. Eine weitere wesentliche Grundlage der präverbalen Kommunikation sind gemeinsame Handlungen und spielerische Rituale, weil dabei Erfahrungen möglich sind, die Sinn und Ziel von Eigenaktivität erleben lassen. Durch gleiche verlässliche Beantwortung der Bezugspersonen kann das Kind intentionales Verhalten erwerben und lernen, dass es etwas bewirken und sich mitteilen kann. Es vermag sich zu erinnern und Erwartungen zu entwickeln.

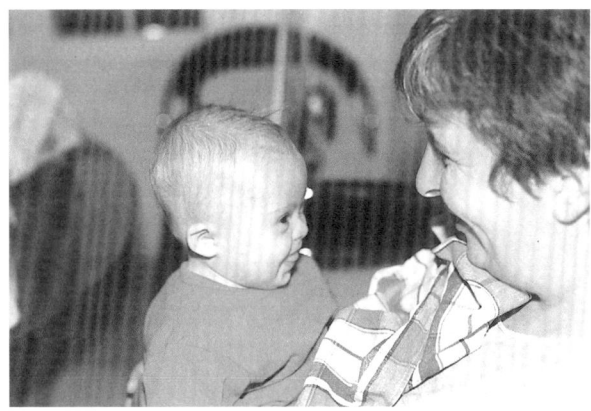

Abb. 12: Die emotionale Kommunikation von Mutter und Kind ist eine wichtige Grundlage der Sprachentwicklung

Mit der Koordination von Sehen, Greifen und Saugen wird dem Kind möglich, die Finger oder andere Dinge in den Mund zu stecken, daran zu lutschen oder darauf zu beißen. Dieses Lutschen und Saugen, wie auch das beißende Untersuchen mit dem Mund, führt zu besserer Mundwahrnehmung, aber auch zu einem Abbau des Würge- und Beißreflexes und einer sich zunehmend entwickelnden Kaufähigkeit. Das Kind lernt, Nahrungsstückchen mit der Zunge im Mundraum hin und her zu bewegen, und es beginnt, z. B. Kekse oder Zwieback zumeist zwischen den Mahlzeiten zu essen. Die um den vierten Monat begonnenen artikulatorischen Modulationen besonders hinsichtlich der Bildung von Konsonanten erweitern sich und im sechsten Monat in der Regelentwicklung erfolgt schließlich eine deutliche Differenzierung der früheren Gurr-Laute in vokalische und konsonantische Bestandteile (z. B. dada, gaga). Diese neuen Laute zeugen von der erlangten Fähigkeit, die Zungenbewegung nicht nur beim Kauen bewusster zu steuern, sondern sie auch zur Lautbildung spielerisch einzusetzen. Eine Mutter berichtet, wie sie mit ihrer Tochter mit Down-Syndrom im Alter von sechs Monaten erste kleine Lautdialoge führt, »indem wir ihre wenigen Äußerungen aufgriffen und nachahmten. Nicht alle ihrer zufällig erzeugten Laute konnte sie gezielt wiederholen, aber nach und nach gelangen ihr doch einige bewußte Laute, wie z. B. a-ba« (Hendl 2017, 24).

Wenn das Kind etwa im Alter von sechs bis neun Monaten sitzen kann, erweitert sich sein Gesichtsfeld und es kann seine Hände freier gebrauchen. Auch die Möglichkeiten, mit ihm zu spielen und etwas miteinander zu tun, werden vielfältiger. In Alltagshandlungen können Gewohnheiten aufgebaut und gemeinsame Rituale entwickelt werden. Das Kind erwirbt so Vorstellungen über Handlungsfolgen und die Objektpermanenz entwickelt sich. Das zeigt sich am beginnenden Suchverhalten und an der Freude, sich zu »verstecken« oder am »Guck, guck, da!-Spiel«, wenn wir uns verstecken. Es lernt durch Anblicken die Aufmerksamkeit der Bezugsperson zu lenken, auf Dinge zu zeigen und zu fordern. Dieser referenzielle Blickkontakt veranlasst die Erwachsenen, das zu kommentieren, was sie gerade tun oder zu beschreiben, wohin das Kind sieht bzw. was es gerade macht. So wird das Sprachverständnis kontextbezogen zunehmend erweitert.

Die vom Kind geäußerten Laute und Lautfolgen werden von den Bezugspersonen lustvoll nachgeahmt (»dialogisches Echo«, Horsch u. a. 2008, 13). Dies ermöglicht dem Kind, seine eigenen Laute zu wiederholen, aber auch vorgesprochene Laute nachzuahmen. Zudem bereitet ihm das spielerische Herumprobieren mit der Lautstärke und der Prosodie offensichtliches Vergnügen. Dabei werden oft viele Laute produziert, die typische Merkmale der Muttersprache aufweisen, aber häufig auch deutlich abweichende andere Laute und »vegetative« Vokalisationen wie Räuspern oder »Blubbern«.

Mit zunehmendem Alter des Kindes und wachsenden motorischen Fähigkeiten gelingt die Nachahmung der umgebenden Sprache mit größerer Sicherheit – selbst wenn noch keine korrekten Wörter gesprochen werden können. Dabei lassen sich auf dem Weg vom Lallen zum Sprechen neben der zunehmenden Differenziertheit der auftretenden Laute, situationsabhängige Variationen in der Tonhöhe und Lautstärke feststellen. »Am Anfang steht die Prosodie« (Grimm 2012, 23) sowohl für das Verstehen als auch zum Mitteilen. Deshalb besitzen handlungsbegleitenden Lautfolgen oft deutliche Ähnlichkeiten mit Lautmalereien, wenn das Kind z. B. ein rhythmisches Klopfen oder Schlagen mit Baustein oder Rassel entsprechend sprachlich mit »Ba-ba-ba« begleitet. Beim Spiel mit Stofftieren und Puppen kann man hören, wie es durch Übernahme der elterlichen Intonation schon zu schimpfen, zu erzählen und zu fragen vermag. Diese Lalläußerungen haben also wichtige kommunikative Merkmale. Das Kind redet in »Sätzen«, bevor es einzelne Wörter sagen kann! Das einsetzende Sprachverständnis ermöglicht zunehmend auf sprachliche Anforderungen mit bestimmten Handlungen zu antworten (etwa ab neun bis zehn Monate). Hierzu gehören erste Finger- und Kniereiterspiele oder typische Rituale (»Zeig einmal, wie groß du bist!«, »Wo ist deine Nase?«). Anfangs ist dieses Verstehen von Sprache noch stark kontextgebunden, erst allmählich erlangen die einzelnen Wörter ihre konventionelle begriffliche Einengung. Das Sprachverständnis ist in der Entwicklung bei allen Kindern immer deutlich dem Sprechen voraus.

Die meisten Kinder können schon sicher auf Personen oder Dinge zeigen (»Wo ist Papa?«, »Wo ist die Lampe?«), bevor sie diese Wörter sprechen. Die Entwicklung von Sprachverstehen ist jedoch nicht abhängig vom Sprechen können und auch der eigentliche Sprechbeginn setzt noch nicht differenzierte sprechmotorische Leistungen voraus.

Bei Kindern, die sich regelhaft entwickeln, kann davon ausgegangen werden, dass mit dem Alter von etwa einem Jahr beginnend Wörter wie »Mama« oder »da«

auftreten und Lautmalereien wie »wau-wau«, »brm-brm« und erste Proto-Wörter gesprochen werden. Kennzeichnend für diese Wörter ist, dass sie phonologisch oft stark vereinfacht sind und deshalb meistens nur von den Bezugspersonen verstanden werden, wie z. B. »Dausa« (Staubsauger) oder »Nanna« (Banane). Kinder mit Down-Syndrom sind dann aufgrund der typischen Sprachentwicklungsverzögerung meistens etwa eineinhalb bis zwei Jahre alt oder auch deutlich älter.

Die Ein-Wort-Äußerungen des kleinen Kindes sind überwiegend situationsgebunden zu verstehen. »Die sprachliche Äußerung für sich allein enkodiert noch nicht die Aussage, die das Kind mitteilen will, sondern diese wird enkodiert durch das, was es tut und wie es Elemente des Kontexts mit der sprachlichen Äußerung verbindet ... frühe sprachliche Äußerungen (sind) von der umgebenden Situation und den umgebenden Handlungen erkenntnismäßig noch nicht losgelöst« (Szagun 1983, 77). Es handelt sich somit nicht eigentlich um Einzelwörter, sondern eher um »satzartige Gebilde«, für die deshalb der Terminus »Einwortsatz« gebräuchlich ist. Die jeweilige kommunikative Bedeutung ist meistens nur aus dem Kontext heraus verstehbar, auch wenn das Kind versucht, einzelne Unterschiede in der Intonationsstruktur auszudrücken (»Ball?« oder »Ball!«). Bei der Auswahl der Wörter, die ein Kind zuerst spricht, ist ihre individuelle kommunikative Bedeutung entscheidend. Artikulatorisch schwierige Wörter werden dann zwar vereinfacht gesprochen, aber das Kind lernt sie, wenn sie etwas bezeichnen, das subjektiv wichtig ist.

Beim Erwerb der Wortbedeutungen ist ebenfalls eine deutliche Entwicklung erkennbar und ein zunehmend genaueres Verständnis. So kann das Kind anfangs alle runden Gegenstände mit »Ball« bezeichnen oder alle Tiere mit »wau-wau«. Diese Übergeneralisierungen sind typisch, aber eine einsehbare Logik ist dabei meistens erkennbar.

Das sich entwickelnde sprachliche Denken wird auch deutlich sichtbar, wenn das Kind nach ihm verständlichen Merkmalen klassifiziert: nach Funktionsgleichheit oder Ähnlichkeit in Farbe, Größe oder Form. Aufgrund solcher Klassifizierungsprozesse bezeichnete ein Kind z. B. den Mond als »Lampe« und Seifenwasser als »neblig«.

Mit wachsendem Verständnis für die gesprochene Sprache wird es möglich, dem Kind zu erzählen, was wir vorhaben zu tun, oder es zu erinnern, was wir getan haben. Wir können gemeinsam Bilderbücher ansehen und dem Kind Dinge erklären, die es noch nicht kennt. Damit erweitert sich sein Wissen und Sprache wird mehr und mehr zu einem wichtigen Mittel für das Erinnern und Denken.

Etwa im Alter von zwei Jahren beginnen sich regelhaft entwickelnde Kinder überwiegend in Zwei- und Mehr-Wort-Sätzen zu sprechen. Während anfangs vorwiegend Wörter benutzt werden, die eine komplexe Bedeutung in konkreten Interaktionen haben, erfolgt mit der Zunahme des Vokabulars eine Einengung der Wortbedeutung zur konventionellen Bezeichnung von Objekt oder Handlung. Wenn z. B. auf dem Tisch ein Teller mit Keksen steht und das Kind die Mutter bitten möchte, ihm einen zu geben, so wird es zu Beginn dieser Entwicklung »Mama« oder evtl. »Keks« sagen und mit deklarativem Zeigen verbinden. Dann lernt es, die Wörter zu verbinden und »Mama Keks« oder »Keks haben« zu sagen. Diesem Entwicklungsschritt liegt ein Erkenntnisprozess zugrunde, in dem die Kinder verstehen lernen, dass Zweiwortäußerungen Beziehungen ausdrücken, die sie im Umgang mit

Dingen und Menschen ihrer Umwelt gewonnen haben. Dabei werden die entsprechenden Erkenntnisse zuerst nichtsprachlich erworben, bevor sie in sprachlicher Form geäußert werden (Szagun 1983, 15). Interessant ist, dass noch nicht sprechende Kinder, die Gebärden benutzen, diese Erkenntnisse im gleichen Entwicklungsalter ebenfalls erwerben und dann mit der Kombination von zwei Gebärden oder von einer Gebärde mit einem (Proto-)Wort zeigen.

Mit dem sich schnell erweiternden Wortschatz des Kindes und den wachsenden Fähigkeiten, Zusammenhänge zu erkennen, Kategorien zu bilden, Handlungen zu beschreiben, aber auch »Rollen« zu spielen, werden auch kognitive Erkenntnisse erworben, die dann sprachlich ausgedrückt werden können.

Für den Grammatikerwerb bei Kindern lassen sich gewisse Regelmäßigkeiten und Übereinstimmungen feststellen. Auf der Grundlage unterschiedlicher theoretischer Positionen werden verschiedene Aspekte dieser Gemeinsamkeiten aufgezeigt, z. B. in der Auswahl der verschiedenen Wörter (Substantive, Verben, Adjektive) oder in der typischen Verkürzung der Aussagen (Telegrammstil). Das beginnende Hineinwachsen des Kindes in das grammatische System ist bereits an der Regelhaftigkeit der Wortfolge in den ersten Zweiwort- und Mehrwortsätzen zu erkennen. So wird das Kind z. B. nicht »haben Keks« sagen, sondern normalerweise »Keks haben«. Diesen Lernprozessen liegen aber keineswegs einfache Imitationen zugrunde, sondern das Kind zeigt im Gegenteil eine eigene aktive Regelbildung. Dies wird besonders deutlich bei überdehnter »falscher« Regelhaftigkeit (»Mama hat gebest« – statt »gefegt«) oder bei Übergeneralisierungen und Überregularisierungen (»ich hab' getrinkt«, oder Baum – Bäumer entsprechend wie Haus – Häuser). Teilweise werden Wörter nicht allein nach grammatischen, sondern auch nach sinnlogischen oder bedeutungswichtigen Regeln geordnet (»Mama wieder ist da«). Die Artikulation zeigt noch längere Zeit einzelne typische physiologische Fehler.

Manchmal kann in diesem Entwicklungsalter aus der Diskrepanz zwischen motorischer Sprechungeschicklichkeit und schnellerem sprachlichen Denken eine Sprechunflüssigkeit bzw. Stottern entstehen. Das gilt auch für Kinder mit Down-Syndrom, wenn sie einen entsprechenden Entwicklungsstand erreicht haben.

Mit etwa drei bis vier Jahren sind die wesentlichen Grundlagen der Sprache erworben. Das Vokabular umfasst durchschnittlich mehr als 1000 Wörter, die typischen Artikulationsfehler und das physiologische Stottern sind zumeist überwunden. Die Äußerungen des Kindes sind jetzt auch Fremden gut verständlich. Es ist in der Lage, komplexe Sätze zu bilden, und grammatische Funktionswörter werden realisiert.

Mit Ende des vierten bis fünften Lebensjahres erfolgt schließlich der Vollzug des eigentlichen Spracherwerbs, auch wenn noch eine erhebliche Weiterentwicklung der sprachlichen Kompetenzen bis ins Jugendalter erfolgt. Dabei handelt es sich sowohl um eine Zunahme des aktiven Wortschatzes und differenzierterer grammatischer und syntaktischer Fähigkeiten als auch um eine entsprechende Erweiterung des Sprachverständnisses. Dieses sprachliche Lernen ist auch danach noch möglich, wenn geeignete Lernbedingungen und Angebote gegeben sind und wenn weiterhin allgemeine Kenntnisse vermittelt und Interessen berücksichtigt werden.

4.4 Syndromspezifische Veränderungen der Sprachentwicklung

Bei Säuglingen und Kleinkindern mit Down-Syndrom zeigen sich bereits beim Erwerb der sprechmotorischen Grundlagen und in der frühen präverbalen Kommunikation einige typische Abweichungen. So kann das frühkindliche Saug- und Schluckmuster über die ersten sechs Monate hinaus bestehen und die Entwicklung differenzierterer Bewegungen erschweren. Das zeigt sich besonders deutlich bei den Schwierigkeiten, das Kauen zu lernen. Die Kinder essen dann mit vorwiegend einfachen vor- und rückwärts verlaufenden Zungenbewegungen. Selbst Schulkinder versuchen manchmal noch mit diesen Zungenbewegungen Nahrung am Gaumen zu zerdrücken, anstatt die normalen Kaubewegungen zu machen.

Die allgemeine Hypotonie betrifft auch den orofazialen Bereich. Sie bewirkt eine geringere spielerische Aktivität von Lippen und Zunge und es wird weniger gelallt. Die ungenauere und schwächere Wahrnehmungsfähigkeit reduziert die Entwicklung von Bewegungsvorstellungen im Mundraum und beeinträchtigt die Kopplung von auditiven und taktilen Eindrücken. Die Eigen- und Fremdnachahmung ist dadurch erschwert und die typischen Lalldialoge mit Bezugspersonen erfolgen seltener. Zudem reagieren Babys mit Down-Syndrom auf Ansprache in der Kommunikation mit ihren Müttern oft weniger deutlich und ihr Antwortverhalten ist häufig so verzögert, dass wechselseitige Interaktionen erschwert sind oder asynchron verlaufen.

Ein wichtiger Aspekt betrifft das Herstellen von gemeinsamer Aufmerksamkeit (joint attention) und von referentiellem Blickkontakt. Während Kinder mit Down-Syndrom den Blickkontakt intensiv in sozialer Kommunikation einsetzen, fällt es ihnen dagegen schwerer, den Blickkontakt zu benutzen, um die Aufmerksamkeit ihrer Bezugsperson zu lenken, um sie zu veranlassen, das zu benennen, wohin das Kind blickt, oder zu kommentieren, was sie oder das Kind gerade tun. Die Entwicklung dieses pendelnden Blickes gilt als eine wichtige »Vorausläuferfähigkeit« für basale sprachliche Kompetenzen (Legerstee, Fisher 2008, 291).

Besonders aber das fordernde Zeigen scheint für die nonverbale Interaktion wichtig zu sein wegen der damit verbundenen sozio-kognitiven Erkenntnisse über die Wirksamkeit eigener Aktivität. So ergaben einige Studien (Johnston u. a. 2005, 235 f.) einen Zusammenhang zwischen frühen Formen von kommunikativen Intentionen wie proto-imparativen gestischen Forderungen und proto-deklarativem Zeigen und späterer Sprachentwicklung. Der Gebrauch von nonverbalen Forderungen bzw. Bitten hat sich danach als eine wesentliche Grundlage für die intellektuelle Entwicklung des Kindes erwiesen (Bates, Dick 2002, 294 f.). Kinder mit Down-Syndrom setzen, wie verschiedene Untersuchungen belegen, »non-verbale Ausdrucksmittel zur Mitteilung von Wünschen« deutlich weniger ein als andere Kinder (Sarimski 2018, 39):

Interessant ist auch, dass eine Lallsequenz bei Babys mit Down-Syndrom eine durchschnittliche Länge von fünf Sekunden hat, während normalerweise Babys ihre Lautäußerungen nach drei Sekunden beenden (Rondal 1996, 11). Verzögertes

Antwortverhalten und verlängerte Lallsequenzen können die Beobachtung erklären, dass häufig gleichzeitige Äußerungen von Kind und Mutter erfolgen und der wechselseitige Bezug verbaler und handlungsbezogener Kommunikationsformen weniger verstärkend erlebt wird. Damit ist möglicherweise auch zu erklären, dass Mütter in den ersten Monaten zwar genau wie bei anderen Kindern auch die Vokalisationen ihres Kindes mit Down-Syndrom wiederholen und erweitern (»Protokonversation«), aber dann zunehmend weniger ein solches entwicklungsrelevantes »dialogisches Echo« anbieten (Horsch 2008 u. a., 17). Aber fast alle Kinder mit Down-Syndrom lernen die typische Prosodie ihrer Muttersprache und sind oft sehr gut fähig, mit Mimik, Gestik und entsprechend betonten Lauten kontextbezogen ihre Wünsche und auch ihre Stimmung zu übermitteln.

Die Fähigkeiten der Kinder in der prä- oder nonverbalen Kommunikation entsprechen überwiegend ihrer allgemeinen kognitiven Entwicklung. Ausgeprägte Schwierigkeiten haben sie aber beim eigentlichen Spracherwerb und beim Sprechenlernen. Die ersten Lautäußerungen mit Wortbedeutung (Protowörter) und typische frühe Wörter (Mama, Papa, Ball) treten durchschnittlich mit etwa zwei Jahren auf – allerdings ist die Aussprache oft stark vereinfacht und die Kinder sind meistens nur von vertrauten Personen zu verstehen. Die Streubreite in der Sprachentwicklung ist jedoch sehr groß. Besonders im Alter zwischen zwei und fünf Jahren haben die meisten Kinder mit Down-Syndrom große Probleme, sich verständlich zu machen, etwas zu fragen oder mitzuteilen. Sie sind deshalb oft frustriert oder auch wütend, weil ihnen »die Worte fehlen«. Hier kann die Gebärden-unterstützte Kommunikation (Wilken) eine wichtige Hilfe bieten.

Bei allen Kindern mit Down-Syndrom ist auch die weitere Entwicklung der Sprache erheblich verzögert, wobei vor allem das Sprechen besonders betroffen ist. Allerdings zeigte sich, dass weder allein das Syndrom und die damit verbundene kognitive Beeinträchtigung die großen speziellen Schwierigkeiten noch die große Variabilität innerhalb der Gruppe der Kinder mit Down-Syndrom erklärt (Miller 1999, 35). Das Sprachverständnis dagegen entspricht überwiegend den nonverbalen kognitiven Fähigkeiten der Kinder (Buckley 1994, 16).

Ob die speziellen Schwierigkeiten, die viele Kinder mit Down-Syndrom beim Sprechenlernen haben, sich mit dem Begriff der kindlichen Sprechapraxie zutreffend fassen lassen, ist insbesondere auf mögliche therapeutische Konsequenzen hin zu reflektieren. Wenn nach Ayres (1984) unter Praxie der neurologische Prozess zu verstehen ist, durch den die Kognition die Motorik steuert, wird deutlich, dass vor der eigentlichen motorischen Ausführung die differenzierte Bewegungsabfolge als motorisches »Programm« vorliegen muss. Deshalb ist Praxie als Fähigkeit, willkürliche Bewegungen adäquat umzusetzen, Teil der kognitiven Entwicklung und an eine intakte Wahrnehmungsfähigkeit und sensorische Integration gebunden. In gleicher Weise steht beim Sprechen »Praxie für die motorische Planung und Programmierung von Sprechbewegungen ... Elementar ist eine zu jeglichem Zeitpunkt sehr fein abgestimmte Wahrnehmung des aktuellen Bewegungsstatus sowie ein flüssiger Übergang der angestrebten folgenden Bewegungen der Artikulatoren« (Birner-Janusch 2007, 72). Dabei erfolgt eine Abstimmung der »Wahrnehmungskanäle, die das Sprechen steuern (das Hören und der taktil-kinästhetische Kanal sowie das Sehen). Es findet eine systematische Verzahnung zwischen Artikulationsbewegungen und auditiver Wahrnehmung statt« (ebd., 80). Aus einer Störung dieser Fähigkeiten ergibt sich somit, dass die betroffenen Kinder Schwierigkeiten haben, während »des Sprechablaufs Elemente des Sprech- und Sprachsystems, also Laute und Wörter, in größere zusammenhängende Muster, also Wörter und Sätze, einzubetten« (ebd., 77). Zudem ist wichtig, festzustellen, dass diese für den Sprecherwerb wichtige basale Fähigkeit der Koppelung von Hören und kinästhetischer Wahrnehmung erlernt wird und nicht angeboren ist. Es ist denkbar, dass bei Kindern mit Down-Syndrom dieser Lernprozess syndromspezifisch durch die langsamere Wahrnehmungsverarbeitung sowie durch die Hypotonie und schwächere Wahrnehmungsfähigkeit verändert sein kann und so zu den bekannten Schwierigkeiten beim Spracherwerb führt und durchaus als eine spezielle Form der Sprechapraxie angesehen werden kann.

Durchschnittlich sprechen Kinder ungefähr 50 einzelne Wörter, bevor sie beginnen, Zwei-Wort-Sätze zu bilden. Dagegen benötigen Kinder mit Down-Syndrom, die ihren Wortschatz ohnehin langsamer aufbauen, etwa 80 bis 100 Wörter (Buckley 1994, 16). Gebärden können deshalb eine wichtige Unterstützung bieten, weil durch die Kombination mit einzelnen gesprochenen Wörtern ebenfalls der nötige erweiterte Grundwortschatz gegeben ist. Dadurch sind Zwei- und Mehrwortsätze deutlich früher möglich, wenn das Kind z. B. »Papa« spricht und dann »arbeitet« gebärdet. Die ersten gesprochenen Mehrwortsätze bei Kindern mit Down-Syndrom treten durchschnittlich im Alter von etwa vier Jahren auf (Rondal 1996, 11).

Während Kinder mit Down-Syndrom ihren Wortschatz kontinuierlich erweitern, haben viele dagegen oft ausgeprägte Schwierigkeiten beim Erwerb von Satzbau und Grammatik. Der richtige Gebrauch von Artikeln, Präpositionen, Hilfsverben oder Zeitformen ist häufig eingeschränkt und Nebensätze werden eher selten gebildet. Ihre grammatische Struktur weist insgesamt eine geringere Komplexität auf (Kumin 1994, 102). Die Wortfolge wird zwar überwiegend gut gelernt, aber oft wird im »Telegrammstil« gesprochen. Auch die durchschnittliche Länge von Wortäußerungen (MLU – mean length of utterance) bei Kindern mit Down-Syndrom entwickelt sich nur langsam und stagniert durchschnittlich etwa im Alter von 15 Jahren bei drei bis vier Wortäußerungen pro Satz (Rondal 1996, 11). Es ist aber wohl nicht gerechtfertigt, von einem syndromtypischen allgemeinen Entwicklungsstillstand bzw. von einem generellen Plateau auszugehen und damit das Beenden jeder Sprachtherapie zu begründen (Leddy, Gill 1999, 212). Werden die typischen sozialen und pragmatischen Stärken der Jugendlichen berücksichtigt und werden differenzierte ergänzende multimodale Kommunikationsangebote gemacht, ist auch danach sprachliches Weiterlernen durchaus möglich.

Ein besonderes Problem der Kinder mit Down-Syndrom, das mit zunehmendem Alter auch von ihnen selbst verstärkt erlebt wird, ist die oftmals erheblich eingeschränkte Verständlichkeit ihrer Sprache. Wenn sie etwas mitteilen möchten und dann nicht verstanden werden, kann das zu Frustrationen und zum Abbruch des Gesprächs führen. Solche Erfahrungen können die Tendenz fördern, in kurzen und deshalb eher verständlichen Sätzen zu sprechen, oder nur in Einwortäußerungen, trotz besserer allgemeiner sprachlicher Kompetenz (Buckley 1994, 19).

4.4 Syndromspezifische Veränderungen der Sprachentwicklung

Es gibt zunehmend mehr Jugendliche mit Down-Syndrom, die eine relativ gute bis annähernd normale Sprache und Sprechfähigkeit entwickeln. Trotzdem können auch bei ihnen noch Schwierigkeiten bestehen im differenzierten Erfassen sprachlicher Mitteilungen (vgl. Witecy u. a. 2018, 17), im situationsangepassten sprachlichen Verhalten und in der Möglichkeit, Berichte, Erlebnisse und Gefühle verständlich wiederzugeben. Es ist deshalb wichtig, in altersentsprechenden Lebenszusammenhängen und Interessenbereichen diese sprachlichen Fähigkeiten zu erweitern. Das gilt auch für das Lesen- und Schreibenlernen. Die zahlreich vorliegenden schriftsprachlichen Berichte von Jugendlichen und Erwachsenen mit Down-Syndrom zeigen in Wortwahl und Inhalt ein Niveau, das ihren kognitiven Möglichkeiten entspricht und beeindruckend ihre persönliche Erlebensweise und Weltsicht verdeutlicht (vgl. Bender 1986, Paulmichl 1994, Fraas 1999, Fohrmann 2005, Magazin »Ohrenkuss«). Es ist deshalb wichtig, Bedingungen zu gestalten, damit pragmatische Fähigkeiten und soziale Aspekte der Kommunikation sich unter Berücksichtigung der individuellen lebensbezogenen Bedeutung in konkreten Alltagssituationen auch bei Erwachsenen noch weiterentwickeln können.

5 Förderung von Kommunikation und Sprachentwicklung

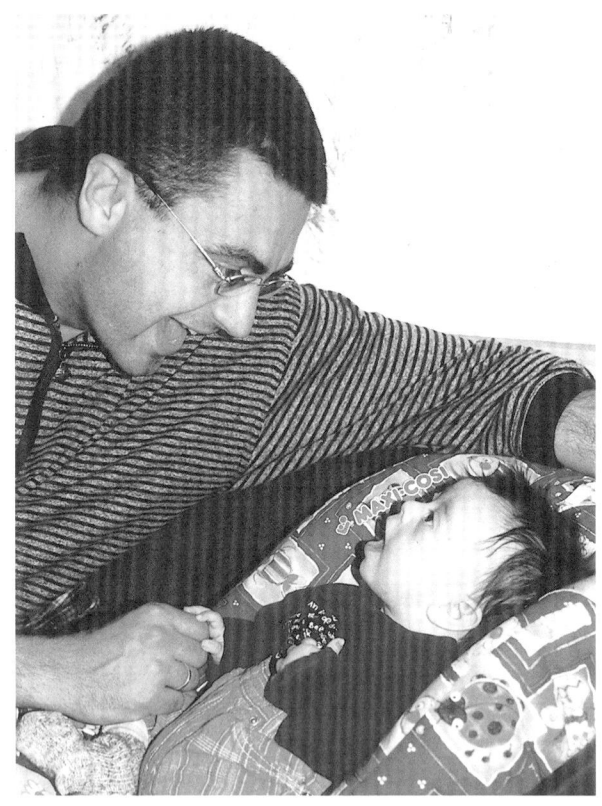

Abb. 13: Responsives elterliches Kommunikationsverhalten

5.1 Prodromale sprachliche Fähigkeiten und präverbale Kommunikation

Jedes kleine Kind hat von Geburt an kommunikative Fähigkeiten und Bedürfnisse. In seiner Entwicklung ist es angewiesen auf Zuwendung und Ansprache sowie auf grundlegende Erfahrungen in gemeinsamen Handlungen mit seinen Bezugspersonen. Eingebunden in solch basale dialogische Erfahrungen, die die individuellen Vorlieben des Kindes im familiären Umfeld beachten, erwirbt das Kind zunehmend prodromale, d. h. vorausgehende sprachliche Kompetenzen, indem es sowohl nichtsprachliche als auch »sprachspezifische Vorausläuferfähigkeiten« (Grimm 2012, 20) erlernt. Ausgehend vom Verhalten des kleinen Kindes und den dadurch ausgelösten »Antworten« seiner Bezugspersonen entwickeln sich gemeinsame Kommunikationsformen. Bei der Nahrungsaufnahme, in Pflegehandlungen und in anderen Alltagsroutinen kann das Kind durch die sich wiederholende Gestaltung aufeinander bezogener Verhaltensweisen lernen, sich diesen Handlungsroutinen anzupassen und Vorstellungen über typische Abfolgen zu erwerben. Wichtige prodromale sprachliche Fähigkeiten werden in solchen gemeinsamen Handlungen entwickelt. Das Kind erlebt die unmittelbare Bedeutung der eigenen Aktivität und kann sich erinnern und zunehmend die Wiederholung bestimmter Interaktionen fordern. Dabei sind die elterliche Aufmerksamkeit und die Fähigkeit, die Verhaltensweisen des Kindes zu verstehen und verlässlich zu beantworten, eine wesentliche Bedingung. Eltern sollten deshalb die Bedeutung der kindlichen Eigenaktivität für die Entwicklung kennen und durch responsives Verhalten bewusst unterstützen. Dabei ist zu beachten, dass das Antwortverhalten von Kindern mit Down-Syndrom deutlich langsamer als erwartet erfolgt und wir ihnen deshalb mehr Zeit geben müssen. Fälschlicherweise wird dagegen oft angenommen, dass die geringere kindliche Aktivität durch vermehrte und intensivere Aktivität der Bezugspersonen ausgeglichen werden muss. Solche direktiven Formen der Einflussnahme haben sich jedoch als wenig förderlich erwiesen, weil sie dialogisches Handeln (turn-taking) blockieren und beim Kind zu einem eher abwartenden passiven Verhalten führen können.

Wenn die Kinder aus unterschiedlichen Erfahrungen gelernt haben, dass sie selber etwas bewirken können, zeigen sie immer deutlicher intentionale Verhaltensweisen. Im gemeinsam gestalteten Alltag ist es ihnen dann möglich, ihre Bedürfnisse deutlich zu machen und differenziertere Fähigkeiten der Verständigung zu entwickeln. Spielerische Anregungen zur mimischen und gestischen Imitation und zur Produktion von Lauten bei der Nahrungsaufnahme, bei der Pflege oder im gemeinsamen Spiel ermöglichen die weitere Förderung von Kommunikation und basaler sprachlicher Fähigkeiten. So können zufällig entstehende Saug- und Schmatzlaute des Kindes aufgenommen werden und durch unmittelbare Verstärkung ist es vielleicht zu einer Wiederholung zu motivieren. Auch Vibrationen und verschiedene Mundspiele können die Lautproduktionen des Kindes unterstützen. Natürliches Antwortverhalten der Eltern, z. B. bestätigendes Kopfnicken, eine höhere Stimmlage, betonte Mimik und die typische »Spiegelung« und Erweiterung der kindlichen Lautäußerungen (»dialogisches Echo«) fördern wesentliche sprachrelevante Fähigkeiten des Kindes und bilden zudem eine emotional wichtige gemeinsame Erfahrung.

Bedeutsam ist auch, die auditive Aufmerksamkeit des Kindes auf die handlungsbegleitenden sprachlichen Äußerungen der Bezugspersonen in unterschiedlichen Situationen zu lenken und bei gemeinsamen Spielen zu unterstützen. Dadurch wird das Kind zum Hinhören und zu eigenem Lautieren sowie zu einer zunehmend differenzierteren Übernahme der typischen Laute seiner Umgebungssprache angeregt (babbling-drift). Es lernt auditive Wahrnehmungen und kinästhetische Empfindungen bei der eigenen Produktion von Lauten zu koppeln. Indem das Kind die eigenen Laute über die Knochenleitung hört und gleichzeitig die eigenen Bewegungen im Mundraum spürt, kann es die verschiedenen sensorischen Eindrücke verbinden. Wenn dann diese Lautäußerungen von den Bezugspersonen nachgeahmt werden, vermag das Kind zunehmend die jetzt über die Luftleitung gehörten Laute mit den eigenen Lautproduktionen und den entsprechenden »Sprechbewegungen« zu verbinden und einen Zusammenhang zu erkennen. Das Kind imitiert also anfangs nicht seine Bezugspersonen, sondern diese imitieren vorwiegend die Laute des Kindes und ermöglichen ihm damit, entsprechende Bewegungsvorstellungen zu entwickeln und schließlich selber auch vorgesprochene Lautfolgen zu wiederholen.

> Ein kleiner, fast zweijähriger Junge mit Down-Syndrom benötigte auf dieser Entwicklungsstufe sowohl körperliche Unterstützung, um eine nicht ablenkende, motorisch ruhige Haltung einzunehmen, als auch einen geringen Gesichtsabstand, um seine Aufmerksamkeit auf die Bezugsperson richten zu können. Erst in dieser gehaltenen Situation begann er, einen einzelnen E-Laut zu äußern. Durch die Imitation der Bezugsperson konnte er veranlasst werden, diesen Laut immer wieder zu bilden, wobei die zeitlichen Abstände zwischen den Wiederholungen geringer wurden und die Aufmerksamkeit und Aktivität des Jungen sich erkennbar steigerte. Nach 20 fast gleichförmigen Wiederholungen trat eine erste Lautverdopplung wie e-e auf und dann konnten durch Dehnungen beim Nachahmen und taktile Verstärkung Variationen erreicht werden.

Mit dem kleinen Kind können wir verschiedene einfache Interaktionsspiele gestalten sowie Gewohnheiten und gemeinsame Rituale in Alltagshandlungen aufbauen. Wir können z. B. dem Kind zeigen, wie wir einzelne Gegenstände unter einem Tuch verstecken und es dann auffordern, diese wieder aufzudecken. Dadurch kann das Kind situationsbezogene Vorstellungen entwickeln und Objektpermanenz ausbilden (was liegt unter dem Tuch?) und lernen, auf Dinge zu zeigen und sie zu fordern.

In gemeinsamen Aktivitäten unterstützen wir das Kind, sein Interesse auf Dinge und auf Personen zu richten, fördern das Zeigen und ein zielbezogenes Verhalten, kommentieren Handlungen, machen vor und helfen dem Kind, mit- und nachzumachen. Wenn ein Kind ein Spielzeug weggeworfen hat, können wir es betont fragen, bis es uns anblickt. Erst dann beugen wir uns zum Spielzeug und machen das Kind darauf aufmerksam, evtl. sogar verstärkend, indem wir zusätzlich darauf klopfen. So kann das Kind lernen, durch Anblicken der Bezugsperson und entsprechendes Hinsehen zu einem Gegenstand, diesen zu fordern oder auch eine entsprechende Handlung zum Wiederbekommen zu veranlassen. Auch das deklarative Zeigen, also das deutliche Zeigen auf ein gewünschtes Objekt, das bei Kindern mit Down-Syndrom oft schwächer ausgeprägt ist, können wir bewusst fördern, indem wir das Kind auffordern, zwischen zwei angebotenen, konkreten Dingen auszuwählen (»zeig mir, was willst du? Honig? Nutella?«).

Obwohl es große Unterschiede in der individuellen Entwicklung gibt, beginnen doch viele kleine Kinder mit Down-Syndrom mit etwa ein bis eineinhalb Jahren erste einfache Zeichen nachzumachen und kontextabhängig mit Bedeutung zu verbinden. Sie können mit einzelnen Lauten, aufforderndem Zeigen und Anblicken der Bezugsperson, die sie dadurch zum Handeln veranlassen möchten, Wünsche verdeutlichen.

> Ein 20 Monate altes Mädchen mit Down-Syndrom zeigte mit Öffnen und Schließen der Hand auf einen Kuchen und sagte dazu »mememe«. Die Eltern antworteten: »Du willst noch mehr?« Das Mädchen nickte bestätigend.

Auch bestimmte Dinge können vom Kind als Anzeichen für bevorstehende Handlungen verstanden werden (z. B. Umbinden des Lätzchens als Hinweis auf bevorstehendes Essen) und dann durch Zeigen oder Holen benutzt werden, um entsprechende Wünsche deutlich zu machen. Der Einsatz von konkreten Gegenständen zur symbolischen Kommunikation (wenn z. B. ein Becher benutzt wird für die Mitteilung »trinken«) und der Gebrauch von Gesten gehen innerhalb der normalen Sprachentwicklung der gesprochenen Sprache voraus und spielen bei allen Kindern eine wichtige Rolle. Kleinkinder zeigen auf Dinge, die sie möchten, geben uns ein Bilderbuch, wenn sie es sich mit uns ansehen wollen, heben die Arme, um hochgenommen zu werden, machen bitte-bitte, um etwas zu erhalten. Die üblichen Kniereiter- und Körperspiele für Kleinkinder beziehen sich direkt auf diese zunehmenden Möglichkeiten, mit Verhalten und Gestik zu antworten. Auch Aufforderungen, zu zeigen, wie groß es ist oder wie gut das Essen geschmeckt hat, fördern die Fähigkeit des Kindes, Fragen zu verstehen und sich mit Gesten mitzuteilen. Es beginnt, kontextbezogen Verhalten nachzumachen (z. B. winken) und kann dann dieses Verhalten auch als Mitteilung einsetzen (winken, wenn es weggehen will). Mit mimischem und gestischem Verhalten können kontextbezogen Mitteilungen ausgedrückt und Interessen und Wünsche gezeigt werden. Auch sind die Kinder in der Lage, nach Aufforderung auf einzelne Körperteile zu zeigen (Nase), und sie benutzen Kopfschütteln als Zeichen für Verneinung und können manchmal auch schon mit Kopfnicken eine Frage bejahen.

Sprachrelevante prodromale Fähigkeiten

- Lächeln
- »Vegetative« Laute, erstes Lallen und dialogisches Echo
- Auditiv-visuelle Aufmerksamkeit
- Wahrnehmen und sensorische Integration

- Wechselseitiges Handeln (»turn-taking«)
- Gemeinsames Spielen (responsives Verhalten der Eltern)
- Situationsverständnis, Objektpermanenz
- Entwicklung von Vorstellungen und Erwartungen
- Imitieren von Handlungen und Lauten (»babbling-drift«)
- Symbolverständnis
- kommunikative Rituale, deklaratives Zeigen und erste Gesten
- Gebärden
- Sprachverständnis (vorwiegend kontextabhängig)
- Pragmatische Fähigkeiten in vertrauten Alltagssituationen

Wenn das Kind diese »Vorausläuferfähigkeiten« erlernt hat, werden auch weitere ergänzende Zeichen möglich, ohne dass damit die wichtige lautsprachliche Orientierung gefährdet ist. In Alltagshandlungen, beim Spielen, beim Erzählen und beim Ansehen von Bilderbüchern kann Lautsprache mit ausgewählten einzelnen Gebärden oder anderen ergänzenden Symbolen unterstützt werden und das Kind kann handlungsbezogen ein erstes präverbales Kommunikationssystem erwerben. Es lernt Wirkung und Bedeutung von Zeichen und kann auf diese Weise ein Symbolverständnis entwickeln und verstehen, dass Zeichen etwas repräsentieren. Weil die motorische Steuerung von Hand- und Armbewegungen einfacher zu lernen ist als die differenzierten kinästhetisch-auditiv gesteuerten Sprechbewegungen, sind nonverbale Kommunikationsformen zeitlich früher möglich als Lautsprache. Gebärden können deshalb eine wichtige Hilfe für Kinder mit spezifischen Problemen beim Spracherwerb sein. Zudem ist es möglich, das Erlernen einer Gebärde durch unterstützende Handführung zu vermitteln (ähnlich, wie man anfangs auch das »Winke-Winke« gemeinsam macht).

Weil man positive Effekte auf die Sprachentwicklung auch bei kleinen nicht beeinträchtigten Kindern erwartet, werden manchmal »Babyzeichen« auch für diese Kinder angeboten, um die frühe Kommunikation mit ihnen zu erleichtern. Eine entsprechende amerikanische Untersuchung (Goodwyn, Acredolo, Brown 2006) ergab, dass nicht behinderte Kinder, deren Eltern ihnen ab elf Monaten neben der Lautsprache auch Gebärden anboten (»baby-signs«), im zweiten Lebensjahr eine akzelerierte Entwicklung in den Bereichen Sprachverständnis, aktiver Wortschatz und Aussprache hatten im Vergleich zu einer Kontrollgruppe ohne solch ein Angebot. Aber differenzierte Untersuchungen zu dieser Entwicklung ergaben, dass Kinder mit normaler Entwicklung zwar im Alter von 12 bis 24 Monaten Babyzeichen schneller lernen als gesprochene Wörter, dass sich aber kein positiver Langzeiteffekt auf die Sprachentwicklung feststellen ließ (Johnston u. a. 2005, 235 f.).

Auch bei Kindern mit Behinderung zeigte sich, dass Gebärden etwa im Alter von 36 bis 47 Monaten (Entwicklungsalter von 21 bis 24 Monaten) einen deutlichen Vorteil darstellen (Buckley, Bird 2009), weil sie Handzeichen früher als Lautsprache lernen können. Deshalb ermöglichen Gebärden gerade den Kindern mit Down-Syndrom, die meistens in diesem Alter noch nicht sprechen können, eine basale Kommunikation. Zudem werden frustrierende Erfahrungen mit dem Nicht-Verstanden-Werden und daraus folgende mögliche Verhaltensprobleme vermindert.

Beim Einsatz von Gebärden und anderen ergänzenden Kommunikationshilfen sind die individuellen Ziele und die jeweils angemessenen Methoden zu reflektieren. Sie sollten aber nicht ein direktives und forderndes Elternverhalten bewirken (zeig mal, mach du auch, wie geht »Katze«). Solche Anweisungen können manchmal dazu führen, dass diese fordernden Erwartungen sich ungünstig auf die normale Kommunikation mit dem Kind auswirken. Gebärden werden in Alltagssituationen gelernt zu verstehen und dann auch eingesetzt zum Mitteilen.

5.2 Unterstützte Kommunikation

Viele Kinder mit Behinderung weisen aufgrund unterschiedlicher Schädigungen und Beeinträchtigungen erhebliche Verzögerungen der sprachlichen Entwicklung auf, und typische Abweichungen zeigen sich oft schon in basalen Formen der Interaktion und Kommunikation.

Wenn aus solchen Gründen bereits die präverbale Entwicklung beeinträchtigt ist und die Fähigkeit, sich zu verständigen, erheblich eingeschränkt oder kaum möglich ist, benötigen die Kinder schon frühe entwicklungsbegleitende, sprachergänzende Angebote zum Verstehen und zum Verständigen.

Der Gebrauch von Sprache ermöglicht nicht nur Kommunikation, sondern eröffnet auch vielfältige differenzierte Leistungen, um flüchtige Sinneseindrücke zu repräsentieren und zu erinnern. Sprache ist eine wesentliche Grundlage für das kognitive Verarbeiten und Speichern von Erfahrungen, um Fragen zu stellen und Antworten zu erhalten, für die Bildung von Kategorien sowie für das Vergleichen und bedeutungsbezogene Bewerten. Diese Funktionen von Sprache sind jedoch nicht an die verbale Sprache gebunden, sondern an ein entsprechend differenziertes Symbolsystem.

Aber Kommunikation entspricht auch einem menschlichen Grundbedürfnis, das für die Lebensqualität entscheidende Bedeutung hat. Kommunikation ist eine wesentliche Bedingung für soziale Partizipation und Selbstbestimmung. Es besteht deshalb die Notwendigkeit, beeinträchtigten Kindern sowohl frühe entwicklungsbegleitende Hilfen zum Verstehen und zum Verständigen anzubieten als auch Jugendlichen und Erwachsenen, die sich nicht hinreichend lautsprachlich verständigen können, individuell angemessene Formen der Unterstützten Kommunikation zu vermitteln.

Unterstützte Kommunikation ist der Oberbegriff für alle pädagogischen und therapeutischen Hilfen, die Personen ohne oder mit erheblich eingeschränkter Lautsprache zur Verständigung angeboten werden. Die im internationalen Sprachgebrauch übliche Bezeichnung ergänzende und alternative Kommunikation ist zwar eindeutiger (AAC = Augmentative and Alternative Communication), aber im deutschsprachigen Bereich hat sich der Terminus Unterstützte Kommunikation (UK) überwiegend durchgesetzt.

Alternative Kommunikationsformen werden Menschen mit Behinderungen angeboten, die aufgrund fehlender oder erheblich eingeschränkter Sprechfähigkeit statt der gesprochenen Sprache ein anderes Kommunikationssystem benötigen. Dabei handelt es sich um Gebärden, graphische Symbole oder Schrift. Nichtelektronische externe Hilfen werden angeboten in Form von Kommunikationskästen, -tafeln oder -büchern. Sie sind robust, relativ einfach herstellbar und den individuellen Bedürfnissen gut anzupassen. Elektronische Kommunikationshilfen gibt es in unterschiedlichen Ausführungen mit natürlicher Sprachausgabe oder mit synthetischer Sprechstimme. Geräte beider Typen können über Bilder, Symbole oder Schrift bedient werden.

Unter *ergänzender* Kommunikation versteht man dagegen Verfahren, die unterstützend bzw. begleitend zur Lautsprache eingesetzt werden. Sie sollen einerseits bei Kindern mit erheblich verzögerter Sprachentwicklung die lange Zeit fehlende lautsprachliche Verständigung überbrücken und den Spracherwerb fördern und andererseits bei Personen mit schwer verständlicher Sprache das Verstehen erleichtern sowie ergänzend zu nicht normsprachlichen Lauten (z. B. e-e oder ai für nein und mm für ja) eine effektivere Kommunikation ermöglichen (Wilken 2018, 10).

Bei Kindern und Jugendlichen mit Down-Syndrom ist die Auswahl der individuell geeigneten alternativen oder ergänzenden Kommunikationshilfen abhängig vom Entwicklungs- und auch vom Lebensalter, von den kognitiven Fähigkeiten, den kommunikativen Bedürfnissen und den motorischen Möglichkeiten.

Tab. 5: Unterstützte Kommunikation – Lautsprache ersetzend oder Lautsprache ergänzend

Körpereigene Kommunikationsformen:	Kommunikation mit Hilfsmitteln:
• Blick • Referentieller Blickkontakt • Mimik • Zeigegeste • Konventionelle Gesten • Gebärden	• Konkrete Materialien • Sachsymbole • Bilder • Kommunikationstafeln und -bücher • Computer mit Sprachausgabe • Schrift **Gestützte Kommunikation:** Der Nutzer dieser Hilfsmittel ist auf eine ihn dabei stützende Person angewiesen.

Für die *Diagnostik* der kommunikativen Fähigkeiten werden überwiegend entwicklungsorientierte Vorgehen angewendet. Dabei ist die Annahme leitend, dass dem Erwerb der verschiedenen Fähigkeiten eine typische Reihenfolge zugrunde liegt. »Allerdings ist es nicht so, dass ein Kind kontinuierlich eine Stufe nach der anderen erklimmt und die niedrigeren Stufen jeweils hinter sich lässt. Die Verhaltensweisen einer neuen Stufe erweitern das verfügbare Kommunikationsrepertoire, sie ersetzen nicht die früheren« (Kane 2018, 23). Auch behinderte Kinder mit gravierenden Verzögerungen der Sprachentwicklung zeigen trotz einer gewissen Variabilität keine prinzipiellen Abweichungen von dieser Stufenfolge – auch wenn vereinzelt über dissoziierte Verläufe berichtet wird. Das Vorgehen bei der Ermittlung der kindlichen Fähigkeiten ist recht verschieden und die verwendeten Entwicklungstabellen sind – besonders im sprachlichen Bereich – unterschiedlich differenziert. So gibt es Entwicklungstabellen, mit denen lediglich die jeweils erreichten sprachlichen Fähigkeiten festgestellt werden können (vgl. Wilken 2008a, 141), aber qualitative Aussagen sind damit nicht möglich.

Eine Möglichkeit der differenzierten Diagnose der frühen Kommunikationsentwicklung beschreibt Kane. Um den aktuellen Entwicklungsstand des Kindes zu ermitteln, werden vor allem drei Funktionen der frühen Kommunikation erfasst, nämlich das Fordern von Gegenständen oder Handlungen, das Kommentieren von Ereignissen und von Protest (Kane 2018, 19). »Die Entwicklungsstufen dienen der umfassenden Beschreibung der Vielfalt der kindlichen Äußerungen, nicht der Zuordnung von Kindern zu bestimmten Stufen oder Niveaus« (ebd., 25). Ergänzend wird als wichtig erachtet, »bei nicht sprechenden Kindern auch das Niveau ihrer kognitiven Entwicklung zu berücksichtigen« (ebd., 27). Für die Durchführung der Beobachtung und für die Auswertung werden differenzierte Hinweise gegeben. Das Problem von Beobachtung – wie bei anderen strukturierten Beobachtungsbögen – besteht allerdings in der Qualifikation des Beobachters, in der Auswahl der Beobachtungsaufgaben und der Trennung von tatsächlichen Beobachtungen und subjektiven Wahrnehmungen und Interpretationen.

Das Konzept einer »entwicklungsorientierten Sprachdiagnostik und Förderplanung bei minimal verbalen Kindern mit Beeinträchtigung« (Müller u. a. 2018, 38) »liefert ein theoretisches Modell, anhand dessen der kommunikativ-sprachlichen Entwicklungsstand eingeordnet und Förderschwerpunkte abgeleitet werden können«. Dabei werden »verschiedene Subtest aus standardisierten Elternfragebögen und Sprachentwicklungstests individuell zusammengestellt und durch systematische Beobachtungen ergänzt« mit dem Ziel, ein individuelles (vor)sprachlich-kommunikatives Entwicklungsprofil des Kindes zu erstellen, an dem die Förderplanung dann unmittelbar ansetzt (ebd., 48). Die ausführliche Darstellung des diagnostischen Ablaufplans und die Einbeziehung standardisierter Test ermöglicht eine differenzierte Erfassung der aktuellen Fähigkeiten bezogen auf ein Entwicklungsalter von zwölf Monaten bis 5;11 Jahren.

Auch durch kriteriengeleitete Beobachtung können wir versuchen, die aktuellen kommunikativen Kompetenzen des Kindes im Lebensalltag oder im Spiel mit seiner Mutter (oder einer anderen Bezugsperson) zu erfassen. Als eine Möglichkeit zur besseren Strukturierung von Beobachtungen können wir die Mutter bitten, Spielzeug oder Bilderbücher mitzubringen bzw. zu Hause bereitzulegen, und mit dem Kind in der gewohnten Weise zu spielen. So lassen sich in natürlichen Interaktionen wichtige Aspekte der Kommunikation beobachten. Beim Kind können wir die erreichten Fähigkeiten im präverbalen und verbalen Bereich wie Blickkontakt, Zeigen oder Fordern und begleitendes Lautieren feststellen sowie allgemeine kommunikative und kognitive Kompetenzen erkennen. Wir sehen, wie die Mutter in der Lage ist, auf das Kind einzugehen und erleben ihr Spiel- und Sprachverhalten im Umgang mit dem Kind. Durch ausgewählte entwicklungsentsprechende Angebote für das Kind kann ergänzend festgestellt werden, wie es Ablehnung oder Zustimmung zeigt, Spielroutinen erkennt und sich beteiligt, Aufmerksamkeit oder bestimmte Handlungen fordert (Wilken 2008, 141). So ist es möglich, seine Fähigkeiten in Alltagssituationen im Verstehen und Mitteilen zu beobachten, um die individuell geeigneten Kommunikationshilfen auszuwählen. Sinnvoll ist zudem, kurze Sequenzen solcher typischen Spiel- bzw. Interaktionssituationen mit Video aufzunehmen und dann anschließend gemeinsam mit der Mutter zu betrachten und zu analysieren. Wichtig ist es auch zu berücksichtigen, »dass Down-Syndrom-Kinder zwar in ihrem Wortverständnis und ihrer Wortproduktion mit parallelisierten jüngeren Kontrollkindern vergleichbar sind, nicht aber in ihrem Gebrauch kommunikativer Gesten. Hier zeigen die betroffenen Kinder ein deutlich höheres Niveau« (Grimm 2003, 89). Sehr treffend bezeichnet Grimm deshalb die Kinder als »Spezialisten der gestischen Kommunikation« und schlussfolgert, »das vergleichsweise hohe gestische Niveau muss sowohl bei der Diagnose als auch bei der Therapie Berücksichtigung finden« (ebd.).

Mit zunehmenden Fähigkeiten des Kindes können – unter Berücksichtigung der großen Diskrepanzen im Sprachverständnis und dem Sprechen – die verschiedenen üblichen Tests zur Erfassung des Sprachentwicklungsstandes eingesetzt werden (ELFRA, SETK-2, SEKT 3–5) und ergänzend sind Verfahren aus dem Bereich der Unterstützten Kommunikation anzuwenden (vgl. Sarimski 2013, Boenisch, Sachse 2007, Heel, Janda 2014).

In der Entwicklung des Kindes sind Verstehen und Mitteilen aufeinander bezogen und differenzieren sich zunehmend, wobei das Verstehen dem Mitteilen immer deutlich vorausgeht. Bei Kindern mit Down-Syndrom ist jedoch die Diskrepanz zwischen beiden Bereichen besonders ausgeprägt und macht eine entwicklungsbegleitende spezielle Unterstützung erforderlich. Aufgrund der Verzögerung beim Spracherwerb und insbesondere beim Sprechenlernen sollten ihnen deshalb differenzierte Hilfen zur Verständigung angeboten werden. Zwar lernen die meisten Kinder mit Down-Syndrom zu sprechen und sind selbst bei relativ eingeschränktem Wortschatz durch ergänzenden spontanen Einsatz von Mimik und Gestik oft hinreichend in der Lage, sich zu verständigen. Aber besonders im Alter zwischen zwei und fünf Jahren fehlen den Kindern kontextunabhängige sprachliche Mitteilungsmöglichkeiten, und es kommt relativ oft zu frustrierenden Erfahrungen.

Bei einigen Kindern und Jugendlichen mit Down-Syndrom ist allerdings die Diskrepanz zwischen Mitteilungsbedürfnis und Verständigungsfähigkeit so frustrierend groß, dass sie dauerhaft sprachergänzener Kommunikationshilfen benötigen. Dann ist es wichtig, die individuellen Kompetenzen und Bedürfnisse möglichst genau zu erfassen, um das für sie geeignete ergänzende oder alternative Kommunikationssystem auszuwählen und damit ihre Mitteilungsfähigkeit und kommunikative Teilhabe zu fördern. Ein solches die Lautsprache ersetzendes oder ergänzendes System bedeutet aber keineswegs eine »Sackgasse« für das Sprechenlernen. Vielmehr zeigt sich, dass damit basale kommunikative und sprachspezifische Erfahrungen erworben werden, die das Kind zunehmend befähigen können, doch noch Lautsprache zu entwickeln.

> Michael sprach zwar etliche Wörter, aber aufgrund von extremer Reduktion (Gi für Gitarre) war er schlecht zu verstehen. Michael lernte Gebärden. »Heute verwendet er nur noch einige wenige Gebärden für Wörter, die er nicht aussprechen kann, wie Flugzeug, schwimmen und eine selbst erfundene für Seifenblasen.« Da

> aber auch seine Gebärden oft sehr undeutlich waren, wurden ergänzend Bildkarten eingesetzt. Es wurde für ihn »ein DIN-A4-Ringbuch angelegt mit Seiten zu verschiedenen Themen, wie Essen, Trinken, Gefühle, Spielsachen, Videokassetten. Es ist ein individuelles Sachbilderbuch. Er nutzt es zum Beispiel, wenn er mir sagen will, dass er Pudding möchte, oder wenn er eine bestimmte Kindersendung auf Video sehen möchte. ... Wir üben dadurch Worte wie »Pudding« oder »Kleiner Eisbär« ... Und es ist so, dass Michael nicht nur auf die Bilder zeigt, sondern auch versucht, dazu zu sprechen. ... Durch die Unterstützte Kommunikation bekam Michael Erfolgserlebnisse, er erlebte immer wieder, dass er verstanden wurde. ... Er übt inzwischen auch wieder, vermehrt Worte nachzusprechen, und er überrascht uns immer wieder mit neuen, deutlich gesprochenen Worten« (Dörnhöfer 2006, 46 f.).

Das Beispiel zeigt, dass gleichzeitig verschiedene ergänzende Kommunikationsverfahren möglich sind, abhängig von den individuellen Kompetenzen und Bedürfnissen, dem alltagstauglichen Einsatz und den Rahmenbedingungen.

Auch im Schulalter liegen verschiedene Erfahrungen von Kindern mit Down-Syndrom vor, die unterstützt kommunizieren. Sie können sich damit im Unterricht beteiligen und erleben sich verstanden und kompetent.

> Brian, ein Junge mit Down-Syndrom, erzählt »gern und wortreich Geschichten von der kleinen Schwester, vom großen Nachbarshund und von dramatischen Unfällen. Damit ihn alle richtig verstehen, begleitet er seine wichtigsten Aussagen mit Gebärden – die hat er schon im Kindergarten gelernt. Wenn die Geschichte sehr kompliziert oder neu ist, dann nimmt Brian sein ›Wörterbuch‹ zu Hilfe und zeigt, was er meint. Das Wörterbuch ist selbst hergestellt. Brian klebt jeden Tag Fotos ein, aber auch Abbildungen und alle Wortkarten, die er schon kennt. Unterstützt von Gebärden, Bildern und Schrift also, berichtet er von den haarsträubenden Ereignissen aus dem Leben des Brian, die anschließend in sein Tagebuch eingeschrieben und mit Bildern ausgeschmückt werden. Inzwischen sind alle Kinder an solche anschaulichen oder indirekten Möglichkeiten der Verständigung gewöhnt. Sie verstehen Brian ... meist richtig und übersetzen Mitteilungen, die auf so ungewöhnliche Weise zustande kommen, in altersgemäße Sprache« (Hömberg 2018, 166).

Wichtig ist auch, nicht einfach festzustellen, dass ein Kind mit einem bestimmten Angebot der Unterstützten Kommunikation nicht zurechtkommt, sondern es ist zu reflektieren, wie es die dafür notwendigen Voraussetzungen erwerben könnte. So ist nicht immer selbstverständlich, dass ein Kind, das Bilder als Abbildungen erkennen kann, diese auch zur Verständigung einzusetzen vermag. Über kontextbezogene Übungen kann es aber lernen zu verstehen, dass z. B. die Abbildung einer Tasse für die Mitteilung Durst/Trinken benutzt werden kann. Auch beim Einsatz elektronischer Kommunikationshilfen sind die nötigen Voraussetzungen abzuklären und dann durch geeignete Maßnahmen aufzubauen, um die bei diesen Geräten verwendeten Bilder und Symbole zu verstehen und zum Mitteilen einsetzen zu können. Ansonsten würde das Kind einfach auf verschiedene Tasten drücken und sich freuen, etwas zu hören. Es spielt dann lediglich mit dem Gerät, aber setzt es nicht wirklich zur Kommunikation ein.

> Ina war zehn Jahre alt und sprach nicht. Sie war häufig frustriert, weil sie nicht verstanden wurde. Sie erhielt deshalb ein elektronisches Gerät mit Sprachausgabe (Go-Talker). Der erste Versuch scheiterte. »Ina spielte ausschließlich damit und verband die Benutzung des Talkers nicht damit, sich mitteilen zu können.« Deshalb wurden dann Bildkarten eingesetzt. Die Mutter fotografierte für Ina wichtige Dinge. »Zum Frühstück legte ich ihr dann z. B. ein Foto von einer Tasse für ›ich habe Durst‹, ein Foto mit Käse und eines mit ihrem Lieblingsaufschnitt hin. Ina lernte so, dass sie bekam, was sie wollte, wenn sie mir das Foto gab. … Nach einiger Zeit habe ich von Fotos auf Symbole umgestellt, womit Ina keine Schwierigkeiten hatte. In fast allen Räumen des Hauses waren Teppichstücke an den Wänden befestigt, an denen die Symbolkarten angeheftet waren. So hatte Ina die Karten ständig zur Verfügung. Außerhalb des Hauses hatte Ina ein DIN-A4-Ringbuch dabei.« Als dieses System nicht mehr ausreicht, erhält Ina erneut einen Talker (Small-Talker), der seitdem »aus Inas Leben nicht mehr wegzudenken ist«. Abschließend stellt die Mutter fest, dass »Ina durch die Kommunikationshilfen wesentlich zufriedener geworden (ist). Sie zeigt, wie viel mehr sie doch eigentlich kann und versteht« (Porsch 2006, 44).

Die unterschiedlichen Erfahrungen mit dem Einsatz von Unterstützter Kommunikation bei Kindern mit Down-Syndrom zeigen ganz deutlich, welche positiven Veränderungen sich daraus im Lebensalltag der Kinder ergeben können. Um das jeweils geeignete Verfahren auswählen zu können, ist es wichtig, die alters- und entwicklungsentsprechenden Voraussetzungen zu erfassen und zudem familien- und lebensweltbezogene Aspekte zu berücksichtigen sowie die Bereitschaft im Umfeld zu fördern und zu fordern, sich auf die besonderen Kommunikationsformen des Kindes einzulassen. »Ständig beobachte ich Situationen, in denen Willi (für mich) eindeutig kommuniziert, sein Gegenüber ihn aber überhaupt nicht versteht und ihn ignoriert, weiterzieht oder zurechtweist. Schon so kann er seine Bedürfnisse viel zu selten umsetzen, was mit Sicherheit der Grund ist für viel Wut und Schreien. Elektronische Kommunikationshilfen bieten Menschen mit Behinderungen endlich die Möglichkeit, ihr Leben mehr mitzugestalten, aber natürlich müssen wir auch für die Rahmenbedingungen sorgen, damit sie von ihnen genutzt werden können« (Müller 2017, 34).

5.3 Gebärden-unterstützte Kommunikation – GuK

Abb. 14: Elektronische Kommunikationshilfen können Teilhabe und Mitbestimmen unterstützen

5.3 Gebärden-unterstützte Kommunikation – GuK

Gebärden sind ein wichtiges Verfahren im Rahmen der Unterstützten Kommunikation. Sie können sowohl alternativ als auch ergänzend zur Lautsprache eingesetzt werden. Für die präverbale Förderung kleiner Kinder mit Down-Syndrom und zur Unterstützung des Spracherwerbs hat sich besonders die Gebärden-unterstützte Kommunikation (GuK) bewährt.

5.3.1 Gesten, Gebärden und Gebärden-unterstützte Kommunikation

Gesten sind Handzeichen, die meistens begleitend zur Lautsprache individuell und kulturabhängig unterschiedlich intensiv eingesetzt werden. Gestenkommunikation hat vor allem das Ziel, das Gesprochene zu unterstützen, Aussagen zu betonen und gerade Emotionen deutlich zu machen, wie z. B. die drohende Faust oder der begeistert hochgestellte Daumen.

Die *Gebärdensprachen* sind eigenständige visuelle Sprachen der Gehörlosen, die sich über *Jahrhunderte* in der alltäglichen Kommunikation entwickelt haben. Oft wird angenommen, dass Gebärden international gleich seien; dies ist jedoch nicht der Fall! Es gibt in den einzelnen Ländern verschiedene Gebärdensprachen und selbst gleiche Lautsprachen haben verschiedene Gebärden (z. B. in England, USA, Australien, aber auch in Deutschland, Österreich, Schweiz). Gebärden sind kulturabhängig und deshalb gibt es – wie in der Lautsprache – auch regional unterschiedliche Gebärden-Dialekte. Nur bei einigen Gebärden, die wir als »natürlich« bezeichnen (z. B. trinken oder essen), gibt es größere Übereinstimmungen. Allerdings zeigen selbst solche Gebärden noch internationale oder regionale Abweichungen, bedingt durch die Unterschiede, wie und was man trinkt bzw. isst. Bei den formbeschreibenden oder tätigkeitsnachahmenden Gebärden kommt noch hinzu, welcher Aspekt des Begriffes besonders betont wird (z. B. bei Ball die Form oder das Spiel). Aber auch für Hund gibt es in der *Deutschen Gebärdensprache (DGS)* drei verschiedene Gebärden, abhängig davon, ob der Begriff durch »Männchen machen«, »bei Fuß« oder »Ziehen am Halsband« dargestellt wird (Maisch, Wisch 1996, 131).

Die Gebärdensprachen haben einen umfangreichen Gebärdenwortschatz und eine differenzierte Grammatik. Allerdings unterscheidet sich die Grammatik der DGS erheblich von der Lautsprache. So steht etwa das Verb am Ende eines Satzes (Kind – Buch – lesen) und bei diesem Beispiel nicht in der Mitte (keine Verbzweitstellung). Das Fragewort steht am Ende des Satzes (Du – arbeiten – wo?). Zeitangaben stehen am Satzanfang und Ortsangaben folgen direkt danach (Morgen – Stadt – ich – einkaufen). Es gibt keine Artikel, und Verben werden in ihrer Grundform gebildet (ich schlafen; du schlafen). Deshalb ist »der Aufbau einer *räumlichen* Grammatik ein zentraler Aspekt des Gebärdenspracherwerbs« (Hennies 2020, 430). Beim Gebärden werden oft weitere Informationen in die Grundgebärde aufgenommen (Inkorporation, Simultanität) und es gibt eine spezielle bedeutungstragende Mundgestik und Mimik (vgl. Hennies 2013, 15). Die Gebärdensprachen der Gehörlosen unterscheiden sich deshalb so erheblich von den jeweiligen Lautsprachen, dass es nicht möglich ist, gleichzeitig zu gebärden und dabei die Lautsprache korrekt zu sprechen. Für die deutsche Gebärdensprache (DGS) gibt es verschiedene mehr oder weniger umfangreiche Gebärdenlexika (Maisch, Wisch 1996, Jacobson 1999, Strixner, Wolf 2004, Kestner 2009), die alphabetisch geordnete »Vokabel-Sammlungen« sind (wie bei einem Wörterbuch) ohne Hinweise auf Syntax und Grammatik. Die Gebärden werden entweder durch Fotos oder Zeichnungen dargestellt und es gibt teilweise auch Übungsvideos oder spezielle Apps. Die Beschreibung, wie die Gebärden auszuführen sind sowie die Angaben zum genauen Wortfeld, das mit der jeweiligen Gebärde bezeichnet wird, sind unterschiedlich umfangreich und differenziert. Auch die Darstellungen und Hinweise zur praktischen Ausführung der Gebärden sind nicht immer gleich.

Unsere Sprache verändert sich ständig, neue Wörter kommen hinzu (z. B. technische Begriffe) oder Wörter verändern ihre emotionale oder soziale Bedeutung (Fräulein, geil); zudem gibt es »Mode«-Wörter für Begriffe wie gut oder schlecht (wer sagt z. B. heute noch »knorke«, wer kannte früher »chillen«?). Diese Veränderungen und die dadurch nötigen Anpassungen gibt es auch in der Gebärdensprache.

Da die Vermittlung aber überwiegend nicht schriftlich fixiert erfolgt, entwickeln sich immer wieder typische regionale Unterschiede.

Die *Lautsprachbegleitenden Gebärden (LBG)* sind zwar aus der Gebärdensprache abgeleitet, entsprechen in der Abfolge jedoch der Lautsprache, weil sie begleitend zum Sprechen gebärdet werden. Spezielle Zeichen visualisieren die grammatischen Strukturen der Lautsprache in vereinfachter Form und es gibt spezielle Fingerzeichen für die verschiedenen Artikel. So kann hörgeschädigten Kindern die Lautsprache sichtbar gemacht werden, um ihnen das Absehen und die Verständigung zu erleichtern. Aber lautsprachbegleitende Gebärden sind eine »Kunstsprache«, die zudem langsamer als die Gebärdensprache und langsamer als das normale Sprechen sind. Außerdem sind einige besondere Regeln bei der Satzbildung zu beachten (z. B. »ich ziehe meine Jacke aus« wird zu »ich *will* meine Jacke ausziehen«, um dadurch die Trennung des Verbs zu vermeiden). Die Lautsprachbegleitenden Gebärden können im Unterricht für gehörlose Schüler noch eine gewisse Hilfe bieten, spielen aber zunehmend keine Rolle mehr.

Die Tendenz, aus diesem Bereich spezielle Gebärden für so genannte »kleine Wörter« des Kernvokabulars (Boenisch 2014, 23) zu übernehmen und dann fast jedes Wort eines Satzes zu gebärden, ist zu problematisieren. Durch ein solches Wort für Wort begleitendes Gebärden wird die für die Lautsprache wichtige Prosodie erheblich beeinträchtigt, und die vielen verschiedenen Gebärden erschweren es den Kindern, die *relevanten* Schlüsselwörter einer Aussage zu erkennen.

Bei der Vokabelauswahl müssen deshalb zielgruppen- und altersspezifische Aspekte berücksichtigt werden. So ist zu reflektieren, ob ein kleines Kind die Gebärden zur Förderung von Kommunikation und Spracherwerb braucht, aber trotz deutlicher Verzögerung die Lautsprache wahrscheinlich erlernen wird (wie z. B. Kinder mit Down-Syndrom), oder ob aufgrund der vorliegenden Beeinträchtigung und des Lebensalters angenommen werden kann, dass das Kind vermutlich langfristig oder dauerhaft auf die Gebärdenkommunikation angewiesen sein wird.

Auch das für *Schulkinder* ermittelte Kernvokabular (Boenisch 2014, 23) kann nicht einfach auf *kleine Kinder im Spracherwerb* übertragen werden, da die ermittelten Wortlisten ihrer typischen ersten Wörter (vgl. z. B. Grimm 2012, 36) deutlich abweichend sind. Auch unterscheiden sich viele der Gebärden für die sog. »kleinen Wörter« nicht. So wird »als, auch, damit, dennoch, doch, ob, obwohl, weil« (Maisch, Wisch 1996, 1.0034) gleich gebärdet und durch begleitende Mimik, Mundgestik oder Ausführungsmodalität unterschieden. Wörter wie »auf, zu, an« sind nicht situationsneutral und deshalb wird z. B. »Tür *auf*«, »Flasche *auf*«, »*auf* dem Tisch« verschieden gebärdet. Viele der Wörter des Kernvokabulars (ich, du, mein, auf …) werden durch Inkorporation ausgedrückt. So kann »**ich** bin krank« im Unterschied zu »**du** bist krank« mit der Gebärde für »krank« richtungsbezogen gezeigt werden.

Verschiedene Sammlungen *einfacher Gebärden* sind für die Arbeit mit nicht sprechenden Menschen mit geistiger Behinderung entwickelt worden. Am meisten verbreitet ist die Gebärdensammlung »Schau doch meine Hände an« (Bundesverband 2007). Diese Gebärden sollen bei behinderten Personen sowohl die fehlende Lautsprache ersetzen als auch ergänzend zur Lautsprache benutzt werden; die Bezugspersonen begleiten die Gebärden immer mit Lautsprache.

Mit *Gebärden- unterstützter Kommunikation (GuK)* wird in Abgrenzung zur Deutschen Gebärdensprache (DGS) und zu den lautsprachbegleitenden Gebärden (LBG) ein Verfahren bezeichnet, das sich überwiegend an kleine Kinder wendet, die hören, aber noch nicht sprechen können. Durch den Begriff Gebärden-unterstützte Kommunikation (GuK) soll nicht nur eine Unterscheidung von den übrigen Gebärdensystemen deutlich werden, um ein Verwechseln zu vermeiden, sondern es soll vor allem die spezielle Zielsetzung und das andere methodische Vorgehen hervorgehoben werden.

GuK will durch den sprachbegleitenden Einsatz von Gebärden die Kommunikation mit Kindern, die (noch) nicht sprechen, erleichtern und basale sprachrelevante Fähigkeiten vermitteln, damit der Spracherwerb unterstützt wird. Bei der Auswahl der Gebärden aus den vorhandenen Gebärdensammlungen wurden die motorischen Fähigkeiten kleiner Kinder bezüglich schwieriger Hand- und Fingerstellungen berücksichtigt. Aber auch die für das Verständnis der Gebärden nötigen kognitiven Voraussetzungen wurden beachtet und deshalb auf Mundgestik und Inkorporation verzichtet, nicht aber auf natürliche mimische Betonungen. Für die Körperteile werden keine Gebärden benutzt, sie werden nur gezeigt (die mit der Hand ausgeführte DGS-Gebärde für Fuß ist für kleine, aber auch für geistig behinderte Kinder nicht als Zeichen für Fuß zu verstehen). Die Gebärden des Grundvokabulars von GuK wurden möglichst so ausgewählt, dass sie für kleine Kindern relevant sind und gut im Lebenskontext gelernt und behalten werden können. Bruder, Schwester, Oma, Opa und andere Personen werden mit individuellen Gebärden bezeichnet, die sich auf typische Merkmale oder Hobbys beziehen (denn *Oma* ist für ein kleines Kind eben nicht eine »alte Frau mit Nackenknoten« wie in der DGS-Gebärde).

Im Unterschied zu Wörtern sind viele Gebärden transparent, d. h., durch die Übernahme eines kennzeichnenden Merkmales des jeweiligen Begriffes wird auch ein entsprechendes Bild davon vermittelt. Deshalb müssen einige Begriffe kontextabhängig verschieden gebärdet werden, z. B. ob ein Buch, ein Baum oder eine Person *dick* ist. Da Gebärden bei GuK die Aufgabe haben, nur so lange die Kommunikation zu unterstützen, bis das Kind hinreichend sprechen kann, liegt nur ein Grundwortschatz (GuK 1) vor sowie ein Aufbauwortschatz (GuK 2), der bei Bedarf ergänzt werden kann durch Gebärden aus den vorliegenden umfangreicheren Gebärden-Sammlungen oder durch die im Internet veröffentlichten alphabetisch geordneten Gebärden der DGS.

Viele Gebärden der DGS beziehen sich auf mehr oder weniger große Begriffsfelder. Entsprechend repräsentieren auch die Gebärden des GuK-Systems oft ein größeres Begriffsfeld. So kann die Gebärde für »gut« generell als Zeichen eingesetzt werden für »Lob« und sprachlich unterschiedlich begleitet werden, z. B. mit »*das hast du gut gemacht*« oder »*super*«. Entsprechendes gilt für *Tadel, Verbot* oder auch für *Halt* bzw. *stehen bleiben, fertig* bzw. *Schluss, Ende, aufhören* u. a. Auch für *Fliege, Mücke, Biene, Wespe* wird die gleiche Gebärde benutzt. Viele Substantive und die zugehörigen Verben werden gleich gebärdet, z. B. *Messer* und *schneiden, Pferd* und *reiten* oder *Bett* und *müde*. Einige Gebärden lassen sich nur sinnvoll in Verbindung mit der zugehörigen Handlung durchführen, z. B. »*Jacke an oder aus*«.

5.3 Gebärden-unterstützte Kommunikation – GuK

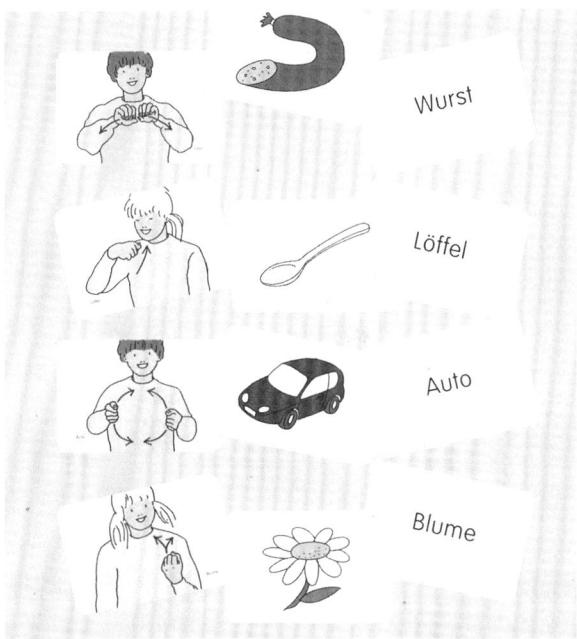

Abb. 15: Das GuK-Material besteht aus Gebärden-, Bild- und Wortkarten

Der Vergleich der verschiedenen Gebärdensysteme zeigt, dass wesentliche Kriterien für die Auswahl des jeweils geeignetsten Verfahrens die individuellen Voraussetzungen und das angestrebte Ziel für das einzelne Kind sein sollten. Gebärden sind für gehörlose Personen ein dauerhaft wichtiges alternatives Kommunikationssystem. Bei kleinen Kindern mit Down-Syndrom dagegen sollen Gebärden den Spracherwerb fördern und die Kommunikation erleichtern, bis das Kind sprechen kann. Als eine spezielle ergänzende Unterstützung können auch die Bild- und Wortkarten von GuK eingesetzt werden und für einige Kinder sind zusätzlich auch technische Hilfen mit und ohne Sprachausgabe aus dem Bereich der Unterstützten Kommunikation hilfreich.

5.3.2 Theoretische Grundlagen von GuK

Gebärden ermöglichen schon in der präverbalen Entwicklung eine differenzierte Möglichkeit der Verständigung. Besonders in der Frühförderung von Kindern mit deutlichen Beeinträchtigungen der Sprachentwicklung haben sich Gebärden bewährt, weil sie zur flüchtigen sequenziellen Struktur von Lautsprache eine räumlich-visuelle und simultan erfassbare Sprache bieten. Zudem fungieren Gebärden in ihrem motorischen Anteil als Mnemotechnik (Merkhilfe).

Früher wurde der Hinweis gegeben, Gebärden könnten den Spracherwerb beeinträchtigen: »Wer auf die Kommunikationsform des Deutens ›hereinfällt‹, ist, so könnte man es hart formulieren, selbst schuld, wenn sein Kind stärker retardiert bleibt, als es nötig ist« (Rett 1977, 72). Mittlerweile wissen wir jedoch, dass im Gegenteil Gebärden sogar die lautsprachliche Entwicklung fördern können. Seit vielen Jahren belegen zahlreiche empirische Untersuchungen, dass Gebärden sowohl das Verstehen von Wörtern als auch das Erlernen lautsprachlicher Äußerungen erleichtern. Weil die Kinder erleben, dass sie mit gebärdeten Mitteilungen etwas bewirken, erfahren sie in konkreten Situationen eine unmittelbare Verstärkung der eigenen Aktivität. Gebärden können deshalb sprachanbahnende Funktion haben. »Die häufig geäußerte Befürchtung, daß der Gebrauch von Gebärden das Sprechenlernen verhindere, kann zumindest im Anwendungsbereich für Menschen mit geistiger Behinderung nicht belegt werden« (Verb. ev. Einr. 1995, 276). Aus England liegen Untersuchungen vor, die zeigen, dass Gebärden nicht nur die Kommunikationsfähigkeit verbessern, sondern auch das Sprechenlernen definitiv beschleunigen können (LePrevost 1993, 29). Die zwischen beiden Symbolsystemen – Sprache und Gebärde – gegebenen ähnlichen kognitiven Voraussetzungen ermöglichen aufgrund wechselseitiger Beeinflussung solche positiven Auswirkungen. Eine größere Studie an über tausend behinderten Personen zeigte, dass 39 % durch Gebärden vermehrt lautierten und 25 % vermehrt expressive Sprache benutzten (Siegel 1995, 1). Mit wachsender Akzeptanz von Gebärden zur Unterstützung der Kommunikation werden diese Erfahrungen mittlerweile vielerorts bestätigt. »Wir konnten mehrmals die Beobachtung machen, dass die behinderten Menschen vermehrt zu reden beginnen, weil sie durch die Kombination von Wort und Gebärde von den Mitmenschen verstanden werden« (Portmann 1993, 7). Eine finnische Studie, die über acht Jahre die sprachliche Entwicklung von zwölf Kindern mit Down-Syndrom erfasste, denen in der Frühförderung Gebärden vermittelt wurden im Vergleich zu einer gleich großen Kontrollgruppe, die nur die übliche Sprachförderung erhielt, zeigte, dass der Spracherwerb durch Gebärden günstiger verlief (Launonen 1998, 8 f.). Kritisch zu sehen ist allerdings bei dieser sehr kleinen Studie, dass ein positiver sprachlicher und kognitiver Effekt auch noch Jahre nach Beenden der Förderung behauptet wird, eine Wirkung, die in anderen entsprechenden Untersuchungen nicht bestätigt wurde.

So zeigte sich bei Kindern mit normaler Entwicklung, denen Babyzeichen (»babysigns«, »Zwergensprache«) angeboten wurden, dass sie im zweiten Lebensjahr diese Zeichen zwar schneller lernten als gesprochene Wörter, aber sich daraus keine positiven langfristigen Auswirkungen ergaben. Während die Kinder noch ein größeres Vokabular (Gebärden + Wörter) mit 24 Monaten hatten, war dieser Unterschied mit 36 Monaten aufgehoben. Überhaupt lernten sich regelhaft entwickelnde Kinder durchschnittlich nur etwa 20 Gebärden, weil sie sich dann zunehmend verbal verständigen konnten. Während die Kinder im Ein-Wort-Stadium oft das Wort *oder* die Gebärde (12 bis 24 Monate) benutzten, kombinierten sie im Zwei-Wort-Stadium dagegen das Wort *und* die Gebärde, indem z. B. auf die Tasse gezeigt und Mama gesagt wurde (Johnston u. a. 2005, 235 f.). Auch wenn es nach diesen Untersuchungen keine langfristigen förderlichen Effekte von Babyzeichen auf die normale Sprachentwicklung gibt, so können Gebärden doch die Kommunikation mit dem kleinen, noch nicht sprechenden Kind im zweiten Lebensjahr ergänzen und unterstützen – wenn sie dem Kind und der Bezugsperson Freude bereiten und nicht zu einer überzogenen ehrgeizigen direktiven Förderung führen.

Interessant ist der Vergleich dieser Ergebnisse mit den Erfahrungen bei behinderten Kindern. So benutzen z. B. Kinder mit Down-Syndrom natürliche hinweisende, sog. deiktische Zeichen wie andere Kinder im gleichen Entwicklungsalter, aber sie setzen weniger fordernde Gesten ein und initiieren seltener Kommunikation (Clibbens 2001, 102). Deshalb benötigen sie spezielle Unterstützung, mehr Zeit und verlängertes ermutigendes Antwortverhalten der Bezugspersonen. Gebärden können – wie bei anderen Kindern – bei kognitiv beeinträchtigten Kindern im *Entwicklungsalter* von 12 bis 26 Monaten (Lebensalter etwa zwei bis vier Jahre) das produktive Vokabular deutlich fördern und die Kommunikation erleichtern. Den größten Zuwachs an gesprochenen Wörtern haben Kinder mit Down-Syndrom mit etwa vier bis fünf Jahren und mit Zunahme der gesprochenen Sprache lassen sie dann die Gebärden weg (Kumin 1994, 59). Untersuchungen von Buckley und Bird zeigen ebenfalls, dass das produktive Vokabular (Wörter und Gebärden) im Alter von 36 bis 47 Monaten (Entwicklungsalter von 21 bis 24 Monate) einen Vorteil darstellt und dass die Kinder mit zunehmender Sprechfähigkeit mit dem Gebärden aufhören (Buckley, Bird 2009). Das gleiche Ergebnis wurde in deutschen Untersuchungen zu GuK ermittelt (Wagner, Sarimski 2010, 50 und 2013, 21). Es wurde festgestellt, dass die Kinder nur so lange gebärden bis sie »in der Lage sind, die entsprechenden lautsprachlichen Begriffe selbst zu bilden … Es besteht somit kein Grund zu der Sorge, dass die Kinder, die nach diesem Konzept gefördert werden, in der Lautsprachentwicklung gehemmt würden« (Sarimski 2017, 98). Auch neuere Untersuchungen zeigten deutlich, dass Gebärden bei Kindern mit Down-Syndrom eine »unterstützende Funktion bei der Sprachanbahnung« haben. Sie »nutzen offenbar Gebärden als Verständigungsmöglichkeit in der Anfangszeit, verzichten auf ihren Gebrauch aber zugunsten gesprochener Wörter, sobald sie diese produzieren können. Eine mögliche Sorge, dass die Entwicklung von Gebärden zur Verständigung die Entwicklung der Lautsprache hemmen könnte, ist somit unbegründet« (Sarimski 2018, 42). Zudem vermindern Gebärden frustrierende Erfahrungen mit Nicht-Verstanden-Werden und dadurch mögliche Verhaltensprobleme der Kinder.

Mit Gebärden werden erste Dialoge möglich und der rezeptive und produktive Wortschatz kann – obwohl das Kind noch nicht spricht – kontinuierlich erweitert werden (Wilken 2010b, 87). Gleichzeitig wird den Bezugspersonen deutlich, welche Kompetenzen, Interessen und Vorlieben das noch nicht sprechende Kind hat. Sie können dadurch entwicklungsangemessene Angebote besser gestalten und gemeinsame Handlungen entsprechend strukturieren und das Kind lernt, dass es sich mitteilen kann und verstanden wird.

So gebärdete ein Kind mit einem selbst ausgedachten Zeichen »Elch« und machte damit deutlich, dass es zu Ikea in den Spielbereich wollte (Wilken 2013, 27). »Die Gebärden sind für mich ein Fenster zum Denken meines Kindes«, beschrieb eine Mutter ihre Erfahrungen. So zeigte ein Kind, das beim Betrachten eines Bilderbuchs immer wieder die Gebärde für »au« machte, dass es besonderes Interesse hatte, die Seite mit dem Unfall sich anzusehen.

Gerade für behinderte Kinder ist wichtig, dass Gebärden vielfältige differenzierte sprachgebundene Leistungen unterstützen. Sie ermöglichen das kognitive Verarbeiten und Speichern von Erfahrungen, die Bildung von Kategorien und bieten für das Vergleichen und bedeutungsbezogene Bewerten sprachliche Symbole. Gebärden können sowohl eine quantitative Zunahme von Wissen (Vergrößerung des Wortschatzes) als auch eine qualitative Reorganisation des Wissens (Oberbegriffe, Vergleiche, Relationen) fördern, da solche wesentlichen Funktionen von Sprache nicht an die verbale Sprache, wohl aber an ein differenziertes Kommunikationssystem gebunden ist.

Abb. 16: Die vom Mädchen selbst ausgedachte Gebärde bedeutet: »Ich möchte zu Ikea ins Spieleparadies.«

Ein kleiner Junge, der die Gebärde für Katze gelernt hatte, sah den Dackel der Nachbarn und gebärdete begeistert Katze. Die Mutter erklärte ihm dann, das sei keine Katze, sondern ein Hund und zeigte ihm daraufhin die entsprechende Gebärde. Wann immer der Junge jetzt einen Vierbeiner sah, überlegte er, ob das eine Katze oder ein Hund sei. Mit der entsprechenden Gebärde konnte er die Mutter fragen und eine Bestätigung seiner Überlegung von ihr erhalten. So lernte er die Begriffe Hund und Katze zu unterscheiden. Bedenkt man, wie eindeutig die Kategorie Katze ist (alle gleich groß, nur verschiedene Farben) und wie unterschiedlich Hunde aussehen (Größe, Rasse, Fell), wird verständlich, welche kognitive Leistung dieser Lernprozess bedeutet.

Gebärden bewirken auch eine erhöhte wechselseitige Aufmerksamkeit von Kind und Bezugsperson, und die visuelle Betonung der Schlüsselwörter erleichtert dem Kind das Verstehen, während sonst in einem längeren gesprochenen Satz die entscheidenden Informationen leicht untergehen können. Zudem können Gebärden in gemeinsamen Handlungen mit Handführung eingeführt und dadurch besser gelernt werden.

In der allgemeinen Sprachentwicklung gehen Kinder oft kreativ mit Wörtern um und klassifizieren u. a. nach Ähnlichkeit im Aussehen oder in der Funktion (z. B. Mond als Lampe, Luftmatratze als Bodenbett). Solche generalisierenden Klassifikationen ermöglichen auch Gebärden.

Ein kleiner, noch nicht sprechender Junge wollte, dass noch einmal die Kerzen der Weihnachtspyramide angezündet werden. Er gebärdete »Hubschrauber« und verband dieses Zeichen mit Pusten (für Kerzen). Er generalisierte die Drehbewegung und ergänzte sie um einen spezifischen Aspekt. Damit war die Mitteilung gut zu verstehen. Deutlich wird daran aber auch der kreative Umgang in der Kombination und Neuerfindung von Gebärden.

In ähnlicher Weise bildete ein Kind aus der Kombination der Gebärden für Vogel und für Maus ein Zeichen für Fledermaus. Ein anderes Kind bezeichnete mit den Gebärden »Baum« und »Katze« ein Eichhörnchen (Eichkatz).

Kindern mit Beeinträchtigungen der Sprachentwicklung sollten geeignete Verfahren angeboten werden, die nicht nur die Verständigung erleichtern, sondern auch die Entwicklung basaler sprachgebundener kognitiver Strukturen fördern.

Häufig wird die Frage gestellt, ob man nicht die vom Kind spontan angebotenen Zeichen benutzen sollte. Wenige einzelne Gebärden sind kein Problem, aber ein größeres subjektives Gebärdenvokabular schränkt die Verständigung mit anderen unnötig ein. Hinzu kommt, dass ein Kind mit dem Erwerb von Gebärden nicht nur lernt, sich auszudrücken, sondern sich dazu eines vorgegebenen Zeichensystems zu bedienen. Die mit der Gebärdensprache verbundenen strukturellen Elemente weisen Übereinstimmungen mit der Verbalsprache auf und können dadurch auch die allgemeine sprachliche Entwicklung des Kindes stützen.

Gebärden können nicht nur das oft geringere auditive Kurzzeitgedächtnis und die beeinträchtigte auditive Diskrimination ausgleichen, sondern sie bewirken auch durch die visuelle und taktile Wahrnehmung einen nachweislichen besseren Laut- bzw. Worterinnerungseffekt.

Interessant sind die in verschiedenen Studien nachgewiesenen Parallelen zwischen der Entwicklung von Gebärdensprache und Lautsprache (vgl. Clibbens 1995, 12). Bei beiden Kommunikationsformen muss das Kind ein basales Verständnis für die einzelnen Elemente des Systems und ihrer Beziehungen zueinander haben. Diese übergeordneten Strukturprinzipien sind bei Gebärden und Lautsprache gleich. Deshalb kann ein Kind, das gelernt hat, sich mit Gebärden zu verständigen, die erworbenen grundlegenden Prinzipien bei zunehmender verbaler Kompetenz auf die gesprochene Sprache übertragen. Da die Bewegungssteuerung der Hände und des Mundes in benachbarten Hirnarealen repräsentiert sind, kann zudem davon ausgegangen werden, dass die Aktivität der Hände beim Gebärden auch Bewegungsabläufe des Mundes anzuregen vermag.

Erhellende Bedeutung über den Zusammenhang von Gebärden und Sprache kommt auch verschiedenen Untersuchungen zu, die die Auswirkungen von Hirnschädigungen auf das Verständnis und die Produktion von verbaler Sprache einerseits sowie Gebärden andererseits ermittelten. Dabei zeigte sich, dass für die Gebärdensprache überwiegend die gleichen Hirnregionen zuständig sind wie für die Lautsprache (ebd.). Aufgrund dieser Ergebnisse kann geschlussfolgert werden, dass Kinder, die zuerst mit Gebärden kommunizieren lernen, damit auch grundlegende sprachliche Kompetenzen erwerben und dann einen relativ geringen Transfer leisten müssen, wenn sie von der Gebärdensprache zur Lautsprache umschalten und mit dem Sprechen beginnen. Deshalb verzögern Gebärden den Spracherwerb nicht, sondern können ihn eher beschleunigen. Mittlerweile liegen gesicherte wissenschaftliche Untersuchungen vor sowie zahlreiche Einzelberichte von Eltern und Therapeuten, die diesen positiven Effekt von GuK eindrücklich belegen (Wolken 2004, Ostad 2006, Wagner, Sarimski 2010 und 2013, Krause-Burmester 2013, 25).

Vor allem gibt es aber weniger frustrierende kommunikative Situationen und die Kinder erleben die positiven Auswirkungen sprachlicher Mitteilungen. Die visuelle Verdeutlichung durch die Gebärde lenkt und fokussiert ihre Aufmerksamkeit und erleichtert damit das Verstehen. »Die Augen machen den Ohren Beine!«, weil Gebärden als sichtbare Zeichen gerade die bei Kindern mit Down-Syndrom vorliegende verzögerte Aufnahme und Verarbeitung auditiver Informationen unterstützen.

5.3.3 Methodisches Vorgehen

Die Gebärden-unterstützte Kommunikation soll hörenden, aber noch nicht sprechenden Kindern durch den begleitenden Einsatz von Gebärden das Verstehen und Mitteilen erleichtern und basale sprachrelevante Fähigkeiten fördern. »Die Grundprinzipien der Unterstützung des Spracherwerbsprozesses bestehen auf der einen Seite darin, das Sprachangebot quantitativ zu erhöhen und qualitativ zu verbessern und auf der anderen Seite das Kind zum aktiven Sprachgebrauch anzuregen« (Suchodoletz 2010, 62). Kleine hörende Kinder mit Down-Syndrom brauchen deshalb zur Förderung des Spracherwerbs im ersten Lebensjahr nicht so sehr andere Maßnahmen und Angebote, sondern es müssen die normalen sprachrelevanten frühen Kommunikationsformen unterstützt werden. Diese Vorausläuferfähigkeiten werden bei GuK gefördert, verbunden mit einem speziellen methodischen Vorgehen und der Zielsetzung, die lange Zeit fehlende sprachliche Kommunikationsfähigkeit (meistens zwischen zwei und fünf Jahren) zu überbrücken.

Um die normale auditive Wahrnehmungsentwicklung nicht zu gefährden, werden bei GuK in der frühen präverbalen Kommunikation mit dem Kind noch keine Gebärden eingesetzt. Denn für die Entwicklung von Fähigkeiten ist es notwendig, dass das Kind ihre Bedeutung erlebt und den Gebrauch als sinnvoll erfährt (»use it or lose it«). Dies gilt auch für das Hören. Es ist deshalb wichtig, in unterschiedlichen Situationen, bei gemeinsamen Handlungen und im Spiel mit dem Kind zu sprechen, um die »Weckfunktion« der Lautsprache für die auditive Wahrnehmung und lautsprachliche Orientierung zu fördern und den verbalen Input qualitativ und quantitativ differenziert und reflektiert zu gewährleisten. Dabei spielt für die Kinder vor allem die Prosodie für den Einstieg in die Kommunikation mit den Bezugspersonen eine wesentliche Rolle, das gilt besonders für die emotionalen und sozialen Erfahrungen.

Kleine Kinder haben besonderes Interesse am Gesicht ihrer Bezugspersonen und orientieren sich wesentlich an der Mimik und an der Prosodie. Eine zu frühe Visualisierung von Sprache durch Gebärden könnte deshalb bei hörenden Kindern die wichtige lautsprachliche Orientierung irritieren.

Sprache soll vom Kind in gemeinsamen Interaktionen als bedeutsam erlebt werden, um es zum Hinhören und zum eigenen Lautieren anzuregen. Dadurch kann es zunehmend lernen, die typischen Laute seiner Umgebungssprache (babbling-drift) zu imitieren, und es vermag, auditive Wahrnehmungen und kinästhetische Empfindungen bei der eigenen Produktion von Lauten zu koppeln. Das dialogische Handeln und begleitende Sprechen mit dem Kind ist zudem wichtig, weil prosodische Muster einen wichtigen Faktor für das Erkennen von Wörtern und für den weiteren Spracherwerb darstellen (Grimm 2003, 52). »Das Gelingen der Aufmerksamkeitsabstimmung, die Häufigkeit kommunikativer Beiträge und der Gebrauch von vorsprachlichen kommunikativen Mitteln (Zeigegeste) durch die Kinder sowie die elterliche Responsivität sind prädiktive Faktoren für den Sprachentwicklungsverlauf bei Kindern mit Down-Syndrom« (Sarimski 2017, 96).

GuK wird angeboten, wenn das Kind durch sein Verhalten deutlich macht, dass es den referenziellen Blickkontakt erworben hat und seine Aufmerksamkeit abwechselnd auf Personen und Sachen richten kann und mit entsprechendem Hinsehen antwortet, wenn man ihm etwas zeigt. Das begleitende Gebärden unterstützt dabei das Verstehen – auch wenn das eigene Einsetzen von Gebärden zur Mitteilung deutlich später erfolgt. Das beginnt bei den meisten Kinder mit Down-Syndrom etwa mit 12 bis 24 Monaten. Begleitend zu den ersten Gebärden lernen sie – so wie man es immer mit kleinen Kindern macht –, auf einzelne Körperteile zu zeigen (Wo ist die Nase?) und auf Fragen mit der Zeigegeste zu antworten (Wo ist die Lampe?) und bei Sprechritualen mit Handlung zu antworten (Wie groß bist du? Mach »bitte, bitte« oder »winke, winke«). In der Kommunikation mit dem Kind werden bei GuK aber nicht alle Wörter gebärdet und es wird unterschieden, welche Gebärden dem Kind helfen sollen zu verstehen und welche Gebärden es lernt, um sich mitzuteilen. So kann man dem Kind seine Windel zeigen und dazu entsprechend gebärden, aber das ist für das Kind selbst eher uninteressant, uns einen solchen Wunsch mitzuteilen. Man beginnt deshalb zur Förderung des Mitteilens mit einzelnen Gebärden für solche Begriffe, die *für das Kind* besonders wichtig sind, weil es damit etwas bewirken kann (fertig, noch mal, mehr) oder weil sie etwas Interessantes (Teddy, Ball) bezeichnen oder das Mitbestimmen und Auswählen ermöglichen (Wurst, Saft). Den Bedürfnissen des Kindes entsprechend werden nach und nach weitere neue Gebärden eingeführt. Die meisten ersten Zeichen beziehen sich auf typische Wörter wie sie alle kleinen Kinder zuerst lernen, z. B. *Familienmitglieder, da, alle,* einige *Tiere, Auto.* Nachdrücklich betont werden muss aber, dass sich an der natürlichen verbalen Kommunikation – beim Essen, bei der Pflege, beim Spielen – nichts ändert! Es werden weiterhin nur *ergänzend* einzelne Gebärden als zusätzliche Zeichen zum gesprochenen Wort angeboten, um die Verständigung mit dem Kind in entsprechenden Situationen zu unterstützen. Allerdings ist es sinnvoll, dass beim begleitenden Sprechen die Wortwahl und die Satzlänge dem Verstehen des Kindes entsprechen und dass auch Mimik und Prosodie zur Aussage passen. Beim Erlernen einer Gebärde ist es sinnvoll, dem Kind mit einer erfahrungsorientierten Vermittlung zu helfen, den Bezug von Handzeichen und dem Bezeichneten zu erkennen. So kann man die Gebärde für Banane vermitteln, indem wir gemeinsam mit dem Kind die Schale abziehen, die Banane dann weglegen, das Schälen gebärden und dann konkret weitermachen. Auto kann man einführen, indem man die Lenkbewegung mit dem Kind mit seinem Bobby-Car übt, oder man legt die Hände des Kindes auf das Lenkrad des Familien-Autos und spielt mit ihm dort gemeinsam das Lenken. Vor dem Einsteigen ins Auto kann jedes Mal die Gebärde verbunden mit dem gesprochenen Wort »Auto« wiederholt werden, bis das Kind schließlich auf die mit hinweisendem Zeigen verbundene Frage »Was ist das?« mit der Gebärde antworten kann. Man kann dem Kind auch die Autoschlüssel zeigen und fragen: »Was machen wir jetzt?« und das Kind kann uns mit der Gebärde zeigen, dass es weiß, was wir vorhaben. Wir können auch dem Kind den Schlafsack zeigen und dazu mit ihm die Gebärde für *schlafen* machen und dieses Ritual dann abendlich wiederholen bis das Kind vielleicht spontan mitmacht.

Für die Auswahl der mit Gebärden begleiteten Wörter ist keine vorgegebene Reihenfolge wichtig, sondern sie richtet sich allein nach den individuellen Kommunikationsbedürfnissen des Kindes. Entsprechend berichtet eine Mutter, die ersten Gebärden ihrer Tochter waren: »*essen, trinken, schlafen/müde, Mama, Papa, Hase* (unser Haustier) und *Musik*. Durch die kleine Auswahl fiel es uns Erwachsenen leicht, uns die Gebärden zu merken« (Hendl 2017, 25).

So wie auch Wörter in natürlichem Kontext in ihrer Bedeutsamkeit erlebt werden, sollten auch Gebärden im normalen Zusammenhang mit Handlungen gelernt werden. Der Umgang mit den konkreten Dingen, das Erfahren von Ähnlichkeiten zwischen den Gebärden und dem, was sie bezeichnen, erleichtert dem Kind das Erlernen und Behalten. Dabei ist wichtig – wie in der verbalen Kommunikation auch –, die vom Kind benutzten Gebärden widerzuspiegeln, zu verstärken und dann auch kontextbezogen zu erweitern. Wenn das Kind z. B. gebärdet »*Ball*«, kann die Mutter antworten »wir wollen *Ball spielen*« (gebärdet) oder »Du willst den *Ball haben?*« und so die kindliche Aussage kontextbezogen erweitern. Für die Bezugspersonen ist das unterstützende Gebärden einzelner bedeutungstragender Wörter relativ einfach zu realisieren und in Alltagshandlungen sowie spielerischen Interaktionen ohne Probleme zu integrieren. Ein wichtiger Aspekt ist zudem, dass Eltern nicht erst viele Gebärden lernen müssen, bevor sie mit dem Kind mit GuK anfangen können.

Die Lautsprache bleibt aber weiter kommunikativ bedeutsam, wird doch durch die Prosodie wesentlich – ergänzend zur Mimik – emotionales Befinden wie Freude oder Ärger, aber auch Zustimmung oder Verbot ausgedrückt. Zudem wird durch die Betonung der wichtigen Wörter und die Visualisierung des Gesprochenen mit Gebärden den Kindern das aufmerksame Hinsehen und das Sprachverständnis erleichtert, und die gebärdeten typischen Merkmale (z. B. die Tretbewegung beim

Dreirad fahren) fördern nicht nur das Verstehen, sondern auch das aktive Erinnern. Für manche Kinder ist wichtig, dass durch die ergänzenden Gebärden ähnlich klingende Wörter besser unterschieden werden können (Wurst – Durst, Haus – Maus).

Es ist sinnvoll, mit einzelnen Gegenständen eine Brücke zum Gebärden zu gestalten. Eine solche Unterstützung der Kommunikation mit ausgewählten Objekten erleichtert es dem Kind, die Bedeutung von Zeichen zur Verständigung zu verstehen. So können wir z. B. beim Baden mit einer Badeente spielen und, während das Kind in der Wanne sitzt, gemeinsam die waschende Handbewegung als Gebärde für »Baden« einführen. Das Kind kann so den Zusammenhang von »Ente« und »Baden« verstehen lernen. Nach häufiger Wiederholung können wir dann vor dem Baden dem Kind die Ente als Ankündigung zeigen und fragen »Was machen wir jetzt?«. Wenn das Kind noch nicht mit der Gebärde antwortet, machen wir die Gebärde mit ihm zusammen, bis es sie allein kann. In gleicher Wiese können wir auch verschiedene andere Objekte einsetzen, z. B. die Jacke und die Gebärde für *anziehen*, das Lätzchen verbunden mit der Gebärde als Ankündigung für *essen*.

Gebärden erweitern das übliche Angebot an Gesten und Fingerspielen und das Kind ist leicht zu motivieren, eine Gebärde mit- bzw. nachzumachen. Beim Gespräch mit dem Kind während alltäglicher Handlungs- und Pflegesituationen, beim Spielen und Ansehen von Bilderbüchern können wir mit ausgewählten einzelnen Gebärden die Kommunikation unterstützen. So kann man beim Ansehen eines Bilderbuchs das Kind z. B. auf die Schnurrbarthaare der Katze aufmerksam machen und dann die entsprechende Gebärde für *Katze* mit ihm gemeinsam durchführen. Wir können zusammen kochen spielen und in einem Topf rühren; danach wird gespielt und versucht zu erinnern, wie wir im Topf gerührt haben und so die Gebärde für »kochen/rühren« vermittelt. In gleicher Weise können weitere typische »So-tun-als-ob-Spiele« das Gebärdenlernen unterstützen (so tun, als ob der Teddy gefüttert wird). Dadurch sind die Gebärden für das Kind – aber auch für die Bezugsperson – nicht etwas Ungewöhnliches, sondern ein Spiel, das begleitend zum Sprechen eingesetzt wird.

Hilfreich ist auch, dass wir die Kinder durch eine gemeinsame Ausführung der Gebärden direkt unterstützen können. Wenn z. B. das Essen beendet ist oder wenn wir mit dem Spielen oder dem Ansehen eines Bilderbuches aufhören, können wir die Hände des Kindes anfassen und gemeinsam mit ihm die Gebärde für »*fertig*« ausführen. So kann diese Gebärde dann als Ritual nach verschiedenen Tätigkeiten gelernt werden und beim Spielen als Gegensatz zu *noch mal* sinnvoll geübt werden, z. B. beim Schaukeln mit der Frage *Noch mal?* oder *Fertig?*.

Da viele Gebärden deutliche Merkmale des Bezeichneten haben, z. B. bezogen auf die Form (Ball), die Tätigkeit (malen) oder auf eine wesentliche Eigenschaft (süß), erleichtert diese Ähnlichkeit von Zeichen und Bezeichnetem das Verständnis und das Erinnern (ähnlich den Lautmalereien, wie »wau-wau« für Hund oder »tick-tack« für Uhr). Deshalb werden die einzelnen Gebärden auch in konkreten Situationen eingeführt (und nicht mit den Gebärdenkarten!), um dadurch dem Kind zu ermöglichen, die inhaltliche Verbindung von Zeichen und Wort zu erkennen (z. B. die Gebärde für *trinken*, wenn das Kind trinkt). Weil die gebärdeten Wörter nach den Interessen des Kindes ausgewählt und in Situationen angeboten werden, die für das

Kind von Bedeutung sind, können die Kindern sich besser an gebärdete Wörter erinnern. Zudem ist, im Gegensatz zu gesprochenen Wörtern, ein längeres Betrachten des Zeichens möglich oder eine langsamere Ausführung der Gebärde.

Wichtig ist es auch, normale Fragen in Alltagssituationen einzubeziehen und das Kind aufzufordern, nach seinen Möglichkeiten mit Kopfschütteln oder Kopfnicken zu antworten, evtl. auch mit den üblichen entsprechenden begleitenden Lauten (e-e; m-m).

In der Kommunikation mit dem Kind sollten wir darauf achten, nicht nur die gebärdeten Wörter deutlich vor- und mitzusprechen, sondern wir müssen das Kind auch ermutigen, seinen Möglichkeiten entsprechend begleitend zu lautieren. Manchmal gelingt dem Kind dann schon die für das jeweilige Wort typische Prosodie oder auch die korrekte Silbenzahl. Bei diesem »Benennen« mit »Protowörtern« können wir die Kinder auch direkt unterstützen und einzelne Ziellaute direkt anbilden (z. B. das *f* beim Gebärden von *Fisch*), wobei es aber noch nicht auf die Korrektheit der einzelnen Laute ankommt, sondern auf das begleitende Lautieren! In diese Übungen lassen sich auch Ansätze aus der Behandlung der kindlichen Sprechapraxie nach dem TAKTKIN-Konzept (bzw. PROMPT-Konzept) integrieren. »TAKTKIN steht für taktil-kinästhetische Hinweisreize in der Behandlung sprechmotorischer Störungen ... (Dabei) erfolgt die Stimulation nicht nur *taktil-kin*ästhetisch, sondern auch in Abstimmung mit der auditiven und (über das Mundbild des Therapeuten) visuellen Modalität« (Birner-Janusch, 118). Dazu werden dem Kind die jeweiligen Artikulationsstellen »durch direkte Berührung seiner Sprechmuskulatur (im Gesicht und am Mundboden) gezeigt und vermittelt« (ebd., 119). Gebärden können für das Kind dann eine wichtige ergänzende Erinnerungshilfe für die Sprechbewegungen sein und den Sprecheintritt erleichtern. Interessant ist deshalb auch die berichtete Erfahrung, dass durch einen therapeutischen Einsatz von Gebärden bei vier Kindern mit Sprechapraxie die unverständlichen Vokalisationen abnahmen »bei gleichzeitiger Steigerung der verständlichen Äußerungen und der Kombination aus Gebärden und Gesten« (Birner-Janusch 2007, 122).

Es ist nach den vorliegenden Erfahrungen sehr unterschiedlich, wann Kinder mit Down-Syndrom beginnen, Gebärden zur Mitteilung einzusetzen. Einige Kinder machen eine Gebärde spontan nach. Wenn wir z. B. mit ihnen ein Bilderbuch anschauen und ihnen zeigen, wie *Auto* gebärdet wird, versuchen sie vielleicht sofort die Gebärde nachzuahmen. Oder wir zeigen ihnen in einer konkreten Situation die Gebärde für *Keks* und sie imitieren sofort. Trotzdem kann es dann noch recht lange dauern, bis sie die Gebärde selber spontan gebrauchen. Aber machen wir uns deutlich, wie lange ein Kind Wörter hört, bevor es zu sprechen anfängt! Wir dürfen deshalb nicht zu schnell ungeduldig werden und aufgeben.

Die kontextbezogene Vermittlung von Gebärden erleichtert nicht nur das Verstehen, sondern fördert auch in entsprechenden Situationen sich zu erinnern und die Gebärden einzusetzen. Und die unmittelbare Erfahrung, das zu erreichen, was gewünscht wird, bestärkt nicht nur die Motivation und Aktivität des Kindes nachhaltig, sondern auch der Bezugspersonen. »Ich weiß jetzt viel besser, was mein Kind interessiert«, berichtete eine Mutter.

> Mit zweieinhalb Jahren lernt Jonas seine ersten Gebärden (Auto, Teddy, Wurst, Nudeln, Saft, Vogel, fertig). Seine vierjährige Schwester findet das zwar interessant, macht aber selber keine Gebärden. Auf einer Geburtstagsfeier bei der Großmutter gibt es Kuchen und Kakao für die Enkelkinder. Jonas protestiert mit Geschrei – aber er gebärdet! Plötzlich ruft seine Schwester begeistert: »Ich weiß, was er will! Er will Limo (Saft) haben!«

Meistens wird das Kind Gebärden motorisch vereinfachen und seinen Bewegungsmöglichkeiten anpassen. Typisch ist z. B., wie alle Kinder anfangs allein mit einem Öffnen und Schließen der Hand winken. Wie beim Sprechen, wenn Kinder z. B. »lade« statt »Schokolade« sagen, werden diese Vereinfachungen mit zunehmenden Fähigkeiten überwunden. Wir sollten jedoch diese motorischen Vereinfachungen des Kindes ebenso wenig übernehmen wie die »Kleinkindsprache«.

Um den *spontanen Gebrauch* von Gebärden zu unterstützen, kann es hilfreich sein, Situationen zu nutzen oder bewusst zu gestalten, die dem Kind ermöglichen, eine Auswahl zu treffen, etwas zu erbitten, was nicht erreichbar ist, nach etwas zu fragen, was nicht zu sehen ist.

Abb. 17: Gebärden und begleitende Laute wie »muh« werden beim Ansehen eines Buches mit GuK-Karten verknüpft

Anfangs gebärdet das Kind nur einzelne wichtige Wörter, so wie jedes Kind anfangs nur Ein-Wort-Sätze bildet. Mit wachsenden Fähigkeiten und dem Bedürfnis nach differenzierterer Mitteilung werden auch Gebärden zu Zwei-Wort-Sätzen verbunden (z. B. *Auto* und *haben*, *Fliege* und *weg*). Durch die Kombination von gesprochenen ersten Wörtern mit Gebärden können Zwei-Wort-Sätze in der gesprochenen Sprache vorbereitet werden, z. B. Mama (gesprochen) *kocht* (gebärdet) oder *Keks* (gebärdet) haben (gesprochen). Die dem Schritt vom Ein-Wort- zum Zwei-Wort-Satz zugrunde liegenden kognitiven Erkenntnisprozesse (Differenzierung von Person und Aktion) können somit durch spielerische Gestaltung mit Gebärden gefördert werden.

Da Gebärden bei GuK die Aufgabe haben, nur so lange die Kommunikation zu unterstützen, bis das Kind hinreichend sprechen kann, ist der vorliegende Grundwortschatz meistens ausreichend. (GuK I und II: Grundwortschatz und Aufbauwortschatz enthalten jeweils 100 Gebärdenkarten sowie entsprechende Bild- und Wortkarten). Für einzelne Begriffe und für Kinder, die länger oder dauerhaft auf Gebärden angewiesen sind, kann ergänzend auf die vorliegenden umfangreicheren Gebärdensammlungen zurückgegriffen werden. Aber selbst in diesen Gebärdensammlungen gibt es nicht für alle Wörter, die für ein bestimmtes Kind wichtig sein können, eine passende Gebärde (z. B. Gummibärchen, Salzstange, Trampolin, Seifenblasen). Für solche besonderen Wörter können dann durchaus eigene Zeichen überlegt werden. Für ein Kind, das gern Salzstangen aß, wurde von der Mutter als eine passende Gebärde der erhobene Zeigefinger angeboten. Ein anderes Kind formte mit Daumen und Zeigefinger einen Ring und blies dadurch als Gebärde für Seifenblase. Solche individuellen Gebärden sollten möglichst mit Fotos festgehalten und mit den entsprechenden Bewegungspfeilen versehen werden, damit sie den verschiedenen wichtigen Bezugspersonen des Kindes bekannt sind. Aber es ist auch zu betonen, dass Gebärden nicht wie Vokabeln einer Fremdsprache angesehen werden dürfen, wo es für jedes Wort eine Übersetzung gibt, sondern dass immer zu überlegen ist, welches größere Wortfeld die jeweilige Gebärde hinreichend repräsentieren könnte. So kann die Gebärde für *Auto* größer durchgeführt werden und dann *Bus* oder *Lastwagen* bedeuten – und das begleitende Sprechen ermöglicht die Differenzierung!

Das GuK-System ist keine alphabetisch geordnete Sammlung von Gebärden, sondern es besteht bewusst aus Karten, die unterschiedlich benutzt werden können. Es ist allerdings zu betonen, dass die Kinder die Gebärden nicht mit den Karten, sondern überwiegend in konkreten Situationen erlernen sollten. Die verschiedenen Bezugspersonen des Kindes können sich aber mit den Karten die Ausführung der Gebärde relativ leicht selbst aneignen. Wenn das Kind aber einen gewissen Grundwortschatz erworben hat, kann man mit den Bild- und Gebärdenkarten spielerisch verschiedene Übungen gestalten (vgl. Wilken u. a. 2018). Auch kann man aus den verschiedenen Bildkarten recht einfach mit einem Fotosteckalbum ein Bilderbuch für das Kind herstellen, mit dem man beim gemeinsamen Anschauen die bereits gelernten Gebärden wiederholen kann. Von den Bild- und Gebärdenkarten kann man auch Fotokopien machen, die den aktuellen Wortschatz des Kindes wiedergeben, um diese Seiten dann z. B. im Kindergarten aufzuhängen, damit auch die anderen Kinder dort die besondere Kommunikationsform des Kindes kennen lernen und es verstehen können.

Viele Lieder im Kindergarten lassen sich problemlos mit Gebärden begleiten und alle Kinder können spielerisch lernen, wie man »mit den Händen spricht«. Mit den Bild- und Gebärdenkarten ist es möglich, verschiedene Zuordnungsspiele durchzuführen oder sie wie übliche Kartenspiele zu benutzen (»Schwarzer Peter«, Quartett, Ratespiele zum Erkennen von Gebärden als Bezeichnung für verschiedene Tiere oder Tätigkeiten). Wenn auch die anderen Kinder in Kita und Kindergarten die Gebärden kennen und benutzen, hilft das dem noch nicht sprechenden Kind, seine Kommunikationsmöglichkeiten zu erweitern. Es kann sich dann bei gemeinsamen

Spielen verständlich machen und seine Teilnahme und Integration wird dadurch unterstützt.

Es gibt viele Spiellieder, Krabbelverse, Kniereiter- und Fingerspiele für kleine Kinder, die sich gut mit GuK begleiten lassen. Das ist eine ganz natürliche Möglichkeit, Gebärden einzusetzen, und sie macht eigentlich allen Kindern Spaß! Fotokopien der kleinen Abbildungen des alphabetischen Gebärdenverzeichnisses von GuK können auch in Bilderbücher und in Kinderliederbücher eingeklebt werden. Beim Betrachten der Bücher und beim Singen der Lieder sind dann die passenden Gebärden gleich für alle Erwachsenen, die sich diese Bücher mit dem Kind ansehen, präsent.

Für die sprachliche Förderung lassen sich auch mit Bildern und Gebärden verschiedene Übungen gestalten. Man legt z. B. Abbildungen von verschiedenen Nahrungsmitteln auf den Tisch – und dazwischen auch ein abweichendes Bild, z. B. *Teddy* oder *Auto*. Dazu wird gebärdet und vom Erwachsenen begleitend gesprochen: »Die *Banane* kann ich *essen*, den *Apfel* kann ich *essen*, das *Auto* kann ich **nicht** *essen!*« Mit solchen und ähnlichen Übungen können Oberbegriffe deutlich gemacht werden und sie können variantenreich und durch absurde Zusammenstellungen lustig gestaltet werden. Wichtig ist nur, dass solche Übungen nicht zu formal durchgeführt werden, sondern als gemeinsames Spielen und Erzählen erlebt werden.

Möglich ist auch, z. B. auf das beim Essen benutzte Platzdeckchen einige wichtige Gebärdenbilder zu kleben (z. B. »*mehr*« oder »*fertig*«), auf die die Kinder zeigen können und lernen, dazu entsprechend zu gebärden, weil das Zeigen auf die Bilder das aktive Erinnern der entsprechenden Gebärde stützt.

Mit verkleinerten Gebärdenbildern können auch Listen erstellt werden, die den Verlauf des Spracherwerbs mit den Gebärden sichtbar machen. Dazu wird die Gebärde kopiert, aufgeklebt und daneben das Datum geschrieben, wann sie eingeführt wurde. In einer weiteren Spalte wird eingetragen, wann das Kind die Gebärde spontan eingesetzt hat und evtl. daneben in einer dritten Spalte, wann das Kind das Wort zuerst gesprochen hat. Solche Listen erlauben einen schnellen Überblick und können verdeutlichen, wie positiv sich Gebärden auf den Spracherwerb auswirken! Außerdem kann es sehr motivierend für Eltern und für Pädagogen sein, die mit dem Kind arbeiten, diese Listen mit den zeitlichen Angaben zur sprachlichen Entwicklung zu lesen.

Eine häufige Erfahrung ist, dass die Kinder zuerst die Wörter sprachen, die sie zu gebärden gelernt hatten. Hilfreich für die sprachliche Entwicklung ist offenbar auch, dass die Kinder in der Übergangsphase, wenn Gebärden und einzelne Wörter noch parallel gebraucht werden, durch diese Kombination schon erste Zwei-Wort- und manchmal sogar Drei-Wort-Äußerungen bilden können und dass die Ausführung der Gebärde eine motorische Merkhilfe ist, die es ihnen offenbar erleichtert zu erinnern, wie das Wort gesprochen wird. Ergänzend können die Bildkarten auch mit Spezialstickern (Klebepunkte in der Größe eines Zehn-Cent-Stücks) versehen werden, auf die das entsprechende Wort aufgesprochen wurde. Das Kind kann dann mit einem zugehörigen Lesestift (AnyBook) sich diese Wörter immer wieder vorsprechen lassen und motiviert werden, dazu zu gebärden und zu sprechen.

Wenn das Kind viele Bilder mit Gebärden benennen kann, ist es möglich, die GuK-Wortkarten ergänzend einzuführen, um mit dem ganzheitlichen »Frühen Le-

5 Förderung von Kommunikation und Sprachentwicklung

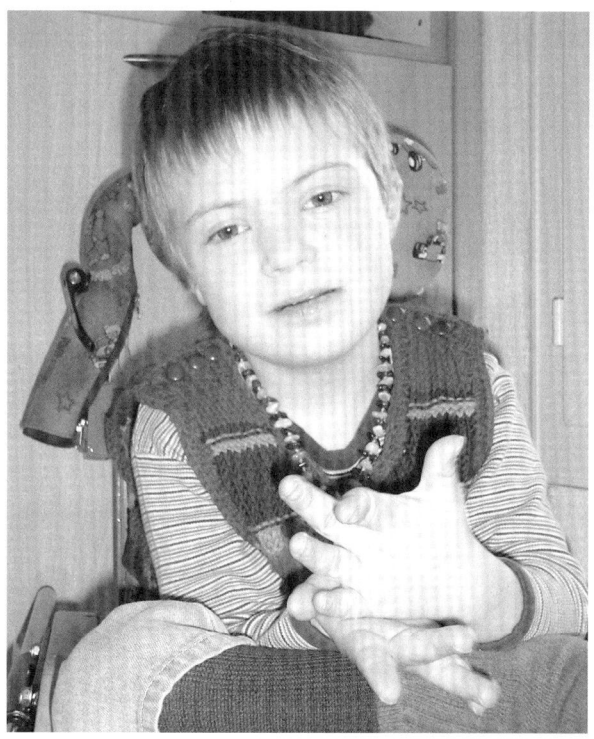

Abb. 18: Aufgrund motorischer Schwierigkeiten wird die Gebärde für BROT verändert

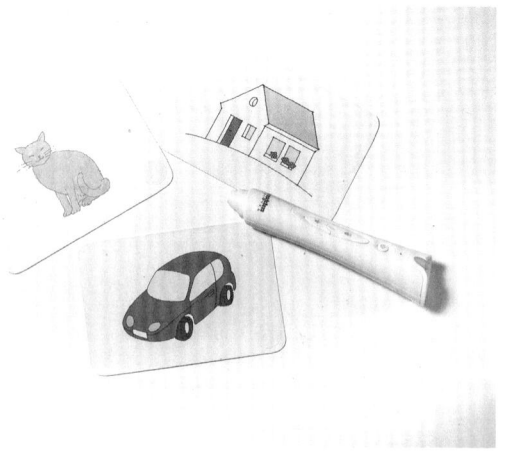

Abb. 19: Bildkarten können mit Klebepunkten versehen und mit einem Vorlesestift besprochen werden

sen« eine weitere Unterstützung für das Sprechenlernen zu bieten. Durch die Gebärden ist es möglich, dass ein noch nicht sprechendes Kind uns zeigen kann, welche

Wörter es schon »lesend« wiedererkennt. Die Wortkarten haben beim GuK-System jedoch eine nachrangige Bedeutung, können aber für einige Kinder eine wichtige Ergänzung für die weitere sprachliche Förderung bieten. Insbesondere können sie den Erwerb von Syntax und Grammatik stützen.

Auch in der Schule sind Gebärden für noch nicht sprechende Kinder eine wichtige kommunikative Hilfe. So schrieb eine Lehrerin, die GuK im Unterricht einsetzt, dass sich in ihrer Klasse vielfältige positive Auswirkungen zeigten: »Verbessertes Sprachverständnis, Förderung der Lautsprache, vermehrte Erfolgserlebnisse – weniger Frustrationen, gesteigerte Sprechfreude, verbesserte Merkfähigkeit und bessere und einfachere Wissensvermittlung« (Kurucz 2007, 86 f.). Eine Lehrerin, die im Projektunterricht zu Ostern die Gebärden sowie die Wörter *Baum*, *Blume*, *Ei* und *Hase* eingeführt hatte, berichtete, dass ein nicht sprechender Junge an den Projekttisch ging und auf die dort ausgestellten Dinge zeigte, die Wortkarten nahm, gebärdete und dann richtig zuordnete. Er zeigte Lesekompetenzen, die niemand vermutet hatte.

Die Gebärden-unterstützte Kommunikation (GuK) bietet Schülerinnen und Schülern, die sich noch nicht hinreichend lautsprachlich verständigen können, eine wichtige ergänzende Hilfe zum Verstehen und zur Verständigung. Dadurch werden frustrierende Kommunikationssituationen vermieden, die oft Ursache für problematisches Verhalten sind. »Die Wissensvermittlung gelingt durch den Einsatz von GuK viel besser und effektiver als früher. Die Kinder merken sich die Inhalte schneller und behalten sie länger« (Kurucz ebd.). Deshalb werden GuK-Gebärden auch zunehmend in Sonderschulen und anderen Einrichtungen für behinderte nicht sprechende Menschen eingesetzt. Ergänzend kann es gerade für Schulkinder sinnvoll sein, auch Bildsymbole und/oder technische Geräte mit Sprachausgabe einzusetzen. Allerdings ist es wichtig, solche Hilfen den individuellen Bedürfnissen und Kompetenzen entsprechend auszuwählen und den Gebrauch systematisch und motivierend zu üben.

5.3.4 Erfahrungen mit dem GuK-System

Die Erfahrung zeigte, dass durch die lautsprachliche Orientierung im ersten Lebensjahr und durch die Gebärden-unterstützte Kommunikation die lautsprachliche Entwicklung, wie es bei frühem Einsatz von Gebärdensprache oft befürchtet wird, nicht beeinträchtigt wird. GuK unterstützt vielmehr das Verstehen und das Verständigen und fördert dadurch das Sprechenlernen. Gebärden wirken sich insgesamt positiv auf die sprachliche Entwicklung aus, weil sie früher und leichter gelernt werden können als Lautsprache. Die bei manchen Kindern mit Down-Syndrom vorhandenen speziellen Schwierigkeiten beim Hören und in der Wahrnehmung können durch die Verknüpfung von auditiver und visueller Information verringert werden.

Besonders wichtig ist jedoch, dass die Gebärden die Entwicklung basaler sprachlicher Strukturen und kognitiver »Vorausläuferfähigkeiten« für den Spracherwerb unterstützen. Für kleine Kinder, die noch nicht sprechen, aber schon deutlich mehr verstehen können, ermöglicht GuK vielfältige positive Erfahrungen in der

Kommunikation. Durch den begleitenden Einsatz von Gebärden können die Kinder sich besser verständlich machen und sind in der Lage, im Alltag Einfluss zu nehmen. Die sonst häufigen Erlebnisse des Nichtverstandenwerdens werden dadurch verringert und die Mitteilungsbereitschaft der Kinder wird positiv verstärkt.

Das wesentliche Ziel von GuK, die Kommunikation mit nicht oder noch nicht sprechenden Kindern zu erleichtern und den Spracherwerb zu unterstützen, wird durch vorliegende Untersuchungen eindrucksvoll bestätigt. Die meisten Kinder mit Down-Syndrom lernen Gebärden von ihren Eltern und beginnen damit etwa mit eineinhalb oder zwei Jahren. Meistens benutzen sie zumindest noch einzelne Gebärden bis zum fünften oder sechsten Lebensjahr (vgl. Wagner, Sarimski 2013).

Nach Aussagen vieler Eltern wird durch Gebärden die Kommunikation mit dem Kind wesentlich erleichtert und es ergeben sich viel weniger frustrierende Situationen.

> Andreas, ein Junge mit Down-Syndrom, konnte im Alter von 15 Monaten »backe, backe Kuchen« spielen, bei Lob und Freude in die Hände klatschen und »winke-winke« für Weggehen machen. In einer ihm unangenehmen Situation zeigte Andreas auf seinen Buggy und machte »winke-winke«. Die Aussage war deutlich: »Ich will in den Buggy und hier weg!«

Solche bessere Verständigung mit dem Kind erleben viele Eltern als besonders hilfreich. Genannt wurde z. B. im Rahmen einer entsprechenden Befragung »Man kann sich mit seinem Kind besser verständigen und Wünsche erfüllen«; »Man guckt als Mutter selbst mehr hin, wenn das Kind etwas äußern möchte und wartet länger auf eine Reaktion«; »Beim Bilderbuch anschauen bekomme ich als Mutter durch Gebärden Rückmeldung, ob mein Kind den Inhalt der Seite oder des Buches verstanden hat« (Wolken 2004, 171). Gebärden können uns das Denken des Kindes erhellen und ermöglichen, auf seine Überlegungen und Fragen angemessener einzugehen.

Interessant ist auch, welche Gebärden von den Kindern zuerst gelernt wurden. So haben einige Kinder als erste Gebärden *essen, trinken* und *spielen* benutzt, andere Kinder *Auto, Haus, noch mal, mehr* und *Licht/Lampe*. Ein Kind gebärdete im Alter von zwei Jahren *oben, unten, hoch, Achtung/horch, Butzemann, Blume, Hund, Katze, Ente, Biene, bauen, trinken, winken, schlafen, fertig*. Auch der Umfang der gelernten Gebärden weist individuell sehr große Unterschiede auf. Ein Kind konnte mit zwei Jahren schon 60 verschiedene Gebärden. Danach entwickelte sich die Lautsprache so gut, dass es nach und nach zu gebärden aufhörte (Opitz 2002, 55). Solche positiven Effekte werden immer wieder bestätigt: »Je älter die Kinder sind, desto mehr Worte gebrauchen sie und je mehr Worte sie gebrauchen desto weniger Gebärden setzen sie ein« (Wagner, Sarimski 2013, 21).

Für die positiven Erfahrungen mit der Gebärden-unterstützten Kommunikation gibt es verschiedene Gründe.

Auswirkungen der Gebärden-unterstützten Kommunikation (GuK)

- Durch begleitende Gebärden verstehen die Kinder Mitteilungen früher.
- Gebärden sind früher und leichter zu lernen als Lautsprache. Basale kognitive Strukturen können damit früher erworben werden.
- Nur die wichtigen Wörter werden gebärdet. Die Auswahl der Gebärden erfolgt nach dem Entwicklungsstand des Kindes und nach der Bedeutung, die sie für das Kind haben.
- Die Aufmerksamkeit des Kindes wird unterstützt. Die Bezugsperson achtet genauer auf das Hinsehen des Kindes.
- Die visuelle Verdeutlichung der Schlüsselwörter erleichtert das Verstehen der wichtigen Informationen. Die simultane visomotorische Darbietung ist besser zu erfassen als die auditiv sequenzielle Kodierung.
- Viele Gebärden enthalten deutliche Merkmale des Bezeichneten, z. B. bezogen auf die Form, die Tätigkeit oder auf eine wesentliche Eigenschaft. Gebärden sind deshalb oft bildhaft, und die Nähe von Zeichen und Bezeichnetem erleichtert das Verständnis.
- Gebärden sind nicht so schnell und flüchtig wie gesprochene Sprache. Zudem ermöglicht eine langsamere Ausführung der Gebärde ein längeres Betrachten. Das Wort dagegen kann nicht ohne Bedeutungsverlust verlangsamt gesprochen werden.
- Die Verbindung von Wort und Gebärde unterstützt die Fähigkeit, sich an die Wörter zu erinnern, und bei ähnlich klingenden Wörtern wird ein Verwechseln vermieden.
- Bei Zweisprachigkeit können Gebärden eine »Brücke« für das Verstehen und zum Verständigen sein.

Die Gebärden-unterstützte Kommunikation fördert den Spracherwerb. Es gibt keine nachteiligen Auswirkungen auf die lautsprachliche Entwicklung.

Interessant ist ein Beispiel, das ein sehr hohes Kommunikationsniveau veranschaulicht:

> Ein Junge, Lukas, spricht im Alter von 3 ½ Jahren Mama, Papa und nein. Er fragt: »Papa?« Die Mutter antwortet: »Papa ist auf der Arbeit«. Lukas gebärdet »Auto« und »Arbeit«. Die Mutter antwortet: »Ja, Papa ist mit dem Auto zur Arbeit gefahren«. Lukas gebärdet »ich« und »groß«. Die Mutter fragt »Lukas ist groß?« Lukas sagt: »Nein« (verb.) und gebärdet »ich, groß, Auto, Arbeit«. Die Mutter übersetzt: »Wenn du groß bist, fährst du auch mit dem Auto zur Arbeit«. Der Junge nickt und freut sich über die Bestätigung (Opitz 2002, 78).

Diese Möglichkeit, mit den Kindern ein Gespräch zu führen, ihre Wünsche und Vorstellungen zu kennen, wird immer wieder von den Eltern als besonders schön empfunden. Wenn z. B. ein vierjähriger Junge nacheinander gebärdet *Brot – ge-*

hen – Ente, ist es für die Mutter unschwer zu verstehen, was er gerne tun möchte, nämlich zum Entenfüttern gehen.

Wichtig ist jedoch auch, dass den Kindern selbst in nicht vertrauten Kontexten mit entsprechenden Hilfen Verständigung möglich wird.

> Ein vierjähriger nicht sprechender Junge mit Down-Syndrom befand sich aufgrund einer schweren Erkrankung längere Zeit im Krankenhaus. Die Eltern hatten Kopien von allen Gebärden, die er benutzte, an seinem Bett aufgehängt. So wurde er, wenn er gebärdete, auch von anderen Personen verstanden, und er konnte Wünsche und Bedürfnisse deutlich machen. Mit der Gebärde »Haus« zeigte er, dass er »nach Hause« wollte, und die Eltern konnten darauf eingehen und versuchen, ihm zu erklären, warum er noch im Krankenhaus bleiben musste. Dann gebärdete er »Buch« und »Hase«, weil er das Hasenbuch von zu Hause haben wollte.

Die Gebärden-unterstützte Kommunikation verbessert aber nicht nur die Mitteilungsmöglichkeiten der Kinder entscheidend, sondern sie hat eindeutig positive Auswirkungen auf die emotionale und soziale Entwicklung sowie auf die Entwicklung kognitiver Kompetenzen.

> Lisa, ein Mädchen mit Down-Syndrom, erlernte mit zwei Jahren als erste Gebärde »Keks« und konnte sie bereits nach einer Woche spontan einsetzen. In den folgenden vier Monaten lernte sie 27 neue Gebärden. Lisas erste Gebärdenwörter zeigen deutlich den wichtigen individuellen Bezug:
>
> Keks, Hut oder Haare, Auto, Eisenbahn, Fläschchen oder Schnuller, Turm bauen, spielen, Buch, Vogel, Haus, Käfer, Hase, Stuhl, Flugzeug, Schaukel, Rutschbahn, Schlafen, Weggehen, Elefant, Fisch, Luftballon, Zähneputzen, Waschen oder Baden, Eichhörnchen, Messer, Essen, Schwein.
>
> Interessant ist auch, dass Lisa zu bekannten Abbildungen in ihren Bilderbüchern spontan gebärdet, selbst wenn sie sich allein damit beschäftigt. Mit zunehmendem Gebrauch der Gebärden konnte sie eine Übertragung der Begriffe auf Dinge vornehmen, die gleich bezeichnet werden, obwohl sie unterschiedlich aussehen (z. B. verschiedene Autos, Stühle, Häuser). Mit dieser Generalisierung hatte sie einen wichtigen kognitiven Schritt in der Sprachentwicklung vollzogen.

Anfangs gebärden die Kinder nur einzelne wichtige Wörter, so wie jedes Kind anfangs nur Ein-Wort-Sätze bildet. In der weiteren Entwicklung und bei der Kombination von Gebärden zu Zwei-Wort-Sätzen zeigt sich oftmals deutlich, wie sich Eigenaktivität und Kreativität des Kindes auch in der Kommunikation mit Gebärden vergleichbar mit der normalen Sprachentwicklung entfalten können. Ein dreijähriger Junge gebärdete »*laufen*« und »*fertig*« und deutete auf den Bordstein. Damit zeigte er nicht nur, dass er wusste, dass er stehen bleiben muss, sondern er fand damit eine eigene Bezeichnung. Interessant ist auch, dass durch die Kombination von gesprochenen ersten Wörtern und Gebärden die Zwei-Wort-Sätze in der gesprochenen Sprache vorbereitet werden können, z. B. »Mama« (gesprochen) »müde« (gebärdet). Eine Mutter berichtete sogar, dass ihr fünfjähriger Sohn sich auch Drei- und Mehr-Wort-Sätze in dieser Weise aneignete.

Der Übergang vom Gebärden zum Sprechen gestaltet sich bei den Kindern durchaus verschieden. Viele Kinder lautieren beim Gebärden vermehrt und die Prosodie entspricht oft schon dem Inhalt. Auch die Anzahl der einzelnen Laute entspricht manchmal den Silben der Wörter. So sagt ein Kind vielleicht »*aff*«, wenn es »Saft« und »*a-a-ne*«, wenn es »Banane« gebärdet. In dieser Weise können wir auch durch eine der Silbenzahl entsprechende rhythmische Ausführung der Gebärden, z. B. bei *Te-le-fon* eine kurze dreimalige Wiederholung des Zeichens, in dieser Übergangsphase das begleitende Lautieren und Sprechen fördern. Die Verbindung von Wort und Gebärde bedeutet zudem eine visuelle und motorische Merkstütze, die den Kindern oft hilft, sich besser zu erinnern, wie das Wort gesprochen wird. Manchmal wiederholen einige Kinder deshalb eine Gebärde mehrfach, bis ihnen dann offenbar auch das dazu gehörige Wort »einfällt« und sie es dann sprechen können. Offenbar stützt die Handmotorik die Erinnerung an die Mundmotorik.

Die zunehmende Entwicklung der sprachlichen Kompetenzen wird von den Eltern natürlich erhofft und zahlreiche vorliegende Berichte bestätigen eindrücklich, dass bei den meisten Kindern nach und nach das Sprechen gelernt wird. Es ist allerdings hilfreich, dass die Kinder immer auch ermuntert werden beim Gebärden ihren Möglichkeiten entsprechend zu lautieren, um zu erleben, wie dadurch die Aufmerksamkeit erhöht wird.

Abb. 20: Das gemeinsame Betrachten von selbst erstellten »Ich-Büchern« zu Themen, die für das Kind wichtig sind, ermöglicht die Verknüpfung von Bild, Sprache und Gebärde

Wir haben bei Merle mit zwei Jahren angefangen, GuK einzusetzen. Der Anfang war recht mühsam. Sie brauchte zum Lernen der ersten Gebärde mehrere Wochen. Dann lernte sie aber fast täglich neue Gebärden und eine richtige kleine

Unterhaltung war möglich. Mit vier Jahren kannte sie 70 Gebärden und sprach einzelne Wörter. Jetzt ist Merle fünf Jahre und beginnt, in Drei-Wort-Sätzen zu sprechen. Sie benutzt nur noch einzelne Gebärden ergänzend zum Sprechen – das erleichtert noch das Verstehen.

Interessant ist auch, wie kreativ manche Kinder die Gebärden einsetzen. So gebärdete ein Junge immer »Haus«, wenn er mit seinen Eltern mit dem Auto wegfuhr. Er wollte jedoch nicht wieder nach Hause, sondern bewirkte damit, dass seine Eltern ihm nochmals sagten, wohin sie fahren würden (*nicht* nach Hause, wir fahren zu …).

Ein vierjähriges Mädchen mit Down-Syndrom zeigte eine besonders kreative Leistung. Es gebärdete »Sand«, »Bär« und »Essen«. Die Mutter verstand die Mitteilung nicht: »Der Bär isst doch keinen Sand!« Das Mädchen versuchte noch mehrmals ohne Erfolg, sich verständlich zu machen. Einige Tage später klärte sich, was sie meinte. Das Mädchen zeigte auf Erdbeeren und gebärdete wieder »Sand« und »Bär«. Da es für das Wort Erde keine Gebärde hatte, setzte es Sand ein, und Beere wurde, weil es gleich klingt, mit Bär dargestellt.

Es wird deutlich, dass durch den Einsatz von Gebärden nicht nur die allgemeine Verständigungsfähigkeit des Kindes verbessert wird, sondern auch sprachrelevante kognitive Grundlagen entwickelt werden, die den Spracherwerb unterstützen. Deshalb sind seit 2017 die GuK-Karten als Hilfsmittel zur Kommunikation anerkannt und im Hilfsmittelkatalog gelistet.

Trotz der vielen positiven Erfahrungen halten sich aber hartnäckig die sowohl theoretisch als auch praktisch seit vielen Jahren widerlegten Behauptungen, Gebärden würden sich nachteilig auf den Spracherwerb auswirken. Gerade bei »sprachfaulen« Kindern bestünde das Problem, dass sie sich dadurch die Anstrengungen des Sprechenlernens ersparen würden. Noch immer ist die Auffassung anzutreffen, dass Gebärden für die Lautsprache generell eine Sackgasse darstellen würden. »Die Gebärdensprache ist der Tod der Lautsprache – das weiß man doch!«, war nach Mitteilung einer Mutter noch vor einiger Zeit die Auskunft einer Logopädin. Hier werden die Argumente, die in der Gehörlosenpädagogik lange diskutiert wurden und auch dort in dieser pauschalen Form mittlerweile überholt sind, unreflektiert auf hörende Kinder übertragen, die aufgrund sehr spezieller Probleme Gebärden zur Unterstützung der Kommunikation benötigen.

Diesen skeptischen bis ablehnenden Einstellungen kann aufgrund wissenschaftlich gesicherter Befunde und zahlreicher Berichte von Eltern und Therapeuten über die positiven Effekte der Kommunikationsförderung mit GuK nachdrücklich widersprochen werden. Aber trotzdem wird noch immer »bei vielen Eltern und Therapeuten ein Vorbehalt gehegt, diese Art der Kommunikation könne möglicherweise die Sprachentwicklung, insbesondere die lautsprachliche Wortschatzentwicklung des Kindes hemmen« (Krause-Burmester 2013, 24). Aber die deshalb zur Überprüfung durchgeführte Untersuchung ergab, dass »Gebärden als Kommunikations- und Interaktionshilfe ein wichtiges Mittel darstellen« (ebd., 25).

Obwohl GuK überwiegend eingesetzt wird bei Kindern, die hören können, aber große Probleme beim Sprechenlernen haben, ist das Verfahren auch geeignet für hörbeeinträchtigte Kinder mit kognitiven Beeinträchtigungen oder für Kinder mit anderen erheblichen Sprachentwicklungsverzögerungen, die sich lautsprachlich orientieren sollen und Hilfen zum Verstehen und zur Verständigung benötigen. Zunehmend wird GuK auch in Krippe und Kindergarten eingesetzt, um noch nicht Deutsch sprechenden Kindern eine visuelle Unterstützung für das Verstehen und Mitteilen zu bieten. GuK, das zeigen vorliegende Erfahrungen, bietet allen Kindern mit Beeinträchtigungen im Spracherwerb und beim Sprechen eine Hilfe zur Überbrückung der Diskrepanz zwischen Mitteilungsbedürfnis und Verständigungsfähigkeit, nicht nur Kindern mit Down-Syndrom. »Gebärden anwenden muss man nicht, aber es macht das Leben einfacher mit einem Kind, das noch nicht spricht«, schrieb eine Mutter über ihre Erfahrungen mit GuK.

5.4 Sprechenlernen durch Frühes Lesen

Auf die bei Kindern mit Down-Syndrom bestehende Fähigkeit, relativ erfolgreich das Lesen zu lernen, wurde bereits in der älteren Literatur hingewiesen (König 1959, Wunderlich 1977). Die früher häufig geäußerten Bedenken, dass sinnentnehmendes Lesen wohl kaum erreichbar sein könne, sind mittlerweile durch vielfache Erfahrungen widerlegt worden. Oftmals waren es die Mütter, die ihre Kinder im Lesen unterrichteten (Bender 1986), weil in den Sonderschulen für Kinder mit geistiger Beeinträchtigung Lesen aufgrund der Betonung von »lebenspraktischer Erziehung« früher oft als unwichtig angesehen und deshalb kaum angeboten wurde. Noch 1977 wurde eine von mir für Kinder mit Down-Syndrom entwickelte Ganzwortfibel von verschiedenen Verlagen mit der Begründung abgelehnt, dass die Zielgruppe dafür zu klein sei. Obwohl sich diese Einstellung mittlerweile deutlich geändert hat, ist es noch immer recht unterschiedlich, welche Bedeutung im Förderschwerpunkt »Geistige Entwicklung« dem Lesen als Teil des Faches Kommunikation/Deutsch zugemessen wird und welche Konzepte in den verschiedenen Schulen bzw. Klassen zur Anwendung kommen.

Kinder mit Down-Syndrom, soweit sie Schulen mit dem Förderschwerpunkt Lernen besucht haben, erlernten dort zusammen mit ihren Mitschülern meistens auch das Lesen. Beeindruckend dokumentiert wird eine solche Entwicklung zunehmender Lese- und Schreibkompetenz von Hermine Fraas, die ab 1962 eine Hilfsschule in der DDR besuchte (Fraas 1996, 62–65).

Auf ungewöhnliche Weise lernte Dagmar B. das Lesen:

Dagmar schaute sehr gerne fern. Eines Tages, als sie mit ihrer Mutter im Supermarkt einkaufte, las sie ihr plötzlich die Namen der Waschmittel vor, die sie aus

> der Fernsehwerbung kannte. Es zeigte sich später, dass sie die Namen nicht nur auswendig wusste, weil sie die Verpackung wiedererkannt hatte. Sie begann die Wörter auch aufzuschreiben (das war 1964, Dagmar war elf Jahre alt; Fohrmann 2005, 15).

Beim Vergleich, wie diese beiden Kinder damals das Lesen erlernt haben, fällt auf, dass Hermine Fraas mit Buchstaben angefangen hat, während Dagmar zuerst ganzheitlich Wörter wiedererkannte. Beide haben aber trotz ihres unterschiedlichen Lernweges beachtliche Lesekompetenz und schriftsprachliche Fähigkeiten erworben!

Bei einem üblichen schulischen Leseunterricht geht es um die Vermittlung der wichtigen Kulturtechnik Lesen an Schulkinder. Demgegenüber hat sich das Frühlesen für Kinder mit Down-Syndrom etabliert mit dem Ziel, dadurch das Sprechenlernen und die allgemeine Sprachkompetenz zu fördern. Die vorliegenden Programme und Verfahren (Oelwein 1978, Buckley 1985, Pieterse 2001) wollen durch eine Visualisierung der zu lernenden Wörter die bei Kindern mit Down-Syndrom nachgewiesenen Schwächen im auditiven Bereich aufgrund des erschwerten sukzessiven Erfassens und Verarbeitens kompensieren durch ein strukturiertes simultanes visuelles Lernangebot. Bei der Vermittlung des Lesens geht es somit nicht primär um die Kulturtechnik Lesen, sondern das Lesen wird als eine wichtige Hilfe auf dem Weg zur Sprache eingesetzt (»a way-in to language«, Buckley 1985).

Die Bedeutung des Lesens für den Spracherwerb ist eigentlich keine neue Erkenntnis, sondern wurde schon früh in der Gehörlosenpädagogik betont. So stellte Bulwer bereits 1648 fest, »Lesen ist wie Hören mit den Augen« (vgl. Löwe 1983, 14).

Kinder mit Down-Syndrom werden oftmals als visuelle Lerner bezeichnet, aber das ist zu differenzieren. Der Aufmerksamkeitsumfang ist auch im visuellen Bereich deutlich eingeschränkt (Zimpel 2017, 137), aber die Kinder können sich – anders als bei auditiven Informationen – bei visuellen Angeboten die individuell nötige Zeit für Aufnehmen und Verarbeiten nehmen. Die verschiedenen Frühleseprogramme bieten deshalb gut strukturierte visuelle Angebote, die die langsamere Aufnahme und Verarbeitung berücksichtigen und die individuell interessant sind. Ein nicht sprechender vierjähriger Junge lernte zuerst seinen Namen, dann die Wörter Mama und Papa und den Namen seines Bruders optisch zu erfassen. »Ich hörte das erste verständliche Wort von ihm, als er las. Auf Anregung der Logopädin brachten wir ihm bei, die Wörter, die er las, zu gebärden. Wenn er nun las, dann sprach er manche Worte aus, manche gebärdete er und Tiernamen gab er mit dem jeweiligen typischen Laut des Tieres wieder« (Oelwein 1998, 9).

Nach den Erfahrungen von Bird und Buckley (1994) in England können mindestens 20 % der Kinder mit Down-Syndrom im Alter von drei bis vier Jahren erfolgreich *einzelne Wörter* lesen lernen (eigentlich ganzheitlich wiedererkennen). Sorgfältig gegliederte kleine Lernschritte, ein fehlervermeidendes Lernen, um Entmutigung auszuschließen, und unmittelbare soziale Verstärkung werden als wichtig bezeichnet. Oft wird nicht gleich mit Wortkarten gearbeitet, sondern die Kinder üben zuerst das differenzierte optische Unterscheiden und das angestrebte Lernverhalten mit normalen Bilder-Lottos. Es sollen Anweisungen wie »gib«, »zeige«, »nimm« oder »lege« verstanden werden; dann lernt das Kind, Bilder als gleich oder verschieden zu erkennen und entsprechend zuzuordnen. Anschließend kann z. B. mit einem Silhouetten-Lotto (Umriss-Karten) oder Formenlotto die Aufmerksamkeit auf Unterschiede in der Größe und in der Form gelenkt werden (vgl. Wilken 1985, 125). Einfache Schwarz-Weiß-Fotokopien von den GuK-Bildkarten ermöglichen auch eine entsprechende an der Form orientierte Zuordnung der farbigen Bildkarten und ein Üben der wichtigen Lernschritte: 1. *Zuordnung* gleicher Bilder auf der Grundkarte, 2. *Auswählen* der aufgelegten Bilder nach verbaler Aufforderung und 3. *Benennen* der Einzelbilder. Danach lernen die Kinder in entsprechender Weise mit Wortkarten (flashcards) zu arbeiten. Zuerst werden gleiche Wörter optisch erfasst und den entsprechenden Wortbildern der »Grundkarte« zugeordnet (zwei bis vier Fotokopien von Wortkarten auf einer Seite). Wenn das Kind diese Zuordnung gelernt hat, wird im nächsten Schritt das Auswählen geübt. Das vorgesprochene Wort muss akustisch erfasst werden und dann ist die zugehörige Wortkarte zu erkennen und aus der angebotenen Anzahl von zwei, drei oder vier Karten auszuwählen. Wenn das Wortbild gefestigt ist, wird das Kind aufgefordert, die Wortkarten jetzt auch zu lesen und – wenn es noch nicht hinreichend sprechen kann – ergänzend zu gebärden (vgl. Wilken 2018). Diese Zuordnungsübungen sind auch mit den GuK-Bildkarten und den entsprechenden GuK-Wortkarten möglich.

Mit zunehmendem Anwachsen der so gelernten Wörter verstehen die Kinder die gestellte Aufgabe besser und es ist nicht immer nötig, alle Teilschritte durchzuführen. Die einzelnen Wörter werden sorgfältig nach der Bedeutsamkeit für das Kind ausgewählt. Wenn es noch nicht alle Wörter kennt, die für das Lesen einfacher Sätze nötig sind, werden verschiedene Übungen und Spiele durchgeführt, um dem Kind die Bedeutung zu vermitteln. »Der sich bereits früh einstellende Erfolg und das Vergnügen beim Lesen wird manchen Kindern einen ›fliegenden Start‹ ermöglichen. Sie lernen, worum es beim Lesen geht, was der Wert des Lesens ist, der praktische Nutzen und die Kraft des geschriebenen Wortes und schließlich der Spaß, den man beim Lesen hat. Am allerwichtigsten ist jedoch, dass die Kinder lernen, das Geheimnis des ›geschriebenen Wortes‹ zu entschlüsseln« (Oelwein 1998, 9).

Es ist zu betonen, dass die einzelnen Wörter zwar nicht erlesen, sondern als ganze Wörter wiedererkannt werden, aber die berichteten Erfolge sind überzeugend. So hatten in einer Studie die Kinder »ein Durchschnittsalter von 4 Jahren und 5 Monaten und waren etwa seit 20 Wochen (im Übungsprogramm) dabei. Der Durchschnitt erkannter Sichtwörter lag bei diesen Kindern bei 29, wobei der Beste 103, der Schlechteste 10 erkannt hatte« (ebd., 17). Auch in anderen Untersuchungen wurden entsprechend positive Ergebnisse ermittelt – aber auch eine vergleichbare erhebliche Streuung bei den erreichten Leistungen der Kinder. Trotzdem ist das eigentliche Ziel nicht dieses Lesen selbst, sondern die Unterstützung des Sprechenlernens! Die berichteten Erfahrungen zeigen deutlich, dass die Kinder die mit den Wortkarten erlernten Wörter oftmals relativ bald in ihre Spontansprache übernehmen und dass gelesene Zwei- und Drei-Wort-Sätze sowie gelesene grammatische und syntaktische Strukturen auch zunehmend spontan gesprochen werden können. Zudem sind die Kinder meistens hoch motiviert, diese sehr individuell gestalteten Lesegeschichten aus ihrem Lebensalltag (besondere Ereignisse, Urlaub, Zoobesuch) sich selbst und anderen häufig vorzulesen. Diese Wiederholungen festigen die gelernten Sätze und die oft erlebte positive Verstärkung für ihre Leseleistung wirkt zusätzlich motivierend für die Kinder.

Obwohl es sich bei diesem Lesen um das Wiedererkennen von Ganzwörtern handelt und noch nicht um das Erlesen neuer Wörter im engeren Sinn, ist es schon beeindruckend zu erleben, wie manche Kinder mit Down-Syndrom im Vorschulalter lesen. Ein sechsjähriges Kind, das mehr als 200 Wortkarten und kleine Geschichten, die daraus zusammengesetzt sind, ›lesen‹ kann, zeigt eine beachtliche Leistung. Zudem sind die positiven Auswirkungen für das Sprechen deutlich erkennbar. Erst nachdem ein relativ großer Grundwortschatz erworben wurde, werden die Kinder auf gleiche Buchstaben und Silben hingewiesen und es erfolgt eine systematische Hinführung zum eigentlichen Lesen (Bird, Buckley 2000, 77) mit einer Ergänzung durch ein spezielles phonetisches Programm (Oelwein 1998, 18). Häufig werden dann auch Lautgebärden unterstützend eingesetzt.

Abb. 21: Das ganzheitliche Lesen mit Wortkarten kann den Spracherwerb unterstützen

Der gesamte Lernprozess erstreckt sich über einige Jahre. Während die Anfangsstufen meistens von den Eltern vermittelt werden, erfolgt der Abschluss des eigentlichen Lesenlernens überwiegend im entsprechenden schulischen Unterricht. Es gibt inzwischen viele dokumentierte Beispiele von Kindern mit Down-Syndrom, die dann im Grundschulalter lesen lernen. Allerdings stellt Buckley (Bird, Buckley 2000) mit Bezug zum gewählten ganzheitlichen Leseverfahren fest, dass »Kinder mit Down-Syndrom in jungen Jahren das Lesen nicht durch das Lernen eines einzelnen Buchstabens und des dazugehörigen Lautes lernen ... Kinder mit Down-Syndrom, die Lesefertigkeiten entwickelt haben, beginnen häufig im Alter zwischen acht und neun Jahren ihr Verständnis von Buchstaben und den dazugehörigen Lauten zu zeigen«. Überraschend ist deshalb schon, dass nach zahlreichen Berichten von Eltern trotz dieser Erfahrungen noch immer – manchmal über Jahre(!) – mit den Kindern im schulischen Unterricht (sowohl in Förderschulen als auch im inklusiven Unterricht) Einzelbuchstaben geübt werden.

Anders als beim ganzheitlichen Lesen wird auch bei der so genannten entwicklungsorientierten Lesedidaktik (Manske 2004), die sich ebenfalls vorwiegend an Vorschulkinder mit Down-Syndrom wendet, von Buchstaben ausgegangen. Die einzelnen Buchstaben werden dabei mit Bedeutung belegt. »Das K lernen (die Kinder), wenn sie mit dem Nußknacker Nüsse knacken … das F wenn sie eine Kerze auspusten, einen Fahrradschlauch aufpumpen … Wir haben z. B. das I mit einer lebenden Spinne geübt. Eine Lehrerin hat die Kinder einen Katzenhaufen in das Bild des Wohnzimmers malen lassen und ihnen das I auf diese Weise nahe gebracht« (ebd., 75). Mit vergleichbaren Geschichten werden alle »sinngebenden Laute« erarbeitet (ebd., 81–112), wobei jedoch Laute und Buchstaben undifferenziert gleichgesetzt werden. Die einzelnen Buchstaben werden dann in verschiedenster Weise gestaltet, z. B. gemalt, geknetet, gestempelt, es wird mit Holzbuchstaben gearbeitet und es werden ergänzende Handzeichen eingesetzt. Ob jedoch das handelnde Erlernen von Buchstaben nur das Erlernen dieser Buchstaben fördert oder wirklich das Lesen unterstützt oder eher ablenkt, ist durchaus strittig (Jacobs 2008, 28). »Wenn die Kinder ungefähr 15 Buchstaben beherrschen, lernen sie erste Wörter zu lesen« (Manske 2004, 114). Besonders problematisch ist allerdings an diesem Verfahren die relativ festgelegte Bedeutung der einzelnen Buchstaben. Ein I ist keineswegs immer mit Ekel gekoppelt. Eine solch enge Bedeutungszuweisung kann sich deshalb beim weiteren Leseaufbau sogar hemmend auswirken. Das kann an einem zugegeben etwas drastischen Beispiel veranschaulicht werden: Aus **I** = Ekel und **CH** = Schnarchen des Vaters ergibt sich dann das Wort *ich!* Auch mit diesem Frühleseverfahren ist beabsichtigt, das Sprechenlernen zu fördern. Die große Schwierigkeit der meistens Kinder mit Down-Syndrom besteht allerdings nicht darin, sich einzelne Buchstaben zu merken, sondern ein neues Wort aus einzelnen Buchstaben zusammenzusetzen und zu erlesen (b-a-n-a-n-e). »Sinngebende Laute« können diese Probleme, die durch das eingeschränkte Kurzzeitgedächtnis bedingt sind, kaum reduzieren.

Bei der Ganzheitsmethode werden solche einzelnen Wörter ausgewählt, die für das Kind in seinem Lebensalltag Bedeutung haben und wichtig sind, dass es sie *sprechen* lernt. Deshalb kann es bereits schon mit nur 10 oder 15 Wörtern positive Erfahrungen in der Kommunikation machen. Mit wenigen Buchstaben oder »sinngebenden Lauten« ist das nicht in vergleichbarer Weise möglich. Denn nicht jede einzelne erreichte Stufe auf dem Weg zum Lesen hat bei diesem Verfahren schon unmittelbare Bedeutung für das Kind, sondern der Sinn ergibt sich aus dem Ziel, schließlich Lesen zu können. Diese Problematik besteht auch bei den anderen synthetischen Leseverfahren, die für Schulkinder entwickelt wurden und manchmal ohne altersgemäße Adaption von Methoden und Zielsetzungen als Frühlesen für Kinder mit Down-Syndrom angeboten werden.

Bei der Ganzheitsmethode ist dagegen jede einzelne Kompetenzstufe für das Kind hilfreich – unabhängig ob es tatsächlich einmal Lesen im engeren Sinn lernt. Ob das am langsamsten lernende Kind in der Studie von Oelwein (s. o.), das nach 20 Wochen systematischer Übung zehn Wörter wiedererkannte, einmal lesen lernt, ist nicht zu sagen, aber wenn diese zehn Wörter im Lebensalltag bedeutsam sind und das Kind sie zu sprechen lernt, kann auch ein solcher begrenzter Wortschatz sinnvoll sein – zehn Buchstaben wohl kaum!

Trotz vieler positiver Erfahrungen mit dem Frühlesen sollte jedoch individuell entschieden werden, für welche Kinder ein solches Angebot tatsächlich sinnvoll ist. Und es »wäre naiv, davon auszugehen, dass alle Kinder mit Down-Syndrom lesen lernen können. Aber, gibt man ihnen die Möglichkeit dazu, wird die überwiegende Zahl von ihnen, weit über die vielfach erwartete Spanne hinaus, Erfolg haben!« (Bird, Buckley 2000, 70). Allerdings sind auch hier die sehr verschiedenen Stufen von Lesekompetenz gemeint, vom Wiedererkennen einiger weniger Wörter bis zum selbstständigen Lesen fremder Texte.

Mit unterschiedlichen technischen Hilfen können sowohl kindgemäße Übungssituationen für die Förderung von Voraussetzungen zur Kommunikation und für das Lesen gestaltet werden als auch Spiele und Übungen zum Lesen selbst. So gibt es Klebepunkte, die man auf Fotos oder Bilder kleben und besprechen kann. Durch Berühren der Sticker mit dem Vorlesestift (AnyBook) wird dann das Wort wiedergegeben. So können sowohl Einzelwörter geübt werden als auch kleine Sätze und sogar einfache Sprechverse und Lieder.

Abb. 22: Mit Wort- und Bildkarten können einfache Basissätze geübt werden

Einfache Lesesätze wären dann z. B. »Ich möchte Brot, ich möchte Käse usw.« oder auch »Ich möchte spielen, ich möchte malen usw.«. Mit den Klebepunkten und Fotos lässt sich relativ gut ein individuelles interessantes erstes Lesebuch gestalten. Auch die verschiedenen zahlreichen Apps, die es mittlerweile für das iPad gibt, bieten eine motivierende hilfreiche Ergänzung.

Alle für junge Kinder mit Down-Syndrom angebotenen Leselehrgänge erstrecken sich über Jahre und werden meistens von der Mutter durchgeführt oder müssen nach Einführung durch die Therapeutin von ihr mit dem Kind geübt und gefestigt werden. Sie verlangen nicht nur ein differenziertes und planvolles Arbeiten, sondern auch kreative Ideen, damit sie nicht zu formal ablaufen und dem Kind (und den Eltern) dann wenig Spaß machen. Manche Eltern wollen mit ihrem behinderten Kind prinzipiell kein Frühleseprogramm durchführen, weil sie es auch für ihre nicht behinderten Kinder ablehnen würden. Das gilt besonders für solche Verfahren, die eigentlich entwickelt wurden, um Schulkindern das Lesen zu vermitteln, und die nicht hinreichend an die Lernmöglichkeiten kleiner Kinder angepasst sind.

Einige Kinder sind motorisch recht aktiv und im Vorschulalter wenig für das Lesen zu motivieren. Tägliche Leseübungen werden dann von den Kindern oft abgelehnt, und die Eltern geraten leicht unter Druck, trotzdem die Übungen durchzuführen. Sprachförderung kann aber auch mit anderen Verfahren unterstützt werden, die visuelle, motorische und rhythmische Ergänzungen bieten. Auch Sprechverse, Lieder und begleitende Musik können förderlich sein.

Positive Auswirkungen hat auch das Vorlesen. Es fördert die gemeinsame Aufmerksamkeit und das Zuhören und vermittelt in einem angenehm erlebten Kontext die Bedeutung von Büchern. Es ist allerdings sinnvoll, die Geschichten nicht nur einfach vorzulesen, sondern die Kinder aktiv in einen Dialog einzubeziehen. Wir können sie auffordern, etwas zu zeigen und mit Gebärden und Wörtern zu antworten, z. B. können sie auf die Frage »Wo ist der Hund?« mit Zeigen und ergänzendem »wau-wau« antworten und auf die Frage »Was ist da passiert?« mit der Gebärde »kaputt«.

Abb. 23: Das ganzheitliche Lesen von »Ich-Geschichten« ist für viele Kinder motivierend

Eltern, die aus unterschiedlichen Gründen nicht Frühes Lesen mit ihren Kindern durchführen, müssen deshalb nicht beunruhigt sein und sich Sorgen machen, eine entscheidende Fördermöglichkeit zu versäumen. Vor allem Behauptungen über die langfristig positiven Auswirkungen müssen kritisch beurteilt werden. Schließlich haben wir mittlerweile jahrzehntelange Erfahrungen und können die sprachlichen Kompetenzen von Jugendlichen und Erwachsenen, die erst in der Schule das Lesen gelernt haben, vergleichen mit denen, die das Lesen durch spezielle Förderangebote früher gelernt haben. Unterschiede, die auf Frühes Lesen zurückgeführt werden können, sind dabei nicht erkennbar! Allerdings ist zu betonen, dass die meisten Kinder mit Down-Syndrom nur dann recht erfolgreich das Lesen in der Schule lernen, wenn ein entsprechender Unterricht auch kontinuierlich angeboten wird.

Die unterschiedlichen methodischen Leselernverfahren, die in den Schulen angewandt werden, sollten dahingehend reflektiert werden, ob sie vielleicht Kindern mit Down-Syndrom besondere Probleme bereiten. Aber es ist auch wichtig zu betonen, dass es gerade im inklusiven Unterricht motivierend ist, wenn die Kinder nicht etwas gänzlich Anderes als die anderen Kinder machen müssen. Trotzdem ist notwendig zu überlegen, welche möglichen Schwierigkeiten mit einem bestimmten Verfahren gerade bei Kindern mit Down-Syndrom gegeben sein können (z. B. die Arbeit mit Anlauttabellen oder Lesen durch Schreiben). Zu berücksichtigen sind deshalb die individuellen Fähigkeiten bezogen auf das Sprechen, das Sprachverständnis und das phonologisches Bewusstsein. Es sind deshalb die individuellen Voraussetzungen zu erfassen, um dann eine entsprechende Differenzierung mit geeigneten Materialien anzubieten sowie eine Anpassung beim Lerntempo für das einzelne Kind vorzunehmen.

Interessant für das schulische Lernen sind jedoch einige Erfahrungen, die beim Frühlesen gewonnen wurden. So zeigte sich, dass sich mit den üblichen Kriterien nicht sicher vorherbestimmen ließ, ob ein Kind zum Lesenlernen bereit ist oder nicht. Die einzige Möglichkeit, das herauszufinden, ist danach, mit einem geeigneten Verfahren anzufangen (Bird, Buckley 1994, 29). Das ist eine interessante Feststellung, da in der Pädagogik für Kinder mit dem Förderschwerpunkt Geistige Entwicklung gerade die Überprüfung der Lernvoraussetzungen für das Lesen normalerweise als wichtig angesehen wird, auch um Fehlziele und Überforderung zu vermeiden (vgl. Rittmeyer 1996).

Im Förderschwerpunkt Geistige Entwicklung – ob in Förderschulen oder in Klassen mit inklusivem Unterricht – wird zumeist von einem erweiterten Lesebegriff ausgegangen, der vom Situations- und Bildlesen bis zum Textlesen verschiedene Fähigkeitsstufen einschließt. Abhängig von der einzelnen Schule oder Lerngruppe wird mit verschiedenen Verfahren gearbeitet: Vom Signal- über Ganzwortlesen, Arbeit mit einzelnen Buchstaben und Lautgebärden, mit Anlauttabellen oder mit Silben wird fast alles angeboten. Während beim Frühleseverfahren für kleine Kinder mit Down-Syndrom mit der Ganzheitsmethode gearbeitet wird, werden beim schulischen Lernen in diesem Förderschwerpunkt oft synthetische Leselehrgänge eingesetzt. Ausgehend von Einzelbuchstaben und mit »kleinsten Lernschritten« soll das Kind zum Lesen geführt werden. Bei Übungen mit Buchstaben fehlt jedoch der Kontext, der bei ganzen Wörtern das Verstehen erleichtert. Manchmal wird mit einer Anlauttafel gearbeitet: Was fängt mit einem R an? Aber gerade bei Kindern mit Down-Syndrom können vorliegende Hörbeeinträchtigungen eine solche auditive Unterscheidung der Konsonanten erschweren. Auch die häufigen sprechmotorischen Probleme wirken sich aufgrund der undeutlichen Aussprache und typischer Wortreduktionen zusätzlich beeinträchtigend aus (vgl. Wilken 2017, 141). Der Aufbau eines Lehrgangs in kleinsten Schritten erfordert ein sukzessives Verstehen und Zusammenfügen, während Kinder mit Down-Syndrom besser ausgehend von einer bedeutungsvollen Ganzheit simultan erfassen und dann aufgliedern können. Denn der einzelne Buchstabe ist bedeutungsneutral und gewinnt seine eigentliche Funktion erst beim Lesen.

Deshalb werden ganzheitliche Lesemethoden für Schüler mit Down-Syndrom meistens als geeigneter angesehen. Aber wichtiger als ein bestimmtes Verfahren ist ein täglicher systematischer Leseunterricht wie für alle Grundschulkinder – und nicht nur ein- bis zweimal wöchentliche Angebote! Zudem sollte das Lesenlernen so gestaltet werden, dass es dem Kind möglich ist, damit konkrete Erfahrungen zu verbinden (Projektunterricht). Wie bei allen Schülern mit Lernbeeinträchtigungen ist es sinnvoll, das Lesenlernen durch Handzeichen für Buchstaben, wie heute in vielen Schulen üblich, zu unterstützen (vgl. Wilken 2004, 105).

Besonders für Kinder mit Down-Syndrom kann diese zusätzliche visuelle und motorische Darstellung eine wichtige Hilfe zur Unterscheidung und zur Erinnerung sein. Solche Handzeichen oder Lautgebärden erleichtern zudem das Erlesen und Verbinden von Buchstaben durch die visuomotorische Unterstützung (m + a = ma). Auch die Artikulation kann damit unterstützt werden. Ein zehnjähriger Junge sagte z. B. »Nöpfe«. Als die Mutter die Lautzeichen benutzte, sprach er dann »Knöpfe« richtig nach. Ein Mädchen, das ihre Mitschülerin »Manta« nannte, lernte so, sie richtig mit »Martha« zu benennen. In der Pädagogik für Schüler und Schülerinnen mit kognitiven Beeinträchtigungen wird die Bedeutung des Lesens vorwiegend als »Kulturtechnik« unter dem Aspekt der Teilhabe am Schriftsprachgebrauch gesehen. Für Kinder mit Down-Syndrom hat sich zudem deutlich gezeigt, dass der Leseunterricht die sprachliche Entwicklung insgesamt zu fördern vermag (Bird, Buckley 1994, 29):

- Geschriebene Wörter machen Sprache sichtbar und können auditive Probleme vermindern.
- Geschriebene Wörter können so lange betrachtet werden, wie es für das Verstehen nötig ist, während bei gesprochenen Wörtern eine zeitliche Dehnung nicht möglich ist.
- Geschriebene Wörter auf Wortkarten lassen sich sortieren, nach Regeln ablegen oder nach Begriffen ordnen.
- Lesen ermöglicht die Aussprache zu verbessern, sich an einzelne Buchstaben und Silben zu erinnern, Satzmuster einzuüben, zu behalten und zu wiederholen.

Für Kinder mit Down-Syndrom kann das Lesenlernen eine besondere Hilfe im Spracherwerb und für die Sprachförderung sein. Es ist deshalb aber nicht unbedingt wichtig, dass Eltern bereits im Vorschulalter mit ihnen Lesen üben, sondern die Kinder benötigen vor allem einen angemessenen Leseunterricht in der Schule! Dabei sind durchaus unterschiedliche Stufen der Lesefähigkeit zu akzeptieren. Für die Gestaltung der Lesetexte ist es sinnvoll, sich am Konzept »Leichte Sprache« zu orientieren, um Verstehensprobleme zu vermeiden (www.leichte-sprache.org). Es ist allerdings auch erforderlich, das häufige Vorurteil, diese Kinder könnten nicht sinnentnehmend lesen lernen, endlich zu überwinden und aus den mittlerweile vorliegenden vielfältigen Erfahrungen entsprechende Konsequenzen zu ziehen.

5.5 Gestützte Kommunikation

Für Menschen ohne oder mit sehr eingeschränkter lautsprachlicher Verständigungsfähigkeit wird als eine besondere alternative Kommunikationshilfe die Gestützte Kommunikation (internationale Bezeichnung: FC = Facilitated Communication) angeboten. Allerdings wird die Gestützte Kommunikation überwiegend erst dann als sinnvoll erachtet, wenn die verschiedenen anderen Verfahren zur Unterstützten Kommunikation sich als nicht hilfreich erwiesen haben (Crossley 1997, 35).

Bei der Gestützten Kommunikation wird der nicht sprechende Mensch so an der Hand, dem Unterarm oder der Schulter gestützt, dass er auf Bilder oder Symbole zeigen oder auf die Tasten eines Computers bzw. einer Buchstabentafel tippen und auf diese Weise Mitteilungen machen kann. Durch die körperliche Hilfestellung »erreichen diese Menschen das Mindestmaß an willentlicher motorischer Kontrolle, das sie brauchen, um auf einen Buchstaben zeigen oder ihn auf einer Tastatur antippen zu können« (Nagy 1993, 2). Dabei hat sich gezeigt, dass neben dieser physischen Stütze auch die emotionale Unterstützung wichtig ist, weil sie der gestützten Person Sicherheit und Zutrauen in die eigenen Kompetenzen vermittelt.

Die Gestützte Kommunikation ist überwiegend bekannt als ein Verfahren für Menschen mit autistischen Beeinträchtigungen, aber es gibt auch andere nicht sprechende Menschen mit sehr verschiedenen Behinderungen, die gestützt kommunizieren (Crossley 1997, 35). Darunter sind auch Kinder und Erwachsene mit Down-Syndrom, die nicht oder kaum sprechen gelernt haben. Dazu gibt es allerdings nur wenige Erfahrungsberichte, die zudem kaum Rückschlüsse über die syndromspezifischen Gründe für die Effektivität bei dieser besonderen Kommunikationsform erlauben.

So berichtete vor einiger Zeit eine Mutter in einem Elternseminar für Kinder mit Down-Syndrom, dass ihre elfjährige Tochter, die nur recht wenig sprechen kann, »gestützt« sehr differenzierte Texte schreiben würde, die auch in der Rechtschreibung und Zeichensetzung ungewöhnliche Kompetenzen erkennen ließen. Rosemary Crossley, die das Verfahren der Gestützten Kommunikation entwickelt hat, schreibt ausführlich über Erfahrungen mit einem zwölfjährigen Jungen mit Down-Syndrom.

> Paul hatte die örtliche Grundschule mit einem für ihn abgewandelten Curriculum besucht. Er hielt sich zwar in der Klasse auf, es wurde aber nicht erwartet, dass er die gleichen Dinge leistete wie die anderen Schüler. Mit zwölf Jahren hatte er die Schreibfertigkeiten auf dem Niveau von Sechs- bis Siebenjährigen ...
> Über ein Spielzeug (My Talking Computer) versuchten wir Erkenntnisse über den Schüler in Bezug auf sein Vorstellungsverständnis zu gewinnen. Die Aufgaben reichen von Worterkennung bis zur Komposition von Sätzen ... Nachdem er alle gestellten Aufgaben erfolgreich absolviert hatte, tippte Paul seinen Namen und I CAN READ I GET SILLY I CAN'T STOP SOMETIMES SCHOOL THINK I'M STUPID auf seinem Computer. Er hatte beträchtliche Schwierigkeiten, seinen Zeigefinger zu isolieren, um auf die Buchstaben zu drücken. ... Ein Test

zeigte, daß er altersentsprechend sinnentnehmend lesen konnte ... Nach einem Schulwechsel schrieb Paul: I INSIST ON ACADEMIC (WORK) ON THE NEXT SESSION BEING HELD HERE AND AM I DAMM WELL GOING TO GET IT. Er absolvierte (in der Schule) kein verändertes Lernprogramm mehr (und dann) erreichte er sein bestes Resultat (90 Prozentpunkte) in Deutsch, das für alle Schüler ein neues Fach war, da Paul in Australien lebt (Crossley 1997, 180 ff.).

Bei »gestützt« schreibenden Menschen mit Down-Syndrom wird oft über erstaunliche schriftsprachliche Fähigkeiten berichtet, so wie sie häufiger auch bei autistischen Menschen festgestellt wurden. Während aber bei Kindern mit Autismus die speziellen Probleme bei der Ansteuerung von Zeichen und Buchstaben und die Schwierigkeiten in der nicht verbalen Kommunikation noch nachvollziehbar sind, haben Kinder mit Down-Syndrom oft gute pragmatische Fähigkeiten und können Wünsche bzw. Bedürfnisse mimisch und gestisch deutlich machen. Das macht es schwierig zu verstehen, warum sie eine direkte Stütze beim Zeigen benötigen. Auch das hohe Niveau der von manchen Kindern mit Down-Syndrom »gestützt« geschriebenen Texte ist manchmal erstaunlich.

Während sich die mit den üblichen Verfahren der *Unterstützten Kommunikation* gezeigten Kompetenzen in das typische bekannte Fähigkeitsprofil der Kinder einfügen und die individuellen Leistungen die syndromtypische Heterogenität aufweisen, werden mit der *Gestützten Kommunikation* dagegen oft gerade von erheblich entwicklungsbeeinträchtigten Kindern ganz herausragende Kompetenzen gezeigt – und zwar auch im Vergleich zu vorliegenden selbstständig verfassten schriftsprachlichen Texten anderer relativ kompetenter Menschen mit Down-Syndrom (vgl. Paulmichl 1994, Fraas 1999, Fohrmann 2005).

So ist verständlich, dass Zweifel an der Echtheit solcher Leistungen, kontroverse und stark emotional geprägte Auseinandersetzungen über Sinn und Nutzen dieses Verfahrens von Anfang an die Diskussion bestimmten und eine sachliche Bewertung erschweren (vgl. Nußbeck 2000, Bundschuh, Basler-Eggen 2000, Wilken 2018). Es ist deshalb wichtig, weitere Erfahrungen zu sammeln und differenziert auszuwerten. Einzelne vorliegende Berichte zeigen jedoch, dass die Gestützte Kommunikation vielleicht eine mögliche Hilfe für nicht sprechende Kinder mit Down-Syndrom sein kann, wenn sie reflektiert eingesetzt wird.

Matthias nimmt mit seinen Eltern an einer Familienfreizeit teil. Er ist neun Jahre und spricht nur wenig. Während der Freizeit fragt eine Mutter, die mit ihrem eigenen Sohn gestützt kommuniziert, ob er auch einmal mit der Buchstabentafel schreiben möchte. Er stimmt zu und schreibt auf eine entsprechende Bitte hin: »ICH HEISSE MATTHIAS«. Am nächsten Tag beantwortet er die Frage, ob es ihm in seiner Gruppe gefällt mit: »NEIN. KIND LAUT. KIND ÄRGERT MICH. LIEBER BEI LENA UND ANNA IM ZIMMER.«

Die Förderung mit der Gestützten Kommunikation war für Matthias eine wichtige Hilfe in seiner sprachlichen Entwicklung. Aber nach etwa drei Jahren wollte er sie nicht mehr einsetzen und bevorzugte dann Gebärden. Er möchte zu einer Unterhaltung spontan beitragen und so kommt er im Moment mit Gebärdensprache besser klar und nutzt sie auch immer mehr. Einzelne Aufsätze schreibt er noch mit Stütze am Computer (aus dem Brief einer Mutter, Namen geändert).

Ausgehend von der Überlegung, dass Eltern, die ihr Kind und seine kommunikativen Fähigkeiten sensibel begleiten, ernst genommen werden sollten, ist eine kontroverse, überwiegend emotionale Diskussion der Gestützten Kommunikation zu vermeiden, allerdings ist eine kritische Bewertung mancher Leistungen angebracht:

Ein zehnjähriger, nicht sprechender Junge mit Down-Syndrom wurde mir vorgestellt, um Möglichkeiten der Kommunikationsförderung zu finden. Gemeinsam konnten wir verschiedene einfache »Rollen-Spiele« durchführen, wie z. B. so tun als ob wir schwimmen oder Trecker fahren. Da das Mit- und Nachmachen gut gelang und Wörter und einfache Sätze verstanden wurden, schlug ich vor, Gebärden einzuführen. Die Mutter erzählte mir dann, dass ihr Sohn in der Schule gestützt schreibt. Sie berichtete, dass er mit Streichhölzern gezündelt hätte und auf die Frage, warum er das getan habe, schrieb er mit seiner Stützerin in der Schule: »Ich habe Angst vor wilden Tieren. Wilde Tiere haben Angst vor Feuer.« Die Mutter sagte, sie könne sich diese Schreibleistung nicht erklären (die Mutter konnte ihren Sohn beim Schreiben selber nicht stützen).

Es ist wichtig zu reflektieren, ob und für welche Kinder mit Down-Syndrom Gestützte Kommunikation eine Hilfe sein könnte, zumal kritische Untersuchungen zur Gestützten Kommunikation recht problematische Ergebnisse zeigten. »Eine freie Kommunikation konnte nicht nachgewiesen werden. Nachweisbar waren jedoch Beeinflussungen durch die Unterstützer« (Grimm 2012, 118. Deshalb sollte dieses Verfahren nur nachrangig angeboten werden, d. h., wenn die anderen ergänzenden Kommunikationshilfen nicht möglich oder nicht hinreichend sind. Aufgrund der Abhängigkeit von einem Stützer ermöglicht Gestützte Kommunikation beinträchtigten Menschen nur sehr eingeschränkt, selbstbestimmt und unabhängig zu kommunizieren. Auch ist zu überlegen, wie im Einzelfall die Stütze zunehmend zurückgenommen werden kann und wie ermöglicht wird, dass zumindest mehr als nur eine Person in der Lage ist, die erforderliche Stütze zu geben.

5.6 Sprachförderungsprogramme

Es gibt verschiedene Frühförderprogramme; einige liegen schon seit Jahrzehnten vor, manche sind – meist auf der Grundlage der Vorläufermodelle – aktualisiert und weiterentwickelt worden, während andere zwar neu aufgelegt wurden, aber den Erkenntnisstand ihrer Entstehungszeit widerspiegeln. Frühförderprogramme sind auf der Grundlage von durchschnittlichen Entwicklungsverläufen konzipiert und bieten eine meist tabellarische Beschreibung der gestuften altersorientierten Abfolge der einzelnen Entwicklungs- und Lernschritte. Anhand der Tabellen soll der aktuelle Entwicklungsstand des Kindes eingeschätzt werden, um so die nächsten Förderziele zu erkennen und entsprechende Fördermaßnahmen aus den aufgeführten Aufgabenlisten auszuwählen. In der Regel erfolgt eine Einteilung nach den Entwicklungsbereichen Groß- und Feinmotorik, rezeptive und expressive Sprache, Selbstversorgung und soziale Fähigkeiten sowie Denken und Wahrnehmung. Während die meisten Förderprogramme sich auf alle diese Entwicklungsbereiche beziehen, haben manche nur einen speziellen Förderschwerpunkt, z. B. im motorischen oder im sprachlichen Bereich oder in der Förderung von Selbsthilfefähigkeiten. Das Ziel all dieser Programme ist es, sowohl den Entwicklungsstand eines Kindes zu erfassen als auch die nächsten Lernziele für den individuellen Förderplan und die dazu notwendigen Maßnahmen zu beschreiben.

Kinder mit Down-Syndrom erhalten heute eigentlich fast alle regelmäßig Frühförderung. Zudem bekommen die meisten Kinder eine entwicklungsbegleitende Physiotherapie und oftmals auch Logopädie (Wilken 2004, 44). Im Unterschied zu diesen Therapien mit klaren Lernzielen werden von Eltern die Angebote der Frühförderung dann kritisch beurteilt, wenn wenig nachvollziehbar ist, wie das methodische Vorgehen begründet wird und unklar erscheint, welches Ziel mit der getroffenen Auswahl bestimmter Übungen und Spiele angestrebt wird (Halder 2008, 107). Frühförderungsprogramme ermöglichen, die jeweiligen Förderaufgaben für die verschiedenen Entwicklungsbereiche besser zu strukturieren und den Eltern die Lernziele deutlicher zu begründen. Damit soll auch der oft empfundenen scheinbaren Beliebigkeit der angebotenen »Spiele« entgegengewirkt werden.

Die Effektivität von Frühfördermaßnahmen wurde in zahlreichen Studien überprüft und erbrachte insgesamt zwar positive Ergebnisse, aber »Langzeitwirkungen in Form von Entwicklungsbeschleunigungen« konnten nicht festgestellt werden (Weiß 1998, 31). Insgesamt zeigte die differenzierte Analyse zahlreicher Untersuchungen in den USA zu den Auswirkungen von Frühförderung bei Kindern mit Down-Syndrom günstige Ergebnisse im motorischen Bereich und bei der Selbstständigkeitsentwicklung, während vor allem im sprachlichen Bereich die Ergebnisse äußerst widersprüchlich waren. Als eher fraglich angesehen wurde auch, ob die bei Kindern mit Down-Syndrom festgestellten positiven Fördereffekte tatsächlich langfristig erhalten bleiben. Danach ergaben sich durchaus stabile Ergebnisse bei den motorischen und sozialen Kompetenzen, während die IQ-Zunahmen wieder auf das Niveau der Kontrollgruppen, die keine spezielle Förderung erhielten, zurückgingen (ebd., 30). Besonders die schwachen Ergebnisse im sprachlichen Bereich machen es sinnvoll, die vorgeschlagenen Übungen und das methodische Vorgehen zur Förderung von Sprachverständnis und Sprechen in den Programmen kritisch zu prüfen und mögliche Ursachen dafür aufzudecken.

Bei Kindern mit Down-Syndrom wird in Deutschland häufig mit den Programmen »Kleine Schritte« (Pieterse u. a. 2001, 2017) und »Frühförderung konkret« (Straßmeier 2007) gearbeitet. In beiden allgemeinen Frühförderprogrammen gibt es ausführliche Darstellungen zur sprachlichen Förderung. Es ist deshalb zu fragen, inwieweit die dort aufgeführten Übungen für die Sprachförderung hilfreiche Anregungen geben.

Über die Effekte von Sprachtrainingsprogrammen bei Kindern mit Down-Syndrom liegen, vorwiegend aus den USA, einige Untersuchungen vor. Sie zeigen, dass durch ein entwicklungsorientiertes Vorgehen unter aktiver Einbeziehung der Eltern bzw. der Mütter dann positive Ergebnisse erreichbar waren, wenn die Eltern befähigt wurden, die wenig ausgeprägten Handlungssignale ihres Kindes besser wahrzunehmen und angemessen zu unterstützen. Die Eltern erlernen somit *responsives* Verhalten als wichtige Bedingung für gelingende Kommunikation. Auch die Klarheit über den augenblicklichen Entwicklungsstand und die Kenntnis über die zunächst angestrebten Ziele wurde als wichtig erachtet. Insofern können Programme den Eltern helfen, eine genauere Einschätzung des Kindes vorzunehmen und dann entsprechende Förderziele differenzierter zu benennen.

In einer Untersuchung zeigte sich, dass Eltern, die sich fordernder und direktiver verhielten, mehr Fragen stellten und auf sprachliche Antworten drängten, weniger erfolgreich zu fördern vermochten als Eltern, die handlungsbezogene Feststellungen trafen, Gegenstände benannten und ihren Kindern direkte und indirekte Fragen beantworteten (Wendeler 1988, 116).

Die Bedeutung dieser Untersuchungsergebnisse ist im Hinblick auf die Beurteilung vorliegender Sprachförderprogramme, aber auch bezüglich der allgemeinen Gestaltung von Sprachtherapie bei Kindern von großer Bedeutung. Die meisten der angewendeten Verfahren zur Sprachförderung beziehen sich auf eine an der normalen sprachlichen Entwicklung orientierte Planung der einzelnen Übungsschritte und eine klar strukturierte Übungssituation, in der mit den Prinzipien der Verhaltensmodifikation durch Belohnung bei zunehmender Annäherung an das Ziel die gewünschte Leistung angestrebt wird. Problematisch können diese Übungen dann werden, wenn sie, wie es in den vorliegenden Programmen in vielen Beispielen der Fall ist, vorwiegend die formalen Strukturen der einzelnen sprachlichen Entwicklungsschritte aufnehmen, aber die wesentlichen kommunikativen und kognitiven Aspekte der kindlichen Sprachentwicklung vernachlässigen. Die Berücksichtigung des jeweils erreichten Entwicklungsstandes und die Orientierung an den wichtigsten nächsten Zielen, dürfen nicht dazu führen, diese Ziele unmittelbar in Förderaufgaben umzusetzen. Die so genannten »Meilensteine in der Sprachentwicklung« markieren zwar einen bestimmten erreichten Entwicklungsstand, das gezeigte Verhalten ist jedoch nicht eindimensional zu erklären, sondern ist Ausdruck gelungener vielschichtiger Lernprozesse im kognitiv-emotionalen und motorisch-funktionalen Bereich.

Ein wichtiger Entwicklungsschritt ist z. B. das stimmhafte Lachen. Es ist allerdings zu problematisieren, wenn Übungen eine solche Fähigkeit mit Methoden der Verstärkung fördern wollen: »Lacht oder ›kräht‹ spontan, wenn es stimuliert wird« (Straßmeier 1992 und unverändert 2007, 166). Die gleiche »Übung« fand sich auch in der Vorläuferversion von »Kleine Schritte«, ist aber in der Fassung von 2001 bereits den neueren Erkenntnissen angepasst. So wird dort empfohlen: »Reagieren Sie auf alle Lautäußerungen Ihres Kindes – auch nichtkommunikative oder zufällige Laute. Erwidern Sie seine Lautäußerungen, imitieren Sie es« (13). Abgesehen davon, dass es unnatürlich ist, ein normales kindliches Ausdrucksverhalten wie das Lachen zu »üben«, ist schwierig zu erkennen, wie die erwünschte Reaktion tatsächlich erreicht werden kann.

Das Problem zeigt sich noch klarer bei komplexeren sprachlichen Anforderungen. So wird z. B. zur Übung von Zwei-Wort-Sätzen vorgeschlagen, das Kind zu fragen: »Was machst du? Wenn es dann antwortet ›spielen‹, fragen Sie: ›Wer spielt?‹ Wiederholen Sie die Antwort für das Kind: ›Thomas spielt‹ …« Es folgen weitere entsprechende Beispiele. Das »Endziel« ist »Verwendet Zwei-Wort-Satz« (Straßmeier 2007, 188). In »Kleine Schritte« (2001, 48) gibt es eine Prüfliste zur »Ausdrucksfähigkeit: Zwei-Wort-Sätze« und die Aussagen des Kindes werden danach klassifiziert in »Ortsbestimmende Sätze, Demonstrativ-Sätze, Eigenschafts-Sätze und Besitzanzeigende Sätze«. Als Übungsmethode wird vorgeschlagen, Fragen zu stellen, unvollständige Sätze anzubieten, Aussagen zu machen, die das Kind wiederholen soll und zudem die Aussagen des Kindes immer verstärken und passend erweitern (ebd., 38).

Bei den meisten Förderprogrammen ist besonders kritisch zu sehen, dass die »Vorläuferfähigkeiten« und die nötigen kognitiven Basiskompetenzen für die jeweilig angestrebten sprachlichen Leistungen oft völlig vernachlässigt werden. Für ein Kind, das z. B. noch keine Drei-Wort-Sätze spricht, werden Übungen mit vertrauten Spielsachen in vertrauter Umgebung vorgeschlagen. »Vorgehen: Wenn Sie mit dem Kind reden, so tun Sie dies möglichst nur in kurzen vollständigen Sätzen. Fragen Sie das Kind etwa: ›Was möchtest du?‹ Wenn es mit bloß einem oder zwei Wörtern antwortet, dann beantworten Sie selbst die Frage, indem Sie einen vollständigen Satz bilden. Bitten Sie das Kind, Ihnen auf dieselbe Weise zu antworten: ›Ich will spielen!‹ oder Ähnliches« (Straßmeier 2007, 194). Es ist schwierig, solche vorgeschlagenen Übungen nicht formal durchzuführen, sondern in alltagsbezogene Kommunikationssituationen zu integrieren. Obwohl Satzerweiterungen in natürlichen Interaktionen eine wesentliche Anregung bieten, haben sie sich in Übungssituation als nicht effektiv erwiesen (Szagun, 1986, 47). Es ist eben ein großer Unterschied, ob das Kind auf ein Auto zeigt und »kaputt« sagt und die Bezugsperson antwortet »Oh, das Auto ist kaputt!« und damit das, was das Kind bereits denkt, versprachlicht, oder ob formale Übungen stattfinden. Die in konkreten Situationen oder Handlungen erfahrene Bedeutung ist die notwendige Voraussetzung für den Erwerb der sprachlichen Form – und nicht ein überwiegendes Nachsprechen vorgegebener Modellsätze.

Kognitive Grundlage für den Übergang von Einwortäußerungen zu Mehrwortsätzen beim Kind ist die erkenntnismäßige Trennung von Objekt und Handlung und die Zuordnung normsprachlicher Symbole. Während Einwortsätze komplexe Bedeutung in konkreten Kommunikationssituationen aufweisen, erfolgt mit zunehmendem Vokabular eine Einengung der Wortbedeutung auf konventionelle Bezeichnungen, und damit entsteht die Möglichkeit, semantische Einheiten zu gliedern und Objekte und Verben zu verwenden. Insofern ermöglicht die Gliederung, wie sie »Kleine Schritte« (2001, 50–54) vorgibt, eine bessere Erfassung des aktuellen sprachlichen Entwicklungsstandes. Der Verzicht auf konkrete Anweisungen (wie noch in der älteren Fassung von 1991) und stattdessen die Beschreibung von entsprechenden Beispielen, vermag Anregungen zu geben – ohne zu »Rezepten« zu verleiten.

Zur Erfassung der verschiedenen Ebenen sprachlicher Kompetenzen bei Kindern bieten jedoch spezielle Diagnoseverfahren differenziertere Möglichkeiten mit Hinweisen auf Konsequenzen für die entsprechende Förderung (Müller u. a. 2018, 53). Wenn allgemeine Frühförderprogramme eingesetzt werden zur Erfassung des aktuellen sprachlichen Entwicklungsstandes, können sie zwar eine hilfreiche Grundlage bieten für die Beschreibung der nächsten Förderziele – allerdings nur, wenn die angebotenen Übungen als Vorschläge verstanden werden, die jeweils noch an die individuellen Bedürfnisse des Kindes anzupassen sind. Auch ist es sinnvoll, wenn die ermittelten aktuellen Fähigkeiten und die sich daraus ergebenden Ziele mit den Eltern besprochen werden, damit gemeinsam überlegt werden kann, wie die entsprechenden Förderangebote in den Familienalltag zu integrieren sind. Unter solchen Voraussetzungen können Förderprogramme durchaus helfen, die verschiedenen Förderziele und Förderangebote für die einzelnen Entwicklungsbereiche transparenter zu machen. Eine Evaluation des Förderprogramms »Kleine Schritte« ergab, dass sich dann positive Effekte für die Entwicklung von Kindern mit Down-Syndrom ergeben (Hatebur 2007, 142), vor allem aber, wenn die Übungen eingebunden sind in eine familienzentrierte Frühförderung (Haveman 2007, 151).

Es ist deshalb zu betonen, dass Sprachförderung nicht einfach an »Fachleute« delegiert werden kann, sondern dass der Erfolg von Maßnahmen in der Frühförderung und in der weiteren Entwicklung der Kinder ganz wesentlich davon abhängt, welche Bedeutung Kommunikation in der Familie hat und wie die Förderung der sprachlichen Kompetenzen des Kindes in seinem Lebensalltag unterstützt wird.

6 Zweisprachigkeit bei Kindern mit Down-Syndrom

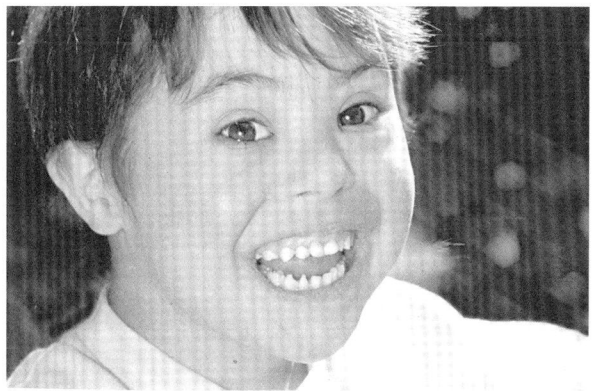

Abb. 24: Zweisprachigkeit ist für diesen Jungen türkischer Herkunft kein Problem

6.1 Sozio-kulturelle Ursachen der Zweisprachigkeit

Verschiedene Ursachen wie größere Mobilität, Flucht, Vertreibung und Migration bedingen heute, dass zunehmend mehr Kinder zwei- oder mehrsprachig aufwachsen. So hatten 2020 in Deutschland 28 % der Kinder im Kleinkind- und Vorschulalter einen Migrationshintergrund und in jeder fünften Familie wurde nicht vorrangig deutsch gesprochen (Statistisches Bundesamt 2021, 321). Die besonderen Aspekte des Spracherwerbs bei Zweisprachigkeit und die möglichen Auswirkungen auf die kognitive Entwicklung und das schulische Lernen werden deshalb in den letzten Jahren verstärkt diskutiert. Die bisherigen Erkenntnisse beziehen sich allerdings überwiegend auf nicht behinderte Kinder. Es ist deshalb zu prüfen, welche der vorliegenden Erfahrungen auch für Kinder mit Down-Syndrom gelten und ob die Schwierigkeiten, die viele der Kinder beim Spracherwerb haben, sich zusätzlich nachteilig auswirken (vgl. Wilken 2022, i. E.). Zu reflektieren ist auch, welche Bedeutung das mehrsprachige Umfeld für das Kind hat und wie die soziale Bewertung der verschiedenen Sprachen ist.

Die Ursachen für Zwei- oder Mehrsprachigkeit sind sehr verschieden (vgl. Statistisches Bundesamt 2021). Oftmals kommen Vater und Mutter beide aus einem anderen Land (Flucht, Migration, Berufstätigkeit im Ausland) und sprechen deshalb miteinander und mit ihrem Kind ihre gemeinsame Erstsprache. So gibt es in Deutschland viele Familien aus anderen Ländern, die mit ihren Kindern in ihrer Herkunftssprache sprechen (ebd.). Die Zweitsprache tritt dann durch das Umfeld, oft erst im Kindergarten oder in der Schule hinzu. Ähnliches gilt für deutsche Familien, die im Ausland leben und deren Kinder Deutsch und die Landessprache lernen.

Manchmal hat nur ein Elternteil eine andere Muttersprache als die im Umfeld gesprochene Landessprache. Auch dann wird meistens gewünscht, dass das Kind beide Sprachen lernt.

Es gibt aber auch extreme Situationen, die es erschweren, eine richtige Entscheidung zu treffen. Eine schweizerische Familie, in der die Mutter Französisch und der Vater Deutsch spricht, lebt in Brasilien. Die nicht behinderten Kinder der Familie haben alle drei Sprachen gelernt. Sie reden mit den Eltern überwiegend in deren Erstsprache, sprechen aber außerhalb der Familie und untereinander meistens Portugiesisch. Jetzt fragen sich die Eltern, ob auch der Junge mit Down-Syndrom alle drei Sprachen lernen kann. Ein Elternpaar, das sich in den USA kennen gelernt hat, spricht miteinander normalerweise Englisch, obwohl die Erstsprache des Vaters Griechisch und die der Mutter Niederländisch ist und sie seit einigen Jahren in Deutschland wohnen. Jetzt haben sie ein Baby mit Down-Syndrom und sind unsicher, in welcher Sprache sie mit ihm sprechen sollen.

Es ist verständlich, dass Eltern den Wunsch haben, mit ihrem Kind die eigene Muttersprache zu sprechen, weil damit nicht nur natürliche und differenziertere Ausdrucksmöglichkeiten gegeben sind, sondern vor allem emotional die Kommunikation besser gelingt und sprachgebundene kulturelle Werte vermittelt werden (Wilken 2022, i. E.).

Viele Eltern möchten ihr Kind auch zweisprachige erziehen, damit es bei Besuch von Verwandten oder bei Aufenthalten im Herkunftsland in der Lage ist, zu verstehen und sich zu verständigen.

Das zweisprachige Aufwachsen von Kindern ohne Beeinträchtigungen in gemischtsprachigen Familien oder in verschiedenen sprachlichen Familien- und Umfeldbedingungen wird überwiegend als Vorteil angesehen, weil das Kind dadurch beide Sprachen, die in seinem Leben bedeutsam sind, frühzeitig lernen kann. Die Erfahrungen und »eine Vielzahl von Studien belegt, dass – unabhängig von den Sprachenkonstellationen – die Vorteile einer bilingualen Entwicklung überwiegen« (Chilla 2020, 112).

Für die meisten Eltern besteht allerdings kein wirklicher Entscheidungsfreiraum, da für viele Kinder Zweisprachigkeit eine unvermeidliche Folge ihrer Lebensbedingungen ist und somit notwendig für die Kommunikation in ihrer Familie und im sozialen Umfeld. Das gilt auch für Kinder mit Down-Syndrom. Vorurteilsgeprägte Behauptungen, sie könnten aufgrund der kognitiven Beeinträchtigung nicht zwei Sprachen lernen, sind deshalb abzulehnen. Es ist vielmehr wichtig, Erkenntnisse über förderliche Bedingungen für die zweisprachige Entwicklung zu reflektieren, um auf solchem Hintergrund zu einer angemessenen kind- und familienorientierten Beratung zu gelangen. Dazu gehört auch die Überlegung, welche der Sprachen das Kind vor allem sprechen lernt und welche der Sprachen vorwiegend so gelernt werden, um sie zu verstehen.

6.2 Sprachentwicklung und Zweisprachigkeit

Für die Förderung zwei- oder mehrsprachig aufwachsender Kinder sind wichtige Erkenntnisse über das Sprachenlernen zu berücksichtigen. In den ersten drei bis vier Lebensjahren »kann der Mensch eine weitere Sprache wie eine Muttersprache lernen. Danach beginnt sich das Sprachenlernen zu verändern. Andere Forscher setzen den Wendepunkt später an. Mit zehn Jahren jedoch ist es mit dieser Art des Spracherwerbs definitiv vorbei ... Die Gründe dafür haben mit der Reifung des Gehirns zu tun. Von einem bestimmten Alter verarbeitet das menschliche Gehirn die Informationen beim Sprachenlernen anders« (Meisel 2006). Daraus ist abzuleiten, dass der natürliche »multiple Erstspracherwerb« (Stern 2006) anders erfolgt als der sequenzielle und vor allem anders als der übliche Fremdsprachenunterricht.

In der Regelentwicklung verläuft der Spracherwerb nach Locke (vgl. Grimm 2000, 166) in aufeinander aufbauenden »biolinguistischen Zeitfenstern« mit einer charakteristischen zunehmenden Spezialisierung der Hirnhälften. Dabei entwickeln sich anfangs überwiegend Fähigkeiten durch Interaktion und Kommunikation, die der rechten Hemisphäre zugeordnet sind, die verantwortlich ist für emotionales, affektives und gestalthaftes Erfassen. Danach ermöglicht die weitere Entwicklung der linken Hemisphäre, die für analytisches und sequenzielles Denken zuständig ist, differenziertere sprachliche Leistungen wie den Erwerb grammatikalisch-syntaktischer Strukturen (vgl. ebd.). Die verschiedenen sprachlichen Fähigkeiten sind demnach auch gebunden an die Entwicklung bestimmter Hirnregionen mit sensiblen Phasen für spezifische Bereiche.

Interessant ist der angenommene Zusammenhang von Sprachentwicklung und Ausprägung der Lateralisation. Dieser Reifungsprozess beginnt mit etwa zwei Jahren und endet mit der Pubertät. Er zeigt sich aber nicht nur in der Motorik und einer entsprechenden Händigkeitsentwicklung, sondern auch in der sich überwiegend linksseitig ausprägenden Sprachdominanz. Es wird davon ausgegangen, dass mit dem Abschluss dieser Lateralisationentwicklung für das intuitive Erlernen einer Sprache gewisse Einschränkungen gegeben sein können.

Allerdings ergaben differenzierte Untersuchungen zum Lernen von Sprachen, dass weder die reifungsabhängige Begrenzung durch die Pubertät noch der Abschluss der Lateralisation zu eng gefasst werden sollten, sondern altersspezifische Unterschiede und lernpsychologische Faktoren zu berücksichtigen sind.

Bei Drei- bis Siebenjährigen sind phonologische, bei den Acht- bis Neunjährigen sind es morphologische und bei den Kindern über neun Jahren sind es lexikalische und syntaktische Systeme, die schneller gelernt werden können. Auch wurde festgestellt, dass ältere Kinder schneller lernen als jüngere Kinder und dass jüngere

Kinder Gelerntes schneller vergessen als ältere Kinder und Erwachsene. Jüngeren Kindern gelingt aber die Aussprache einer fremden Sprache leichter und besser. Sie sind in der Lage, allein über das Hören recht mühelos sehr spezifische Laute zu lernen. Das hat für eine emotional und sozial gelingende Interaktion große Bedeutung.

Der Erwachsene wird zunächst zwar die Laute, die das Kind äußert, aufnehmen und verstärken, jedoch erfolgt dabei eine oft unbewusste Auswahl vorwiegend derjenigen Laute, die typisch für die eigene Sprache sind. Dadurch entwickelt sich das Lautieren des Babys zunehmend in Richtung auf die Umgebungssprache und es kommt zu einer Einengung des ursprünglichen Lautrepertoires – aber auch zu einer präziseren Lautimitation. Zweisprachigkeit vergrößert das Angebot an Modell-Lauten, natürlich abhängig davon, wie verschieden die typischen Laute in den beiden Sprachen sind. Ob darin eine Bereicherung für das Kind gesehen werden kann, oder ob damit auch spezielle Erschwernisse verbunden sind, hängt von individuellen Faktoren ab. Generell kann jedoch von einer besonderen Kompetenz des kleinen Kindes für das Lernen sprachspezifischer Laute ausgegangen werden.

Auch grammatische Regeln lernen alle Kinder in ihrer Muttersprache relativ rasch. »Sie sagen ›du gehst‹ und niemals ›er gehst‹ oder ›ich gehst‹. Ebenso lernen sie die richtige Wortstellung im Satz ... Diese grammatische Perfektion erreichen sie auch für eine weitere Sprache, die sie in den ersten Lebensjahren lernen – und zwar unabhängig von ihrer Intelligenz« (Meisel 2006). Diese Feststellung ist deshalb für die zweisprachige Erziehung von Kindern mit Down-Syndrom von besonderer Bedeutung.

6.3 Simultaner oder sequentieller Spracherwerb

Meistens hängt es von den jeweiligen familiären Bedingungen ab, ob die Kinder gleichzeitig oder nacheinander zwei Sprachen lernen. Beim simultanen Erwerb von zwei Sprachen sprechen sowohl die Mutter als auch der Vater von Beginn an mit dem Kind in ihrer eigenen Erstsprache. Beim sequentiellen Erwerb wird das Kind in der Familie meistens einsprachig erzogen und erlernt die Zweitsprache erst später im außerfamiliären Umfeld.

Normalerweise können Kinder Zweisprachigkeit gut bewältigen und lernen beide Sprachen auf einem Niveau, dass überwiegend ihrer allgemeinen Entwicklung entspricht. Als günstige Bedingungen angesehen werden ein guter sprachlicher Input in beiden Sprachen, gute »Sprachgebrauchsbedingungen« (Chilla 2020, 117) sowie eine gleiche Wertschätzung. Auch soziale und ökonomische Aspekte der Familiensituation haben Bedeutung.

Als ungünstig wird eine inkonsequente Zweisprachigkeit angesehen mit unklarer nicht personen- oder kontextgebundener Trennung der Sprachen, weil sie zu einer Verunsicherung des Kindes beim Spracherwerb und zu einer unzulänglichen Beherrschung in einer oder in beiden Sprachen führen kann. Die daraus folgenden möglichen sprachlichen Einschränkungen beziehen sich auf einen geringeren aktiven und passiven Wortschatz, wobei aber die immer vorliegende unterschiedliche Kompetenz beim Verstehen und Sprechen unbedingt zu beachten ist.

Eine wesentliche Auswirkung auf den Zweitspracherwerb hat auch die erreichte Kompetenz in der Erstsprache. »Was ich lerne, hängt davon ab, was ich bereits kann« (Stern 2006). Die Kenntnis eines Systems grammatischer Strukturen erleichtert offenbar die Aneignung neuer Strukturen in der anderen Sprache. Dabei spielt auch der Grad der Verschiedenheit beider Sprachen eine Rolle, weil das Lernen verwandter Sprachen als leichter gilt.

Abb. 25: Zweisprachigkeit ist für die Kommunikation in der Familie wichtig

6.4 Auswirkungen der Zweisprachigkeit auf die Kognition

Die Wechselwirkungen von Kognition und Sprache sind vielfach diskutiert worden. In der Entwicklung kleiner Kinder geht es dabei vor allem um die Frage, welche kognitiven Voraussetzungen für bestimmte sprachliche Fähigkeiten erforderlich sind. Da Sinneswahrnehmungen ohne ein funktionierendes Symbolsystem – ob verbale Sprache oder Gebärde – nicht strukturiert und im Gedächtnis gespeichert werden können, ergeben sich beim Fehlen eines differenzierten Sprachsystems unmittelbare Folgen besonders für die kognitive Entwicklung. Ein zweisprachiges Angebot führt in der Regelentwicklung jedoch nicht, wie oft befürchtet wird, zu nachteiligen Auswirkungen auf die kognitive und sprachliche Entwicklung dieser Kinder verglichen mit einsprachigen. So ergaben neuere Studien eine »Vielfalt von Vorteilen als Ergebnis von Bilingualismus. Möglicherweise das häufigste Ergebnis war, dass bilinguale Kinder fortgeschrittenere metalinguistische Fähigkeiten zeigen, verglichen mit monolingualen Gleichaltrigen« (Bird u. a. 2005, 188; Übers. E. W.).

Es gibt zwar einzelne Hinweise, dass manche Kinder leicht verzögert mit dem Sprechen beginnen, dass diese Verzögerung aber relativ schnell aufgeholt wird. Es wird angenommen, dass zweisprachig aufwachsende Kinder kognitiv möglicherweise sogar etwas weiter sind als einsprachige Kinder, weil sie flexibel mit beiden Sprachen umgehen und die Benennung einer Sache mit zwei verschiedenen Bezeichnungen abhängig von der Person oder dem Kontext, nicht nur divergierendes Denken verlangt, sondern auch die Fähigkeit zu abstrahieren fördert.

Als problematisch wird angesehen, wenn aufgrund eines geringeren sprachlichen Inputs in beiden Sprachen ein ungenügender Wortschatz differenzierte Ausdrucksmöglichkeiten einschränkt. Ein großer Wortschatz ermöglicht dem Kind, seine Welt begrifflich besser zu erfassen und zu verstehen und das sprachliche Benennen von Dingen und Eigenschaften ermöglicht das Differenzieren und das bedeutungsbezogene Wahrnehmen. So ermöglicht die begriffliche Unterscheidung von Obst und Gemüse eine entsprechende Kategorienbildung und dann nicht nur eine entsprechende Zuordnung der Einzelbezeichnungen (Apfel = Obst, Möhre = Gemüse), sondern auch die Entwicklung kognitiver Kriterien für diese begriffliche Einteilung.

Zweisprachigkeit sollte aber nicht verkürzt werden auf die Frage, ob ein Kind lernt, zwei Sprachen zu verstehen und zu sprechen, sondern es ist unter dem Aspekt der Sozialisation und Enkulturation auch zu reflektieren, welche typischen Erlebensweisen damit verbunden sind. Deshalb sind manche Wörter auch schwierig zu übersetzen und einige Bezeichnungen enthalten spezielle Wertvorstellungen (wie z. B. ältere Schwester im Türkischen) und haben keine Entsprechungen in anderen Sprachen.

Mit Sprache werden Erfahrungen, Gedanken, Gefühle ausgedrückt, Wissen und Werte vermittelt. Mit der Sprache erwirbt das Kind soziale und kulturelle Normen, fühlt sich einer Gruppe zugehörig und entwickelt eine spezifische Identität (vgl. Wilken 2022, i.E.).

Bei Kindern mit kognitiven Beeinträchtigungen ist allerdings zu berücksichtigen, dass oftmals erhebliche Entwicklungsverzögerungen eine problematische Asynchronie vor allem zwischen motorischen, sprachlichen und kognitiven Entwicklungen bewirkt, wodurch die normale wechselseitige Beeinflussung der verschiedenen Fähigkeitsbereiche gestört werden kann. Auch eine unzureichende Passung der verschiedenen kritischen biolinguistischen Zeitfenster ist dadurch möglich.

Ob eine Zweisprachigkeit sich förderlich auf die Entwicklung des Kindes auswirkt, hat zwar auch mit den individuellen Fähigkeiten zu tun, entscheidender scheinen aber vor allem die kontextbedingten Faktoren zu sein wie hinreichender sprachlicher Input in beiden Sprachen, soziale Wertschätzung und ein emotionaler Bezug.

6.5 Konsequenzen für die zweisprachige Erziehung

Bei Kindern mit Down-Syndrom liegen individuell unterschiedlich ausgeprägte Beeinträchtigungen von Kommunikation, Sprache und Sprechen vor. Besonders der große syndromtypische Unterschied zwischen Sprechen und Verstehen sowie der kognitiven Entwicklung führen häufig zu Bedenken, ob diese Probleme, die schon bei einsprachigen Kindern vorliegen, nicht noch größer werden durch ein zweisprachiges Angebot. Aber ausgehend von der Überlegung, dass für viele Kinder Zweisprachigkeit eine natürliche Folge ihrer Familien- und Lebenssituation ist, kann es auch bei Kindern mit Down-Syndrom nicht primär um die Frage gehen, ob den Eltern davon abzuraten ist oder ob sie ihnen empfohlen werden kann. Vielmehr ist es wichtig zu reflektieren, welche Aspekte zu beachten sind, um mögliche nachteilige Auswirkungen zu vermeiden.

Simultane zweisprachige Erziehung erfolgt meistens bei Eltern, die unterschiedliche Erstsprachen haben. Hier wird empfohlen, dass jede Sprache konsequent personenbezogen angeboten wird: Eine Person – eine Sprache! So kann das Kind lernen, die beiden Sprachen bezogen auf Mutter und Vater zu unterscheiden und dann auch selbst zu sprechen.

Eine sequentielle Zweisprachigkeit ergibt sich meistens, wenn im Elternhaus eine andere Sprache als die Landessprache gesprochen wird. Das Kind lernt deshalb erst die Familien- und später dann die Umgebungssprache und es kann so eine entsprechende räumliche Trennung in der Anwendung beider Sprachen vornehmen.

In beiden Fällen wird somit ausdrücklich eine vom Kind logisch nachvollziehbare personen- bzw. kontextabhängige Unterscheidung beider Sprachen ermöglicht.

Eine balancierte Zweisprachigkeit mit gleich guter Entwicklung beider Sprachen ist in der Regel nicht zu erwarten. Das gilt als normal und ist nicht problematisch, da bei zweisprachigen Kindern meistens eine der Sprachen zumindest in den Kontexten dominiert, in denen diese erlernt wurde oder überwiegend angewendet wird (Meisel 2006, Ostad 2006, 241).

Relevanz hat jedoch die »Schwellenhypothese«, wonach in beiden Sprachen ein gewisser Grundwortschatz Voraussetzung ist, um kognitive Lernprozesse zu ermöglichen. Deshalb ist es wichtig, wenn aus kontextbedingten Gründen der nötige sprachliche Input nicht in beiden Sprachen gleichwertig möglich ist, dass zumindest in der dominanten Sprache wesentliche sprachliche Kompetenzen entwickelt werden, um die grundlegenden kognitiven Funktionen zu sichern (Wagner 2007, 193).

Die spezifischen Probleme im Spracherwerb und beim Sprechen von Kindern mit Down-Syndrom sind im Hinblick auf ihre möglichen Auswirkungen bei einer zweisprachigen Erziehung zu reflektieren und mit entsprechend differenzierten Angebote zu berücksichtigen.

Das Lautieren und das wichtige Nachahmen der Sprachmelodie in der präverbalen Kommunikation gelingt den Kindern – auch bei Zweisprachigkeit – meistens recht gut. Diese Fähigkeiten entsprechen überwiegend ihrer allgemeinen kognitiven Entwicklung und sind durch responsives elterliches Kommunikationsverhalten zu unterstützen.

Oft wird erst durch den verzögerten Sprechbeginn deutlich, welche syndromspezifischen Probleme vorliegen und die oft frustrierende Diskrepanz zwischen Sprachverständnis und Sprechvermögen verlangt differenzierte kompensatorische Hilfen mit Lautsprache ergänzenden oder ersetzenden Angeboten. Oft wird befürchtet, dass die typischen Probleme durch die Zweisprachigkeit verstärkt auftreten könnten. Es hat sich allerdings in entsprechenden Untersuchungen gezeigt, dass trotz der bekannten Schwierigkeiten die allgemeinen sprachlichen Kompetenzen von einsprachigen und zweisprachigen Kindern mit Down-Syndrom sich nicht unterscheiden.

6.6 Erfahrungen mit Zweisprachigkeit bei Kindern mit Down-Syndrom

Immer wieder erlebt man, dass eine zweisprachige Erziehung kognitiv behinderter Kinder pauschal als problematisch bezeichnet wird. Die Eltern berichten oft, dass ihnen dringend nahegelegt wurde, nur eine Sprache mit ihrem behinderten Kind zu sprechen – meistens die Umgebungssprache. So wird Eltern türkischer Herkunft oft noch empfohlen, nur Deutsch mit ihrem behinderten Kind zu sprechen, weil es doch in einen deutschen Kindergarten und in eine deutsche Schule gehen werde. Das ist besonders problematisch, wenn die Eltern selbst nur unzureichend Deutsch sprechen können. Zudem wollen die meisten Eltern mit ihrem Kind in ihrer Muttersprache reden und finden es emotional störend, wenn sie zu ihm in einer Fremdsprache sprechen sollen. Besonders in Familien, in denen mit den Geschwistern die Erstsprache gesprochen wird, ist eine solche Situation für das behinderte Kind nicht akzeptabel, weil es von der normalen alltäglichen Kommunikation in der Familie ausgeschlossen wäre.

6.6 Erfahrungen mit Zweisprachigkeit bei Kindern mit Down-Syndrom

Wenn nur ein Elternteil nicht muttersprachlich Deutsch spricht, ist neben dem wichtigen emotionalen Aspekt zu bedenken, welche Bedeutung diese Sprache in der gesamten Familie und für Besuche bei Verwandten oder im Herkunftsland hat.

Unter Berücksichtigung der verschiedenen individuellen kind- und familienbezogenen Voraussetzungen kann es deshalb auch bei Kindern mit Down-Syndrom nicht um einen Verzicht auf zweisprachige Erziehung gehen, sondern um die Gestaltung förderlicher Bedingungen für den Spracherwerb. Dabei können Erfahrungen mit nicht beeinträchtigten Kindern durchaus auf die zweisprachliche Förderung von Kindern mit Down-Syndrom übertragen werden.

Es gibt bisher wenige systematische Untersuchungen über zweisprachige Kinder mit Down-Syndrom, aber tendenziell wird aus ihnen deutlich, dass sich die Zweisprachigkeit nicht nachteilig auswirken muss (Ostad 2006, 93, Wilken 2022, …).

Um Erfahrungen und Erkenntnisse von Eltern, die ihre Kinder mit Down-Syndrom zweisprachig erzogen haben, auswerten und Familien besser beraten zu können, habe ich Eltern gebeten, mir einen Bericht über die Entwicklung ihres Kindes zu schicken. Die erhaltenen ausgewerteten schriftlichen Antworten von 32 Eltern zeigten eine sehr große Heterogenität. Auch eine neue Online-Befragung ergab große Unterschiede, aber insgesamt ein überwiegend positives Bild (Wilken 2022, i. E.).

> Eine Mutter, die – wie der Vater – aus der Türkei kommt, hat mit ihrem Sohn anfangs nur Deutsch gesprochen hat. Als er vier Jahre alt war, begann sie auf Anraten einer Logopädin abwechselnd Deutsch und Türkisch mit ihm zu sprechen. Heute ist der Junge neun Jahre und versteht beide Sprachen gut. Er hat aber noch große Schwierigkeiten mit dem Sprechen und vermischt beide Sprachen. Zur Verständigung benutzt er viel Mimik und Gestik.

Hier erfolgte für das Kind keine klare Trennung beider Sprachen. Es ist allerdings möglich, dass die berichteten Schwierigkeiten syndromtypisch und weniger durch die Zweisprachigkeit bedingt sind.

> Ein türkisches Mädchen mit Down-Syndrom, das in ihrem Elternhaus nur muttersprachlich erzogen wurde, fing mit etwa viereinhalb Jahren zu sprechen an und konnte bei Schulbeginn sich schon ganz gut Türkisch verständigen. Durch die ganztägige Beschulung bekam die Erstsprache jedoch eine untergeordnete Bedeutung. Viele türkische Wörter wurden vergessen und durch deutsche ersetzt. In der Sprache entstand ein »Durcheinander«.

Es ist möglich, dass aufgrund noch nicht hinreichend gefestigter Erstsprache es zu einer Verdrängung durch die Zweitsprache kam.

> Eine türkische Mutter hat von Anfang an mit ihrer Tochter Türkisch gesprochen, obwohl Frühförderin und Logopädin ihr davon abgeraten hatten. Sie begründete

> ihre Entscheidung damit, dass ihr Mann nicht gut Deutsch spricht und die Großeltern überhaupt kein Deutsch können. Deshalb war sie der Meinung, es sei früh genug, wenn ihr Kind erst im Kindergarten oder in der Schule Deutsch lernt. Das Mädchen ist heute zehn Jahre und spricht beide Sprachen gleich gut.

Der eindeutige und familienbezogene Spracherwerb der Erstsprache führte zu einer guten Grundkompetenz und erleichterte das nachfolgende Lernen der Zweitsprache.

> In einer Familie, in der die Mutter Dänin und der Vater Deutscher ist und die in Deutschland lebt, hat die Mutter von Anfang an mit ihrem Kind Dänisch und der Vater Deutsch gesprochen. Das elfjährige Mädchen spricht jetzt beide Sprachen auf einem Niveau, das vermutlich seinen allgemeinen kognitiven Kompetenzen entspricht.

Die konsequente Umsetzung der Empfehlung, die beiden Sprachen personenbezogen zu trennen, hat sich positiv ausgewirkt.

> Eine deutsche Familie, die in der französischen Schweiz lebt, hat ihren Sohn zuerst muttersprachlich deutsch erzogen, allerdings erhielt er Frühförderung in Französisch. Mit 30 Monaten verstand er eine Vielzahl deutscher Wörter und antwortete auf Fragen mit Zeigen. Mit dreieinhalb Jahren begann er erste Wörter in Deutsch zu sprechen. Durch Kindergarten und verschiedene therapeutische Angebote verstärkte sich mit vier Jahren der Einfluss der französischen Sprache. Mit fünf Jahren verstand er viel in Deutsch und in Französisch. Ab sieben Jahren begann er – vorwiegend kontextbezogen – auch Französisch zu reden. Mit elf Jahren ist das Sprachverständnis in beiden Sprachen gut, beim Sprechen beginnt – schulbedingt – das Französische zu dominieren. In beiden Sprachen wird vorwiegend in Ein-Wort-Sätzen gesprochen.

Es erfolgte ein sequenzieller Spracherwerb; das Verstehen der Zweitsprache trat relativ früh hinzu. Die aktuellen Fähigkeiten zeigen ein syndromtypisches Sprachprofil.

> In einer in Deutschland lebenden Familie ist die Mutter Französin und der Vater Deutscher. Mit dem Sohn wurde von Anfang an in beiden Sprachen personenbezogen gesprochen. Im Alter von 20 Monaten wurde ergänzend die Gebärdenunterstützte Kommunikation (GuK) eingesetzt. Dabei wurde in diesem Alter verstärkt Deutsch benutzt, um den Jungen zum begleitenden Sprechen anzuregen. Im Alter von vier Jahren sprach der Junge bereits viele deutsche Wörter. Französisch verstand er gut. So antwortete er auf Fragen der Großmutter, die nur Französisch spricht, richtig, aber auf Deutsch. Die Gebärden übernahmen dabei eine wichtige Verständigungshilfe. Mit fünf Jahren wurden erste französische

Wörter benutzt, insbesondere, wenn sie leichter zu sprechen waren als das deutsche Wort, z. B. »lapin« für Kaninchen. Im Alter von acht Jahren spricht der Junge recht gut Deutsch, versteht gut Französisch und beginnt diese Sprache auch zunehmend besser zu sprechen.

Beide Sprachen wurden von Anfang an zu verstehen gelernt, beim eigentlichen Spracherwerb dominierte eine Sprache. Insgesamt ist die Sprachentwicklung günstig verlaufen.

Eine besonders positive Sprachentwicklung zeigte ein jetzt 22-jähriger Mann mit Down-Syndrom. Die Mutter ist Engländerin, der Vater ist Deutscher. In den ersten Lebensjahren wurde nur Deutsch mit dem Sohn gesprochen. Mit drei Jahren sprach er etwa 600 Wörter und bildete Drei-bis-vier-Wortsätze. Mit dreieinhalb Jahren – bei einem Aufenthalt in England – sprach er erste englische Wörter. Bis zum sechsten Lebensjahr wurde mit ihm zu Hause weiter nur Deutsch gesprochen, aber sein Sprachverständnis im Englischen erweiterte sich enorm, u. a. durch Vorlesen englischer Geschichten. Mit etwa sechs Jahren begann der Junge dann auch, bei Besuchen in England erste kleine Sätze in Englisch zu sprechen. Im Alter von sieben Jahren begann die Mutter, ihrem Sohn spielerisch das Lesen in Deutsch zu vermitteln. Als der Junge zehn Jahre alt war, lebte die Familie ein Jahr in den USA. Er hatte dort keine Schwierigkeiten zu verstehen und sich zu verständigen. Die Schule fand er interessanter als in Deutschland. Heute ist der 22-Jährige in der Lage, sowohl Deutsch als auch Englisch gut zu sprechen und er hat eine klare Aussprache. Er kann Deutsch lesen, im Englischen ist er darin nicht so sicher.

Die hier beschriebene Entwicklung ist sehr positiv verlaufen. Bereits beim Erstspracherwerb wird deutlich, dass der Junge recht früh mit dem Sprechen beginnt. Der sequenzielle Zweitspracherwerb wird kontextgebunden unterstützt.

6.7 Empfehlungen für die zweisprachige Erziehung

Wertet man die unterschiedlichen Erfahrungen von Eltern aus, deren Kinder mit Down-Syndrom relativ gut zwei Sprachen gelernt haben, lassen sich vorsichtig einige hilfreiche Erkenntnisse ableiten.

Für Kinder, deren Familiensprache von der Umgebungssprache abweicht, scheint wichtig zu sein, dass sie zuerst die Sprache verstehen und sprechen lernen, die in der Familie vorrangige Bedeutung hat. So lernen Kinder türkischer Eltern als erste Sprache Türkisch; Kinder, die mit ihren Deutsch sprechenden Eltern im Ausland leben, lernen als erste Sprache Deutsch. Die Kinder hören jedoch die zweite Sprache und sind zunehmend in der Lage, diese auch kontextbezogen zu verstehen. Es ist dann offenbar auch kein Problem, wenn z. B. in der Frühförderung oder in der Krankengymnastik mit den türkischen Kindern Deutsch gesprochen wird. Da für die Kinder jedoch weder ein emotionaler Bezug zur zweiten Sprache besteht noch sich ein hinreichender intensiver sprachlicher Input ergibt, werden sie nicht beide Sprachen von Anfang an sprechen lernen. Meistens wird das Kind deshalb erst beim Besuch einer Krippe, eines anderssprachigen Kindergartens oder der Schule die zweite Sprache als wichtig erleben und benutzen. Für diese Kinder mit Down-Syndrom ergibt sich somit ein sequenzieller Spracherwerb. Eine Hilfe können die Gebärden bieten, da sie Verständigung ermöglichen und eine »Überbrückungsfunktion« zwischen den beiden Sprachen übernehmen können.

Deshalb ist es hilfreich, wenn schon in der Frühförderung Gebärden vermittelt werden, die zu Hause auch von der Mutter eingesetzt und mit der Familiensprache begleitet werden. Wenn das Kind dann in die Krippe oder den Kindergarten kommt, fällt es nicht in ein »Kommunikationsloch«, sondern es kann sich mitteilen und wird verstanden – vorausgesetzt, dass auch im Kindergarten Gebärden bekannt sind.

Für Kinder, deren Eltern verschiedene Muttersprachen haben, ist es wichtig, dass Mutter und Vater ermutigt werden, von Anfang an mit ihrem Baby in ihrer Sprache zu sprechen. Gerade die frühe Kommunikation hat eine ganz wesentliche emotionale Bedeutung und Zärtlichkeit und Zuwendung gelingt in der eigenen Muttersprache viel leichter. Wichtig ist aber für das Kind mit Down-Syndrom die möglichst klare personenbezogene Trennung beider Sprachen.

Beim eigentlichen Sprechbeginn der Kinder, manchmal zwischen eineinhalb und zwei Jahren, oft aber auch deutlich später, wird wahrscheinlich die Sprache der Mutter dominieren, weil deren sprachlicher Input meistens größer ist. Die Zweitsprache kann im Lebensalltag und ergänzend durch Lieder, kleine Sprechspiele, Vorlesen u. a. begleitend vom anderssprachigen Elternteil angeboten werden – aber nicht von derselben Person in beiden Sprachen. Die Empfehlung einer Früherzieherin, dass eine Mutter täglich wechselnd in Deutsch und ihrer eigenen Sprache mit dem Kind mit Down-Syndrom reden sollte, um einen gleich hohen Input in beiden Sprachen zu gewährleisten, weil der Deutsch sprechende Vater berufsbedingt wenig Zeit mit dem Kind verbringen konnte, kann die personengebundene Trennung der Sprachen verhindern und den Spracherwerb erschweren.

Durch eine klare muttersprachliche Erziehung kann das Kind jedoch lernen, die in seinem Lebensalltag dominierende Sprache zu sprechen und die Zweitsprache zu verstehen. Bei entsprechender begleitender Förderung der Zweitsprache beginnen Kinder mit Down-Syndrom etwa im Alter von fünf bis sieben Jahren dann oft auch die Zweitsprache zu benutzen – meistens im Zusammenhang mit einem Besuch im Herkunftsland des anderssprachigen Elternteils, weil sie dort die unmittelbare Bedeutung der anderen Sprache erleben. In dieser Phase kann die Gebärden-unterstützte Kommunikation und andere ergänzende Kommunikationsverfahren wichtige Hilfen zur Verständigung in beiden sprachlichen Kontexten bieten.

Die berichteten Erfahrungen von Eltern zeigen, dass – trotz großer Unterschiede – Kinder mit Down-Syndrom erfolgreich simultan oder sukzessiv zwei Sprachen lernen. So spricht ein Mann, der jetzt 34 Jahre alt ist, Deutsch und Türkisch in Ein- und Mehrwortsätzen, mischt auch beide Sprachen, kann sich aber trotzdem in privaten überwiegend türkischen Kontexten und bei seinen beruflichen überwiegend deutschen Kontakten gut verständlich machen. Seine Zweisprachigkeit ist für ihn wichtig, ermöglicht sie ihm doch Teilhabe und Mitbestimmung in seinem Lebensalltag (vgl. Wilken 2022, i. E.).

6.8 Sprachförderung und Sprachtherapie bei Zweisprachigkeit

Nicht behinderte, zweisprachig aufwachsende Kinder, bei denen sich beim Spracherwerb Probleme abzeichnen und ungünstige Auswirkungen auf die kognitive und sozio-emotionale Entwicklung angenommen werden müssen, sollten rechtzeitig sprachfördernde Maßnahmen erhalten und evtl. auch Sprachtherapie. Neben einer wertschätzenden Haltung gegenüber beiden Sprachen ist dabei vor allem die »Förderung der Trennungsfähigkeit der beiden Sprachen beim Kind … erforderlich und kann z. B. durch den gezielten Einsatz von zwei Handpuppen, die die beiden verschiedenen Sprachen symbolisieren, erfolgen … oder durch den Gebrauch verschiedener Gegenstände, Signale, wie z. B. einem Gong« (Wagner 2007, 194). Für Kinder mit Down-Syndrom ist ein solches Üben in relativ schnell wechselnden Spielsituationen weniger zu empfehlen. Hilfreich können dagegen klare sprachliche Trennungen bezogen auf Alltagssituationen und Spiele sein – um kontextbezogenes Erinnern zu ermöglichen und mit der entsprechenden Sprache zu verbinden. Auch visuelle Informationen können zur ergänzenden Verdeutlichung der jeweiligen Sprache eingesetzt werden. Wenn das Kind z. B. gerne mit dem Vater baut, lernt es in diesem Kontext die entsprechenden Wörter in der Vatersprache. Ein thematisch entsprechendes Bilderbuch bleibt für den Vater reserviert. Beim gemeinsamen Ansehen wird die Sprache des Vaters gesprochen. Zusätzlich kann man dieses Buch mit einem farbigen z. B. grünen Streifen markieren. Liederkassetten in dieser Sprache bekommen dann ebenfalls den grünen Streifen zur Kennzeichnung. Es ist sogar möglich, dass Vater (und Kind) evtl. ein grünes Merkzeichen benutzen und so signalisieren, dass jetzt die Vatersprache gesprochen wird. In die Bilderbücher eingeklebte besprochene Punkte mit Sprachausgabe erhalten dann auch eine grüne Markierung um den Punkt herum gemalt. Beim Essen, An- und Ausziehen und in anderen Alltags- und Spielsituationen spricht die Mutter mit dem Kind Deutsch. Ob auch dabei ein ergänzendes optisches Signalzeichen unterstützend eingesetzt werden sollte oder eine entsprechende farbliche Kennzeichnung von Bilderbüchern oder Kassetten sinnvoll ist, muss familienbezogen und individuell entschieden werden, damit solche Angebote nicht unnatürlich und zu formal werden.

Eine »Brückenfunktion« zwischen beiden Sprachen kann auch mit einem Vorlesestift (AnyBook Reader) gestaltet werden. Dieser Stift hat ein Mikrophon für Sprachaufnahme und zur Wiedergabe. Zum Stift gehören Klebepunkte, auf die man den Stift hält, während man das entsprechende Wort oder den Satz aufspricht. Diese

Punkte können sowohl auf konkrete Gegenstände, auf Bildkarten oder auf Wortkarten geklebt werden. Auch in Bilderbücher können Punkte geklebt und mit den entsprechenden Texten besprochen werden. Wenn die Mutter jetzt den Text vorliest, kann sie das Kind fragen, wie das der Papa sagt. Das Kind berührt dann den vom Vater besprochenen Klebepunkt und lässt sich den Text mit der Vaterstimme in seiner Sprache vorlesen. Dieses Vorsprechen mit dem Stift und das häufige Wiederholen der Wörter und Sätze motiviert die Kinder und macht ihnen großen Spaß. Interessant dabei ist auch, dass das Kind tatsächlich den vom Vater aufgesprochenen Text hört und nicht einen Text mit fremder Stimme wie bei manchen entsprechenden Bilderbüchern mit Vorlesestiften.

Wichtig für ein bilingual aufwachsendes Kind mit Down-Syndrom ist vor allem, dass ihm die Sprachtrennung gelingt, dass es zumindest in einer Sprache gute basale Sprachkompetenz entwickeln kann und die Zweitsprache versteht – und dann vielleicht auch zunehmend sprechen lernt.

Wird im familiären Umfeld nur eine Sprache gesprochen und die zweite Sprache tritt erst durch Frühförderung oder Kindergarten hinzu, sind die besonderen Bedingungen bei sukzessiver Zweisprachigkeit von Kindern mit Down-Syndrom zu bedenken. Bei nicht kognitiv beeinträchtigten Kindern ist davon auszugehen, dass im Kindergartenalter die Erstsprache bereits ein relativ gutes Niveau erreicht hat und gefestigt ist. Kinder mit Down-Syndrom befinden sich dagegen in diesem Alter noch in einer frühen Phase des Spracherwerbs und viele sprechen noch gar nicht. Wenn jetzt die zweite Sprache hinzukommt, kann der Erstspracherwerb dadurch irritiert werden. Wie mit dieser Problematik umzugehen ist, sollte nach den individuellen Bedürfnissen und Potenzialen sowie nach den Umfeldbedingungen entschieden werden. Es ist allerdings wichtig, eine Trennung von Sprechenlernen und Sprachverstehen vorzunehmen. Der Besuch von Kindergarten und Schule kann dazu führen, dass das Kind zunehmend beginnt, Deutsch zu sprechen. Da zu Hause weiter die Familiensprache gesprochen wird, versteht es diese zwar weiterhin, äußert sich aber möglicherweise selbst überwiegend in Deutsch. Da auch Sprachförderung und Sprachtherapie meistens in Deutsch angeboten werden, erfolgt der Spracherwerb oft in dieser Sprache. Deshalb ist es wichtig zu überlegen, wie die emotionale Bedeutung der Elternsprache erhalten werden kann. Es ist sinnvoll, Anregungen zu geben, wie mit Liedern, Spielen, Bilderbüchern und z. B. Schlafritualen deren Bedeutung erlebbar bleibt, damit dann nach Erreichen einer Grundkompetenz in einer Sprache auch die Zweitsprache vom Kind zunehmend aktiv eingesetzt werden kann.

Es ist allerdings auch zu betonen, dass eine konsequente Umsetzung der Sprachtrennung (simultan oder sukzessiv) aus recht unterschiedlichen Gründen im familiären Alltag oft schwierig ist, besonders wenn Geschwister relativ problemlos situationsabhängig zwischen den Sprachen wechseln. Bei der Beratung der Eltern ist deshalb wichtig, solche individuellen Aspekte zu berücksichtigen.

Die vorliegenden Erfahrungen mit der Zweisprachigkeit bei Kindern mit Down-Syndrom zeigen große individuelle Unterschiede: Einige Kinder können in ihrer Erstsprache nur wenige Wörter sprechen und die Zweitsprache nur ansatzweise verstehen. Manche haben Probleme, die Erst- und Zweitsprache zu trennen. Etliche Kinder beherrschen die Erstsprache relativ gut und können sich in der Zweitsprache hinreichend verständigen. Aber einige Kinder sind nicht nur in der Lage, beide

Sprachen gut zu sprechen und beherrschen jede ihrer beiden Sprachen besser als manche monolingual aufgewachsenen Kinder ihre eine Sprache. Einige können sogar Texte in beiden Sprachen lesen.

Tab. 6: Bilinguale und sukzessive Zweisprachigkeit

Bilinguale Zweisprachigkeit	Sukzessive Zweisprachigkeit
Gleichzeitiges Lernen beider Sprachen Bedeutung der Sprachtrennung:	**Sprachen werden nacheinander gelernt** Bedeutung der Sprachtrennung:
• Eine Person – eine Sprache • Persönlich-emotionale Orientierung • Visuelle Orientierungshilfen • Gebärden zur Verständigung und Überbrückung • Frühes Lesen • Technische Hilfen	• Ein Umfeld – eine Sprache • Visuelle Orientierungshilfen • Gebärden zur Verständigung und Überbrückung • Technische Hilfen • Lesen
Chancen:	**Chancen:**
• Simultan erworbene zweisprachige Kompetenz	• Gefestigte Erstsprache – sequentielle zweisprachige Kompetenz
Risiken:	**Risiken:**
• Gestörter Erstspracherwerb, unzureichende sprachliche Grundkompetenzen in der dominanten Sprache (Schwellenhypothese – Semilingualismus)	• Verdrängung der Erstsprache, unzureichende sprachliche Grundkompetenzen in der dominanten Sprache (Schwellenhypothese – Semilingualismus)

Diese auffällige Heterogenität beruht wesentlich auf unterschiedlichen individuellen Voraussetzungen, ist aber auch beeinflusst vom guten intensiven sprachlichen Input und von förderlichen Kontextbedingungen.

7 Sprachtherapie bei Kindern mit Down-Syndrom

Abb. 26: Frühe entwicklungsbegleitende Sprachtherapie kann mögliche syndromtypische Probleme verringern

7.1 Sprachförderung und Sprachtherapie als systemische Hilfe

Qualitative Unterschiede in der Beschreibung von Behinderung – ob statisch oder prozesshaft, ob defekt- oder personorientiert – führen auch zu sich verändernder Interpretation der Zusammenhänge von Behinderung und Sprachbeeinträchtigung mit jeweils spezifischen Konsequenzen für Förderung und Therapie. Diese Veränderungen können bezogen auf die Sprachtherapie als deutliche Entwicklung dargestellt werden.

In den sechziger Jahren erfolgte die Orientierung vorwiegend an einem Stufenmodell der Entwicklung. Kinder mit Down-Syndrom wurden mit nicht behinderten Kindern verglichen, die ein entsprechendes Entwicklungsalter aufwiesen. Frühe entwicklungsbegleitende Sprachtherapie wurde als nicht sinnvoll bezeichnet, weil auch nicht behinderte Kinder im vergleichbaren Entwicklungsalter keine gezielten

Maßnahmen erhielten. Aber auch heute noch erleben Eltern, dass logopädische Maßnahmen abgelehnt werden mit der Begründung, Sprachtherapie sei nicht sinnvoll durchzuführen, wenn das Kind noch nicht sprechen kann.

Aufgrund einer Sicht, die sich vorwiegend an den syndromtypischen Abweichungen orientierte, wurden in den siebziger Jahren die spezifischen Defizite ermittelt und diese dann in der Regel mit isolierten direktiven Maßnahmen behandelt. In der Sprachtherapie bei Kindern mit Down-Syndrom dominierten motorische Funktionsübungen und gezielte Lautbildungen, während die kommunikativen Aspekte oft zu kurz kamen. Förderziele wurden abgeleitet aus den ermittelten Leistungsdefiziten mit dem Anspruch, durch Übungen die vorliegenden Probleme zu vermindern. Dabei wurden die zugrunde liegenden kognitiven und emotionalen Basisfähigkeiten häufig nicht angemessen reflektiert und eine unterstützende Förderung der »Vorausläuferfähigkeiten« fand kaum statt. Da auch die nötige Eigenaktivität des Kindes meistens nicht hinreichend berücksichtigt wurde, war die Bedeutungslosigkeit der so vermittelten Übungen für das beabsichtigte Lernen wenig motivierend. Kinder möchten kommunizieren; sie wollen mit den gesprochenen Wörtern etwas bewirken. Ohne Einbeziehung des kommunikativen Kontextes fehlt daher eine wesentliche Grundlage für die Förderung der Sprachentwicklung. Trotzdem werden heute oftmals noch defizitorientierte Fördermaßnahmen durchgeführt, da sie den Eindruck vermitteln, gezielt die besonderen Probleme des Kindes zu vermindern.

In den achtziger Jahren wurde versucht, sowohl die Fähigkeiten als auch die Defizite des behinderten Kindes möglichst differenziert zu erfassen, um durch geeignete Methoden eine optimale Förderung zu gewährleisten. Dabei hatte der Vergleich mit nicht behinderten Kindern eine vorwiegend orientierende Bedeutung. Als Intention von Entwicklungstests wurde angegeben, Ausfälle in einzelnen Fähigkeitsbereichen aufzuzeigen und Leistungsspitzen zu erkennen. Dabei werden etwa von Straßmeier (1981, 9, ebenso 6. Auflage 2007) »fünf Funktionsbündel erfasst: Selbstversorgung und Sozialentwicklung, Feinmotorik, Grobmotorik, Sprache, Denken und Wahrnehmen«. Ziel ist die Erstellung eines individuellen Leistungsprofils als Grundlage für einen Förderplan. »Die Aufgaben, die der Entwicklungstest prüft, sind aber auch als Ziele zu sehen, die angestrebt werden können, wenn das Kind die Fertigkeiten noch nicht beherrscht« (ebd.). Übersehen wurde hier, dass Testaufgaben lediglich einen aktuellen Entwicklungsstand erfassen sollen und nicht unreflektiert als Förderziele benützt werden dürfen. Die Betonung einer »Verknüpfung« der einzelnen Förderbereiche beim therapeutischen Vorgehen hebt diese Problematik kaum auf. Die Mutter wird zwar bei der Durchführung der Therapie einbezogen, aber doch eher als »Co-Therapeutin« und kaum als Partnerin, da aufgrund der Testunterlagen meistens der Therapeut allein den nötigen Weg und das Ziel bestimmt.

Eine Sprachförderung behinderter Kinder sollte sich nicht überwiegend an altersbezogenen Durchschnittsnormen orientieren, sondern gerade individuelle Aspekte einbeziehen und die oft große Diskrepanz zwischen Lebensalter und Entwicklungsalter berücksichtigen. Sprachentwicklung erschließt dem Kind zunehmend differenziertere Formen der Kommunikation; dies sollte auch in der Sprachtherapie erlebbar gestaltet werden.

Die Berücksichtigung individueller Fähigkeiten und syndromspezifischer Schwierigkeiten darf deshalb nicht zu überwiegend formalen Übungen führen, weil dem behinderten Kind sonst die entwicklungsrelevanten kommunikativen Grundlagen entzogen werden. Gerade durch eine kooperative Zusammenarbeit mit der Mutter wird ermöglicht, dass Übungen nicht direktiv durchgeführt, sondern in den Lebensalltag des Kindes einbezogen werden, eine co-therapeutische Aufgabenzuweisung kann dagegen responsives elterliches Verhalten und eine alltagsbezogene Integration erschweren.

Für die Sprachtherapie bei Kindern mit Down-Syndrom ergab sich daraus Mitte der achtziger Jahre die Forderung, die therapeutisch eingeengten Sichtweisen zugunsten eines komplexeren Ansatzes zu verändern und das behinderte Kind als Mitglied seiner individuellen Familie in dem jeweiligen spezifischen psychosozialen Umfeld zu sehen. Förderziele konnten dann nicht aus Normenschemata abgeleitet werden, sondern mussten in einem sinnvollen Bezug zu den Lebensbedingungen und Lebensperspektiven der Familie stehen. Die Abhängigkeit der Elternidentität von außerfamiliären Instanzen und fremdbestimmten Förderzielen war aufzuheben, um Störungen und Verunsicherungen innerhalb des familialen Systems zu vermeiden. »Als die Mutter beobachtete, dass ihr Kind morgens den schnarchenden Papa zu imitieren versuchte, unterstützte sie ihr Kind beim Artikulieren des ›r‹, bis es mehrere Wörter mit ›r‹ sprechen lernte. Die Logopädin sah sich genötigt, diesen Vorgriff in der genormten Reihe der zu erlernenden Konsonanten zu beanstanden« (Speck 1987, 369).

Erst wenn therapeutisches Handeln nicht mehr überwiegend an normorientierten Förderzielen ausgerichtet ist, gewinnt die subjektive Lebenswelt des Kindes an Bedeutung und die systemgegebenen Möglichkeiten treten ins Blickfeld. Besonders bei der sprachlichen Förderung gilt es zu berücksichtigen, »dass Sprechen bedeutungsvolles soziales Handeln ist. Dabei ist gleichermaßen wichtig, sich zu vergegenwärtigen, daß artikuliertes phonetisches Sprechen nur eines der Mittel ist, durch das im sozialen Verkehr Bedeutung übertragen wird« (Bruner 1979, 17). Solche differenzierten Erkenntnisse über individuelle und familiäre Interaktions- und Kommunikationsformen müssten als Konsequenz zu einer allgemeinen Veränderung der Sprachförderung und Sprachtherapie führen. Aber noch immer werden rigide Vorstellungen über unbedingt einzuhaltende Stufen der Entwicklung beschrieben und eine festgelegte, nicht veränderbare Reihenfolge der verschiedenen Entwicklungsschritte gefordert. So wird bei manchen Förderkonzepten aufgrund spezieller Auffassung von Entwicklung (z. B. Padovan) davon ausgegangen, dass für alle Kinder dieselben festgelegten Übungen der typischen motorischen Entwicklungsschritte sinnvoll sind (Rekapitulation der Phylogenese in der Ontogenese, Neurologische Reorganisation). Entsprechend werden in der Sprachtherapie rigide Mundmotorikübungen mit gleichem Material für alle Kinder unabhängig vom Lebensalter und von der Behinderung durchgeführt (z. B. Mundtüte mit »Padovan-Schnuller«).

Demgegenüber gilt: In gemeinsamen Handlungen von Kind und erwachsener Bezugsperson werden die kommunikativen Grundlagen und prodromalen sprachrelevanten Fähigkeiten erworben. Eine systemorientierte Sprachtherapie bei kleinen Kindern ist deshalb in familienbezogene kindgemäße Pflege-, Versorgungs-

und Spielsituationen zu integrieren. Allerdings ergibt sich die sprachliche Förderung ohne differenzierte Planung und Reflektion in solchen Kommunikationssituationen nicht von selbst. Eine diffuse, so genannte Ganzheitlichkeit, darf darum keinesfalls als Alibi für nicht hinreichend strukturierte Fördersituationen dienen. Auch die Einstellung mancher Bezugspersonen, dass Therapie als spezielle Maßnahme vornehmlich an Fachkräfte zu delegieren sei, während das Kind zu Hause nur Kind sein dürfe und Förderung nebenbei und irgendwie integriert erfolgen könne, kann den Bedeutungsbezug und die notwendige Übung von alltagsbezogenen Hilfen erschweren. Das gilt besonders auch für die frühe Kommunikationserfahrung mit Gebärden im sozialen Umfeld.

Die verschiedenen geschilderten therapeutischen Zugangsweisen können als eine Entwicklungsfolge gesehen werden, die es ermöglicht, immer mehr Aspekte eines komplexen Geschehens wahrzunehmen. Die aktuellen Erfordernisse bestehen heute darin, die Erkenntnisse der kindzentrierten und der systemorientierten Förderansätze zur Synthese zu bringen. Im konkreten Einzelfall gilt es dann, unter Berücksichtigung des individuellen syndromspezifischen Förderanspruchs und der jeweiligen systemischen Bedingungen, ein angemessenes Förderkonzept zu entwickeln. Gerade die ungebremste Entwicklung immer »neuer« und »spezieller« Therapien zeigt die anhaltende Gefahr einer isolierten defektorientierten Hilfe – oft verbunden mit der Hoffnung, durch eine einzige spektakuläre Maßnahme »Blockaden«, etwa beim Sprechenlernen, zu überwinden.

Aber die Bedeutung von Verstehen und Mitteilen erlebt das Kind nur in gemeinsamen Handlungen in seinem Lebensalltag. Auf der Grundlage vielfältiger Erfahrungen entwickelt es Vorstellungen und Erwartungen und lernt, dass es mit eigenem Handeln und durch Sprache – ob Lautsprache oder Gebärde – etwas bewirken, sich beteiligen und mitbestimmen kann.

Unter Berücksichtigung individueller und syndromspezifischer Probleme ist auch für größere Kinder und für Jugendliche und Erwachsene zu reflektieren, welche Möglichkeiten bestehen, um Kommunikation und Partizipation in ihrem Lebensalltag zu fördern und zu erhalten, und zu überlegen, welche Hilfsmittel der Unterstützten Kommunikation evtl. geeignet sein könnten, die Verständigung zu erleichtern.

7.2 Begründung einer syndromspezifischen Therapie

Trotz großer interindividueller Unterschiede in Entwicklung, Leistung und Verhalten haben die meisten Menschen mit Down-Syndrom eine mehr oder minder deutlich ausgeprägte kognitive Beeinträchtigung, und nur bei einigen besteht lediglich eine Lernbehinderung. Allerdings ergaben verschiedene Untersuchungen, dass Menschen mit Down-Syndrom verglichen mit kognitiv beeinträchtigten

Gleichaltrigen anderer Ätiologiegruppen ein syndromspezifisches Leistungsprofil mit typischen Schwächen und Stärken zeigen. Vor allem für den sprachlichen Bereich wird ein kennzeichnendes Kompetenzprofil beschrieben (Miller 1999, 18). »Professionelle sollten deshalb ihre Interventionen so weit wie möglich den spezifischen ätiologischen Bedürfnissen anpassen« (Rondal 1999, 145, Übers. E. W.). Die Hilfen für den Sprachaufbau und die Sprachförderung müssen darum die spezifischen Fähigkeiten und Schwierigkeiten bei Personen mit Down-Syndrom angemessen berücksichtigen und nicht undifferenziert für die Gesamtgruppe der Kinder und Jugendlichen mit geistiger Beeinträchtigung konzipiert werden.

Aus den Erkenntnissen über das besondere Lernverhalten und aus den vorliegenden Auffälligkeiten in der körperlichen, geistigen und sprachlichen Entwicklung sind methodische Konsequenzen zu ziehen. Auch die typischen Veränderungen der »Sprechorgane« und die speziellen Schwierigkeiten beim Sprechenlernen sind angemessen zu berücksichtigen.

Allerdings sollten nicht nur die typischen Probleme erfasst werden, sondern auch die besonderen Fähigkeiten. Eine undifferenzierte syndrombezogene Typisierung ist allerdings zu vermeiden. Deshalb ist es wichtig, die individuell sehr unterschiedlichen Kompetenzen und Beeinträchtigungen differenziert zu erfassen und sich entsprechender diagnostischer Verfahren zu bedienen (vgl. Müller u. a. 2018).

Das Sprachverständnis ist oft deutlich besser als die Sprechfähigkeit vermuten lässt, obwohl spezifische Probleme beim Verstehen von Passivkonstruktionen, Negationen und Konditionalsätzen berichtet werden (Bellugi, zit. n. Krause-Burmester 2013, 23, Witecy u. a. 2018). Die Merkfähigkeit ist im visuellen Bereich erheblich besser als im auditiven Bereich, weil man sich beim Betrachten mehr Zeit nehmen kann. Vor allem Artikulation, Syntax und Grammatik weisen meistens syndromtypische Schwierigkeiten auf. Die Probleme beim Erlernen von Syntax und Grammatik werden vor allem mit den kognitiven und sprachrelevanten Beeinträchtigungen des Gedächtnisses erklärt. Die Ursache der besonderen Artikulationsschwierigkeiten und der oft unverständlichen Sprache werden sowohl in der Hypotonie und den vielfältigen möglichen orofazialen Veränderungen bei Kindern mit Down-Syndrom gesehen als auch in spezifischen Problemen bei der Planung und Steuerung differenzierter Bewegungsabläufe beim Sprechen (Dyspraxie).

Die Forderung nach einer entsprechenden syndromspezifischen Therapie wird deshalb begründet mit diesen Besonderheiten und Schwierigkeiten beim Down-Syndrom.

7.3 Orofaziale Beeinträchtigungen

Durch das Down-Syndrom können zahlreiche Veränderungen oder Funktionsbeeinträchtigungen der am Sprechen beteiligten Organe und Muskeln verursacht sein. Beim kleinen Kind sind jedoch viele dieser Auffälligkeiten noch nicht deutlich ausgeprägt. Oft ergeben sie sich erst als Folge von abweichenden funktionalen Entwicklungen. Auch besteht eine große Variabilität in der Ausprägung der individuellen Veränderungen.

Die Feststellung der jeweils vorliegenden speziellen Problematik ist eine wichtige Voraussetzung für eine Therapie, die sowohl die individuellen als auch die syndromspezifischen Aspekte berücksichtigt.

7.3.1 Offene Mundhaltung

Auch wenn sich durch Frühförderung und frühe Behandlung deutliche Verbesserungen ergeben haben, ist doch der fehlende Mundschluss bei Kindern und oft auch noch bei Jugendlichen und Erwachsenen mit Down-Syndrom ein auffälliges Merkmal. Das führt zu einem typischen Gesichtsausdruck, der als stigmatisierend gesehen und nicht nur von Fremden, sondern auch von ihren Bezugspersonen und von ihnen selbst (!) als störend empfunden wird. So wollte ein 14-Jähriger unbedingt lernen, was er machen könne, dass er, wenn er nicht daran denkt, immer mit offenen Mund dasitze. Das sei ihm voll peinlich!

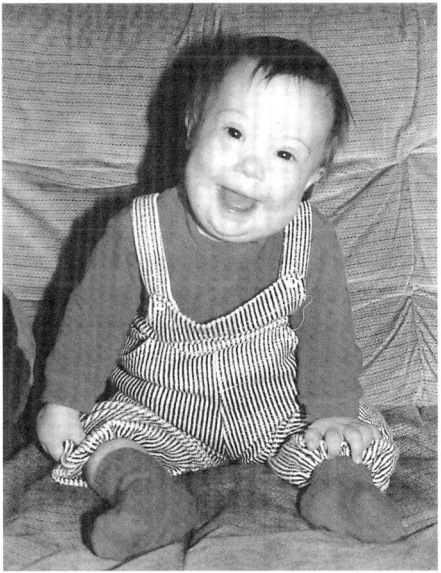

Abb. 27: Die Hypotonie bewirkt eine typische Sitzhaltung und oft einen fehlenden Mundschluss

Verursacht wird dieses Problem durch die allgemeine Muskelhypotonie, die auch den orofazialen Bereich betrifft. Zudem haben »Menschen mit Down-Syndrom fehlende, aber auch zusätzliche Muskeln ... Im fazialen Bereich finden sich wenig differenzierte Muskeln im Mittelgesicht (und) ... ein zusätzlicher Muskel, der vom Mundwinkel ausgehend zum Hinterkopf führt« (Leddy 1999, 72 f.). Dadurch können spezielle mundmotorische Probleme verursacht werden. Meistens ist die offene Mundhaltung auch abhängig von der Haltung des Kopfes und der allgemeinen Körperhaltung. Wenn das Kind mit schlaffer Körperhaltung sitzt und den Kopf nach vorn neigt, ist der Mund überwiegend geschlossen. Blickt das Kind in dieser Haltung jedoch nach oben, kommt es zu einer Überstreckung im vorderen Halsbereich mit einer Zugwirkung auf den Unterkiefer. Der Mund öffnet sich, und auch das Schlucken kann dadurch erheblich erschwert werden. Gerade beim jüngeren Kind beeinträchtigt zusätzlich häufiger Schnupfen die Nasenatmung und kann erhebliche Probleme verursachen (Hammersen 2017, 215). Speichelfluss, Risse an den Mundwinkeln und ein trockener Mund sind oft weitere Folgen der Mundatmung. Zudem führt der häufig offene Mund zu einem verringerten regelmäßigen Schlucken und damit zu einer deutlich geringeren Belüftung des Mittelohres und kann dadurch Flüssigkeitsansammlungen im Mittelohr und entsprechende Hörprobleme begünstigen.

7.3.2 Atmung

Die normale Atmung kann bei Kindern mit Down-Syndrom durch die generelle Hypotonie beeinträchtigt sein, und die Atem-Vitalkapazität ist oftmals deutlich vermindert. »Strukturelle Anomalien im Thoraxbereich, hypertrophe Mandeln, Polypen, Rachenmandeln« sind häufig (Castillo Morales 1991, 73). »Ein Kollaps des gesamten Pharynx inklusiv des Zurückfallens der Zunge tritt bei Kindern mit Down-Syndrom im Schlaf häufiger auf« (Leitlinien 2016, 30). Viele Kinder mit Down-Syndrom leiden besonders in den ersten Lebensjahren an Bronchitis und haben oft Lungenentzündungen. Die Ursache wird in einer »immunologischen Schwäche« (Storm 1995, 180) gesehen, die zu einer vermehrten Häufigkeit von Infektionen der Atemwege führt. Bei den meisten Menschen mit Down-Syndrom wird eine insgesamt »flache Atmung« (ebd.) beschrieben. Die überwiegende Mundatmung bewirkt zudem eine verminderte Speichelspülfunktion, die Auswirkungen auf die Mundhygiene hat.

Obstruktive Schlafapnoen »liegen in Abhängigkeit vom Schweregrad und Alter bei 53 bis 97 % der Kinder mit Down-Syndrom vor« (Leitlinien 2016, 30). Durch diese Atemaussetzer im Schlaf kommt es häufig zu Tagesmüdigkeit, Konzentrationsschwächen und zu allgemeiner Passivität. Zudem bestehen offenbar bei Jugendlichen und Erwachsenen Hinweise auf einen Zusammenhang mit der Entwicklung von Depressionen. Es wird deshalb als wichtig erachtet, bei nächtlichem Schnarchen, behinderter Nasenatmung ohne ursächlichen Infekt und erkennbarer Tagesmüdigkeit eine spezielle Abklärung vorzunehmen (ebd.).

Aufgrund solcher gestörten Atemregulation neigen viele Kinder auch zu ganz typischen abweichenden Schlafhaltungen. Sie setzen sich auf oder knien sich hin und schlafen dann fast im Sitzen und vornübergebeugt. Oft wird dabei der Rücken entblößt und Erkältungen sind möglich. Mit diesen besonderen Schlafhaltungen versuchen die Kinder, durch eine Überstreckung im Halsbereich die Atmung zu erleichtern.

7.3.3 Nase

Die allgemeine Mittelgesichtshypoplasie beim Down-Syndrom ist auffällig und die relativ kleine Nase ist ein typisches Merkmal. Durch ein unharmonisches Wachstum von Gehirn- und Gesichtsschädel kommt es auch zu Proportionsverschiebungen im Gesichtsbereich. Dabei bleibt der Oberkiefer mit zunehmendem Alter gegenüber dem Unterkiefer zurück. »Parallel dazu ergeben sich Pneumatisationsanomalien der Nebenhöhlen; die Kieferhöhlen, Keilbeinhöhle und die Stirnhöhle werden verzögert oder mangelhaft pneumatisiert« (Schmidt 1976, 62). Dadurch ist die Nasenatmung häufig erschwert und oft so eingeschränkt, dass eine vorwiegende Mundatmung nötig ist. Bei vielen Kindern mit Down-Syndrom liegt zudem eine Schleimhauthypertrophie der Nasenmuscheln vor, wodurch die hinteren Öffnungen der Nasenhöhle (Choanen) verlegt und die Weite (Lumen) des Luftweges vermindert sein kann. Eine flache Nasenwurzel sowie relativ kleine Nasenhöhlen wurden bei entsprechender Überprüfung bei einem Drittel der Kinder nachgewiesen (Castillo Morales 1991, 72).

Operative Nasenkorrekturen zur Anhebung des Nasenrückens, die früher angeboten wurden, können auf die Nasenatmung keinen Einfluss haben, sie besitzen lediglich einen zweifelhaften kosmetischen Effekt und werden deshalb mittlerweile abgelehnt.

7.3.4 Lippen

Langdon Down weist bereits darauf hin, dass bei den Kindern die Lippen verändert sein können und manchmal quer laufende Risse aufweisen. Dabei ist jedoch wichtig festzustellen, dass die Lippen des kleinen Kindes noch nicht solche Veränderungen zeigen. »Bei der Geburt und in früher Kindheit sind sie ähnlich denen gesunder Kinder. Auftretende Veränderungen werden gewöhnlich als sekundär betrachtet und sind wahrscheinlich in Beziehung mit dem Offenhalten des Mundes und dem gewöhnlichen Hervorstrecken der Zunge zu sehen, was zu einer ständigen Einspeichelung der Lippen und danach zum Rissig- und Trockenwerden führt« (Penrose 1966, 11 f.). Die insgesamt deutlich häufiger vorkommenden unterschiedlichen dermatologischen Probleme sind auch Ursache weiterer typischer Veränderungen. So wurde in einer Untersuchung an älteren Kindern bei 43,2 % Hauttrockenheit (Xerosis) ermittelt, 20 % hatten eine Entzündung der Lippen (Cheilitis). Ähnliche Ergebnisse wurden auch bei anderen Untersuchungen ermittelt (Leitlinien 2016, 110).

Die Unterlippe ist oftmals hypoton und manchmal wird auch ein Verdicken festgestellt, dem ein vertikales Rissigwerden folgt (Castillo Morales 1991, 68). Die Oberlippe ist oft inaktiv und hochgezogen. Häufig weist sie auch zwei senkrechte Risse auf und an den Mundwinkeln kommen öfter Rhagaden vor. Schmidt (1976, 128) führt die rissigen Lippen mit nässenden oder borkigen Fissuren und die Mundwinkelrhagaden auf Vitaminmangel zurück. Es ist jedoch zu betonen, dass etliche dieser Probleme auch als Folgebeeinträchtigungen zu sehen sind und deshalb durch prophylaktische Maßnahmen und Behandlung gemindert werden können.

Vor allem die Unterlippe ist meistens hypoton und leicht vorgestülpt, die Zunge stützt sich oft darauf ab und die dadurch bedingte ständige Einspeichelung kann sekundär zu Schädigungen führen. Die Oberlippe ist häufig schmal, dreieckförmig hochgezogen, wenig aktiv und so straff, dass sie »mit ihrer Kontraktionskraft nach unten wie ein Schnürmechanismus auf den Oberkiefer wirkt« (Castillo Morales 1991, 68). Diese beschriebenen Veränderungen der Lippen sind durchaus zu beeinflussen. Indem nicht länger solche behinderungstypischen Probleme als unveränderlich hingenommen werden, können diese Sekundärbeeinträchtigungen sowohl durch therapeutische Maßnahmen zur Verbesserung des Mundschlusses als auch durch ergänzende medikamentöse Behandlung vermieden oder zumindest gemildert werden.

7.3.5 Zähne und Kiefer

Bei Kindern mit Down-Syndrom erfolgt der Durchbruch der ersten Zähne oft mit zwei bis sechs Monaten Verzögerung und auch die Durchbruchsfolge ist verändert. Während normalerweise die unteren mittleren Schneidezähne sich zuerst zeigen, bekommen Kinder mit Down-Syndrom oft obere oder seitliche Zähne zuerst. »Auch der Durchbruch der bleibenden Zähne ist häufig um zwei Jahre verzögert« (Storm 1995, 293). Die Anzahl der Zähne im Ober- und Unterkiefer ist oft verringert und Zahnstellungsanomalien sind relativ häufig. »Formveränderungen werden mit einer Häufigkeit von 50 bis 74 % beschrieben« (ebd.). Auch die Kieferstellung zeigt typische Veränderungen und die Zahnstellung kann abweichend sein. Manchmal stehen die Zähne sehr eng oder aber sie stehen recht weit auseinander, Kreuzbiss und offener Biss sind häufig und oft sind einzelne Zähne gar nicht angelegt. In manchen Fällen können bleibende Zähne, die hinter den noch vorhandenen Milchzähnen durchbrechen, sich störend auswirken.

Ein besonderes Problem vieler Kinder mit Down-Syndrom ist das intensive Zähneknirschen, das im sozialen Umfeld häufig als ausgesprochen störend empfunden wird. Zudem können Zahnschäden entstehen und besonders die Backenzähne sehen dann wie abgeschliffen aus. Als Ursache wird angesehen, »dass Diskrepanzen der Zahnstellung ... einen Rückkoppelungsmechanismus innerhalb eines Systems zwischen propriozeptiven Rezeptoren und Muskulatur beeinflussen« (Storm 1995, 293). Damit sich die Zähne in einem lockeren Kontakt berühren, ist eine entsprechende »Feinstellung der Kieferposition« nötig, die hypotoniebedingt zwar schwieriger gelingt, aber durch myofunktionale Übungen gebessert werden kann.

Oft werden auch Veränderungen in der Zahnschmelzbildung festgestellt. Karies tritt allerdings nicht vermehrt auf. Die Zahnpflege ist zuweilen mühsam und die zahnärztliche Behandlung gestaltet sich bei einigen Kindern relativ schwierig, so dass sie manchmal nur unter Narkose durchgeführt werden kann.

Beim Säugling sind Ober- und Unterkiefer noch nicht auffällig. Erst mit zunehmendem Alter entstehen typische Fehlstellungen. Es werden verschiedene Faktoren angenommen, die diese abweichenden Kieferstellungen begünstigen: Da die Hypotonie auch die Halsmuskulatur betrifft, kommt es häufig zu einer Kopfreklination und dadurch zu einer Verschiebung des Unterkiefers nach vorne. Die schlaffen Bänder des Kiefergelenkes und die Mundatmung bewirken ein Hängenlassen des Unterkiefers. Der Druck der Zunge gegen die Unterlippe kann diese Tendenz noch verstärken. Die Größe der Kiefer ist im Verhältnis zueinander abweichend; der Oberkiefer ist hypoplastisch und im Längs- und Querdurchmesser zu klein, und der Unterkiefer zeigt bei meistens normaler Größe eine Progenie (vgl. Castillo Morales 1991, 76). Diese sich oft entwickelnden Fehlstellungen sind als Folgebeeinträchtigungen der orofazialen Hypotonie zu sehen. Sie führen nicht nur zu abweichenden Saug-, Schluck- und Kaubewegungen, sondern beeinflussen auch die sprechmotorischen Grundlagen erheblich.

7.3.6 Gaumen und Gaumensegel

Bei vielen Kindern mit Down-Syndrom ist der Gaumen hoch und schmal, jedoch nicht unbedingt höher als bei anderen Kindern (Leddy 1999, 71 f.). Aber oft ist der Gaumen so extrem eng, dass man mit dem Zeigefinger nicht das Gaumendach berühren kann. Deshalb wird manchmal auch von einem »gotischen Gaumen« gesprochen. Die hypotone Zunge befindet sich in Ruhelage und beim Schlucken im Unterkiefer und der Gaumen erhält dadurch nicht den entwicklungsrelevanten Druck, um sich auszuformen. Meistens stützt sich die Zunge unten an den Zähnen oder auf der Unterlippe ab. Ausgeprägte Gaumenfalten sind typisch und häufig ist der Gaumen stufenförmig mit einer Verdickung der Innenseiten des Zahnkammes (Castillo Morales 1991, 70). Oft entwickelt sich der harte Gaumen disharmonisch und das Gewebe der Gaumenschleimhaut vergrößert sich (hypertrophiert) zunehmend (ebd.). Manchmal liegen auch offene oder submuköse Gaumenspalten vor, die zu speziellen Beeinträchtigungen beim Sprechen führen (Artikulationsstörungen, ausgeprägte Nasalierung). Die Zahndämme sind bei einigen Kindern auffallend breit und haben eine grobe Struktur. Aber viele Veränderungen betreffen nicht alle Kinder mit Down-Syndrom. Deshalb ist eine differenzierte Diagnostik wichtig. »Besteht ein auffälliger kieferorthopädischer Befund sollte die Einleitung einer kieferorthopädischen Therapie unter Berücksichtigung des Alters und der Kooperationsfähigkeit erfolgen« (Leitlinien 2016, 62).

Auf die Folgen der beim Down-Syndrom vorliegenden generalisierten Hypotonie, die sowohl die gesamte Körpermuskulatur betrifft als auch Lippen, Zunge, Kiefermuskulatur und Mimik, wird oft hingewiesen, aber auf die eingeschränkte Beweglichkeit des Gaumensegels wird selten eingegangen. Bei eigenen Überprüfungen zeigte sich jedoch, dass nahezu die Hälfte aller Kinder mit Down-Syndrom eine verminderte Gaumensegelbeweglichkeit aufwies (Wilken 1977, 115). Demgegenüber wird von Novak (1972, 184) festgestellt, dass die Bewegungen des weichen Gaumens überwiegend normal sind. Aber von Castillo Morales wird zur orofazialen Pathologie beim Down-Syndrom auch ein schlaffes und relativ inaktives Gaumensegel erwähnt (Haberstock 1992, 64), ohne dass aber in der beschriebenen orofazialen Regulationstherapie spezielle sprachtherapeutische Maßnahmen erwähnt werden. Auf eine »Veluminsuffizienz« wird auch in den Leitlinien (2016, 51) hingewiesen. Für das Sprechen ist jedoch nicht nur eine »genügende Länge« des Gaumensegels von Bedeutung, sondern es muss »genügend beweglich sein, denn ohne phonatorische Hebung ist seine Länge bedeutungslos ... Auch die Muskulatur der hinteren Rachenwand soll gut beweglich sein, damit der Passavantsche Wulst dem Velum entgegenkommt« (Arnold 1970, 649). Da diese Bewegungsabläufe bei Kindern mit Down-Syndrom eine mehr oder minder deutliche Beeinträchtigung aufweisen, entstehen Veränderungen bei der Lautbildung, die sich sowohl in einer oft unzureichenden Differenzierung zwischen Verschluss- und Nasallauten zeigen als auch Einfluss auf die typischen Merkmale der Stimme haben können. Deshalb hat es sich als sinnvoll erwiesen, in die syndromspezifische Sprachtherapie auch Übungen zur Förderung der Beweglichkeit des Gaumensegels mit einzubeziehen (vgl. Wilken 1973, 92).

Bei Kindern mit Down-Syndrom besteht relativ häufig eine Vergrößerung der Rachenmandel (»Polypen«), was zu einer Beeinträchtigung der Atmung und Belüftung des Mittelohres führen kann und deshalb eine operative Behandlung erforderlich macht (Hammersen 2017, 216). Aufgrund der möglichen Gaumensegelschwäche sollte vor der Durchführung einer solchen Operation die Beweglichkeit des Velums überprüft werden, da es sein kann, dass nach Entfernung der Wucherungen ein Verschluss manchmal nicht mehr hinreichend gelingt und offenes Näseln auftreten kann (Storm 1995, 106). Diese möglichen Folgen sind deshalb bei der operativen Behandlung mit zu berücksichtigen und die Konsequenzen individuell abzuwägen.

7.3.7 Zunge

Bei fast allen Menschen mit Down-Syndrom weist die Zunge eine typische Symptomatik auf. Sie ist hypoton, gefurcht, deutlich vorverlagert und stützt sich oft auf den unteren Schneidezähnen oder der Unterlippe ab. Bereits Langdon Down erwähnt die Veränderung der Zunge und beschreibt sie als lang und dick und stark aufgeraut. Die Zunge des Säuglings ist zwar hypoton, aber weist noch nicht deutliche Veränderungen auf. Die Geschmacksknospen des Zungenrückens können sich jedoch mit zunehmenden Alter verdicken, und oft wird die Zunge auch rissiger. Die zugrunde liegenden Ursachen sind weitgehend unbekannt. Fast alle Autoren, die Menschen mit Down-Syndrom beschreiben, erwähnen die Vergrößerung der Papillen und die gefurchte große Zunge. Bei 25 von insgesamt 32 untersuchten Personen mit Down-Syndrom im Alter von 7 bis 19 Jahren stellte Novak (1972, 184) eine raue und relativ große Zunge fest und bei 20 Personen eine Vergrößerung der Mandeln. Aber schon Benda (1949, 20) weist darauf hin, dass die Zunge zwar oft vorgestreckt sein kann, aber dass sie nicht ungewöhnlich groß ist. Nach seiner Meinung ist das Hervorstrecken der Zunge eher durch die Enge des Mundraumes als durch die tatsächliche Größe der Zunge bedingt. Trotz dieser richtigen, schon lange vorliegenden Erkenntnis hält sich noch immer die Meinung, dass bei vielen Kindern mit Down-Syndrom die Zunge zu groß sei – auch wenn die umstrittenen operativen Zungenverkleinerungen heute kaum noch eine Rolle spielen (Regenbrecht 1983, 33 ff.). Aber »eine relative Makroglossie mit rissiger und trockener Zungenoberfläche kann sich bei fortbestehender Zungenvorlage, Kieferöffnung und zu kleiner

Mundhöhle entwickeln« (Leitlinien 2016, 48). Manchmal ist die Zunge aufgrund der Hypotonie weich und breit und die seitlichen Ränder liegen zwischen den Zahnreihen, was bei der Nahrungsaufnahme zu speziellen Problemen führen kann. »Häufig kann man auf der Dorsalseite der Zunge zwei seitliche Einkerbungen beobachten. Diese Furchen fallen nur bei Aktivität der Zunge auf, nicht aber wenn sie ruhig ist … Dieses Symptom nennen wir Zungendiastase« (Castillo Morales 1991, 67). Da sich die meisten Zungenveränderungen erst im Laufe der Entwicklung ausprägen, ist es wichtig zu reflektieren, wie durch prophylaktische Maßnahmen und angemessene therapeutische Behandlung eine günstige Beeinflussung möglich ist. Dabei beziehen sich notwendige Interventionen vor allem auf die Hypotonie der Zunge, auf die häufig veränderten Zungenbewegungen besonders bei der Nahrungsaufnahme und auf das atypische Schluckmuster. Aber auch ungünstige Gewohnheiten wie Zungennuckeln sowie problematische Sauger und manches Spielzeug zum Beißen und daran Lutschen sind zu bedenken. Auch die Ruhelage der Zunge gilt es therapeutisch zu beeinflussen. Sie stützt sich meistens an den unteren Schneidezähnen oder an der Unterlippe ab, statt ihren Ruhepunkt – wie es normalerweise ist – hinter den oberen Schneidezähnen zu haben. Der häufig enge Gaumen und die Hypotonie der Zungen- und Lippenmuskulatur begünstigen das Heraustreten der Zunge aus dem Mund. Dadurch entfällt dann der für die normale Gaumenentwicklung notwendige Zungendruck und es kommt zu einer geringeren Formung des Gaumens. Diese komplexen Bedingungszusammenhänge müssen deshalb therapeutisch unbedingt mit berücksichtigt werden.

7.3.8 Orofaziale Regulationstherapie und die Gaumenplatte

Aufgrund der beim Down-Syndrom bestehenden typischen Problematik in der Gesamtmotorik und besonders im orofazialen Bereich, ist von Castillo Morales ein Frühbehandlungskonzept entwickelt worden. Es besteht aus der »Neuromotorischen Entwicklungstherapie« als Bewegungstherapie für hypotone Kinder und aus der »orofazialen Regulationstherapie« für den Mund- und Gesichtsbereich (Haberstock 1992, 65). Durch diese komplexe Therapie soll eine Entwicklung und Ausprägung der sonst häufigen Sekundärpathologie im Mund- und Gesichtsbereich wie auch in der Grob- und Feinmotorik vermieden bzw. gemildert werden. »Probleme im orofazialen Bereich sind im Zusammenhang mit der Gesamtstörung zu sehen« (Castillo Morales 1991, 19). Die hypotoniebedingte Rundrückenhaltung beim Sitzen und der oft seitlich auf der Schulter oder rekliniert liegende Kopf bewirken u. a. einen nach vorne geschobenen Unterkiefer (▶ Abb. 27). Zudem wird durch den meistens unterentwickelten Oberkiefer, dem oft engen und relativ hohen Gaumen sowie durch die schlaffe und breite Zunge die orofaziale Problematik noch verstärkt. Auch erschwert die häufige Verengung der Nasengänge in Verbindung mit der gegebenen großen Infektanfälligkeit die Nasenatmung und führt zur offenen Mundhaltung verbunden mit einem oft deutlichen Vorschieben der Zunge zwischen die Zähne oder die Lippen. Ein ausgeglichenes Zusammenwirken der Lippen- und Wangenmuskulatur einerseits und des Zungendrucks andererseits sind jedoch Voraussetzungen für die normale Entwicklung des Gaumens und des Mund- und

Gesichtsbereichs. »Jedes Organ ist für eine Funktion und gleichzeitig wegen einer Funktion ausgebildet ... Jedes Organ formt sich selbst durch eine harmonische Funktion« (Castillo Morales 1991, 23). Die wesentliche Funktion der orofazialen Organe sind primär Atmung und Nahrungsaufnahme (Saugen, Kauen, Schlucken) und sekundär Mimik und Lautbildung. Störungen der Primärfunktionen führen durch disharmonische Wechselwirkungen in der Organentwicklung zu einer Verstärkung der syndromspezifischen Problematik und zu noch deutlicheren Beeinträchtigungen der sekundären Funktionen. Daraus ergibt sich die Notwendigkeit früher entwicklungsbegleitender Hilfen zur möglichst weitgehenden Normalisierung bereits im Bereich der Primärfunktionen (Wilken 1977, 128 ff.). Diese Hilfen beziehen sich auf spezielle Unterstützung bei der Nahrungsaufnahme, d. h. auf Hilfen beim Stillen und beim Füttern mit Flasche oder Löffel sowie auf rechtzeitiges altersgemäßes Erlernen des Kauens. So können die normalen orofazialen Bewegungen von Zunge, Lippen und Kiefer angebahnt werden. Aber auch die Beweglichkeit des Gaumensegels ist zu fördern und es sind Hilfen zu geben, um die Nasenatmung zu unterstützen.

Eine mögliche ergänzende Unterstützung zur Verringerung der Mundproblematik kann in Verbindung mit diesen Maßnahmen für einige Kinder auch die Einpassung einer so genannten Gaumenplatte sein. Dabei handelt es sich um ein kleines, dem Gaumen des Kindes individuell angepasstes Kunststoffplättchen mit einem Stimulationsknopf für die Zunge. Dieser kleine konkav gestaltete Knopf soll einen Reiz auf den Zungenrücken ausüben, der bewirkt, dass die Zunge daran »spielt« und so zu einer Kontraktion nach oben und hinten veranlasst wird. Dadurch soll der Mundschluss ermöglicht und die Nasenatmung verbessert werden, aber auch das Heben der Mundwinkel, die Normalisierung des Saug- und Schluckmusters sowie die Verminderung der Mandibulaprotusion (Vorschieben des Unterkiefers) werden damit zu beeinflussen versucht (Castillo Morales 1991, 186). Allerdings weist Castillo Morales ausdrücklich darauf hin, dass »vor der Behandlung mit einer Platte von einer präzisen Indikation ausgegangen (wird) mit grundlegendem Wissen über die Pathologie des Down-Syndroms«. Ein ausführlicher Untersuchungsbogen für den orofazialen Komplex, der die individuelle Problematik in Bezug auf Muskulatur, Lippen, Zunge, Gaumen, Kiefer, Atmung und Nahrungsaufnahme differenziert zu erfassen versucht, ist deshalb entwickelt worden (ebd., 107–111). Als wichtig wird zudem erachtet, dass »die Indikation für die Platte exakt sein (muss) mit klaren Kriterien und Zielen. Die Platte wird von uns nie als Prophylaxe eingesetzt« (ebd., 185). Zudem hat sich gezeigt, dass »stimulierende Gaumenplatten ohne orofaziale Therapie nicht sinnvoll« sind (Leitlinien 2016). Dagegen wurde in Deutschland in den 1990er Jahren für die überwiegende Zahl der Kinder mit Down-Syndrom eine Gaumenplatte als hilfreiche Maßnahme empfohlen – oftmals ohne eine entsprechende begleitende Therapie. Die mittlerweile langjährigen Erfahrungen machten jedoch deutlich, dass nicht alle Kinder mit Down-Syndrom eine solche Gaumenplatte benötigen (Haberstock 1992, 67) – wohl aber eine angemessene syndromspezifische orofaziale Therapie. Heute wird davon ausgegangen, dass »von unseren orofazial behandlungsbedürftigen Kindern mit Trisomie 21 nur etwa 5 % zusätzlich eine Gaumenplatte« brauchen (Limbrock 2011, 16).

Hilfreich für die Beurteilung der Gaumenplatte ist es, die berichteten Erfahrungen von Eltern, deren Kinder eine Gaumenplatte trugen, und von Logopädinnen, die eine Ausbildung mit der Castillo-Morales-Therapie haben und Kinder entsprechend therapierten, zu reflektieren. Diese Erfahrungen waren längst nicht so positiv, wie die entsprechenden Beschreibungen zum therapeutischen Erfolg oft erwarten ließen. Es gibt Kinder, die öffnen den Mund nach Einsetzen der Platte noch weiter, bei einigen fehlt die Bereitschaft zur Mitarbeit (Compliance), manche nehmen selber die Platte sofort wieder heraus, bei anderen führt eine häufig erforderliche Neuanpassung (Zahndurchbruch) dazu, dass die Platte nur unregelmäßig getragen werden kann; in etlichen Fällen konnte keine Wirkung – weder positiv noch negativ – festgestellt werden. Manchmal beobachteten Logopädinnen, dass durch die Platte ein habituelles Zungennuckeln entstand. Oftmals wurde festgestellt, dass neben der als hilfreich angesehenen orofazialen Therapie keine überzeugenden speziellen Auswirkungen der Gaumenplatte festzustellen waren (Wilken 2011, 34).

In den vorliegenden Veröffentlichungen wird fast immer auf die positiven Effekte durch Einsetzen einer Gaumenplatte verwiesen. Oft werden die normalisierenden Auswirkungen auf Mund- und Zungenmotorik bereits unmittelbar nach dem ersten Einsetzen der Platte beschrieben (Zschiesche 1983, 63) oder mit beeindruckenden Bildern dokumentiert (Rudzki-Janson 1991, 207, Castillo Morales u. a. 1985, 135). Eine schwedische Untersuchung zur Effektivität der Gaumenplatte zeigte zwar gewisse positive Auswirkungen, aber insgesamt waren die Ergebnisse wenig überzeugend (Johansson 1996). In anderen Untersuchungen werden jedoch vor allem positive Auswirkung auf Zungenprotrusion und Mundschluss betont (vgl. Leitlinien 2016, 55 f.).

Früher erfolgte oft eine undifferenzierte Verordnung der Gaumenplatte. »Obwohl nach Castillo Morales der sinnvollste Behandlungsbeginn in den ersten drei Lebensjahren liegt, habe ich doch die überwiesenen Kinder aller Altersstufen in Behandlung genommen und kann feststellen, daß jedes Kind auf das Einsetzen des Oberkieferplättchens günstig, d. h. aktiv reagiert« (Zschiesche 1983, 62). Die Notwendigkeit einer begleitenden orofazialen Therapie wurde nicht immer hinreichend deutlich gemacht. Manchmal war eine solche Therapie aus regionalen Gründen für das Kind nicht erhältlich. Auch die erforderliche umfassende Diagnostik mit klarer Indikationsstellung war oft nicht gewährleistet. Zudem ist eine Plattenkontrolle mit regelmäßiger Neuanpassung (mindestens alle drei Monate) unerlässlich sowie eine »regelmäßige Anpassung des orofazialen Behandlungsprogrammes. Wir halten eine Plattenindikation ohne zusätzliche orofaziale Behandlung für sinnlos. Die Eltern müssen genau über die Zielsetzung mit der Platte informiert sein, auch über mögliche unerwünschte Reaktionen« (Castillo Morales 1991, 186).

Als häufigste Ursache für das Scheitern bei der Anwendung der Gaumenplatte werden neben Fehlern der Plattengestaltung vor allem »zu schnelle und inkorrekte Diagnostik, Anwendung bei echten makroglotischen Zungen, Plattenverordnung bei einem Kind mit Mundatmung, dessen obere Luftwege durch eine obstruktive Pathologie verlegt sind«, genannt (ebd., 187). Zudem wird darauf hingewiesen, dass beim Einsetzen einer Platte in bestimmten Entwicklungsetappen des Kindes ein Scheitern der Behandlung erhöht wahrscheinlich ist.

Auch ist zu betonen, dass allein die Gaumenplatte kein Instrument zur generellen Behebung der Mundproblematik bei Kindern mit Down-Syndrom sein kann. Durch genaue Informationen über Möglichkeiten und Ziele der Behandlung und durch verständnisvolle Einbindung der Eltern in die Entscheidungsfindung lassen sich unrealistische Erwartungen und sonst leicht erlebbare Frustrationen vermeiden.

Während die mittlerweile vorliegenden langjährigen Erfahrungen dazu führten, dass die Gaumenplatte heute eher selten verordnet wird, hat sich das orofaziale Behandlungskonzept von Castillo Morales dagegen in der Therapie bei Kindern mit Down-Syndrom bewährt. Mit »Berührung, Streichen, Druck, Zug und Vibration« wird dabei eine Tonusregulierung im gesamten orofazialen Bereich angestrebt, und durch eine »isolierte Stimulation der motorischen Punkte« im Gesicht sollen »motorische Antworten eines Muskels bzw. einer Muskelkette« ausgelöst werden (Castillo Morales 1991, 150). Das wesentliche Ziel dieser Behandlungen ist Kieferkontrolle, Tonusregulierung von Wangen, Lippen und Zunge sowie die Ermöglichung des Mundschlusses. Damit können einige spezielle Probleme von Kindern mit Down-Syndrom gemindert werden, die sich auf basale motorische Grundlagen des Sprechens beziehen. Es ist allerdings zu betonen, dass die wesentlichen Fähigkeiten für den Spracherwerb und für das Sprechen mehr auf kognitiven und sozio-emotionalen Aspekten beruhen als auf motorisch-funktionalen. Deshalb können zwar sprechmotorische Voraussetzungen verbessert werden, aber unmittelbare positive Auswirkungen auf eine günstigere Sprachentwicklung und Sprachkompetenz sind nicht zu erwarten.

8 Sprachstörungen

Abb. 28: Für ältere Kinder können auch sprachtherapeutische Übungen vor dem Spiegel unterstützend sein

8.1 Artikulation

Ein gravierendes Problem von Kindern und Erwachsenen mit Down-Syndrom sind die vielfältigen Störungen der Artikulation und die dadurch bedingte mangelhafte Verständlichkeit ihrer Sprache. In einer englischen Untersuchung wurde für Kinder unter 14 Jahren festgestellt, dass nur 10 % der Jungen und 18 % der Mädchen für Fremde verständlich sprachen, allerdings waren im Alter von über 14 Jahren 45 % der Frauen und 32 % der Männer von Fremden zu verstehen (Buckley 1993, 14). Das bedeutet aber auch, dass mehr als die Hälfte der Jugendlichen und Erwachsenen für Fremde nicht verständlich sprach. Eine Vergleichsstudie bei Grundschülern mit Down-Syndrom in Schweden und Finnland ergab, dass nach Meinung der Lehrer die meisten Kinder nicht oder nur sehr schlecht zu verstehen sind. Nur 20 % der schwedischen und 36 % der finnischen Kinder sprachen danach gut genug, um auch von Fremden verstanden zu werden (Johansson 1996). Eine neuere amerikanische Untersuchung dokumentiert ähnliche Ergebnisse. Danach wurden nur 28 % der Erwachsenen mit Down-Syndrom von Fremden verstanden, »während 40 % teilweise von Fremden verstanden wurden und 32 % fast gar nicht« (McGuire, Chicoine 2008, 91).

In zahlreichen umfangreichen Untersuchungen wurde zudem festgestellt, dass Kinder mit Down-Syndrom auch im Vergleich zu anderen geistig retardierten Kindern stärkere Beeinträchtigungen im sprachlichen Bereich und besonders beim Sprechen aufweisen (Rondal 1999, 145). Diese syndromspezifischen Sprechprobleme sind vielfältig und multifaktoriell bedingt. Bei der Konsonantenbildung (g, k, t, d, n, l) zeigen sich stärkere Zungen-Gaumenkontakte und es treten sowohl längere Verschlusszeiten auf als auch zwischen den einzelnen Konsonanten längere Übergangszeiten. Johansson stellt fest (ebd.), dass die Kinder seltener die dental-alveolare Position für die Lautbildung benutzen und dass das Sprechen ein Überwiegen der velaren, pharyngealen und glottalen Artikulation zeigt. Häufig ist auch eine Nivellierung der Unterschiede bei der Vokalbildung festzustellen. Zudem werden Vokale oft kürzer gesprochen, während Verschlusslaute eine verlängerte und ungenaue Bildung aufweisen. Eine Klassifizierung der verschiedenen Artikulationsfehler ergab, dass oft ungewöhnliche Ersatzlaute gebildet werden, die keine deutliche Systematik erkennen lassen (Wendeler 1988, 96). Diese Inkonsistenz führt dazu, dass z. B. ein sch durch s, t oder f ersetzt werden kann. Eine elfjährige Schülerin sagte in einem Satz zu ›Pumuckel‹ sowohl »Pumuddel« als auch »Pudemuckel.« Ausgeprägte Wortreduktionen, z. B. *ba* für Ball, *na* für Banane, *toffel* für Kartoffel und typische Perseverationen, Vor- bzw. Nachwirkungsfehler beim Wechsel der Artikulationsstelle, z. B. *momate* für Tomate, *teto* für Telefon, *tümte* für Strümpfe sind kennzeichnend. Auffällig ist auch, dass Kindern mit Down-Syndrom einzelne Konsonanten, die sonst selten fehlgebildet werden, Probleme bereiten, wie z. B. n, p, b und besonders häufig w und f. Die Ursachen für diese Artikulationsstörungen sind in den hypotoniebedingten motorischen Unzulänglichkeiten zu sehen und in einer ungenaueren kinästhetischen Wahrnehmung im orofazialen Bereich. Dadurch ist die Koppelung von Bewegungsvorstellungen von Zunge und Lippen mit den entsprechenden Lauten beeinträchtigt. Diese gestörte sprechmotorische Steuerung der Artikulationsbewegungen wird auch als Sprechapraxie bezeichnet (vgl. Birner Janusch 2007, 80). Aufgrund der kognitiven Beeinträchtigung ist davon auszugehen, dass diese verschiedenen Schwierigkeiten schwerer ausgeglichen werden können. Zudem werden nicht nur »Probleme der sprechmotorischen Kontrolle bei der Produktion von koordinierten Bewegungen der Artikulation angenommen, sondern auch neurologische Schädigungen der Bereiche des Gehirns, die mit dem Sprachelernen assoziiert sind« (Miller 1999, 19, Übers. E. W.).

Ein besonderes Problem bei Menschen mit Down-Syndrom ist darin zu sehen, dass zwar Laute isoliert oft richtig gesprochen werden können und auch einzelne Wörter meistens weniger Schwierigkeiten bereiten, aber in Verbindung zu Sätzen wird das Sprechen oftmals unverständlich. So sagte z. B. ein 14-jähriges Mädchen: »Höa au mi di nein. Da de huhig sein! Is will abeien« (Hör auf mit dem Schreien. Kannst du ruhig sein! Ich will arbeiten). Ein 20-jähriger Junge sang: »O tannebaum, wie düne nei da blätta. Du bü de nei de bindazei, ni wi de winde benda neit.« Die sprechmotorischen Schwierigkeiten haben aber – wie die Beispiele zeigen – nicht unbedingt Auswirkungen auf die Satzlänge. Auch zwischen dem Umfang der individuellen Beeinträchtigungen der Sprechorgane und den jeweiligen Artikulationsstörungen besteht kein unmittelbarer Zusammenhang.

Deutlich geringer treten Artikulationsstörungen auf, wenn Wörter unmittelbar nachgesprochen werden können und somit nur eine geringe auditive Gedächtnisleistung erforderlich ist. Das zeigt, dass die Schwierigkeiten beim Sprechen nicht allein durch motorisch-funktionelle Probleme bedingt sind, sondern vor allem das sprachliche Gedächtnis betroffen ist und deshalb solche kognitiven Beeinträchtigungen angenommen werden müssen, die das Speichern und Erinnern wie ein Wort zu sprechen ist, erschweren. Deshalb sind ergänzende Kommunikationsformen (GuK) und visuelle Hilfen wichtig, die dieses sprechmotorische Erinnern stützen. Aus dem gleichen Grund wird auch das Frühe Lesen eingesetzt, um durch die visuelle Darbietung das Erinnern der Wörter und Satzmuster zu erleichtern. Aber auch bei älteren Kindern und Jugendlichen können ergänzende visuelle Materialien, technische Hilfen aus dem Bereich der Unterstützten Kommunikation und Lesen sich noch förderlich auf die Artikulation auswirken.

8.2 Syntax und Pragmatik

Während Kinder mit Down-Syndrom ihren Wortschatz kontinuierlich erweitern, haben viele größere Schwierigkeiten beim Erwerb von Satzbau und Grammatik. Die Wortfolge wird jedoch überwiegend gut gelernt. So sagen sie vielleicht »Wo Auto?«, aber nicht »Auto wo?« Die durchschnittliche Länge ihrer Äußerungen (MLU – mean length of utterance) entwickelt sich nur langsam von etwa zwei Äußerungen mit vier bis fünf Jahren bis zu durchschnittlich drei bis vier Äußerungen in einem Satz und stagniert etwa im Alter von 15 Jahren (Rondal 1999). Bei vielen Jugendlichen besteht auch die Tendenz, in kurzen und deshalb eher verständlichen Sätzen oder nur Einwortäußerungen zu sprechen trotz besserer sprachlicher Kompetenz – möglicherweise um frustrierendes Nicht-verstanden-Werden zu verringern. Der richtige Gebrauch von Artikeln, Präpositionen, Hilfsverben oder Zeitformen ist häufig eingeschränkt und Nebensätze werden eher selten gebildet. Insgesamt weist die grammatische Struktur eine geringere Komplexität auf (Kumin 1994, 102) und Reduktionen auf die Kernaussage sind typisch.

Eigene Untersuchungen zu aktuellen Entwicklungs- und Leistungsständen von Schülern mit Down-Syndrom im Schulalter (Wilken 2000) bestätigten, dass besonders die Sprache und vor allem Syntax und Grammatik im Vergleich zu anderen Fähigkeiten oft deutlich betroffen sind. Bei den meisten Kindern mit Down-Syndrom liegt eine erhebliche Einengung des Wortschatzes vor und viele Kinder sprechen in Einwortsätzen oder in wenig gegliederten Mehrwortsätzen. Während Substantive, vor allem soweit sie Dinge mit individueller Bedeutsamkeit bezeichnen, noch relativ differenziert erworben werden, weisen Verben und Adjektive typische Einschränkungen auf. »So stehen die Hilfswörter ›hat‹, ›sind‹, ›tun‹ und ›machen‹ für Tätigkeiten; in manchen Fällen heißt es einfach ›der macht so‹. Bemerkenswert ist auch das starke Zurücktreten der Eigenschaftswörter …, meist werden nur universale Wörter wie ›*gut*‹, ›*schlecht*‹ und ›*schön*‹ benutzt« (Baun 1981, 6). Ergänzend sind die jeweils aktuellen Modewörter wie »ätzend« »geil«, »okay« usw. zu nennen sowie »Comic-Wörter« wie »peng«, »grr«, »ächtz«, »stöhn« u. a. Dysgrammatische Formen und syntaktische Fehler sind häufig und die Wortfolge ist oft von der individuellen Bedeutung abhängig. »Bruchstücke von Einzelsätzen entstehen durch Weglassen einzelner oder mehrerer Satzteile, die entweder vergessen oder aus Nachlässigkeit unterschlagen werden« (ebd.). Weitere Fehler betreffen die Mehrzahlbildung (zwei Wurst, viele Apfels) und den Satzbau (Ich Durst. Mama gestern kauft. Da is?) die Beugeform und die Bindewörter. Einfache Sätze mit richtiger Satzstellung können jedoch von vielen Kindern gebildet werden, Nebensätze sind allerdings eher selten. Oft besteht auch eine große Diskrepanz zwischen dem Niveau der spontanen Äußerungen und den durchaus vorhandenen Möglichkeiten des Kindes in normalen Sätzen zu sprechen. So sagte ein Mädchen beim Spielen: »Auto da Garage«. Auf Nachfrage antwortete sie dann in ärgerlichem Ton, als wäre die Frage eine Zumutung: »Das Auto soll da in die Garage!« Sie war also in der Lage, einen grammatisch richtigen Satz zu sprechen, begnügte sich aber meistens mit Kurzfassungen (Telegrammstil).

Entgegen der häufig getroffenen Aussage, dass die Kinder »eigentlich alles verstehen«, sollte das Sprachverständnis schon differenziert überprüft werden, und besonders das Verstehen längerer Sätze oder mehrgliedriger Aussagen ist differenziert zu erfassen (vgl. Müller u. a. 2018, 42). Gerade das Verständnis längerer Anweisungen und weniger gebräuchlicher grammatischer Strukturen (Passivsätze, Negationen, Konditionalsätze) zeigt oftmals Einschränkungen. So lachte ein zehnjähriger Schüler über den Satz: »Die Maus wurde von der Katze gefressen!« und sagte: »Eh, geht ja gar nicht!« (weil er verstand: Maus – Katze – fressen). Auf die Bitte, die Puppe ins Bett zu legen, die Spieluhr anzumachen und mir dann ein Buch zu bringen (drei Anweisungen), brachte ein fünfjähriges Mädchen die Puppe ins Bett und holte dann das Buch. Weitere Spielsituationen zeigten deutlich, dass sie nicht mehr als zwei Informationen behalten und ausführen konnte. Auch ein unzureichendes Verständnis für die Bedeutung von Mitteilungen und Fragen kann die Kommunikation erschweren, vor allem, wenn der Kontext nicht deutlich ist. »Der Situation des Angesprochenseins steht der Geistigbehinderte oftmals hilflos gegenüber. Da er nicht die genaue Gesprächsabsicht kennt bzw. versteht, wiederholt er mechanisch eine an ihn gerichtete Forderung oder Frage« (Baun 1981, 7).

Es ist allerdings immer wieder darauf hinzuweisen, dass Sprachverständnis und Sprechen sehr weit auseinanderliegen können. Es ist deshalb unbedingt erforderlich, geeignete Verfahren einzusetzen, um die tatsächliche Sprachkompetenz differenziert zu erfassen. Bei einer eigenen Sprachverständnisprüfung mit Bildkarten, bei der dem Schüler ein Satz vorgesprochen wurde, zu dem er dann die passende Abbildung zu suchen hatte, konnte ein 13-jähriger Junge alle Bilder richtig zeigen, auch recht schwierige Zuordnungen waren ihm möglich; er fand z. B. das passende Bild zu dem Satz »Der Vorderreifen vom Traktor hat einen Platten«. Auf die Frage »Wozu braucht die Mutter die Pfanne?« antwortete er »koch«, und auf die Frage »Wozu braucht der Vater den Besen?« sagte er »fegn«. Als er den Satz »Papa schläft« in einer Geschichte etwas später wiederholen soll, sagt er »de Papa Bett«.

Bei einer Überprüfung zum Sprachverstehen von Kindern und Jugendlichen mit Down-Syndrom im Alter von 4;6 bis 19;0 zeigte sich, »dass die Verstehensleistungen in der Regel den Fähigkeiten von Drei- bis Sechsjährigen normalentwickelten Vorschulkindern entsprechen. Schwierigkeiten treten nicht nur bei komplexen Sätzen auf, sondern bereits auf der Wortebene und bei einfachen Satzstrukturen« (Witecy u. a. 2018, 17). Auch wurden Inhaltswörter wie Nomen, Verben, Adjektive vergleichsweise besser verstanden als Funktionswörter wie Präpositionen, Pronomen oder Konjunktionen, aber vor allem W-Fragen, Passivsätze und Negationen bereiteten den überprüften Kindern und Jugendlichen Mühe beim korrekten Verstehen (ebd.). Es ist deshalb sinnvoll, dass geeignete Testverfahren eingesetzt werden, um die tatsächlichen Fähigkeiten auch im Sprachverstehen differenziert zu erfassen (vgl. Heel u. a. 2015, 206).

Unter dem Aspekt der Sprachpragmatik ist zu betonen, dass auch Schüler, die über einen erheblich eingeschränkten Wortschatz verfügen, trotzdem in der Lage sein können, damit relativ gut zu kommunizieren. Die Fähigkeit, in Sätzen zu sprechen, ist nicht unbedingt Voraussetzung, um Fragen stellen zu können, um zu bitten oder um zu antworten. So zeigte sich, dass bereits »junge Kinder mit Down-Syndrom wirkungsvoll Einwortsätze anwenden« (Rondal 1996, 12).

Während das Erlernen von Aussprache und Grammatik mit zunehmendem Alter offenbar schwieriger wird – auch aufgrund der oft fehlenden Motivation – können lexikalische und sprachpragmatische Fähigkeiten auch im Jugend- und jungen Erwachsenenalter weiter systematisch vermittelt werden. Deshalb sollte eine entsprechende sprachliche Förderung in relevanten Alltagssituationen wie Einkaufen, Telefonieren, Bus fahren und das Fragen stellen und Beantworten von Fragen geübt werden. Hilfreich ist dabei, wenn einfache oft benutzte Standardsätze und typische Redewendungen zusätzlich visuell gestützt werden mit Schrift oder Symbolen.

Indem wir zunehmend die besonderen Schwierigkeiten von Kindern mit Down-Syndrom in der Sprachentwicklung verstehen und das syndromspezifische Sprachkompetenzprofil kennen, können angepasste Maßnahmen dazu verhelfen, die typischen Probleme zu verringern. Dazu ist es jedoch nötig, wie Rondal (1999, 48) fordert, Professionelle besser über das tatsächliche Potenzial von Menschen mit Down-Syndrom zu informieren und sie zudem besser auszubilden, damit sie die entsprechende Förderung differenzierter gestalten können.

8.3 Stottern und Poltern

Bei den Redeflussstörungen wird eine begriffliche Trennung von Stottern und Poltern vorgenommen.

»Stottern ist eine Störung der Sprechflüssigkeit, bei der es auffallend häufig zu Unterbrechungen im Redefluss kommt ... Stotternde wissen genau, was sie sagen wollen, sind aber im Augenblick des Stotterns unfähig, die erforderlichen Artikulationsbewegungen fließend zu realisieren« (Weikert 2007, 334). Zu den kennzeichnenden Primärsymptomen des klonischen Stotterns gehören Dehnungen wie »aaaaaber«, Teilwort-, Silben- oder Wortwiederholungen »kakakakann«, du-du-du« oder tonische Blockierungen »ich komm – – gleich«. Als Begleit- bzw. Sekundärsymptomatik treten häufig mimische und gestische Mitbewegungen (Parakinesen), Dyskoordination zwischen Atmung und Stimmgebung, Pressen, (verbales) Vermeidungsverhalten und Sprechangst auf. Die Häufigkeit des Stotterns wird für Kinder mit etwa 4 bis 5 % und für Erwachsene mit 1 % angegeben (ebd.), wobei das Verhältnis von männlichen zu weiblichen Personen etwa 4:1 beträgt. Die Ursache des so genannten Entwicklungsstotterns, das bei Kindern im Vorschulalter auftritt, wird in der Diskrepanz von Sprech- und Sprachvermögen, Denken und Mitteilungsbedürfnis gesehen. Es kann aber davon ausgegangen werden, dass dieses Stottern von den meisten Kindern bis zu einem Alter von etwa neun Jahren aufgrund von Entwicklungsprozessen überwunden wird. Als weitere Entstehungsbedingungen für das Stottern werden »physiologische, linguistische und psychosoziale Faktoren diskutiert, ... die in einer komplexen Weise miteinander interagieren ... Disponierende Faktoren werden in einer unzureichenden Lateralität sprachlicher Funktionen, neuromotorischen Problemen und linguistischen Defiziten (auditive Wahrnehmungsprobleme) gesehen« (ebd., 335).

Poltern ist gekennzeichnet durch ein oft »unrhythmisches, unorganisiert und überhastet wirkendes Sprechen« (Iven 2007, 240) mit Silben- oder Lautauslassungen wie bei »Telfon«, Auslassungen von syntaktischen Elementen »ich na sule gang« (ich bin zur Schule gegangen) sowie Lautverschmelzungen »ich habnir sagt« (ich hab' dir gesagt), »isin krank« (ich bin krank). Poltern ist oft mit Störungen der Prosodie verbunden, mit wechselnder Sprechgeschwindigkeit und schwankender Lautstärke. Wortfindungsschwächen sind ebenfalls typisch. Es wird davon ausgegangen, dass polternde Menschen ihre Sprachschwierigkeiten meistens weniger störend wahrnehmen als stotternde Menschen, und auch von anderen wird die Kommunikation mit ihnen meistens als weniger belastend erlebt.

Redeflussstörungen bei Menschen mit kognitiver Beeinträchtigung kommen im Vergleich zur Durchschnittsbevölkerung häufiger vor und sind bei Menschen mit Down-Syndrom demgegenüber nochmals deutlich erhöht. So ergaben verschiedene Untersuchungen zur Prävalenz von Redeflussstörungen bei Menschen mit mentaler Retardierung – bei großer Streuung aufgrund unterschiedlicher Bezugsgruppen – einen durchschnittlichen Anteil von 5,6 %. Für Menschen mit Down-Syndrom wurde ein Durchschnittswert von 27 % bei einer erheblichen Streuung von 2,3 %–45 % ermittelt (vgl. Rusam 2008, 25). Wie in der allgemeinen Bevölkerung, so gilt auch für Menschen mit Down-Syndrom, dass Stottern bei männlichen Personen im Vergleich zu weiblichen im Verhältnis von etwa 4:1 auftritt.

Die typischen Merkmale von unflüssigem Sprechen beim Down-Syndrom werden einerseits mit motorischen Dysfunktionen und andererseits mit Wortfindungsschwierigkeiten erklärt (Leddy 1999, 67). Auch mit der verzögerten Myelisation der kortikalen Bereiche des Gehirns wird das häufigere Auftreten von Stottern begründet. Aber nachdrücklich betonen Villiger und Mathis, dass erst durch Hinzutreten von psychischen Faktoren sich die organischen Schwächen auswirken (1972, 135). Demgegenüber vertritt Cabanas (1954, 35) die Ansicht, dass beim Down-Syndrom psychische Komponenten keine Rolle spielen, da er charakteristische Unterschiede zum Stottern von Nichtbehinderten gefunden hat. So zeigten sich nach seiner Beobachtung weder Sprechscheu noch Angst vor bestimmten Wörtern bzw. Lauten, keine Satzumstellungen und kein Wortaustausch. Wenn Blockierungen auftraten, kündigten sie sich weder durch objektive noch subjektive Symptome an. Auffällig erschien ihm auch, dass Kinder mit Down-Syndrom auf jedem beliebigen Laut »hängen bleiben« können und nicht regelmäßig auf ganz bestimmten Lauten. Cabanas nimmt aus diesen Gründen an, dass die Redeflussstörungen der Kinder mit Down-Syndrom dem Poltern und nicht dem Stottern zugerechnet werden müssen, weil er die Ursache für übereiltes Sprechen, Wiederholungen, Verzögerungen und Blockierungen beim Down-Syndrom vorwiegend in dem unzulänglichen Wortschatz und der Disharmonie von geistigem Vorstellungsvermögen und sprechmotorischer Leistungsfähigkeit sieht (ebd.).

Dieser einseitigen Begründung muss aus heutiger Sicht nachdrücklich widersprochen werden. Selbst bei jüngeren Kindern kann Störungsbewusstsein und Sprechscheu durchaus festgestellt werden. So sagte ein zehnjähriger Junge, der tonische Stottersymptome hatte, begeistert zu seiner Mutter: »Toll, heut gibt's rote – – – Soße!« Auf die verwunderte Feststellung der Mutter, dass das doch Rote Grütze sei, antwortet er ungeduldig: »Weiß ich auch, sag ich nicht, geht nicht.« Ausweichendes Antwortverhalten, Wortumstellungen oder Ersetzen sind gerade bei sprachlich kompetenteren Kindern zu beobachten und zeigen, dass einigen ihre Schwierigkeiten durchaus bewusst sind. Oftmals antworten die Kinder auch nicht, wenn sie gefragt werden, sondern stoßen die Mutter an mit der Bitte: »Sag du!«

Eine junge Frau mit Down-Syndrom benennt ihre sprachlichen Probleme sehr deutlich: »Also, wenn ich mal so richtig wütend bin, richtig wütend und voll sauer drauf bin, dann klappt bei mir gar nichts mehr, und dann stottere ich wie ein Wasserfall« (Rusam 2008, 24). Wie bewusst manche Erwachsene mit Down-Syndrom ihre Sprechprobleme registrieren, wird auch deutlich an den Selbstinstruktionen, die sie sich beim Auftreten von Stottern geben. »Heiko, jetzt mach mal eine Pause« oder: »Entspann dich, mach die Augen zu«, »Verena, komm mal wieder runter, probier' mal anders« (ebd., 32). Es ist deshalb wichtig, auch bei Menschen mit kognitiven Beeinträchtigungen nicht nur die Primärsymptomatik, sondern auch psychische Aspekte im Rahmen von Sekundärsymptomen zu berücksichtigen.

Der Beginn des Stotterns bei Kindern mit Down-Syndrom liegt häufig zwischen dem achten und zehnten Lebensjahr und betrifft dann oft relativ sprachkompetente Kinder, aber der weitere Verlauf ist oft sehr unterschiedlich, wie einige Erfahrungsberichte zeigen.

> David hatte zwar zahlreiche gravierende gesundheitliche Probleme, aber seine sprachlichen Fähigkeiten gehörten immer zu seinen Leistungsstärken. Er ist simultan zweisprachig aufgewachsen (deutsch und polnisch) und beherrscht beide Sprachen recht gut. Mit zehn Jahren begann er plötzlich zunehmend zu stot-

> tern – ohne dass ein erkennbarer Grund vorlag. Er entwickelte überwiegend klinische Symptome mit situativ sehr unterschiedlicher Ausprägung. Daran hat sich auch nach einigen Jahren nichts geändert.

Selbst wenn zum Zeitpunkt des Auftretens vom Stottern einige Hinweise auf Problemsituationen gegeben sind, ist es eher selten möglich, die jeweiligen Auslösefaktoren zu erhellen – und für die Therapie lassen sich nur ausnahmsweise hilfreiche Erkenntnisse ableiten. Auch die Prognose über den weiteren Verlauf ist unsicher, obwohl Mädchen mit Down-Syndrom oftmals eine eher günstigere Entwicklung aufweisen als Jungen.

> Annika begann nach stark verzögerter Sprachentwicklung mit etwa vier Jahren mit dem Sprechen. Im Alter von acht Jahren sprach sie Mehrwortsätze, aber ihre Aussprache war sehr schwer verständlich. Dann traten zunehmend Silben- und etwas später auch Lautwiederholungen auf. Sie fing auch an, einzelne Lautketten wie »mememe« oder »dedede« unabhängig vom nachfolgenden Wort zwischenzuschieben. Die Symptome waren in den folgenden Jahren unterschiedlich deutlich ausgeprägt, im Alter von 13 Jahren jedoch gingen sie zunehmend zurück. Annika stottert jetzt nicht mehr, aber sie spricht noch immer schlecht verständlich.

Kinder mit Down-Syndrom machen relativ oft die Erfahrung, dass sie Situationen nicht verstehen, Anforderungen nicht erfüllen, Aufgaben nicht wie erwartet erledigen können. Zudem führen sprechmotorische und kognitive Beeinträchtigungen oft zu frustrierenden Kommunikationssituationen. Psychosoziale Faktoren sind deshalb erhöht wahrscheinlich und unbedingt auch bei der Bewertung und Behandlung von Redeflussstörungen zu berücksichtigen.

> Jonas fing mit zwei Jahren zu sprechen an und sprach mit vier Jahren gut verständliche Mehrwortsätze. Motorisch war er eher etwas träge, aber insgesamt zeigte er eine recht günstige Entwicklung. Als Jonas mit sieben Jahren in eine Privatschule kam, waren in seiner Lerngruppe einige so schwierige Kinder, dass er Angst vor der Schule entwickelte. Jonas begann zu stottern. Die Eltern schulten ihn daraufhin um in eine Förderschule mit dem Schwerpunkt für geistige Entwicklung. Das Stottern verstärkte sich danach sogar, hat sich dann aber wieder gebessert und tritt jetzt situativ bedingt, mal mehr oder weniger auf.

Unabhängig, ob die häufigen Redeflussstörungen bei Menschen mit Down-Syndrom vorwiegend dem Stottern oder Poltern zugerechnet werden, sind multifaktorielle Ursachen anzunehmen. Sowohl das häufige Ungleichgewicht zwischen geforderten Sprechleistungen und individuellen sprachlichen Fähigkeiten als auch die typischen syndromspezifischen Beeinträchtigungen der Sprechmotorik und der Kognition sowie psycholinguistische Faktoren können Störungen bedingen. Es ist davon auszugehen, dass »das Stottern bei Menschen mit mentaler Retardierung aus einer verzögerten Sprech- und Sprachentwicklung resultiert. Durch diese Entwicklungsverzögerung erfolgt die kritische Periode, in der die Gewöhnung an Sprachmuster stattfindet, später und kann länger andauern als bei anderen Kindern. Folglich gibt es mehr Möglichkeiten, dass das Stottern beginnt, und konsequenterweise eine erhöhte Auftretenswahrscheinlichkeit. Außerdem könnte die langsamere Sprach- und Sprechentwicklung bei Menschen mit mentaler Retardierung die kritische Periode selbst in die Länge ziehen« (Starkweather, zit. n. Rusam 2008, 31). Daraus wäre dann eine Erklärung abzuleiten, weshalb bei Kindern mit Down-Syndrom der Beginn des Stotterns nicht wie sonst üblich im Vorschulalter liegt, sondern meistens erst zwischen acht und zehn Jahren auftritt.

Für Kinder mit Down-Syndrom sollten aus den Erkenntnissen über syndromtypisches Lernverhalten entsprechend angemessene Vorgehensweisen für die Therapie des Stotterns abgeleitet werden. Dabei ist besonders das Prinzip des Fehler vermeidenden Lernens zu berücksichtigen, damit das typische Ausweichverhalten bei Anforderungen nicht auftritt. »In den aktuellen Konzepten zur Therapie stotternder Kinder … (ist) die Förderung der sprachlichen Kompetenzen bzw. eine direkte Einflussnahme auf das Sprech- bzw. Stottermuster, die Stärkung der kindlichen Persönlichkeit sowie die Beratung der Eltern und des weiteren sozialen Umfeldes« wichtig (Weikert 2007, 336). Das gilt auch für Kinder mit Down-Syndrom. Zudem sollten solche Therapiekonzepte bevorzugt angewendet werden, die positive Erfahrungen mit flüssigem Sprechen ermöglichen. »Ausgehend von der Beobachtung, dass die Stottersymptomatik unter bestimmten sprechspezifischen Bedingungen drastisch reduziert oder auch gänzlich ausgeschaltet werden kann« (ebd.), gilt es entsprechende Situationen zu gestalten. Durch gemeinsame Spiele mit handlungsbegleitendem Sprechen sowie sprechmotorische Übungen sollte versucht werden, flüssiges Sprechen langsam aufzubauen und dann die Erfolge bewusst zu machen. Lieder, Sprechverse und Fingerspiele bieten eine weitere gute Unterstützung, und für einige Kinder kann das Lesen eine zusätzliche Hilfe sein.

Auch bei Jugendlichen sind noch positive Auswirkungen einer Stottertherapie zu erzielen. So stellt eine junge Frau mit Down-Syndrom fest, dass nach ihrer Erfahrung durch »Training« eine erhebliche Verbesserung erzielt wurde. Nach drei Wochen Intensivkurs Stotterbehandlung war die Symptomatik so gut wie weg. Danach hat sie eigentlich frei gesprochen: »Also da hab' ich einen ganzen Satz ohne zu stottern gesprochen … Genau, also ich finde, es hat es sehr gut gebracht« (Rusam 2008, 32).

Eine Therapie für stotternde Kinder und Jugendliche sollte auf der Grundlage einer differenzierten mehrdimensionalen Diagnostik erfolgen, die sowohl die individuellen kognitiven und sprachlichen Kompetenzen als auch syndromspezifische Lern- und Verhaltensweisen berücksichtigt. Zudem sind biographische und psychosoziale Aspekte angemessen zu reflektieren.

8.4 Stimmstörungen

Mit Dysphonien oder Stimmstörungen werden sämtliche Störungsformen der Sprechstimme bezeichnet. Das dominierende Symptom ist die Heiserkeit als Veränderung des Stimmklangs, aber auch Auffälligkeiten in der Stimmhöhe und Lautstärke sowie Einschränkungen der stimmlichen Leistungsfähigkeit und Belastbarkeit. Bei den Ursachen wird unterschieden zwischen »organischen Dysphonien, bei denen anatomisch-morphologische Kehlkopf-Veränderungen im Vordergrund stehen« (Neuschäfer-Rube, Spiecker-Henke 2007, 84), und funktionellen Dysphonien, bei denen nicht nur »eine raue, heisere, gepresste oder knarrende Stimme« auffällig ist, sondern insgesamt ist »die Artikulationsbasis oft nach hinten verlagert ... und die Melodieführung (Prosodie) ist häufig reduziert« (ebd., 87). Hörstörungen, aber auch Infekte der oberen Luftwege können ebenfalls zu Stimmstörungen führen. »Wie häufig laryngopharyngealer Reflux von Magensäure im Kindesalter für Stimmstörungen verantwortlich ist, ist noch nicht hinreichend geklärt ... Aber auch das Wachstumshormon und die Schilddrüsenhormone sind für eine regelrechte Stimmentwicklung notwendig« (Keilmann 2007, 94).

Sowohl die angegebenen Ursachen für organische als auch für funktionelle Stimmstörungen können bei Menschen mit Down-Syndrom vorliegen. Die typischen Veränderungen der Stimme werden relativ häufig beschrieben, und in verschiedenen Untersuchungen wurde festgestellt, dass einige der Merkmale als syndromtypisch gelten können (Leddy 1999, 68).

Bereits in der älteren Literatur wird auf eine häufige Heiserkeit hingewiesen. Die Stimme wird als »heiser und undeutlich« (Langdon Down), »ungeformt, rau und nicht modulationsfähig« (König 1959), »heiser und fast männlich« (Benda 1949), »kloßig und guttural« (Penrose, Smith 1966) bezeichnet. Arnold (1970) beschreibt die Stimme als »schreiend, überanstrengt und gepresst«. Ähnlich stellt auch Kainz (1964, 447) fest: »Die Rauigkeit und gutturale Färbung der Stimme ist auffallend und diagnostisch verwertbar.« Zwar gibt es keine eindeutigen Erklärungen für diese Auffälligkeiten, doch werden verschiedene mögliche Ursachen hypothetisch angenommen. Benda (ebd.) stellt fest: »Ich war nicht in der Lage, eine endgültige Erklärung für diese Störung zu finden. Ich untersuchte in mehreren Fällen den Kehlkopf und fand die Schleimhaut dicklich und fibrös. Der Kehlkopf liegt ziemlich hoch im Hals. Es könnte auch möglich sein, dass das Fehlen von Höhlenbildungen im Schädel etwas zu tun hat mit der tiefen Stimme und dem Mangel an Resonanz ... Die wahrscheinlichste Erklärung ist ein Myxödem der Pharynx.«

Häufig findet sich auch die Annahme einer Schilddrüseninsuffizienz, die die genannten Stimmstörungen hervorrufen soll. Bei Thyroidbehandlung konnten jedoch nur geringfügige Verbesserungen festgestellt werden, die sich mehr auf das Gesamtbefinden bezogen, bezüglich der Sprache aber eher ein vermehrtes Auftreten von Poltern bewirkten (Cabanas 1954, 36). Es ist allerdings zu betonen, dass »für eine regelrechte Stimmentwicklung ... das Wachstumshormon und die Schilddrüsenhormone notwendig« sind (Kleimann 2007, 94) und hier syndrombedingte Abweichungen vorliegen können. König (1959, 55) sieht die Veränderungen der

Stimme in ursächlichem Zusammenhang mit einer typischen Unterentwicklung des Kehlkopfes.

Abnormale Resonanzen, Flüsterton u. a. rufen nach Luchsinger (1970, 349) die auffälligen Stimmveränderungen beim Down-Syndrom hervor, da der Grundton der mittleren Sprechstimmlage nicht deutlich tiefer liegt als bei anderen gleichaltrigen Kindern und somit keine hinlängliche Erklärung für die Andersartigkeit der Stimme abgibt. Goueffic u. a. (in Villiger u. Mathis 1972, 134) sehen die Ursache für die Veränderung der Stimme in der häufig unregelmäßigen oder falschen Atmung. Sie stellen jedoch auch eine herabgesetzte Grundfrequenz in der Sprechstimme und zusätzlich eine auffällige Langsamkeit beim Aussprechen von Phonemen fest. König (1959, 193) glaubt, dass von der beim Down-Syndrom allgemein vorliegenden Hypotonie auch der Kehlkopf betroffen ist, und dass somit »die Spannung der Stimmbänder zu locker (ist)«. Die phonetischen Untersuchungen von Klaymann u. a. (in Luchsinger 1970, 349) stellten neben der rauen und heiseren Stimme und einem verringerten Stimmumfang noch weitere charakteristische Merkmale fest. Sie fanden ein Hervortreten des Grundtones bei Selbstlauten, eine Verringerung der höheren Formanten sowie durch erhöhten Phonationsdruck verursachte Geräuscherscheinungen und Unregelmäßigkeiten der Stimmlippenschwingungen. Eine differenzierte Untersuchung von Novak bei 32 Kindern und Jugendlichen mit Down-Syndrom im Alter von 7 bis 19 Jahren zur genaueren Erfassung der möglichen Ursachen für die typischen Stimmstörungen ergab, dass die charakteristischen Veränderungen der Stimme multifaktoriell zu erklären sind: ungleichmäßige Schwingungen der Stimmbänder, die abweichende Form der Nasennebenhöhlen mit entsprechenden Auswirkungen auf den Klang der Stimme, die schlechte Beweglichkeit der Zunge, geringere Differenzierung der Vokale, besonders von A, O und E. Der Stimmumfang ist deutlich eingeschränkt. Bauchatmung ist vorherrschend und vor allem bei Aufregung ist ein erhöhter Phonationsdruck typisch (vgl. Novak 1972, 189 ff.).

Auch Leddy (1999, 70) geht von multiplen Ursachen aus, wie Veränderungen der Stimmbänder, Überanstrengungen des Kehlkopfes, aber auch Schilddrüsenunterfunktion, gastroösophagealer Reflux und anderen biologischen Faktoren wie Veränderungen im neurologischen System.

Aufgrund der Feststellung von Johansson (1996), dass ein Überwiegen von velarer, pharyngaler und glottaler Artikulation auftritt und dass häufig Probleme bestehen, zwischen Nasal- und Verschlusslauten zu differenzieren, können Auswirkungen auf die Artikulationsbasis und auf die Stimme vermutet werden. Da Kinder mit Down-Syndrom oft Hörbeeinträchtigungen und auditive Wahrnehmungsstörungen haben und dem Gehör für die Steuerung von Stimme und Sprachmelodie gerade in den ersten Lebensjahren eine entscheidende Bedeutung zukommt, sind auch aus diesem Grund Beeinträchtigungen der Stimme möglich. Zudem ist bei Kindern mit Down-Syndrom das auditive Feedback bei der Lautproduktion nicht nur geringer und undeutlicher, sondern erfolgt oft so verlangsamt, dass nur eine unzureichende Bewegungsvorstellung gespeichert werden kann. Die allgemeine Hypotonie, die auch den orofazialen Bereich betrifft, sowie die häufig überstreckte Kopfhaltung wirken sich ebenfalls auf die Stimmbildung aus. Störungen der Schilddrüsenfunktion kommen beim Down-Syndrom häufiger vor

(Storm 1995, 239), und es ist deshalb wichtig, ggf. auch die möglichen Folgen für die Stimme zu prüfen.

Die verschiedenen Beeinträchtigungen bei Kindern mit Down-Syndrom, die sich auf die Stimme auswirken können, dürfen nicht primär als syndromtypisch akzeptiert werden. Es ist vielmehr zu überlegen, welche präventiven Angebote entwicklungsbegleitend erfolgen sollten und welche therapeutischen Maßnahmen bei auftretenden Stimmstörungen anzubieten sind. Hörbeeinträchtigungen müssen rechtzeitig erkannt und behandelt werden (Mittelohrinfekte, Paukenröhrchen, ggf. Hörgeräteanpassung) und ergänzend sind kindgemäße Übungen zum Hörtraining und zur auditiven Wahrnehmung wichtig. Schilddrüsenprobleme und Reflux sind zu erkennen und zu behandeln. Im Rahmen der orofazialen Therapie gilt es auch den »Gesamtkörpertonus« sowie die Atmung zu beeinflussen. In der Stimmtherapie stehen »Übungen zur Optimierung der Phonation im Vordergrund« (Keilmann 2007, 95).

Interessant ist jedoch, dass auf Stimmstörungen in neuerer Literatur kaum noch hingewiesen wird. Möglicherweise haben sich rechtzeitige medizinische Behandlung und frühe Förderung mittlerweile günstig ausgewirkt. Es ist jedoch weiterhin wichtig, unter Berücksichtigung syndromspezifischer Aspekte unter Einbeziehung rhythmisch-musikalischer Angebote auch Stimmübungen bei der Sprachförderung zu gestalten.

8.5 Kritische »Zeitfenster«

Die Bedeutung kritischer Perioden für die sprachliche Förderung von Kindern mit Down-Syndrom und die Auswirkung des Lebensalters wird unterschiedlich bewertet. So geht Rondal davon aus, dass »wie bei nicht behinderten Kindern … es einen bestimmten Zeitabschnitt zu geben (scheint), in dem phonologische und grammatikalische Lernprozesse stattfinden. Die phonologische Entwicklung (Aussprache) ist wahrscheinlich im Alter von 7 Jahren abgeschlossen … Das Ende der entscheidenden Zeit für die Morphosyntax (Satzbau) ist wahrscheinlich im Alter von 14 Jahren« (Rondal 1996, 13). Chapman lässt dagegen nachdrücklich eine solche altersbezogene generelle Plateaubildung und eine entsprechende Begrenzung von Fördermöglichkeiten zumindest nicht für alle sprachlichen Fähigkeiten gelten und weist darauf hin, dass Wortschatzerweiterung und allgemeine kommunikative Fähigkeiten durchaus weiter erfolgreich gefördert werden können, während das bei Aussprache und Grammatik offenbar schwieriger ist (1997, 50). Beim Grammatikverstehen scheint es, als ob Jugendliche und junge Erwachsene ein Plateau erreichen und typische Schwierigkeiten haben beim Verstehen differenzierterer grammatischer Formen wie Passivsätzen, Konjunktiv und Reflexivpronomen. Noch schwieriger ist das Lernen und aktive Anwenden der Regeln beim eigenen Sprechen.

Die unterschiedlichen Bewertungen und Interpretationen erreichbarer Kompetenzen lassen sich erklären, wenn zwischen Sprachentwicklung im engeren Sinne und sprachlichem Lernen im erweiterten Sinn differenziert wird. Während jede Entwicklung – wie bei allen Menschen – in den verschiedenen Entwicklungsbereichen in bestimmten Lebensaltersphasen zu einem Abschluss kommt, ist Lernen unter geeigneten Bedingungen immer möglich. Das gilt auch für das Vermitteln von sprachlichen Fähigkeiten. Es ist deshalb sinnvoll, die altersbezogenen Reifungsprozesse zu reflektieren und entsprechende Konsequenzen zu ziehen.

Im ersten und zweiten Lebensjahr erfolgt sprachliches Lernen primär affektiv-sozial und ist überwiegend rechtshemisphärisch verankert. Die sprachspezifische Prosodie wird erworben und der Wortschatz wird zunehmend größer. Im dritten Lebensjahr erfolgt eine Neuorganisation des Wortschatzes, grammatische Regeln werden erworben und die Sätze werden komplexer. Dieses Lernen erfolgt überwiegend linkshemisphärisch. Ab dem vierten Lebensjahr findet eine Vernetzung des rechts- und linkshemisphärischen Lernens statt und Artikulation und Grammatik werden zunehmend differenzierter (vgl. Grimm 2012, 166). Bis etwa zum siebten Lebensjahr erfolgt dieses Lernen überwiegend über das Hören und nicht über das bewusste Anwenden von Regeln. Deshalb unterstützen wir das sprachliche Lernen in diesem Alter, in dem wir falsche Äußerungen des Kindes nur richtig wiederholen, aber nicht ausdrücklich korrigieren. Auch die Satzerweiterung in natürlichen Kommunikationssituationen stellt bei jüngeren Kindern eine hilfreiche Lernmöglichkeit dar (»Opa – Mütze«; »Ja, das ist Opas Mütze.«). Etwa ab sieben Jahren werden diese Möglichkeiten, Sprache und Sprechen, einschließlich der grammatischen Regeln, allein in der Kommunikation und ohne spezielle therapeutische Unterstützung zu lernen, weniger und gehen mit der Pubertät wahrscheinlich zu Ende.

Es ist deshalb nicht sinnvoll, sich bei der Sprachförderung allein am erreichten Entwicklungsalter zu orientieren, sondern wesentlich ist aufgrund der Hirnreifungsprozesse auch die Berücksichtigung des Lebensalters und der jeweils möglichen Lernprozesse. Auch sollte die Orientierung an kritischen »Zeitfenstern« nicht dazu führen, einen Erwartungs- und Förderdruck aufzubauen, sondern alternative und ergänzende Kommunikationsformen einzusetzen, damit altersrelevante Entwicklungen unterstützt werden. Bedeutsam sind auch inhaltliche und motivationale Aspekte sowie die alltagsbezogene Relevanz der vermittelten sprachlichen Äußerungen.

Unter Beachtung dieser Bedingungen können dann jedoch effektive sprachliche Förderung und kommunikatives Lernen auch für Jugendliche weiterhin sinnvoll gestaltet werden.

9 Alters- und entwicklungsorientierte Sprachförderung und Sprachtherapie

Abb. 29: Gebärden werden begleitend im Spiel und im Alltag eingesetzt

Die sprachliche Förderung bei Kindern mit Down-Syndrom hat das Ziel, differenzierte altersangemessene Hilfen anzubieten, um sowohl die Entwicklung von Sprachverständnis und Mitteilungsfähigkeit sowie Sprechen zu unterstützen. Für die Sprachtherapie ist wichtig, die vielfältigen motorisch-funktionellen Veränderungen zu berücksichtigen, die nicht nur zu Störungen der Primärfunktionen führen können, sondern in der weiteren Entwicklung zu typischen Schwierigkeiten beim Sprechen. Zudem sind die Auswirkungen der syndromspezifischen Beeinträchtigungen der motorischen und kognitiven Fähigkeiten für die Sprachentwicklung zu bedenken.

Die verschiedenen Hilfen können, abhängig vom Zeitpunkt, zu dem sie angeboten werden, unterschieden werden:

1. entwicklungsbegleitende Hilfen, die gleich nach der Geburt beginnen und unterstützende und präventive Ziele haben,
2. entwicklungsorientierte Hilfen, die sowohl eine korrigierende und nachholende Aufgabe haben als auch spezifische Aspekte des Lebensalters berücksichtigen,
3. therapeutische Maßnahmen, die aktuelle Probleme vermindern oder beseitigen wollen.

Sprachförderung und Sprachtherapie sollten jedoch nicht dazu führen, dass die normalen Interaktionsmuster von Kind und Eltern ungünstig verändert werden. Die angebotenen Hilfen müssen vielmehr den Eltern ermöglichen, die aktuellen Kompetenzen und nächsten Förderziele zu kennen, um entsprechende Angebote im Lebensalltag mit dem Kind zu gestalten. Dazu ist es wichtig, dass Eltern und Fachleute kooperieren und gemeinsam die individuell wichtigen Bedingungen für die sprachliche Förderung benennen und umsetzen. Eine differenzierte Diagnostik zur Erfassung der aktuellen sprachlichen Kompetenzen ist dabei eine wichtige Voraussetzung. Als günstig hat sich die Verwendung von Sprachstandserhebungstest für Vorschulkinder erwiesen, da das überwiegend dem durchschnittlichen Entwicklungsniveau von Kindern mit Down-Syndrom entspricht. Dabei ist es wichtig, sowohl expressive als auch rezeptive Fähigkeiten auf phonetisch-phonologischer, lexikalisch-semantischer, morphologisch-syntaktischer und pragmatischer Sprachebene zu erfassen als auch die Verarbeitungsgeschwindigkeit und die auditive Merkfähigkeit (vgl. Müller u. a. 2018, Petermann 2016), um so eine gute Grundlage für eine entsprechende Förderplanung zu haben.

9.1 Sprachförderung und Sprachtherapie im Säuglings- und Kleinkindalter

Die beim Down-Syndrom möglichen unterschiedlichen Beeinträchtigungen können die Entwicklung der normalen orofazialen Funktionen und den Spracherwerb erheblich erschweren. Diese besonderen Probleme müssen deshalb erfasst werden, um die individuell nötigen Hilfen gestalten zu können. Dabei ist zu berücksichtigen, dass die wesentlichen präverbalen und verbalen Fähigkeiten sowie die Primärfunktionen der »Sprechorgane« in Alltagssituationen erworben werden, in denen das Kind ihre Bedeutung als sinnvoll und angenehm erlebt.

Daraus ergibt sich, dass nicht möglichst viele unterschiedliche »Reize« zu geben sind, um Reaktionen des Kindes auszulösen, sondern dass in gemeinsamen Handlungen entwicklungsgemäße Angebote zu machen sind, die dem Kind die Wirksamkeit eigener Aktivität verdeutlichen. Durch eine günstige Gestaltung von Alltagssituationen und spielerische Angebote können diese verschiedenen Förderaspekte berücksichtigt werden.

Die frühe Sprachförderung und Therapie bei Kindern mit Down-Syndrom hat zwei sich wechselseitig beeinflussende Zielsetzungen:

- Durch die orofaziale Therapie soll die Hypotonie der Zunge und der Gesichtsmuskulatur frühzeitig gemindert werden, um eine möglichst günstige Entwicklung des Mundraumes zu erreichen. Dazu werden auch integrierte Hilfen bei der Nahrungsaufnahme gegeben.
Diese Behandlung fördert aber auch die sprechmotorischen Voraussetzungen und unterstützt normale Lautbildung. Durch zusätzliche, altersgemäße »Mundspiele« sind weitere Anregungen möglich.
- Um die sprachrelevanten kognitiven Voraussetzungen zu fördern, werden strukturierte Interaktions- und Spielsituationen gestaltet, die bedeutsame prodromale Erfahrungen vermitteln. Verstehen lernt das Kind in sinnbezogenem Kontext und Bewirken, Vorstellen und Nachahmen lernt es schon präverbal.

9.1.1 Sprachtherapie

Die orofaziale Behandlung hat neben der unmittelbaren Beeinflussung der hypotoniebedingten Probleme auch eine präventive Bedeutung. Bedenkt man, dass Lippen und Zunge bei der Geburt noch wenige Veränderungen aufweisen, so müssen die syndromtypischen späteren Auffälligkeiten auch als sekundäre Beeinträchtigungen gesehen werden. Die häufig rissigen Lippen können durch die ständige Einspeichelung bedingt sein und auch die typischen Veränderungen der Zunge sind zumindest teilweise sekundär. Durch das ständige Offenhalten des Mundes und das damit verbundene häufige Abstützen der Zunge auf der Unterlippe aufgrund ihrer gestörten Beweglichkeit und Hypotonie fehlt der entwicklungsrelevante Druck auf den Gaumen. Dadurch wird auch das automatische Schlucken und damit die Belüftung des Mittelohres reduziert und syndromspezifische Mund- und Zungenprobleme können verstärkt werden.

Saugen und Kauen

Die möglichen Hilfen zur Beeinflussung der Zungenmotorik und der Entwicklung des Mundraumes beginnen mit der Unterstützung des Säuglings beim Saugen und Kauen. Das frühe Saugmuster des Babys ist gekennzeichnet durch einfache vor- und rückwärts laufende Zungenbewegungen bei leichtem Vorschieben des Unterkiefers. Als Schutzmechanismus kann auf der ganzen Zunge ein Würgereflex ausgelöst werden. Wenn das Kind nach einigen Monaten beginnt, Spieldinge wie Rassel oder Beißring in den Mund zu nehmen und mit einfachem Öffnen und Schließen des Kiefers darauf zu »kauen«, lernt die Zunge passende Ausweichbewegungen und das Kleinkind erwirbt die Voraussetzungen, um auch Brei mit dem Löffel essen zu können. Bei Kindern mit Down-Syndrom dagegen werden die frühen Zungenbewegungen und Schluckmuster oft überlange beibehalten. Durch die Hypotonie fällt ihnen die Mund-Hand-Koordination und damit dieses spielerische Explorieren mit Dingen im Mund oft schwer. Dadurch haben sie geringere Möglichkeiten, die seitlichen Bewegungen der Zunge, die wichtig für das Kauen sind, zu lernen und den Würgereflex weiter zurück zu verlagern und den Beißreflex abzubauen. Die Zunge ist ein Muskel und wird geübt vor allem durch aktive Bewegungen bei der Nahrungsaufnahme sowie im explorativen Spiel und dann bei der Produktion von entsprechenden Lauten. Damit auch Kinder mit Down-Syndrom diese grundlegenden Bewegungserfahrungen machen können, benötigen sie oftmals eine entsprechende Mundbehandlung und Unterstützung bei der Nahrungsaufnahme.

Eine besondere Bedeutung kommt dem Stillen zu. Muttermilchernährung ist gerade für Kinder mit Down-Syndrom wichtig, weil gestillte Säuglinge weniger zu Infekten der oberen Luftwege neigen, einem sonst häufigen Problem. Wichtiger aber noch ist das Stillen als Hilfe zur Kräftigung der orofazialen Muskulatur. Stillen erfordert weit mehr Anstrengungen als das Trinken aus der Flasche. Es fördert die Zungenbeweglichkeit, stärkt die Wangenmuskulatur und stabilisiert den Unterkiefer. Zudem unterstützen der enge Körperkontakt und die intensive Mutter-Kind-Beziehung die Entwicklung von grundlegenden emotionalen und kommunikativen Erfahrungen und von Blickkontakt. Trotz der anfänglich möglichen Schwierigkeiten von Kindern mit Down-Syndrom, an der Brust zu trinken, darf man zuversichtlich davon ausgehen, dass die meisten Kinder gestillt werden können. Der oft schwierige Mundschluss gelingt den Kindern an der Brust sogar leichter als bei der Flaschenfütterung. Zusätzlich kann man dem Baby beim Trinken helfen, indem man mit leichtem, dem Saugrhythmus angepassten Druck oder leichtem Streichen unter dem Kinn die Zungenhebung beim Saugen unterstützt. Durch Streichen über die Wangen und leichten Druck auf die Mundwinkel kann die richtige Mundstellung vorbereitet werden. Manchmal ist es auch hilfreich, zuerst ein wenig Milch auf den Zeigefinger zu tropfen, und dann den Finger mit leichtem Hin- und Herbewegen zwischen die Lippen zu schieben, um den Saugreflex anzuregen und erst dann die Brust zu geben. Auch zwischendurch kann so die Entwicklung des Saugreflexes gefördert werden. Wenn das Baby nicht gleich gestillt werden kann, ist auch durch Abpumpen der Milch und anschließende Flaschenfütterung die gesundheitlich wichtige Wirkung der Muttermilchernährung zu erreichen. Oft ist es dann nach einigen Wochen doch noch möglich, das Baby erfolgreich zu stillen. Diese Hilfen zur Förderung des Saugreflexes sind auch wichtig, wenn das Kind aufgrund spezieller gesundheitlicher Probleme in den ersten Wochen oder Monaten sondiert werden muss.

Aber auch wenn nicht gestillt werden kann, sollten die Folgen für die weitere Entwicklung nicht überbewertet werden. Bei der Flaschenfütterung sind ebenfalls die wichtigen Erfahrungen zu gestalten. Das Füttern sollte in ruhiger entspannter Atmosphäre erfolgen und Blickkontakt ermöglichen. Das Saugerloch sollte nur so groß sein, dass die Milch langsam tropfend ausfließt, damit das Baby deutliche Saugbewegungen machen muss. Dabei kann es in gleicher Weise unterstützt werden wie beim Stillen. Wichtig ist auch, darauf zu achten, dass der Säugling seine Zunge beim Saugen nicht deutlich über die Unterlippe hinaus oder seitlich aus dem Mund schiebt. Leichtes Gegenhalten der Unterlippe mit einem Finger wirkt sich hier oft schon günstig aus. Da die orofazialen Bedingungen bei den Kindern sehr verschieden sind, kann keine allgemein gültige Empfehlung für einen bestimmten Flaschensauger gegeben werden. Obschon überwiegend keine negativen Erfahrungen

9 Alters- und entwicklungsorientierte Sprachförderung und Sprachtherapie

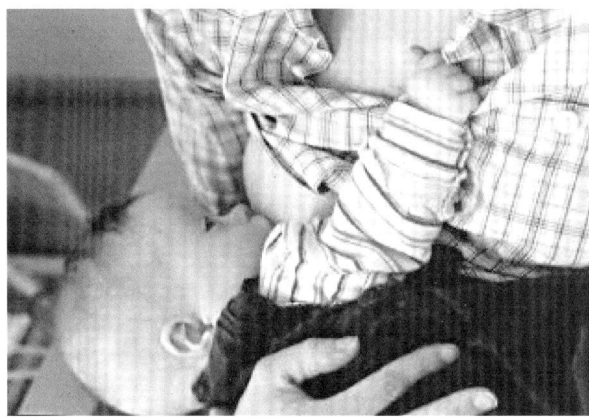

Abb. 30: Die meisten Kinder mit Down-Syndrom können gestillt werden, manchmal brauchen sie aber anfangs Unterstützung

mit den normalen Saugern vorliegen, ist doch individuell zu überlegen, ob evtl. andere Formen günstiger sind. Dabei sollte geprüft werden, inwieweit die normale Lage von Zunge und Kiefer sowie eine günstige Aktivierung der Wangen- und Lippenmuskulatur beim Saugen gegeben sind. Die gleichen Kriterien gelten auch für einen »Schnuller«. Da das Saugen schon in der Nahrungssituation manchmal anstrengend ist, lehnen einige Säuglinge mit Down-Syndrom den Schnuller anfangs ab oder befördern ihn durch die abweichende Zungenbewegung schnell wieder aus dem Mund, so dass manchmal fälschlicherweise eine Ablehnung angenommen wird. Eine Gewöhnung und normales Saugen ist aber möglich und dann kann der Sauger den Mundschluss und die Nasenatmung – soweit sie nicht behindert ist – unterstützen. Es sollte aber darauf geachtet werden, ob sich die Zunge dabei in relativ normaler Position befindet. Ungünstig können auch blumenförmige und gerade Lippenplatten an den Saugern sein, weil damit der nötige Lippenkontakt verhindert wird. Besser sind für Kinder mit Down-Syndrom ovale, etwas dem Mund angepasste Lippenplatten, die beim Nuckeln gleichzeitig einen leichten Druck auf die Lippen ausüben.

Wichtig ist auch, das Kind bei der Mund-Hand-Koordination durch entsprechende Lagerung und Haltung zu unterstützen, damit es verschiedene Dinge in den Mund nimmt, um daran zu lutschen oder darauf zu beißen und so wichtige Erfahrungen zu machen. Günstig sind dafür eher längliche »Mundspieler«, die das Kind gut halten und auch in den Mund stecken kann.

Das Zufüttern von Brei mit etwa fünf bis sechs Monaten und das Anbieten altersentsprechender Nahrung sollte nicht unnötig verschoben werden, um die rechtzeitige Gewöhnung und das Erlernen zu erleichtern. Offenbar gibt es auch für das Kauenlernen ein »biologisches Zeitfenster«, in dem das Kind erhöht bereit ist, auf entsprechende Angebote einzugehen. Für das Kauen liegt diese *günstige Zeit* für das *Beginnen* etwas unterhalb der Einjährigkeit. Aber natürlich kann das aus individuellen Gründen manchmal schwierig sein und wir müssen dann überlegen, wie wir das Kind beim Lernen unterstützen können. Gelernt werden die unterschiedlichen Voraussetzungen bei der Nahrungsaufnahme von Brei oder festerer Nahrung am günstigsten über einen vom Kind wahrnehmbaren deutlichen Kontrast. Aber Kauen lernt das Kind nicht, wenn es Hunger hat –, dann ›will‹ es satt werden – vielmehr macht es erste spielerische Erfahrungen mit dem Kauen meistens zwischen den Mahlzeiten mit einer Dinkelstange oder einem Zwieback. Da bricht nach kurzem Lutschen ein Stückchen ab, das dann vorsichtig im Mund bewegt wird, bis es weich ist und geschluckt werden kann. Durch solche Erfahrungen können die Kinder langsam die entsprechenden motorischen Fähigkeiten entwickeln, die dann auch sprechmotorische Voraussetzungen stützen. Wir können auch dem Kind z. B. ein kleines Keksstückchen eher seitlich als in die Mitte des Mundes geben und damit die entsprechenden seitlichen Zungenbewegungen fördern und vermeiden, dass die Nahrung mit der Zunge wieder aus dem Mund geschoben wird.

Mundbehandlung und Lautanbahnung

Da gerade viele jüngere Kinder oft chronische Erkältungen, vor allem aber Schnupfen haben, sollte die Nase möglichst regelmäßig gereinigt und die trockenen Borken evtl. mit Öl entfernt werden. Auch Tropfen mit leichter Meersalzlösung können die Reinigung unterstützen. Bei einigen Kindern sind die Probleme jedoch so ausgeprägt, dass eine überwiegende Mundatmung kaum vermeidbar ist. Durch vorsichtigen passiven Mundschluss kann geprüft werden, ob das Kind tatsächlich eine blockierte Nasenatmung hat oder ob es sich eher um eine motorische Schwäche handelt, die verändert werden kann. Dann ist vielleicht schon hilfreich, das Kind an einen Schnuller zu gewöhnen, da es beim Nuckeln überwiegend durch die Nase atmet.

Zur Förderung motorisch-funktioneller Fähigkeiten sind spielerisch gestaltete Hilfen möglich, wie z. B. das Streichen oder Klopfen mit den Fingern über die Wangen, das Streichen über die geschlossenen Lippen, das Spreizen und Vorstülpen der Lippen. Die schwiergen seitlichen Bewegungen der Zunge können auch durch Streichen oder Tippen abwechselnd rechts und links auf die Zungenränder angebahnt werden. Nach einer Zungenstimulation sollte dem Kind immer Zeit gegeben werden, den Mund zu schließen und zu schlucken, evtl. mit Hilfe. Die verschiedenen »Mundspiele« sind bei Säuglingen einfach durchzuführen und die Babys haben sie meistens sichtbar gern. Dabei ist es sinnvoll, diese wenige Minuten dauernden spielerischen Übungen als ›Rituale‹ in übliche Pflegesituationen einzubeziehen oder als Teil von normalen Interaktionen mit dem Kind. Auch therapeutische Maßnahmen aus dem Castillo-Morales-Konzept zur Kräftigung von Lippen- und Wangenmuskulatur und zur Aktivierung von Zungenbewegungen haben sich bewährt.

Die Unterstützung der Hand-Mund-Koordination und der aktiven Exploration mit dem Mund können das Kind veranlassen, die Bewegungen von Zunge und Lippen spielerisch auszuprobieren. Dadurch wird ihm zunehmend möglich, spontan aus dem Saugen und Lutschen heraus alterstypische Lalllaute zu äußern (ba-ba-ba, me-me-me), die wir dann verstärken können. So kann auch dem eventuellen Vorherrschen von velaren und pharyngalen Lauten (Rachenlaute) begegnet werden, weil in Verbindung mit solchem Lutschen typische Lippenlaute wie »m« oder »b«

auftreten. Beim etwas älteren Kleinkind können auch Vibrationen günstige positive Erfahrungen für die Phonation vermitteln. Das Kind wird dazu auf eine weiche Unterlage gelegt (Matratze, Sofa). Man achtet auf die Atmung des Kindes und verstärkt dann in der Ausatmungsphase mit leichtem Vibrieren durch Druck mit den Händen auf den Brustkorb. Gleichzeitig sollten dem Kind vibrierte Laute zur Widerspiegelung der eigenen Lautproduktion und zur Nachahmung vorgesprochen werden. Vibrationen sind auch möglich über den Rücken, wenn man das Kleinkind auf dem Arm hat oder wenn es auf unserem Schoß liegt. Ziel dieser Übungen ist es, das Kind bei der Lautbildung durch das Vibrieren zu unterstützen und zu motivieren, mit Freude zu lallen und zu versuchen, nachahmend zu lallen.

Manchmal kann neben den Klopf- und Streichmassagen zur Kräftigung der Wangen- und Lippenmuskulatur auch ergänzend eine Massage mit einem Korken durchgeführt werden, den man auf den vibrierenden Metallstift einer elektrischen Zahnbürste gesteckt hat. Bei vorsichtigen streichenden Bewegungen über die Wangen, die Lippen und unter dem Kinn werden dabei die Vibrationen übertragen und als Kitzeln empfunden. Allerdings sollte das dem Kind Spaß machen, so dass es mit Lachen oder anderen positiven mimischen bzw. lautlichen Antworten reagiert. Es gibt auch spezielle Hilfsmittel zur Verbesserung der Mundmotorik (Tuba-Beißringe, Clenos-Set, Y-Stick, Kauschlauch), von denen manche zusätzlich vibratorisch stimulieren (Vibromo, Fanti und Kroko), die allerdings nur unter Aufsicht eingesetzt werden sollten (vgl. Ariadne-Ideen-Katalog). Aber auch ein normaler kleiner Löffel, den man dem Kind zum Ablutschen nach dem Essen anbietet, kann interessant sein und vielfältige Zungenbewegungen auslösen. Ein normales Wäschebändchen kann man mit einem dicken Knoten versehen und dies, nachdem man es in eine Flüssigkeit getaucht hat, dem Kind seitlich in den Mund stecken, um das Kind zu motivieren, darauf zu kauen. Dieses Bändchen kann auch mit einer Kindersicherheitsnadel am Pulli befestigt werden.

Für die Mundbehandlung sind oftmals die beiden ersten kleinen Gummibürstchen eines sog. Zahnputztrainers (NUK) recht gut zu benutzen – evtl. bei etwas älteren Kindern auch eine elektrische Zahnbürste. Eine leichte Stimulation der Zunge, am besten wieder über die Zungenränder und abwechselnd rechts und links, lässt sich damit gut durchführen.

9.1.2 Sprachförderung

Die Kommunikation mit dem Baby beginnt mit den ersten Zuwendungen und Pflegehandlungen. Wenn wir es auf dem Arm tragen und mit ihm schmusen, wenn es gefüttert, gebadet und an- oder ausgezogen wird, antwortet es mit mehr oder weniger deutlichem Verhalten. Es kann sich anschmiegen, ruhig werden, sich intensiver bewegen, lächeln. Indem wir dieses Verhalten als absichtsvoll interpretieren, kann das Baby lernen, sich damit tatsächlich auszudrücken. Auch Babys mit Down-Syndrom erwerben in solchen gemeinsamen Alltagssituationen die Grundlagen der Kommunikation, obwohl sie meistens etwas langsamer »antworten«. Wir müssen ihnen deshalb mehr Zeit geben, um taktile, visuelle und auditive Wahrnehmungen zu verarbeiten und darauf reagieren zu können.

9.1 Sprachförderung und Sprachtherapie im Säuglings- und Kleinkindalter

> Der sechs Monate alte Marvin liegt auf dem Teppich. Die Mutter beugt sich über ihn, spricht mit ihm und kitzelt ihn auf dem Bauch. Er schaut die Mutter an, liegt ganz ruhig und äußert keinen Laut. Die Mutter wiederholt das Kitzeln und spricht erneut mit ihm. Jetzt wartet sie aber länger – und fast möchte sie schon wieder aktiv werden, da bewegt Marvin die Arme und sagt ein gedehntes »eh«.

Das »aktive Warten« der Bezugspersonen ist eine Grundbedingung für die Reaktionsmöglichkeit des Kindes, während zu frühe neuerliche Impulse die gerade einsetzende Anwortbereitschaft abblocken können. In gemeinsamen Handlungen bildet sich bei den Kindern damit auch ein Verständnis für solche wechselseitigen Aktivitäten aus (turn-taking) und mit dem Verstehen von konkreten Situationen wird zunehmend auch Sprache kontextgebunden verstanden. In Alltagshandlungen und in Spielen mit dem Kind ist es möglich, an bestimmten Stellen Pausen einzulegen, um das Kind zum Hinblicken oder Zeigen zu veranlassen. Im dialogischen Handeln können wir auch die Entwicklung des referenziellen Blickkontaktes fördern, indem wir auf das achten, was das Kind gerade macht und dies dann kommentieren.

> Ein kleiner Junge hat seinen Stoffhund weggeworfen und schaut jetzt die Mutter an. Sie kommentiert: »Oh, weg«, Pause, »Wo ist dein ›Wau-Wau‹?«. Der Junge sieht sich um und die Mutter macht ihn auf den Hund aufmerksam: »Da ist dein ›Wau-Wau‹. Willst du ihn wiederhaben?« Pause. Der Junge schaut die Mutter an, wieder macht sie ihn auf den Hund aufmerksam. Jetzt streckt er die Arme danach aus und sagt: »Eh-eh.«

Beim handlungsbegleitenden Sprechen mit dem Kind lernt es die typische Prosodie seiner Muttersprache und passt seine Lalllaute zunehmend an. Manchen Eltern fällt es schwer, mit ihrem Baby angemessen zu reden, »weil es sie ja noch nicht versteht«. Es ist aber wichtig, dass der entsprechende sprachliche Input gewährleistet ist. Eltern, die viel mit ihrem Baby reden, und Eltern, die kommunikative Aktivitäten des Babys zuverlässig beantworten, fördern die sprachlichen Fähigkeiten ihres Kindes ganz entscheidend (Miller, Leddy, Leavitt 1999, 5). Es ist deshalb hilfreich, den Eltern zu verdeutlichen, wie man z. B. bei den täglichen Pflegehandlungen begleitend sprechen kann: »Jetzt gibt es eine saubere Windel. Schau, hier ist die Windel. Horch, wie sie knistert …« Dabei ergibt sich die wichtige »geteilte Aufmerksamkeit« (joint-attention) ganz natürlich aus den gemeinsamen Tätigkeiten. Hilfreich ist es auch, den Eltern dabei die Bedeutung typischer Intonationsmuster und der Prosodie zu vermitteln. Das gilt besonders für bilingual aufwachsende Kinder. Wichtig ist auch zu betonen, dass Mimik, Gestik und Betonung passend zur inhaltlichen Aussage sein sollten. So muss gerade ein Verbot eindeutig sein. Statt mit freundlichem Lächeln zu sagen »Hör bitte mit dem Werfen auf!«, ist es für das Kind verständlicher, wenn gesagt wird »Nicht werfen! Hör auf!«

Durch vielfältige Einbeziehung von Sinnes- und Bewegungseindrücken kann sowohl die differenzierte Erfassung und Wahrnehmung gefördert als auch das Behalten und Erinnern erleichtert werden. Einzelne Gebärden, die handlungsbegleitend eingesetzt werden, können das Verstehen erleichtern, wie z. B. *essen* bevor wir dem Kind zu essen geben. Kniereiter-, Hebe- und Drehspiele, Finger- und Handspiele, verbunden mit den entsprechenden Kinderliedern, sowie körperbezogene Bewegungsspiele bieten weitere kindgemäße Möglichkeiten der Verknüpfung von kinästhetischen, visuellen und auditiven Erfahrungen und unterstützen das Wiedererkennen. Beim bekannten »Hoppe-hoppe Reiter«-Spiel ist z. B. die Pause vor dem Satz »macht der Reiter plumps« wichtig, weil das Kind uns mit seinem Verhalten zeigen kann, dass es den »Plumps« jetzt erwartet. Auch die Verwendung von konventionellen Gesten kann das Sprachverständnis stützen und das Erinnern erleichtern. Das Kind kann z. B. auf die Frage, wie gut das Essen schmeckt, die Hand auf den Bauch legen und begleitend »hm« sagen oder es lernt »Winke-Winke« zu machen und sagt dazu »da-da«.

Wenn das Kind anfängt, solche einfachen Gesten nachzumachen, ist es vielleicht auch schon in der Lage, einzelne Gebärden zu lernen und zur Mitteilung einzusetzen. Dazu wählen wir einzelne für das Kind wichtige Gebärden für Mitteilungen aus; das kann z. B. *fertig* oder *mehr* sein. Diese Gebärden sind oft andere als die Gebärden, die wir einsetzen zur Ankündigung von Handlungen, um das Verstehen visuell zu unterstützen. So kann das Kind nicht nur hören, sondern auch sehen, worüber wir sprechen. Allerdings wird nicht jedes Wort gebärdet! Das Kind ist nicht gehörlos, es soll sich weiterhin auditiv *und* visuell orientieren. Aber die Gebärden unterstützen es, besser zu verstehen und selbst Zeichen zu lernen, um sich früher mitteilen zu können.

Während die allgemeine und die sprachliche Entwicklung bei Kindern mit Down-Syndrom sich anfangs noch überwiegend entsprechen, vergrößert sich die sprachliche Verzögerung von der Mitte des zweiten Lebensjahres an. Zu dieser Zeit, wenn nach der sensomotorischen Entwicklungsstufe sich die vorstellende Intelligenz entwickelt, erlernen nicht behinderte Kinder relativ rasch zahlreiche neue Wörter, und Sprache kann zunehmend ein wesentliches Mittel der Vorstellungstätigkeit werden. Das deutliche Zurückbleiben der Kinder mit Down-Syndrom gerade in diesem Alter zeigt, dass die Ursache nicht primär mit motorisch-funktionellen Beeinträchtigungen zu erklären ist, sondern vorwiegend in kognitiven Verarbeitungs- und Speicherungsproblemen zu sehen ist. Es zeigte sich allerdings, dass der Wortschatz meistens den allgemeinen kognitiven Fähigkeiten des Kindes entsprach, wenn das Vokabular von gebärdeten und gesprochenen Wörtern zusammengefasst wurde. Weil Gebärden ebenfalls ermöglichen, zu fragen, Antworten zu geben, aber auch symbolisch zu denken, ist darin eine wichtige Hilfe nicht nur zur Förderung der sprachlichen, sondern auch der kognitiven Fähigkeiten zu sehen. Begleitend zu den Gebärden können lautmalerische Bezeichnungen, Einzellaute und Wörter gefördert werden, um das aktive Sprechen anzuregen. Ergänzend sind alle non-verbalen Kommunikationsformen wie Mimik und Gestik, deklaratives Zeigen und das Einbeziehen von konkreten Objekten zu fördern.

9.1.3 Förderung motorischer Kompetenzen

Durch Behandlung der hypotoniebedingten Schwierigkeiten können die motorischen Probleme und die daraus folgenden Auswirkungen in der Entwicklung gemindert werden. Während in den ersten Lebensmonaten noch frühe Reflextätigkeit bestimmend ist, können durch cephalokaudale Reifungs- und Lernprozesse zunehmend gerichtete und differenziertere Bewegungen eingesetzt werden. Kinder mit Down-Syndrom haben aufgrund der zentralen Hypotonie oft weniger die Möglichkeit, typische kindliche Handlungen auszuführen, die ihren oft besseren kognitiven Fähigkeiten entsprechen würden. Eine physiotherapeutische Unterstützung der Entwicklung ist deshalb wichtig. Sie erfolgt überwiegend nach Bobath, manchmal auch nach Vojta oder nach einem anderen Konzept. Es ist jedoch darauf hinzuweisen, dass Kinder mit Down-Syndrom zwar hypoton aber nicht körperbehindert sind und ein ideologischer Streit, welche spezielle Therapie die einzig richtige bei dieser Behinderung ist, sollte zugunsten individueller Kriterien überwunden werden. Das Ziel der Therapie ist auch kein »Pressure-Cooker-Effekt«. Es geht nicht um die Beschleunigung der Entwicklung, sondern vielmehr um die Vermeidung typischer syndromspezifischer Abweichungen, wie z. B. das oft typische Porutschen anstatt zu krabbeln. Besonders für die Übergänge vom Krabbeln zum Sitzen oder vom Sitzen zum Stehen und beim Laufen ist die Qualität und Differenziertheit der Bewegungsabläufe ein wichtiges Ziel.

Abb. 31: Das Ziel der Physiotherapie ist die Förderung der Bewegungsentwicklung und die Vermeidung von syndromtypischen Abweichungen

Zusätzlich wird durch eine Verbesserung der Statomotorik und durch eine Reduzierung der Hypotonie von Nacken- und Schultermuskulatur die sonst häufig auftretende ungünstige Kopfhaltung vermieden. So kommt es bei Kleinkindern mit Down-Syndrom, die auf dem Bauch liegen, oft zu einer typischen Überstreckung des Halses. Ähnlich geschieht das beim Sitzen mit stark gebeugtem Rücken und Reklination des Kopfes, das oft auch mit deutlicher Seithaltung verbunden sein kann (vgl. das Bild des sitzenden Jungen auf in Kap. 7.3.1, S. 130). Durch die Überstreckung des Halses entsteht ein erheblicher Zug auf den Unterkiefer, wodurch der

Mund geöffnet wird und die Zunge heraustritt. In dieser Haltung treten häufig vorwiegend pharyngale Laute, d. h. Rachenlaute auf. Bedeutung hat die Körperhaltung aber nicht nur für den orofazialen Bereich, sondern besonders auch für die Atmung.

Die syndrombezogene Physiotherapie ist zu ergänzen durch eine integrierte Förderung der Greifentwicklung und vorbereitende Unterstützung der Lateralisation, weil sich bei allen Kindern mit Down-Syndrom die Entwicklung der Handdominanz erheblich verzögert. Da ein kausaler Zusammenhang von Ausreifung der zerebralen Differentiationen und dem Erwerb der lateralen Händigkeit besteht (Arnold 1970, 164), erklärt sich auch das relativ lange Fortbestehen der neutralen Ambilateralität bei Kindern mit Down-Syndrom. Wunderlich (1977, 134) stellte bei der Mehrzahl der Kinder fest, dass sie im »Stadium der Beidhändigkeit« bzw. der »variablen Händigkeit« verbleiben und dass »die Entwicklung zur konstanten Händigkeit nicht, unvollkommen oder nur in wenigen Fällen endgültig eintritt«. Durch eine genaue Beobachtung des Kindes in Alltagssituationen besteht die Möglichkeit, seine tendenziell überwiegende Lateralität zu erkennen, so dass die Sorge, durch eine solche Unterstützung möglicherweise die falsche Händigkeit anzutrainieren, nicht bestehen muss. Vielmehr wird man feststellen, dass das Kind sonst oft die Hand einsetzt, die für die Ausführung nicht die Körpermitte kreuzen muss, weil dies anstrengender ist. Da es sich aber bei Reifungsvorgängen nicht nur um autonom ablaufende Prozesse handelt, sondern eine Interdependenz von Reifung und Übung besteht, ist die Hand- und Fingermotorik durch motivierende Hilfen in Alltagssituationen und Spielhandlungen zu fördern. So kann das Kind unterstützt werden, seine Strümpfe und andere Kleidungsstücke aus- und später dann auch anzuziehen, beim Wickeln die Windel oder eine Schachtel mit den Tüchern zu halten, verschiedene Verschlüsse zu öffnen und bei Pflegehandlungen mitzumachen. In Spielen mit den üblichen verschiedenen Materialien wie Baubecher, Steckklötze oder Holzbausteinen kann das Greifen differenziert geübt werden. Ergänzend wird dabei das Benennen der benutzten Gegenstände und das handlungsbegleitende Sprechen eingebunden.

Die Förderung der Handdominanz kann aber möglicherweise auch im Hinblick auf den Spracherwerb sinnvoll sein, weil Beeinträchtigungen in der Entwicklung der Lateralität sich auch im sprachlichen Bereich auswirken. Diese Wechselwirkungen von Hirnseitendominanz, Lateralität und Sprache verweisen auf mögliche komplexe Zusammenhänge und können Hinweise geben auf entsprechende Förderansätze. Auch wenn es nur wenige Erkenntnisse über direkte Zusammenhänge von Bewegung und Sprache gibt, ist aufgrund der wechselseitigen Beeinflussung doch davon auszugehen, dass durch entsprechende Übung der Handmotorik und der Händigkeit auch in den anderen Entwicklungsbereichen positive Auswirkungen erreicht werden können.

Da die Korrelation von Motorik und Sprache umso höher ist, je jünger ein Kind oder je niedriger die Intelligenz, könnte gerade für Kinder mit kognitiver Beeinträchtigung diese Interdependenz therapeutisch genutzt werden. Die Gründe sind neurophysiologisch zu erklären. Betrachtet man sich das Bild des Großhirns, so fällt auf, dass der sprachliche Bereich in großer Nähe zum allgemeinen motorischen Bereich liegt und eigentlich als ein Teil davon bezeichnet werden kann. Auffällig ist weiter, dass fast ein Drittel der Gesamtfläche des motorischen Gebietes von der Projektion der Handmotorik eingenommen wird, die sich zudem in unmittelbarer Nähe der motorischen Sprachzone befindet. Es wird deshalb vermutet, dass durch motorische Hand- und Finger-Übungen auch Einfluss auf die Sprachentwicklung genommen werden kann. Durch Unterstützung solcher basaler motorischer Steuerungsprozesse können wahrscheinlich auch dyspraxische sprechmotorische Probleme vermindert werden.

Einige ältere Untersuchungen bestätigen, dass die Förderung der Händigkeit positive Auswirkungen auf die Sprachentwicklung hat (Wunderlich 1977, 134 f.). Vor allem Kolzowa (1975, 647) berichtet über erstaunliche Ergebnisse bei einem von ihr durchgeführten Sprachtrainingsversuch mit Kindern im Alter von 10 bis 15 Monaten. Eine Gruppe Kinder, die täglich zwanzig Minuten ein Finger- bzw. Hand-Motorik-Training erhielt, zeigte nach diesem Bericht bereits am dritten Tag günstige Lautreaktionen und nach zwei Wochen mehrheitlich eine genauere Lautnachahmung als nur allgemein motorisch geförderte Vergleichsgruppen. Abschließend wurde festgestellt, dass durch Trainieren der feinen Fingerbewegung nicht nur eine wesentlich schnellere Lautnachahmung erfolgte als ohne motorisches Training, sondern dass die Ergebnisse auch qualitativ besser waren als in den Vergleichsgruppen. Auch wenn dies überaus positive Ergebnis kritisch gesehen werden sollte, weil die Beschreibung der Gruppen und der angebotenen Aktivitäten wenig differenziert ist, kann doch davon ausgegangen werden, dass feinmotorische Übungen in der frühen Sprachentwicklung bei Kindern mit Down-Syndrom eine gute Möglichkeit bieten, Bewegung und Spiel, Reime und Rhythmus, Sprache und Sprechen zu verbinden. Unabhängig von den kognitiven Fähigkeiten der Kinder zeigte sich, dass finger- bzw. handmotorische Förderung sowie die Unterstützung der Händigkeitsentwicklung ergänzende Hilfen im Spracherwerb sein können, denn auch in neueren Untersuchungen wurde ein Zusammenhang zwischen Sprachfähigkeit und Händigkeitsentwicklung deutlich.

Auch Gebärden, die immer lautsprachlich begleitet werden, können sich durch das visuo-motorische Angebot positiv auswirken. Da die Bewegungssteuerung der Hände und des Mundes in benachbarten Hirnarealen repräsentiert ist, wird zudem davon ausgegangen, dass die Aktivität der Hände beim Gebärden auch die Bewegungsabläufe des Mundes anzuregen vermag.

9.1.4 Förderung allgemeiner sprachrelevanter Kompetenzen

Ein deutliches Problem bei Kindern mit Down-Syndrom, das in Bezug auf die kognitiven Voraussetzungen für den weiteren Sprachaufbau zu beachten ist, besteht in einer häufig ungerichteten und wechselnden Aufmerksamkeit, die das differenzierte Erkennen und Erfahren einschränken kann. So schauen viele Kinder nicht richtig hin, wenn sie etwas gezeigt bekommen oder wenn sie selber etwas tun. So kann es sein, dass wir dem Kind etwas zeigen wollen und sagen: »Schau, da ist die Lampe.« Das Kind fühlt sich zwar angesprochen, lächelt uns auch freundlich an, reagiert aber auf das Zeigen nicht mit Lösen des sozialen Blickkontaktes und Hinblicken zur Lampe. Es ist dann wichtig, die Aufmerksamkeit zu lenken, damit das Benennen für das Kind zum Verstehen führt, was mit »Lampe« bezeichnet wird. Ergänzend können Gebärden die Aufmerksamkeit unterstützen. Aber nicht nur beim Hinsehen, auch in Bezug auf das Hören ist ein typisches »Abschalten« und nicht Zuhören relativ häufig zu beobachten. Verbunden mit den syndromtypischen langsamen Reaktionen können dadurch auditive Wahrnehmung und sensorische Verknüpfung mit visuellen und taktilen Informationen zusätzlich beeinträchtigt sein und zu fehlerhafter Repräsentation sensorischer Eindrücke führen.

Auch beim Spielen erschwert ungenaues Hinsehen koordinierte Handlungen. So gelingt es manchen Kindern nicht, Formen in eine Dose zu stecken oder Bauklötze aufeinander zu stellen, weil sie nicht oder nur ungenau auf das achten, was sie gerade machen. Durch direkte Unterstützung, wie z. B. gemeinsames Tun mit Handführung, und fehlervermeidendes Lernen kann jedoch die Aufmerksamkeit und Anstrengungsbereitschaft gefördert und ausweichendes oder stereotypes Spielverhalten verringert oder vermieden werden.

Eine wichtige Grundlage aller Hilfen ist die Freude am Spielen und an dem gemeinsamen Handeln sowie vertraute Erfahrungen in wiederkehrenden Alltagssituationen. Es ist deshalb zu bedenken, dass für alle Kinder mit Down-Syndrom syndromspezifische und individuelle Hilfen wichtig sind. Nötig ist aber auch, die allen Kleinkindern gemeinsamen Bedürfnisse zu berücksichtigen und entsprechend aufzunehmen. Dazu gehört vor allem Lob und »begeisterte« Rückmeldungen durch die Bezugspersonen.

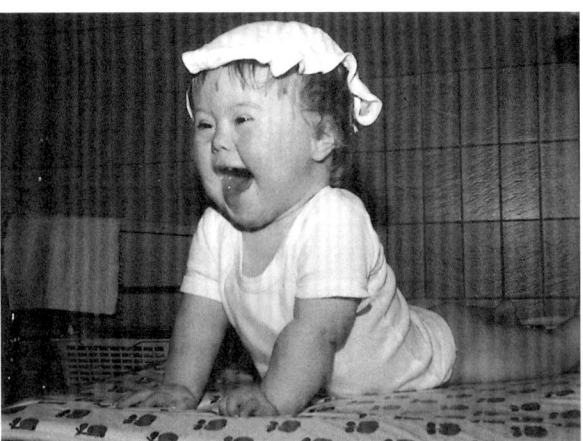

Abb. 32: Eine wichtige Grundlage der Kommunikation ist die Freude beim gemeinsamen Spielen

Therapeutische Maßnahmen dürfen nicht dazu führen, die basale Bedeutung des kindlichen Spiels und der interaktiven Erfahrungen als grundlegende Lernvoraussetzung für eine normale kindliche Entwicklung außer Acht zu lassen. Günstige Bedingungen sind ein responsives elterliches Verhalten und eine unterstützende und kompensierende Förderung in gemeinsamen Handlungen der Eltern mit ihrem

Kind. Dazu ist nötig, die individuellen Möglichkeiten und Kompetenzen des Kindes – und nicht nur seine Defizite – wahrzunehmen und angemessen zu beantworten.

Problematisch ist es dagegen, wenn Therapeuten oder Eltern versuchen, dem Kind aus normierten Tabellen abgeleitete »objektive« wichtige Lernziele in festgelegter Reihenfolge anzutrainieren. Wichtig ist vielmehr, die »subjektiv« bedeutsamen Mitteilungsformen und Handlungsmöglichkeiten des Kindes in den Mittelpunkt zu stellen und die bestehenden individuellen Schwierigkeiten durch möglichst konkrete Hilfen in alltäglichen Lebenssituationen zu überwinden – allerdings ohne Therapeutisierung des Alltags und Anleitung der Eltern als Co-Therapeuten. Sondern »die hierbei vom Erwachsenen geforderte Eigenschaft heißt ›Responsivität‹, das ist eine Haltung, die dem Kind Raum und Zeit für eigene Aktivitäten läßt, aber in Bereitschaft steht, bestätigend und ausgestaltend auf diese Aktivitäten des Kindes einzugehen. Das Gegenstück zur Responsivität sind direktives Verhalten, autoritäre Kontrolle und ein Übermaß an Anregung und Angeboten; diese Verhaltensweisen wirken sich hemmend auf die Entwicklung des Kindes aus« (Schlack 1989, 15). Bei auftretenden Schwierigkeiten sollten deshalb die konkreten Hilfen eingebunden werden in normale, strukturierte Alltagssituationen. Das gilt z. B. für das Trinken und Kauen, das durch Unterstützung erleichtert werden soll und nicht durch Vergrößern des Saugerlochs oder durch verfrühtes Löffeltraining. Auch die Bewegungsentwicklung kann nicht allein durch spezielle Therapie gefördert werden, sondern ist auch zu integrieren in normale Alltagssituationen. Im Umgang mit dem Kind und in den verschiedenen Spielsituationen sind Bewegungsangebote möglich, in denen diese unterstützenden Hilfen die Handlungsmöglichkeiten des Kindes erlebbar erweitern.

Für die Förderung müssen die verschiedenen syndromspezifischen Probleme den Eltern in ihrer aktuellen und zukünftigen Bedeutsamkeit erklärt werden, damit sie Sinn und Ziel der einzelnen Maßnahmen und Hilfen verstehen. So sollte das Kind normales Krabbeln lernen und nicht nur auf dem Gesäß rutschen, es muss unterstützt werden, vom Kniestand zum Stehen zu kommen. Beim Stehen und später beim Laufen wird das Kind unterstützt, nicht die Knie durchzudrücken, um so eine größere Stabilität zu erreichen, weil das für die weitere Entwicklung hinderlich wäre.

Die Bedeutung der verschiedenen motorisch-funktionellen orofazialen Übungen für das Sprechen bei Kindern mit Down-Syndrom darf nicht überbetont werden. Zu intensives Reagieren auf die Zungenproblematik und ständige Einflussnahme auf den Mundbereich kann die normale Interaktion mit dem Kind leicht stören und eine ablehnende Haltung provozieren. Oft berichten Eltern von ihrer Sorge, dass ihr Kind die Zungenkontrolle vielleicht nicht lernt, und um die Entwicklung eines syndromtypischen Aussehens zu vermeiden, werden sehr intensive korrigierende Maßnahmen durchgeführt. Es hat sich aber gezeigt, dass auch eine integrierte Unterstützung mit Zuversicht und einer gewissen Gelassenheit hinreichende Hilfe bieten kann.

Das Ermöglichen von Lernprozessen im sensorischen und motorischen, im emotionalen und sozialen, im kognitiven und im kommunikativen Bereich ist auch für die allgemeine sprachliche Förderung wichtig. Dazu sind die Kompetenzen des

Kindes zu erkennen und zuverlässig zu beantworten. Die relative Passivität des Kindes mit Down-Syndrom darf nicht dazu führen, vorhandene Aktivitätsansätze zu übersehen und vorwiegend Reaktionen auf vorgegebene Übungen zu verstärken. Kinder mit Down-Syndrom haben vielfältige kommunikative Fähigkeiten – sich anschmiegen, schmusen, lächeln – und diese bilden eine wesentliche Grundlage für positiv erlebbare Interaktionen. Wenn z. B. ein kleiner Junge beim Ausziehen immer sein Hemdchen hochschiebt und auf den Bauch zeigt, damit die Mutter darauf pustet, und anschließend laut lacht und auch pustet, dann zeigt ein solches »Ritual« deutlich den dialogischen Aspekt. Das Kind erwirbt »Vorstellungen« in solchen Interaktionen und kann so die Grundlage für sprachliches Verstehen und Äußern entwickeln. In gemeinsamen Handlungen können Verstehen und Mitteilen durch Verhalten, durch Mimik, Gestik, Gebärden und Sprache zunehmend differenzierter verstanden und ausgedrückt werden und das Kind ist dadurch motivierter, etwas mitzuteilen, weil es erlebt, was es bewirken kann.

Die Sprachförderung bei kleinen Kindern mit Down-Syndrom kann in eine ganzheitliche Entwicklungsförderung einbezogen werden, aber einige spezielle Hinweise sind zu beachten.

So ist bei allen Spielen und Übungen wichtig, dass die Mutter in einfachen klaren Sätzen zum Kind spricht und dem Kind viel Zeit gibt, zu verstehen und zu antworten. Eine wesentliche Bedeutung hat dabei die Prosodie. Die Mutter sollte deshalb stärker betonen und mit leicht überzogener Intonation sprechen und längere Pausen an Phrasenstrukturgrenzen einsetzen. Die bedeutungstragenden Wörter in einem Satz können durch Gebärden unterstützt werden. In gemeinsamen Spielen und Alltagshandlungen kann Nachahmung sinnvoll erlebt und erlernt werden und Körperkontakt fördert dabei die kindliche Aktivität. Durch einfache handlungsbegleitende Intonationen wird dem Kind eine lautliche Imitation erleichtert und durch Aufnehmen und Wiederholen von kindlichen Lautäußerungen kann ein wechselseitiger Bezug in diesen Lall-Dialogen realisiert werden.

Um das Kind beim Erlernen von Wortbedeutungen nicht zu irritieren, sollten für gleiche Gegenstände und Tätigkeiten dieselben Bezeichnungen gebraucht werden. Verkleinerungsformen sowie reduzierte sprachliche Formen sind ungünstig, dagegen können Lautmalereien den Spracheintritt erleichtern. »Das Kind, das noch lange nicht imstande wäre, die Worte ›Hund‹ und ›Uhr‹ zu verstehen und zu sprechen, kann doch an den verstandenen und von ihm phonetisch leichter zu bewältigenden Lautnachahmungen wie ›wauwau‹ und ›ticktack‹ seinen Geist emporarbeiten« (Kainz 1964, 97). Es kann deshalb sinnvoll sein, bei einigen Begriffen erst diese natürlichen statt der konventionellen Bezeichnungen anzubieten und über dieses Verständnis erleichternde Zwischenstadium zum weiteren Aufbau des Wortschatzes fortzuschreiten. Da Kinder mit Down-Syndrom durch den relativ späten Sprechbeginn sich recht lange in einer Phase befinden, in der sie selber zwar schon besser verstehen können, aber noch nicht verständlich sprechen, brauchen sie ergänzende Mitteilungsformen, um sich verständlich zu machen. Besonders die Gebärden-unterstützte Kommunikation (GuK) kann eine wichtige Hilfe bieten. Zu vermeiden sind überfordernde sprachliche Ansprüche und häufige Aufforderungen zum Nachsprechen, weil sie eine Sprechunlust bewirken und ein Ausweichen und Vermeiden auslösen können. Wichtig ist deshalb, von den vielfältigen Interaktionen des Kindes und seiner Bezugspersonen auszugehen und gemeinsame Kommunikationsformen zu entwickeln, die zunehmend verbal geprägt sind und dem Kind damit ein schrittweises Hineinwachsen in die Sprache ermöglichen.

9.1.5 Tabellarische Darstellungen

Die nachfolgenden Tabellen können dazu verleiten, die einzelnen Entwicklungsschritte und die auf die jeweiligen Entwicklungsstufen bezogenen möglichen Förderangebote unkritisch in eine Therapie zu übertragen. Das Ziel ist jedoch, einen Überblick über die einzelnen Entwicklungsschritte zu geben, damit deutlich wird, welche Fähigkeiten erwartet und unterstützt werden können. Solche Kenntnisse können die Wahrnehmung wichtiger Aspekte der sprachlichen Entwicklung erleichtern. Auch wenn Kinder mit Down-Syndrom für das Erreichen der einzelnen Entwicklungsschritte durchschnittlich etwa doppelt so viel Zeit benötigen wie nicht behinderte Kinder, ist die Reihenfolge im Spracherwerbsprozess nicht wesentlich verändert. Die den einzelnen Entwicklungsschritten zugeordneten Förderangebote wollen Anregungen bieten für entwicklungsbezogene gemeinsame Tätigkeiten.

Da die Entwicklung des Sprachverständnisses beim Down-Syndrom nicht parallel zur Entwicklung des Sprechens verläuft und unterschiedliche Förderangebote gemacht werden, erfolgt eine Trennung der tabellarischen Übersicht beider Bereiche. Die einzelnen Angaben auf den Tabellen sind den verschiedenen Beschreibungen der Sprachentwicklung entnommen.

Die Tabelle zu den syndromtypischen Merkmalen entstand aus eigenen Beobachtungen bei der Therapie von Kindern mit Down-Syndrom. Diese Hinweise sollen auf einige typische Probleme aufmerksam machen, um *mögliche* Beeinträchtigungen sensibel wahrzunehmen und ggf. rechtzeitig präventive Maßnahmen einzuleiten. Die Zuordnung erfolgt dabei bezogen auf das *Lebensalter*.

Tab. 7: Förderung von Verstehen und Sprachverständnis

0–3 Jahre	Verstehen und Sprachverständnis	Förderangebote
1. und 2. Lebensjahr: Interaktion überwiegend affektiv-sozial geprägt und primär rechts-hemisphärisches Lernen	Aufmerksamkeit für Gesicht und Stimme (Prosodie), Säugling orientiert sich an Mimik und Prosodie, Kontextbezogenes Verstehen, Versteht Loben und Schimpfen, Gewohnheiten führen zu Erwartungen und zum Verstehen von Abfolgen, Objektpermanenz, Objekte werden als »Vorboten« von Handlungen verstanden,	Deutliche Intonation, hoher Tonfall, Lange Pausen an Phasenstrukturgrenzen, Responsives Verhalten der Bezugspersonen, Handlungsbegleitender hoher sprachlicher Input, Häufige Wiederholungen und Routinen, Versteckspiele, Gemeinsame Aufmerksamkeit herstellen, Einführung von Sachsymbolen und Gebärden,

Tab. 7: Förderung von Verstehen und Sprachverständnis – Fortsetzung

0–3 Jahre	Verstehen und Sprachverständnis	Förderangebote
	Versteht Gebärden begleitend zur Lautsprache, Bilder werden als Abbildungen erkannt, Zunehmendes Verstehen von Wortbedeutung und Satzbedeutung, Zeigt auf Körperteile und viele benannte Objekte	Betrachten von Bilderbüchern, Wortverständnis erweitern, Fingerspiele, Kniereiter, Reime und Lieder anbieten, Gebärden-Wortschatz aufbauen
3. Lebensjahr: linguistisches Lernen dominiert	Kann verbal erteilte Aufträge ausführen, Rezeptiver Wortschatz wächst stark	Kategorienbildung fördern, Ortsbezeichnungen spielerisch vermitteln: auf, unter, neben …
Primär links-hemisphärisches Lernen	Versteht Gegensätze Ortsbezeichnungen, Kategorien werden verstanden, Sprachstrukturen und Regeln werden erfasst	Gegensätze bilden: klein – groß, dick – dünn, leicht – schwer …, Bilder ordnen, Memo-Spiele, Modell-Sprache (Motherese), Verbale Aufträge im Lebensalltag und im Spiel erteilen

Tab. 8: Mitteilen und Sprechenlernen

0–3 Jahre	Mitteilen und Sprechen	Förderangebote
Emotionale Aspekte	Differenzierung von Schreien und Lautieren Gurr-Laute, Lächeln, stimmhaftes Lachen, Zunahme der verschiedenen Lalllaute	Orofaziale Hilfen zum normalen Saugen und Kauen und für den Mundschluss, Visuelle und auditive Aufmerksamkeit fördern
Individuelle Bedeutung, Selbstwirksamkeitserfahrung	Lautverdoppelungen und Lautketten, Intonationsmuster der Muttersprache – differenziert ärgerliche, freundliche und fordernde Laute	Mundspiele und Vibrationen zur Unterstützung des Lallens, Körperkontakt und Körperspiele fördern kindliche Aktivität, »Kitzel-« und »Krabbel-Spiele«

9.1 Sprachförderung und Sprachtherapie im Säuglings- und Kleinkindalter

Tab. 8: Mitteilen und Sprechenlernen – Fortsetzung

0–3 Jahre	Mitteilen und Sprechen	Förderangebote
Soziale Aspekte	»Turn-taking« und erstes Imitieren von Handlungen, Deklaratives Zeigen, Imitiert Gesten und Gebärden, Verbindet Laute und Gebärden, Benutzt »Protowörter«, Ein-Wort-Sätze	Antwortverhalten fördern und längere Reaktionszeit berücksichtigen, Abwechselndes Handeln (turn-taking), Imitation fördern, So- tun-als-ob-Spiele und erste Rollenspiele, Gebärden einführen
Kognitive Aspekte	Wortschatz erweitert sich, Zwei-Wort-Sätze und Mehr-Wort-Sätze (Gebärden und Wörter), Evtl. werden erste grammatische Regeln benutzt (Mehrzahlbildung, Artikel, Fragewörter, Verb-Zweitstellung), Sprechen dient der Kommunikation und Selbstinstruktion	Gebärdenwortschatz systematisch aufbauen, Gebärden und erste Wörter verbinden, Satzerweiterung mit Gebärden und Wörtern, Rhythmische Spiele in Verbindung mit Reimen und Spielliedern Beantworten von Fragen mit Kopfschütteln (nein) und Kopfnicken (ja) und begleitende Laute, Handlungen und Vorstellungen für das Kind versprachlichen, Dialogisches Bilderbuch betrachten

Tab. 9: Syndromspezifische Merkmale

0–3 Jahre	Beeinträchtigungen	Therapeutische Hilfen
Erfassen der vorliegenden orofazialen Probleme, entwicklungsbegleitende Überprüfung	Hoher Gaumen, Hypotonie von Zunge, Wangen- und Lippenmuskulatur, Trinkschwäche, Verzögerte sensorische Wahrnehmung, Flache Atmung – überwiegend Mundatmung, Zunge liegt auf der Unterlippe Schwierigkeiten beim Kauen, Geringeres Lautieren, Wechselnde Stimmlage, Überstreckte Kopfhaltung oder Kopf-Schiefhaltung, Zungenlutschen oder Zungennuckeln, Zähneknirschen, Mögliche Beeinträchtigungen im Sehen und Hören,	Orofaziale Therapie, Förderung normaler Bewegungsmuster von Zunge und Lippen, Unterstützung der Aufmerksamkeit, Hilfen zur Vermeidung hypertoniebedingter Abweichungen, Mundspiele und Vibrationen zur Förderung des Lallens, Hilfen zum Kauen und Trinken, Anbahnung seitlicher Zungenbewegungen und normaler Schluckmuster, Deklaratives Zeigen fördern, Gebärden zur Verständigung einführen,

9 Alters- und entwicklungsorientierte Sprachförderung und Sprachtherapie

Tab. 9: Syndromspezifische Merkmale – Fortsetzung

0–3 Jahre	Beeinträchtigungen	Therapeutische Hilfen
	Erheblich verzögerte Entwicklung des Sprechens	Beginnendes Zähneknirschen durch orofaziale Übungen mindern, Überprüfung des Gehörs und der Sehfähigkeit

9.2 Sprachförderung und Sprachtherapie im Kindergartenalter

Abb. 33: Ganzheitliches Lesen kann eine ergänzende Maßnahme zur Förderung von Syntax und Grammatik sein

Eltern von Kindern mit Down-Syndrom werden über die Behinderung ihres Kindes meistens gleich nach der Geburt oder wenige Stunden danach informiert. Häufig erfolgt dann auch der Hinweis auf positive Entwicklungsmöglichkeiten durch Frühförderung und Therapie.

Allerdings gibt es auf dem boomenden Therapiemarkt für Eltern wenig Möglichkeiten einer kriteriengeleiteten Orientierung. Besonders die Möglichkeiten einer frühen Sprachanbahnung und Sprachförderung werden unterschiedlich beurteilt und es ist oft noch strittig, wann logopädische Unterstützung nötig und möglich ist. Aber zunehmend werden die präventiven Möglichkeiten frühzeitiger Hilfen erkannt. Das führt zu einer deutlichen Einstellungsänderung, die besonders offensichtlich wird bei einem Vergleich mit Aussagen zur Sprachtherapie in der älteren Literatur. So behauptet noch West: »Der Mongoloide spricht besonders schlecht auf sprachliche Rehabilitation an, und es ist praktisch nutzlos, solches Training zu versuchen« (zit. n. Villiger, Mathis 1972, 131). Binkert (1963, 6) meint, dass bei Kindern mit Down-Syndrom das notwendige Mindestmaß von Intelligenz für einen fruchtbaren Sprachheilunterricht nicht vorhanden ist. Diese Kinder sind nach ihrer Auffassung nicht im Stande, das sehr mühsam Erlernte aus den einzelnen Übungen jemals in die Spontansprache zu übertragen. Dagegen treffen Villiger und Mathis die Feststellung, dass »eine Sprachheilbehandlung an Mongoloiden in allen Bereichen der Sprache, außer im Symbolverständnis, Fortschritte bringt, sofern die Therapie früh und lange genug, intensiv, konsequent und wenn möglich, individuell geführt wird« (1972, 131). Die unterschiedlichen Aussagen zum Erfolg von Sprachtherapie bei Kindern mit Down-Syndrom sind wesentlich zurückzuführen auf undifferenzierte Annahmen über ihre Lernmöglichkeiten und durch die verschiedenen Auffassungen über Ziele und Methoden. Davon hängt auch ab, wann ein Therapiebeginn als sinnvoll angenommen wird. Aber insgesamt kann festgestellt werden, dass heute die Einstellung zu Sprachförderung und Sprachtherapie bei kleinen Kindern mit Down-Syndrom überwiegend positiv ist und eine logopädische Verordnung meistens kein Problem mehr bedeutet.

Für die Sprachförderung ist wichtig zu bedenken, dass eine Interdependenz von Reifung und Lernen besteht. Es kann deshalb keineswegs abgewartet werden, bis bestimmte kognitive Voraussetzungen erreicht sind, sondern es sind Bedingungen zu gestalten, damit basale sprachrelevante Kompetenzen erworben werden können. Auch gilt es die spezifischen »Zeitfenster« für das sprachliche Lernen zu berücksichtigen, weil sonst diese an das *Lebensalter* gebundenen günstigen »sensiblen Phasen« versäumt werden könnten, in denen das Kind bei strukturierten Angeboten optimal zum Erwerb entsprechender Kompetenzen bereit ist. Das heißt zwar keineswegs, dass das Lernen danach nicht möglich ist, aber es ist oft schwieriger.

Für das methodische Vorgehen ist jedoch ebenso wichtig eine Orientierung an dem jeweils erreichten *Entwicklungsalter*. Dabei spielt auch das syndromspezifische Lernverhalten eine Rolle.

Die recht unterschiedlichen Kompetenzen der Kinder werden mit zunehmendem Alter deutlicher. Damit individuell wichtige Förderziele benannt und entsprechende Hilfen angeboten werden können, sind diese Fähigkeiten deshalb differenziert mit geeigneten Testverfahren zu erfassen und die jeweils nächsten Entwicklungsschritte im Förderplan zu benennen. Sprachtherapeutische Maßnahmen haben das Ziel, die individuellen speziellen Schwierigkeiten zu mindern, Fehlentwicklungen zu korrigieren und syndromspezifische Probleme zu behandeln.

9.2.1 Sprachtherapie

Im Kindergartenalter erhalten die meisten Kinder mit Down-Syndrom Sprachtherapie. Das wesentliche Ziel ist die Förderung der Kommunikation und die Unterstützung beim Sprechenlernen, aber auch, die noch häufig bestehenden Schwierigkeiten im orofazialen Bereich zu vermindern.

Oft bereitet der Mundschluss den Kindern noch Mühe und es kann damit auch ein erhöhter Speichelfluss verbunden sein. Manchmal ist ein intensives Zungennuckeln zu beobachten, das verbunden sein kann mit einem auffälligen »Zungenzittern«. Auch starkes Zähneknirschen, das dann bereits die Milchzähne deutlich schädigt, kann sich entwickeln. Einige Kinder weigern sich, festere Nahrung zu essen, manche spucken gröbere Teile im Essen sofort wieder aus. Die Zungenmotorik zeigt oftmals eine typische nach vorne drängende Bewegung, mit der die Nahrung am Gaumen zerdrückt wird. Aber selbst wenn die Kinder kauen, werden oft relativ große Stücke geschluckt. Beim Trinken akzeptieren einige Kinder nur die gewohnte Flasche. Wenn aus einem Becher oder einer Tasse getrunken wird, setzen etliche Kinder mit Down-Syndrom das Gefäß auf die aus dem Mund gestreckte Zunge.

Diese vielfältigen möglichen syndromspezifischen Probleme müssen rechtzeitig erkannt und durch kindgemäß gestaltete Hilfen vermindert werden. Beim Essen und Trinken ist auf eine gute Sitzhaltung und Kopfkontrolle zu achten, und die Füße sollten aufgestellt sein, um eine größere Stabilität zu gewährleisten. Durch verschiedene Übungen können die seitlichen Zungenbewegungen für das Kauen gefördert werden. Gemeinsam mit dem Kind spielen wir »Zungenturnen« und probieren das schnelle Herausstrecken und wieder Hereinnehmen der Zunge, üben Bewegungen nach oben, unten und seitlich, versuchen »Zähneputzen« mit der Zunge und das Ausbeulen der Wangen abwechselnd rechts und links. Nach dem Essen kann man das Kind auffordern, den Löffel noch kurze Zeit mit den Lippen zu halten, um so die Lippenmuskulatur zu kräftigen. Mit einem Knopf, der an einem Wäscheband befestigt ist und dessen Bandende wir halten (zur Sicherheit!), können unabhängig von der Essenssituation Hin- und Her-Bewegungen im Mund zur Förderung des Kauens durchgeführt werden, kräftiges Ausspucken – wie mit Kirschkernen – in einen Becher oder das Festhalten des Knopfes im Mund mit den Lippen trotz Ziehens am Band unterstützen die Kräftigung der orofazialen Muskulatur. Für manche Kinder ist auch ein »Kauschlauch« eine geeignete Hilfe oder Esspapier, das an den Gaumen »geklebt« oder seitlich in den Mund geschoben wird. Mit einem Rührstäbchen für Kaffee, das oben ein Loch hat, kann man »Zungenturnen« üben. Die Zunge soll an dem Stäbchen nach oben bis zum Loch klettern und dann das Stäbchen kurz am Gaumen halten. Dadurch können wir die Hebung der Zungenspitze unterstützen. Das Spreizen und Spitzen der Lippen kann evtl. verbunden werden mit einfachen Imitationsspielen vor dem Spiegel. Auch Pustespiele mit Papierball oder Tischtennisball, Umblasen von Papierfiguren, Ausblasen von Kerzen, das Blasen auf der Mundharmonika und einem ›Kasu‹ sind spielerische ergänzende Angebote. Für einige Kinder bietet das Castillo-Morales-Konzept eine geeignete Unterstützung für motorisch-funktionale Übungen. Durch Anbieten verschiedener Trinkmöglichkeiten, wie z. B. ein durchsichtiger Plastikschlauch (evtl. mit Ventil!), Strohhalme, verschiedene Trinkgefäße (besondere Trinkbecher) oder eine kleine normale Flasche mit enger Öffnung sowie die üblichen Trinkflaschen für Kinder, kann die richtige Mundstellung beim Trinken erlernt werden. Zungennuckeln und Zähneknirschen sollten durch aktive Mundspiele und alternative Lutschmöglichkeiten überwunden oder vermindert werden. Manche fünf- oder sechsjährigen Kinder sind auch in der Lage, schon recht positiv bei differenzierteren myofunktionellen Übungen mitzuarbeiten.

Die Einbindung der verschiedenen Maßnahmen in Alltagsroutinen, Pflegehandlungen oder »Spiele« und eine entwicklungsorientierte Anpassung an die jeweilig gegebenen Möglichkeiten des Kindes ist eine wesentliche Vorbedingung für die Effektivität solcher Hilfen.

Auch wenn in der orofazialen Therapie wichtige motorische Grundlagen für das Sprechen gefördert werden, ist es doch notwendig, darüber hinaus konkrete Hilfen für die sprachliche Entwicklung zu geben. Die Schwierigkeiten der Kinder mit Down-Syndrom beim Sprechenlernen liegen nicht nur in der orofazialen Motorik, sondern vor allem im Koordinieren und Speichern kinästhetischer und auditiver Bewegungsvorstellungen und dem entsprechenden Erinnern und Abrufen von Lauten, Wörtern und Sätzen. Hinzu kommt eine Verzögerung bei der auditiven Wahrnehmung, die zu fehlerhafter Repräsentation des Gehörten und zu Beeinträchtigungen des phonologischen Gedächtnisses führen. Es sind deshalb konkrete Hilfen nötig, die diese Prozesse stützen und die verlangsamte Aufnahme und Verarbeitung berücksichtigen. Vor allem visuelle Informationen können die syndromspezifischen Verzögerungen in der auditiven Wahrnehmung kompensieren, da sie den Kindern ermöglichen, sich mehr Zeit für das Verstehen und Reagieren zu nehmen.

Spielerisch können Einzellaute gebildet werden, z. B. beim Anhauchen eines Spiegels ein H oder beim Pusten ein P oder F. Für einzelne Tiere können die typischen lautmalerischen Wörter benutzt werden oder als Bezeichnung für das, was sie tun, wie z. B. der Hund macht »wau-wau« und »sssss« macht die Mücke. In gleicher Weise können auch andere Dinge mit lautmalerischen Geräuschen verbunden werden, z. B. »ta-tü-ta-ta« macht das Polizei-Auto, »tok-tok-tok« macht der Trecker, »b-b-b« das Motorboot.

Verschiedene Alltagsgegenstände wie Löffel, Becher, (hölzernes) Obst oder andere Sachen aus einem Kaufmannsladen, Plastiktiere oder Spieldinge wie Legosteine, Bauklötze, Autos, Playmobil-Figuren oder auch Windel oder Creme können benannt und gemeinsam z. B. in einen Stoffbeutel eingeräumt werden. Bei der dann erfolgenden Aufforderung, z. B. »gib mir den Löffel« muss das Kind sowohl das Wort verstehen als sich auch taktil erinnern, wie der Löffel sich anfühlt. Diese Koppelung von Fühlen, Hören und dann Sehen erleichtert dem Kind das Lernen und Behalten. Es kann nach dem Ausräumen auch eine Zuordnung von Gegenständen zu entsprechenden Bildkarten erfolgen und ein Benennen mit Gebärden. Die verschiedenen Gegenstände lassen sich auch nach Kategorien ordnen (»Was kann man essen?« »Gib mir alle Tiere!«). Ergänzend können wir auch durch Bildung von Reihen und Ordnen von Dingen, die zusammengehören, solche Kategorienbildung unterstützen. Durch Abdecken oder Wegnehmen einzelner Gegenstände (Kim-Spiele) oder Bilder (Memory) fördern wir Vorstellung und Gedächtnis.

Viele Kinder, die sich im Kindergartenalter noch nicht hinreichend lautsprachlich äußern können, sind aber in der Lage, sich mit Gebärden zu verständigen. Es ist deshalb wichtig, dass auch im Kindergarten diese Kommunikation bekannt ist und in konkreten Situationen begleitend zu Mitteilungen eingesetzt wird. Um den Sprecheintritt zu unterstützen, soweit dieser noch nicht erfolgt ist, hat sich bewährt, die einzelnen Gebärden mit deutlicher prosodischer Betonung zu begleiten. So wird z. B. beim Gebärden von *Te-le-fon* jede Silbe durch eine kurze rhythmische Bewegung unterstützt. Ergänzend können in der Sprachtherapie taktil-kinästhetische Hilfen zur Lautbildung gegeben werden.

Übungen mit »Blitzwörtern« (flash-cards), die das Kind ganzheitlich erfasst, ermöglichen in Verbindung mit Gebärden auch dem noch nicht sprechenden Kind uns zu zeigen, wie viel Wörter es schon wiedererkennt. Die häufige Wiederholung dieser Wörter in entsprechenden Spielen und Übungen stützt nachhaltig auch das Erinnern, wie das Wort gesprochen wird. Lesen kann auch die Artikulation deutlich unterstützen, und einfache kleine Standardsätze fördern nachhaltig die Übertragung in die Spontansprache. Allerdings dürfen diese Übungen nicht zu formal ablaufen, sondern sind abwechslungsreich zu gestalten und mit geeigneten Spielen zu verbinden. So können wir einzelne Wortkarten an eine Leine anklammern und sie dann nach Aufforderung holen lassen oder wir verstecken die Karten an unterschiedlichen Orten und fragen dann, was z. B. unter dem Kissen lag (Katze), was im Karton (Auto) oder in der Schublade (Wurst) war. Eine Kombination mit Bewegungsspielen ist ebenfalls möglich. Manchmal kann man auch zwei Karten zusammenlegen und einen Satz daraus bilden. Auch Wörter auf Haftzettel geschrieben und dann an verschiedenen Gegenständen befestigt ermöglichen eine mit Bewegung verbundene kurze Wiederholung. Manchmal können gemeinsam einfache Sätze dazu gebildet werden, wie z. B. »Wo war das Auto? Das *Auto* war *unter* dem Tisch«, »Wo war die Katze? Die *Katze* lag *auf* dem Stuhl«. So können verschiedene Begriffe wie *oben*, *neben*, *zwischen*, *auf* und *unter* in einem verstehbaren Kontext vermittelt werden. Sinnvoll ist auf dieser Entwicklungsstufe auch das systematische Üben von typischen Redewendungen. Die Verbindung von Wortkarten und Bildkarten ermöglicht bei noch geringem Sichtwortschatz eine Vielzahl von Modellsätzen. Man kann z. B. für den Satz »Ich spiele mit …« Wortkarten nehmen und dann mit den entsprechenden Dingen als Bildkarten ergänzen (dem *Ball*, der *Puppe*, dem *Auto*) oder man nimmt den Satz »Ich esse gern…« und ergänzt dann die Bilder (*Keks*, *Käse*, *Wurst*).

Gebärden und Lesen haben sich als geeignete visuelle Unterstützung im Spracherwerb erwiesen und können sich zudem positiv auf die Artikulation auswirken. Ergänzende Lautgebärden zu einzelnen Buchstaben, evtl. verbunden mit taktilen sprechmotorischen Hilfen (Taktkin), helfen manchen Kindern, sich besser an die Artikulationsbewegungen zu erinnern.

Förderlich kann sich auch der Einsatz geeigneter technischer Hilfen auf die Mitteilungsfähigkeit auswirken. Vor allem der Einsatz des iPads als Kommunikationshilfe bietet vielfältige neue Möglichkeiten. Die vielen verschiedenen Apps, die sich auf unterschiedliche Entwicklungsstufen und Themenbereiche beziehen, lassen sich den individuellen Bedürfnissen eines Kindes entsprechend auswählen und effektiv einsetzen. Sie bieten oft motivierende Spiele und Übungen zur systematischen Wortschatzerweiterung und Satzbildung.

Es ist wichtig, dass wir uns deutlich machen, dass bei der sprachlichen Förderung im Kindergartenalter alters- und reifungsabhängige Faktoren zu bedenken sind. Das bezieht sich vor allem auf Artikulation, Syntax und Grammatik, aber auch auf Sprachverständnis bei konkreten und situationsunabhängigen Mitteilungen.

9.2.2 Sprachförderung

Im Unterschied zu den speziellen Maßnahmen in der Sprachtherapie werden zur Sprachförderung alle normalen entwicklungsbegleitenden Hilfen gezählt, die das Ziel haben, die sprachlichen Kompetenzen des Kindes direkt oder indirekt durch Gestaltung förderlicher Bedingungen zu unterstützen und weiter zu entwickeln.

Bei Kindern mit Down-Syndrom im Vorschulalter bestehen sehr große individuelle Unterschiede in den sprachlichen Fähigkeiten und besonders beim Sprechen. Während einige dreijährige Kinder schon in der Lage sind, in kleinen Sätzen zu sprechen, gebrauchen andere erst Einwortsätze oder sprechen nur wenige Wörter, und einige Kinder haben in diesem Alter noch nicht mit dem Sprechen begonnen. Daraus ergeben sich für die sprachliche Förderung im Kindergartenalter bis zum Schuleintritt individuell sehr unterschiedliche Ziele und Aufgaben. Ausgerichtet am jeweils erreichten Entwicklungsstand des Kindes gilt es, die individuell angepassten Hilfen zu finden, um die Sprachentwicklung optimal zu unterstützen und die wichtigen sprachgebundenen kognitiven Strukturen zu fördern.

Um den Wortschatz zu erweitern, ist es wichtig, gemeinsame Aufmerksamkeit herzustellen und das Benennen von Dingen, Handlungen und Eigenschaften in konkreten Situationen handlungsbegleitend zu fördern. Kinder mit Down-Syndrom benötigen oft mehr Zeit, um eine Aufforderung oder Mitteilung zu verstehen und zu verarbeiten. Das ist bei gemeinsamen Aktivitäten zu beachten. Wichtig ist zudem, sich am tatsächlichen Sprachverständnis des Kindes zu orientieren und zu lange Sätze zu vermeiden. Für noch nicht sprechende Kinder können ›Kommunikationskisten‹ zu verschiedenen Themen (Spiele drinnen oder draußen, Essen) zusammengestellt werden. So können in einen Schuhkarton z. B. verschiedenen Spieldinge gelegt werden, wie für drinnen ein Legostein, ein Puzzleteil, ein Buntstift oder für draußen ein kleiner Ball, ein Sandkastenförmchen oder auch vielleicht ein Foto von der Schaukel. Auf die Frage »Was möchtest du spielen?« kann das Kind dann eine Auswahl treffen und so lernen, auszuwählen und sich mitzuteilen. Verschiedene Gegenstände können im Original und auf Abbildungen benannt und verglichen werden. Auch eine kriterienbezogene Zuordnung ist möglich, was z. B. rund ist oder eckig, leicht oder schwer, was Fahrzeuge sind, Tiere, Spielzeug oder Obst. Eine wichtige Hilfe zur Sprachförderung ist auch das gemeinsame Betrachten eines Bilderbuches und das Zeigen, Erzählen und Benennen zu den Abbildungen – allerdings nicht nur Substantive, sondern auch Verben und Adjektive! Dabei können Gebärden begleitend eingesetzt werden. Besonders für das Benennen von Verben und Adjektiven kann das hilfreich sein. Die Kinder brauchen auch nicht immer neue Bilderbücher, sondern gerade vertraute Geschichten sind wichtig, ermöglichen sie ihnen doch beim Vorlesen sich zu erinnern, so dass das Kind aufgefordert werden kann, auf die Frage, was jetzt passiert, mit Gebärden oder einzelnen Wörtern zu antworten oder einen begonnenen Satz schon selbstständig zu beenden. Es gibt auch entsprechende Bilderbücher, die diese Verbindung von Sprache und Gebärden sowie das Erinnern fördern (»Und nun?«, Wilken, Halder 2013).

Einfache Bildgeschichten, gekauft oder selber aus Fotos hergestellt, werden in der richtigen Reihenfolge geordnet. Zu jedem Bild gehört ein Standardsatz, der dazu gesprochen wird. So kann man z. B. eine vierteilige Bildfolge zum Geburtstag, über einen Ausflug, ein besonderes Erlebnis gestalten. (»Ich habe *Geburtstag*. In dem *Paket* ist mein Geschenk. Ich packe mein *Geschenk* aus. Ich habe einen neuen *Teddy*.«). Einige Apps bieten Möglichkeiten, solche individuellen Geschichten oder ein ICH-Buch mit entsprechenden Bildern zu gestalten (Go Talk Now). Manche Kinder können dabei ergänzend lernen, die Kernwörter zu lesen. Eine solche Bildgeschichte kann auch mitgenommen werden in den Kindergarten, damit das Kind anhand der Bilder besser in der Lage ist von einem Ereignis zu erzählen.

Wichtig in der Kommunikation mit dem Kind ist es, zu überlegen, welche Fragen das Kind schon beantworten kann. Vielleicht ist es in der Lage, auf die Frage »Möchtest du Käse?« mit Kopfschütteln und »e-e« und dann auf die ergänzende Frage »Oder Wurst?« mit Kopfnicken und »m-m« zu antworten. Wenn es die Wörter aber schon gebärden oder sprechen kann, sollte man eher fragen »Was möchtest du?«, damit es aktiv benennen und entsprechend antworten muss.

Eine übliche sprachfördernde Strategie in diesem Alter ist die Satzerweiterung und das ergänzende Modellieren der kindlichen Äußerungen. Dabei können wir die Ein- bzw. Zwei-Wort-Sätze des Kindes im Sinne seiner intendierten Mitteilung vervollständigen und grammatisch korrekte Satzbeispiele vorgeben. Wenn das Kind sagt »auch!« können wir ergänzen »Du möchtest **auch** Saft?« oder es sagt »Papa Auto« und wir antworten »ja, das **ist** Papas Auto«.

Oftmals sind Kinder mit Down-Syndrom im Kindergartenalter noch wenig in der Lage, sich intensiver mit einer Sache zu beschäftigen. Deshalb erfolgt ein häufiger Wechsel der Aktivität, manchmal verbunden mit Unruhe und Umtriebigkeit. Einigen Kindern fehlt die für Legespiele oder Bauen nötige Ausdauer. Auch gelingen ihnen solche Aufgaben oft nicht, weil sie nur flüchtig hinsehen. Die akustische Aufmerksamkeit ist meistens noch ungenauer als die visuelle. Bei der weiteren sprachlichen Förderung ist deshalb zu überlegen, welche Möglichkeiten bestehen, um kontextbezogen eine gerichtete visuelle und akustische Aufmerksamkeit zu unterstützen und zunehmende Ausdauer beim Spielen zu erreichen.

Bei konkreten Forderungen zeigen die Kinder leicht eine Verweigerung oder versuchen sogar, durch soziale Zuwendung wie Küsschen geben oder Schmusen von der eigentlichen Aufgabe abzulenken und sich einer Anforderung so zu entziehen. Es ist aber auch zu berücksichtigen, wie gut sie tatsächlich verbale Anweisungen verstehen. Das Sprachverständnis ist zwar deutlich weiter fortgeschritten als das Sprechen, aber bei differenzierter Überprüfung zeigt sich meistens, dass noch eine starke Kontextgebundenheit besteht. Oft entsteht Verweigerung oder Ausweichverhalten aufgrund von Unsicherheit und Unverständnis. Eine Orientierung am Konzept »Einfache Sprache« ist deshalb hilfreich. Das bedeutet im Kindergartenalter, dass Sätze überwiegend aus zwei oder drei Elementen bestehen sollten (Das Mädchen schaukelt. Der Junge holt den Ball) und dass Negationen vermieden werden (»Sei bitte leise!« und nicht »Sei nicht so laut«).

In »So-tun-als-ob-Spielen« und einfachen Rollenspielen können wir dem Kind helfen, Vorstellungen zu entwickeln, handlungsbegleitend zu sprechen und zu rufen. Auch in den üblichen Alltagssituationen, beim An- und Ausziehen, beim Tischdecken und beim Essen, vielleicht auch beim ›Mitmachen‹ bei der Reinigung der Wohnung (Wir wischen den Tisch. Wir fegen) oder beim Einkauf (Wir brauchen Bananen. Wir brauchen Milch), bieten sich vielfältige Gelegenheiten zur Beteiligung und zu einer integrierten sprachlichen Förderung. Das gemeinsame Nachspielen dieser Handlungen oder das Ansehen von entsprechenden Bilderbüchern hilft dem Kind zusätzlich, seine sprachlichen Fähigkeiten zu erweitern. Durch einfühlsame Unterstützung bei zielgeleiteter Aufgabenstellung gelingt dann auch ein vorwiegend fehlervermeidendes Lernen, damit das sonst leicht auftretende Abblocken des Kindes nicht auftritt.

Eine spezielle Schwierigkeit kann mit der fehlenden Einsicht in Verbote gegeben sein. Dabei werden die Verbote sprachlich verstanden, aber nicht die damit geäußerte Intention, dass eine bestimmte Handlung zu unterlassen ist (»Nicht weglaufen!« »Nicht werfen!«). Die Förderung des sprachlichen Verstehens ist deshalb in seiner erweiterten Bedeutung zu sehen und nicht allein auf Übungen zum Wort- bzw. Satzverständnis zu beschränken. In strukturierten Alltagssituation sollte mit dem Verständnis einzelner Wörter und Sätze zugleich die kommunikative und pragmatische Bedeutung vermittelt werden.

Als günstig für Kinder, die sich noch überwiegend mit Gebärden verständigen, hat sich erwiesen, wenn auch die anderen Kinder im Kindergarten die Gebärden spielerisch lernen. So haben die meisten Kinder Spaß daran, wenn sie aus dem Raum gehen und man »durch die Fensterscheibe spricht« und sie die gezeigten Gebärden erkennen und sich merken müssen und dann beim Wieder-Betreten des Gruppenraumes die gezeigten Wörter sagen. Das fördert auch ihre Fähigkeit, sich sprachliche Mitteilungen zu merken. Besonders geeignet sind für die spielerische Vermittlung an die anderen Kinder die Karten des GuK-Systems, die zu Ratespielen oder zum Sortieren benutzt werden können oder auch aufgehängt werden können, damit alle Kinder über die Bildkarten und Gebärdenkarten die vom Kind benutzte Verständigungsform lernen. Aber auch das Begleiten von Liedern und Fingerspielen mit Gebärden ist für alle Kinder motivierend und fördert das sprachliche Gedächtnis und das Behalten der Texte. Dabei ist es sinnvoll, sich an den üblichen kindgemäßen Sprechversen und Liedern zu Jahres- und Tageszeiten, Tieren oder typischen Aktivitäten zu orientieren und auf unnötige Verkleinerungsformen (Näschen, Öhrlein) zu verzichten (ein kleines Buch mit entsprechenden Versen und Liedern zu GuK liegt vor, Wilken, 2018).

Soweit das Kind noch nicht in der Lage ist, sich verbal verständlich mitzuteilen, können neben den Gebärden auch andere ergänzende Kommunikationsformen wichtig sein. Einfache Bildsymbole – z. B. auf einer Übersichtstafel an der Tür – erleichtern ihm mitzuteilen, was es in der Freispielzeit draußen oder drinnen machen möchte. Auch auf seinem Platzdeckchen können Bildsymbole von bestimmtem Essen und Trinken oder von *fertig* und *mehr* aufgeklebt sein. Beim gemeinsamen Essen kann das Kind dann auf die Frage, was es haben möchte, mit entsprechendem Zeigen antworten. In gleicher Weise kann eine Tafel mit Bildern versehen sein, die das Auswählen von Liedern oder Spielen ermöglicht. Auch zu Hause können solche Bildsymbole helfen, neben den Gebärden auch andere ergänzende Kommunikationsformen zu benutzen. So können einzelne Bilder (evtl. auch bekannte Wörter) am Kühlschrank das Kind veranlassen zu zeigen, was es haben möchte, denn nicht für alle Lebensmittel gibt es Gebärden bei GuK. Entsprechend kann auch im Kindergarten im Gruppen- oder Bewegungsraum, zu Hause im Kinderzimmer oder an der Tür zum Badezimmer mit Bildsymbolen oder Wörtern Verständigen unterstützt werden. In solchen konkreten Alltagssituationen und in Spielen können wir die Fähigkeit fördern, mitzumachen und auch nachzusprechen, ohne dass ausdrücklich zum Sprechen aufgefordert wird. Diese ergänzenden nicht verbalen Angebote ermöglichen, die sprachrelevanten Grundlagen auch dem noch nicht sprechenden Kind zu vermitteln und dadurch die »biolinguistischen Zeitfenster« (Grimm 2012, 167) günstig zu berücksichtigen.

Es ist aber darauf hinzuweisen, dass viele Kinder mit Down-Syndrom in der Lage sind, mit wenigen Wörtern sehr gut zu kommunizieren. So sprach z. B. ein fünfjähriges Mädchen zwar nur sechs Wörter: Papa (für Papa und Mama), Nana (ihre Schwester Jana), nee (nein), og-og (ich auch, nochmal, mehr), da, ba-ba (alle, fertig, unangenehm), aber diese Wörter konnte sie mit unterschiedlicher Intonation einsetzen. Ergänzt durch Anfassen und Ziehen der Bezugspersonen und durch Hinzeigen konnte sie damit fast alles erreichen, was sie wollte. Trotzdem sollte man sich nicht damit zufriedengeben, wenn man das Kind überwiegend versteht, sondern solchen Kindern sind unbedingt ergänzende Kommunikationsformen anzubieten, um eine Verständigung kontextunabhängiger zu ermöglichen. Zudem können durch Gebärden und andere Formen der Unterstützten Kommunikation nicht nur die Mitteilungsmöglichkeiten des Kindes wesentlich gestützt werden, sondern dadurch werden auch Klassifizierungs- und Denkprozesse gefördert. Wenn das Kind z. B. auf eine Apfelsine zeigt und die Gebärde für Ball macht, verdeutlicht es damit, dass es das gemeinsame Merkmal »rund« erkannt hat.

Spiellieder und Sprechspiele ermöglichen durch die Einbeziehung von Gebärden und rhythmischen Elementen, das Verständnis und das Erinnern zu unterstützen. Gerade im Kindergarten bieten Kreisspiele, Bewegungsspiele, Rollenspiele in kleinen Gruppen zusammen mit anderen Kindern für die weitere Entwicklung sozialer und kommunikativer Kompetenzen viele Möglichkeiten. Das Kind lernt, aufmerksam zu warten, bis es an der Reihe ist (z. B. beim Katzentanz), aufzupassen und sich etwas vorzustellen (z. B. Taler, Taler du musst wandern), mitzumachen, mitzusprechen oder mitzusingen (Dornröschen-Spiel, Häschen in der Grube).

9.2.3 Motorische Förderung

Für die gesamte Entwicklung der Kinder ist die differenzierte Förderung der feinmotorischen und großmotorischen Fähigkeiten in altersgemäßen Tätigkeiten und Bewegungsspielen wichtig. Oft hat sich noch keine deutliche Lateralität entwickelt. Eine Unterstützung der zunehmenden Bevorzugung einer Hand ist deshalb sinnvoll, weil ein wahrscheinlich ein gewisser Zusammenhang zwischen Händigkeitsentwicklung und Sprachentwicklung besteht. Dabei ist es erfahrungsgemäß kein Problem, wenn bei noch nicht eindeutig erkennbarer Seitendominanz die überwiegend bevorzugte Hand geübt wird. Für die Förderung der Handmotorik sind das Mitmachen bei typischen Tätigkeiten in Alltagssituationen wichtig, wie z. B. beim An- bzw. Ausziehen oder beim Essen. Dazu gehören auch das Aufschrauben von Tuben oder Flaschen, vielleicht das Auswringen eines nassen Tuches, das Zerkleinern von Gemüse und Obst. Beim Spielen mit Bausteinen übernimmt eine Hand die stützende und die dominante Hand die ausführende Funktion. Auch beim Malen hält eine Hand das Papier, die andere malt mit dem Stift. Bei all diesen Aufgaben hat die dominante Hand die differenzierten feinmotorischen Aufgaben zu übernehmen, während die andere Hand eher eine haltende Funktion hat. So gelingt die beidhändige Koordination zunehmend besser. Dass auch Verstehen und Mitteilen in solchem Kontext sinnvoll gelernt werden können, ist deutlich. Dabei richtet sich die Auswahl der Aufgaben zwar nach den jeweils wichtigen Lernzielen, aber die Arbeit sollte für das Kind erkennbar als »Mithilfe« gestaltet sein. Der Umgang mit Schere und Kleber, mit Buntstift – und nicht nur Fingerfarben! – und Malbüchern, mit Perlen und Faden, mit verschiedenen Bausteinen, Steckspielen und Knete bietet weitere vielfältige Möglichkeiten der altersgemäßen Übung feinmotorischer Fähigkeiten. Allerdings ist jedes Kind in diesem Alter auf die gemeinsame, freundliche Gestaltung solcher Situationen angewiesen. Erst allmählich erlernt es über den sicheren sozialen Bezug, sich zunehmend auch allein zu beschäftigen.

Altersentsprechende Spiele, die die Großmotorik fördern, beziehen sich auf Rennen, Hüpfen und Klettern, Werfen und Fangen, Dreirad-, Laufrad- und Rollerfahren, evtl. auch schon Schwimmen und Fahrradfahren. Gerade die Ruf- und Rennspiele (Wer fürchtet sich vorm braunen Bär?), Laufspiele aus dem Kreis (Katze und Maus, Plumpsack), Hüpfspiele mit dem Seil oder in aufgemalten Kästchen, zeigen die motivierende Bedeutung, die in diesem Alter die anderen Kinder als Spielpartner haben. Beim Erlernen von bestimmten Fertigkeiten, wie das Schaukeln, die Tretbewegung beim Dreiradfahren oder das Gleichgewichthalten beim Roller- bzw. Laufradfahren, brauchen die Kinder die Frustrationen vermeidende Hilfe durch Erwachsene.

9.2.4 Institutionelle Förderung

Kinder mit Down-Syndrom können, wenn die Eltern das möchten, heute oft schon im Alter von wenigen Monaten eine Krippe oder eine Kindertagesstätte besuchen. Für eine gelingende Förderung ist dann nicht nur eine gute Zusammenarbeit mit den Eltern wichtig, sondern auch mit den Therapeuten und Früherziehern, damit die erforderlichen Hilfen in den verschiedenen Kontexten in Alltagssituationen in der Krippe und im Kindergarten aufgenommen und geübt werden. Bei geeigneten Rahmenbedingungen zeigen die Erfahrungen, dass Kinder mit Down-Syndrom vom Zusammenleben und gemeinsamen Spielen unter Berücksichtigung einiger syndromspezifischer Aspekte in vielen alltagsrelevanten Bereichen lernen können. Das gilt besonders für die sprachlichen Fähigkeiten. Der Übergang von der Krippe in den Kindergarten gestaltet sich – abhängig von den verschiedenen Institutionen – oft fließend und auch die spezielle sonderpädagogische Unterstützung kann meistens mit übernommen werden.

Auf der Grundlage der UN-Behindertenrechtskonvention zur inklusiven Bildung und zur Ermöglichung von Teilnahme in allen Lebensbereichen (Artikel 24) wird auch für den Kindergarten ein gemeinsames Spielen und Lernen von Kindern mit und ohne Beeinträchtigung angestrebt. »Die politischen Entscheidungsträger und Verantwortlichen in den einzelnen Bundesländern unterscheiden sich jedoch deutlich in ihren Vorstellungen, wie dieser Anspruch (auf Teilhabe) verwirklicht werden kann und welche Ressourcen dafür erforderlich sind und wie sie finanziert werden« (Sarimski 2016, 27). Es müssen jedoch unbedingt dazu die individuell erforderlichen personellen und institutionellen Bedingungen geschaffen werden. Oft besteht allerdings die Erwartung, dass in einem »Kindergarten für alle« sich positiv wirkende Kontakte von selbst ergeben und keine besonderen Maßnahmen erforderlich sind.

Aufgrund positiver Erfahrung mit dem gemeinsamen Spielen von Kindern mit Down-Syndrom und ihren Geschwister- und Nachbarkindern wollen die meisten Eltern eine Fortsetzung dieser Kontakte und bevorzugen heute fast ausschließlich den Besuch des wohnortnahen Regelkindergartens. Schon vor etlichen Jahren ergab eine Befragung (Wilken 2004, 88), dass von über 700 Familien fast 80 % ihre Kinder mit Down-Syndrom in einen Allgemeinen Kindergarten schickten. Die oft relativ großen Gruppen waren dabei in der Regel kein wesentliches Problem, auch wenn in einigen Situationen etwas Unterstützung nötig war. Allerdings hat die Zunahme von Kindern mit herausforderndem oder kulturell bedingtem abweichenden Verhalten die Bedingungen für das gemeinsame Spielen erheblich verändert. Eine ergänzende individuelle Unterstützung des Kindes mit Down-Syndrom durch eine Inklusionshelferin ist deshalb oft angebracht. Für Kinder, die den Regelkindergarten besuchen, müssen die noch erforderlichen speziellen Therapien, wie Logopädie oder evtl. Ergo- oder Physiotherapie, meistens außerhalb der Kindergartenzeit von den Eltern organisiert werden.

Einige Kinder mit Down-Syndrom neigen dazu, spontan wegzulaufen. Das kann bei offenen Konzepten aber auch beim Spielen im Freien schwierig sein, wenn die erforderliche Aufsicht nicht hinreichend gewährleistet werden kann. Eine »Integrationshilfe« ist deshalb oft nötig. Dabei ist jedoch zu reflektieren, dass Kinder mit Down-Syndrom dazu neigen, sich stärker an Erwachsenen als an Gleichaltrigen zu orientieren. Das sollte durch eine zu enge Kind bezogene Zuordnung nicht unnötig verstärkt werden. Manchmal spielt das Kind mit Down-Syndrom eher neben den anderen Kindern und nicht mit ihnen. Es braucht dann sensible Unterstützung, um es in das gemeinsame Spielen mit den anderen einzubeziehen. Auch kann bei den anderen Kindern ein unbewusstes Vorurteil bestehen, dass dazu führt, die Kinder mit Down-Syndrom in bestimmten Kleinkindrollen zu fixieren und damit die Selbstständigkeitsentwicklung zu beschränken, auch weil sie oft deutliche kleiner sind als die Gleichaltrigen. So spielte ein fünfjähriger Junge mit Down-Syndrom beim typischen Familienrollenspiel immer das Kind. Als er auf Vorschlag der Erzieherin einmal den Vater spielen wollte, fanden die anderen Kinder das völlig unpassend. Manchmal besteht auch die Tendenz, die Kinder unnötig zu »bemuttern«, also in vielen Bereichen der Selbstversorgung ihnen die Aufgaben abzunehmen. Und Kinder mit Down-Syndrom haben eine beachtliche Fähigkeit, sich unnötig helfen zu lassen.

Diese Probleme sind aber vermeidbar, und meistens hat das positive Vorbild der anderen Kinder für das soziale Verhalten und insbesondere für die sprachlichen Fähigkeiten eine ausgesprochen günstige Wirkung. Die anderen Kinder sprechen und erwarten Antworten und sie verstehen nicht alles so gut wie die Mutter. In solchen konkreten Situationen ist deshalb auch das Kind mit Down-Syndrom eher motiviert, sich anzustrengen und so deutlich wie möglich zu sprechen oder sich mit

Gebärden verständlich zu machen. Auch in anderen gemeinsamen Handlungen, beim Spielen in der Puppen- oder Bauecke, beim Malen und Basteln, bei der Selbstversorgung, beim Frühstücken, Händewaschen oder bei der Toilettenbenutzung lernt das Kind mit Down-Syndrom viel von den anderen Kindern – und mit diesen konkreten Erfahrungen wächst oft auch der passive und aktive Wortschatz beträchtlich.

Mit einem besonderen pädagogischen Konzept, das sowohl die behinderungsspezifisch nötigen Hilfen als auch die positiven sozialen Anregungssituationen des Spielens und Lernens mit nicht behinderten Kindern ermöglicht, arbeitet der integrative bzw. der inklusive Kindergarten. Die Gruppengröße ist in diesen Einrichtungen deutlich reduziert, variiert jedoch in Abhängigkeit von der Anzahl der jeweils aufgenommenen Kinder mit Beeinträchtigung. Die personelle Ausstattung in diesen Kindergärten ist günstiger und manchmal werden auch spezielle Therapien integriert oder durch Zusammenarbeit mit entsprechenden Therapeuten angeboten. Die entwickelten pädagogischen Konzepte wollen das gemeinsame Leben und Lernen von behinderten und nicht behinderten Kindern im Vorschulalter so gestalten, dass alle Kinder in entsprechend strukturierten Projekten ihren Möglichkeiten und Bedürfnissen gemäß individuell gefördert werden und miteinander in sozialer Verantwortung lernen können. Die realen Bedingungen unterscheiden sich jedoch aus unterschiedlichen Gründen teilweise erheblich von diesen Zielsetzungen. Sowohl die Gruppengröße als auch die personelle und sächliche Ausstattung und das praktizierte pädagogische Konzept erfüllen nicht immer die Erwartungen und sollten deshalb von den Eltern kritisch hinterfragt werden. Zudem gibt es nur relativ wenige inklusiv arbeitende Einrichtungen und diese sind nur selten wohnortnah.

Mittlerweile werden Sonderkindergärten nur noch selten von den Eltern für ihr Kind mit Down-Syndrom gewünscht, eigentlich nur dann, wenn aufgrund einer Doppeldiagnose (z. B. Down-Syndrom und Autismus) ein sehr umfangreicher spezieller Förderbedarf gegeben ist. Die deutlich kleineren Gruppen und das Angebot spezieller Therapien und die Berücksichtigung individueller Förderziele können für diese stärker entwicklungsbeeinträchtigten Kinder günstig sein. Allerdings wurden aufgrund politischer Entscheidungen zu Gunsten eines inklusiven Fördersystems in einigen Bundesländern Sonderkindergärten weitgehend aufgelöst.

Auch von vielen Eltern werden Sonderkindergärten kritisch gesehen, weil eine Gruppe mit unterschiedlich behinderten und entwicklungsverzögerten Kindern trotz individueller Förderung weniger Möglichkeiten für ein wechselseitiges positives Lernen voneinander und miteinander bietet. Gerade für die sprachliche Entwicklung fehlt oftmals das anregende Vorbild gut sprechender Kinder. Bei gemeinsamen Spielen und beim Singen dominieren fast immer die Erwachsenen. Da gerade Kinder mit Down-Syndrom viel durch das normale Vorbild, durch Mitmachen und Nachmachen lernen, wird die im Sonderkindergarten überwiegend gegebene Situation deshalb oft als zu begrenzend empfunden.

Es ist deshalb für das einzelne Kind mit Down-Syndrom unter den gegebenen regionalen Bedingungen, den speziellen Förderbedürfnissen und den jeweiligen familiären Erfordernissen zu prüfen, welche vorschulische Einrichtung die insgesamt individuell günstigeren Bedingungen bietet.

9.2.5 Tabellarische Darstellungen

Tab. 10: Förderung des Sprachverständnisses

3–6 Jahre	Sprachverständnis	Förderangebote
Ausbildung differenzierter sprachlicher Kompetenzen	Differenziertes Verständnis von Wort- und Satzbedeutung, Ausführen von Aufträgen, Anweisungen verstehen, Versteht Fragen und kann entsprechend antworten (evtl. mit Gebärden oder Kopfnicken)	So-tun-als-ob-Spiele, Einfache Rollenspiele, Bilderbücher zur Wortschatzerweiterung, Gemeinsame Handlungen zur Förderung des Verständnisses von Aufträgen
Vernetzung von rechts- und linkshemisphärischem Lernen	Versteht Präpositionen, Kennt einfache Gegensätze und kann vergleichen, Kennt die Tageszeiten, Versteht gestern, heute, morgen Kennt Oberbegriffe und kann Bilder entsprechend ordnen, Entwickelt Gefühl für Sprachregeln, Erkennt geübte geschriebene Wörter wieder	Präpositionen spielerisch üben, Offene Fragen stellen – auch nicht verbale Antworten (Gebärden) akzeptieren, Farben und Formen üben, (Gebärden helfen zur Veranschaulichung), Oberbegriffe: Tiere, Obst, Spielsachen, Essen, Gegensätze benennen (groß – klein, wenig – viel), Evtl. ganzheitliches Lesen mit Wortbildern einführen und Übungen zum Wiedererkennen

Tab. 11: Förderung von Mitteilen und Sprechen

3–6 Jahre	Sprechen	Förderangebote
	Zunahme des Vokabulars – Gebärden und Wörter, Kombiniert Ein-Wort-Sätze mit Gebärden, Zwei-Wort-Sätze: Subjekt und Aktion, Verneinung, Wiederholung, Stellt Fragen, Benutzt Präpositionen, Mehrzahlbildung, Bezeichnet Farben, Kann Bildergeschichten ordnen und dazu erzählen, Artikulation oft noch fehlerhaft, Syntax und Grammatik unsicher	Wortschatz systematisch aufbauen, Handlungen sprachlich begleiten und bezeichnen, Kombination von zwei Wörtern in Spielen und strukturierten Übungen fördern, Fingerspiele, Sprechverse, Lieder, Gedichte mit Gebärden, Unvollständige Sätze ergänzen lassen, Fragen provozieren, Farben, Formen ordnen und bezeichnen, Bildergeschichten mit einfachen Sätzen belegen, Artikulation und Syntax gezielt üben – evtl. mit einfachen Lesetexten stützen

Tab. 12: Syndromspezifische Merkmale

3–6 Jahre	Beeinträchtigungen	Förderung
	Ess- und Trinkschwierigkeiten, Überwiegende Mundatmung und häufige Erkältungen, Zunge und Lippen hypoton, manchmal rissig, Oft unregelmäßige Zähne, Zahnschäden aufgrund von Knirschen, Hörprobleme, Verlangsamte und ungenaue auditive Wahrnehmung, Noch nicht ausgeprägte Lateralität, Eingeschränkte Mitteilungsbereitschaft, Stimme klingt manchmal rau und heiser, Undeutliche Artikulation, Wortreduktionen, Stark verkürzte Sätze – »Telegrammstil«	Kauen und Trinken im Alltag und spielerisch üben, Zungen- und Lippenmotorik differenziert fördern, Zahnpflege, Zähneknirschen durch Mundspiele reduzieren, evtl. auch Knirscherschiene, Auditives Wahrnehmungstraining mit visueller Unterstützung, Förderung der Händigkeitsentwicklung, Mitteilungsbereitschaft durch Alternativfragen fördern, Stimmübungen: flüstern, rufen, brummen, summen, hoch, tief, laut, leise, Aussprache gezielt üben, evtl. in Verbindung mit ganzheitlichem Lesen und Lautgebärden, Reime, Lieder, Sprachroutinen lernen

9.3 Sprachförderung im Schulalter

Abb. 34: Gemeinsames Lernen mit individuellen Programmen in der Grundschule

9.3.1 Kompetenzprofile

Aufgrund individuell unterschiedlich ausgeprägter syndromspezifischer Beeinträchtigungen sowie sozialisationsabhängiger, verschiedener Bedingungen zeigen Kinder mit Down-Syndrom im Schulalter weit streuende kognitive, sprachliche und motorische Leistungen. Es ist deshalb erforderlich, die individuellen Kompetenzen differenziert zu ermitteln und bei der Förderplanung einzubeziehen. Zudem sind die besonderen sprachlichen Probleme sowie die syndromtypischen Aspekte von Lernen und Verhalten bei den didaktischen und methodischen Entscheidungen zu berücksichtigen.

Bei einigen Kindern mit Down-Syndrom sind die verschiedenen möglichen orofazialen Probleme im Schulalter noch vorhanden. Der Mundschluss fällt oft schwer und auch das Kauen kann manchmal schwierig sein. Entsprechende Hilfen und Übungen sind deshalb durchaus noch angezeigt. Viele Kinder weisen syndromspezifische sprachliche Kompetenzen und typische Schwächen auf. Besonders die Artikulation ist von typischen Beeinträchtigungen betroffen, aber auch Syntax und Grammatik weisen bei vielen Kindern sehr deutliche Abweichungen auf. Deshalb sind sie oft für fremde Personen schwer zu verstehen.

Einige Kinder entwickeln erst im Grundschulalter Redeflussstörungen und benötigen dann möglichst frühzeitig eine entsprechende begleitende Therapie.

Die besonderen Sprachschwierigkeiten von Kindern mit Down-Syndrom – auch im Vergleich zu anderen Kindern mit kognitiven Beeinträchtigungen – sind typisch und führen zu einem charakteristischen syndromspezifischen Sprachprofil.

Die Sprachentwicklung ist nicht nur vom individuellen Entwicklungsalter abhängig, sondern es gibt auch »biologische Zeitfenster«, die durch eine Abhängigkeit vom Lebensalter gekennzeichnet sind. Allerdings sollte davon nicht abgeleitet werden, dass eine Weiterförderung danach nicht mehr möglich ist. Wie bei allen Menschen sind Entwicklungsprozesse zwar an bestimmte Lebensaltersphasen gebunden, Lernen ist jedoch unter geeigneten Bedingungen immer möglich. Wichtig ist darum, Methoden und Zielsetzungen von Sprachförderung und Sprachtherapie sowohl dem Lebensalter als auch dem Entwicklungsalter und den individuellen Bedürfnissen und Interessen des Kindes entsprechend anzupassen.

Im Rahmen eines größeren Projektes an der Universität Hannover haben wir bei 98 Schülerinnen und Schülern mit Down-Syndrom aus verschiedenen Förderschulen und Integrationsklassen das allgemeine Sprach- und Leistungsverhalten ermittelt (Wilken 1999b, Q1). Die ermittelten Kompetenzprofile zeigten die erwartete große Heterogenität:

Einige Kinder konnten sich gut verständlich und differenziert ausdrücken, auch wenn noch einzelne Artikulationsprobleme bestanden. Manche hatten bereits im Grundschulalter sinnentnehmend lesen gelernt und konnten auch relativ gut schreiben. Die meisten Kinder jedoch zeigten erheblich eingeschränkte sprachliche Fähigkeiten. Dabei hatten die meisten Kinder nicht nur frühzeitig Logopädie erhalten, sondern hatten auch weiterhin Sprachtherapie. Viele Kinder sprachen überwiegend in Ein-Wort- oder Zwei-Wort-Sätzen und oft erschwerten gravierende Artikulationsprobleme die Verständlichkeit erheblich. Manche hatten einen sehr eingeschränkten aktiven Wortschatz, einige sprachen insgesamt nur wenige Wörter oder benutzten sogar nur einzelne Ausdruckslaute. Andere konnten zwar sprechen, zeigten aber – aufgrund unterschiedlicher Probleme oder negativer Erfahrungen – eine deutliche Sprechunlust. Das Sprachverständnis war, bezogen auf konkrete Situationen, zumeist relativ gut. Fragen, die über den gegebenen Kontext hinausgingen oder längere sprachliche Mitteilungen, wurden eher weniger verstanden. Beeindruckend waren bei den meisten Kindern die pragmatischen Fähigkeiten, die in Verbindung mit der häufig guten sozialen Kompetenz trotz eingeschränkter Sprache eine relativ hohe Kommunikationsfähigkeit bewirkten. So zeigten Gesprächsmitschriften, die z. B. bei einer Busfahrt, bei einem Rollenspiel und bei einer Begrüßung nach längerer Krankheit gemacht wurden, deutlich, wie wirkungsvoll einige Kinder Einzelwörter in Verbindung mit Gestik und Mimik einsetzen konnten und zudem in der Lage waren, sich dabei sinnvoll auf Äußerungen ihres Gesprächspartners zu beziehen.

Für die Gestaltung der Sprachförderung von Schulkindern mit Down-Syndrom sollten deshalb sowohl die relativ guten sozialen und pragmatischen Kompetenzen berücksichtigt werden als auch die besonderen Probleme bei der Artikulation sowie bei Syntax und Grammatik.

Für die Planung der sprachlichen Förderung und der Sprachtherapie ist jedoch auch die differenzierte Erfassung der individuellen Kompetenzen und Beeinträchtigungen wichtig. Entsprechende diagnostische Verfahren (vgl. Müller u. a. 2021, 38 ff.) sind dafür eine wesentliche Voraussetzung. Aber auch die allgemeinen kognitiven Fähigkeiten sowie motorische und pragmatische Kompetenzen bieten eine wichtige Grundlage für die Förderung. Die syndromtypischen Schwierigkeiten sind jedoch sehr unterschiedlich ausgeprägt und treffen auch nicht für alle Schulkinder zu.

Bei Kindern mit Down-Syndrom im Schulalter bestehen manchmal noch Schwierigkeiten in der Grob- und besonders Feinmotorik. Einige Kinder laufen noch auffällig und zeigen manchmal Unsicherheiten im Gleichgewichthalten, was sich beim Rennen, aber auch beim Treppengehen, besonders beim Abwärtsgehen, bemerkbar machen kann. Hüpfen fällt einigen Kindern noch schwer. Auch das Werfen und Fangen von einem Ball bereitet manchmal noch Schwierigkeiten. Durch differenzierte Förderangebote und durch gemeinsames Spielen mit anderen Kindern sind diese Fähigkeiten heute aber meistens weniger beeinträchtigt als früher. Es ist allerdings zu berücksichtigen, dass aufgrund der Hypotonie viele motorische Aufgaben anstrengender sind als für andere Kinder und deshalb oft früher zu Ermüdungserscheinungen führen.

Viele Kinder sitzen mit Vorliebe im Schneidersitz, selbst auf dem Stuhl. Daraus kann sich eine ungünstige Körperhaltung ergeben, weil sie sich beim Arbeiten am Tisch oder beim Spielen auf dem Boden über die Beine nach vorne beugen müssen. Diese Körperhaltung hat oft auch typische Auswirkungen auf den orofazialen Bereich. Dann wird der Kopf nach hinten geneigt und der Unterkiefer vorgeschoben. Einige Kinder sind sehr hypoton und stützen den Kopf auf dem hochgewölbten Handrücken ab, selbst beim Malen oder Schreiben.

Feinere koordinierte Bewegungsabläufe von Auge und Hand oder von beiden Händen können schwierig sein. Oftmals besteht keine eindeutige Rechts-Links-Dominanz der Hand, und insgesamt ist die Geschicklichkeit von Händen und

Fingern gemindert. Das zeigt sich meistens deutlich in Alltagshandlungen und bei den verschiedenen Selbsthilfefähigkeiten.

Die Kinder können einfache konkrete Anweisungen verstehen und ausführen und mit anderen Kindern gemeinsam spielen und arbeiten. Ihre Merkfähigkeit für kontextgebundene Handlungsfolgen und für situationsbezogene Aufgaben ist relativ gut. Das visuelle Gedächtnis entspricht etwa ihrem Intelligenzalter, während das auditive Gedächtnis deutlichere Schwächen aufweist. Simultan angebotene Lerninhalte, die dann strukturiert vermittelt und visuell gestützt werden, können besser aufgefasst werden, als gegliederte Lernschritte, die nacheinander aufgebaut werden und die deshalb die Speicherung der vorangegangenen Ergebnisse erfordern.

Kinder mit Down-Syndrom haben unterschiedlich ausgeprägte kognitive Beeinträchtigung, sie reichen von leichteren über mittlere bis schwere Ausprägungsformen, aber die meisten Kinder weisen einen mittleren Grad der kognitiven Beeinträchtigung auf.

Die Entwicklung im Schulalter erfolgt überwiegend im gleichen Intelligenzniveau, das bereits zum Schulbeginn erreicht wurde. Deshalb stabilisieren sich die erheblichen individuellen Leistungsunterschiede und machen zunehmend entsprechend differenzierte Lern- und Förderangebote notwendig. Die Leistungsunterschiede zwischen den Kindern werden deshalb deutlich größer, weil das individuelle Potential durch diese Angebote sich besser entfalten kann.

Oft zeigen Kinder mit Down-Syndrom eine deutlich herabgesetzte Frustrationstoleranz. Sie weigern sich deshalb bei erwartetem Misserfolg häufig, eine Aufgabe überhaupt zu versuchen. Direkte Aufforderungen können dann leicht zum »Abblocken« führen oder werden einfach überhört oder durch Ablenken umgangen.

Hilfen werden von den Kindern gern – aber manchmal unnötig – in Anspruch genommen. Eine individuell angemessene Unterstützung bei Anforderungen und möglichst Frustrationen und Fehler vermeidendes Lernen ist deshalb ebenso wichtig wie eine gewisse Konsequenz, auf der Durchführung von Aufgaben zu bestehen (vgl. Wilken 2017, 124).

Viele Kinder zeigen Freude an Musik, besonders an rhythmischen Begleitungen. Dies sollte bei der Sprachförderung unbedingt berücksichtigt werden. Auch die Freude am Spielen und Arbeiten in der Gruppe und die Fähigkeit der Kinder, an sozialen und emotionalen Ereignissen empathisch teilzunehmen, sind wichtige positive Grundlagen für gemeinsames Lernen.

9.3.2 Sprachtherapie

Die meisten Kinder mit Down-Syndrom erhalten auf der Grundlage von ärztlichen Verordnungen Sprachtherapie bzw. Logopädie überwiegend in therapeutischen Praxen und nicht im Rahmen einer schulischen Förderung. Das Ziel dieser speziellen Maßnahmen ist es, die oftmals vorliegenden typischen orofazialen Probleme zu mindern und vor allem die Artikulation zu verbessern und Syntax und Grammatik zu fördern.

Ein (nonverbaler) Intelligenztest kann aufzeigen, welche kognitiven Fähigkeiten das Kind hat und wie groß die syndromspezifische Diskrepanz zwischen allgemeinen und sprachlichen Fähigkeiten tatsächlich ist. Auch die Feststellung des erreichten Sprachverständnisses sollte differenziert überprüft werden nach Lexik, Grammatik, Syntax und sprachlichem Kurzzeitgedächtnis (vgl. Witecy u. a. 2018, 17 ff.). Das gilt auch für die allgemeine Mitteilungsfähigkeit und nicht nur für das Sprechen (Müller u. a. 2021, 48). Es ist deshalb wichtig, nicht nur Artikulation und Satzproduktion (MLU) zu erfassen, sondern auch die vom Kind verwendeten ergänzenden oder alternativen Kommunikationsformen und seine pragmatischen Fähigkeiten im Alltag.

Für viele Kinder ist das gezielte Üben von Zungenbeweglichkeit und Lippenmuskulatur eine wichtige Voraussetzung für die Verbesserung der Artikulation. Dabei geht es nicht nur um die Anbildung der richtigen Bewegungsmuster, sondern auch um die bewusste Wahrnehmung und Steuerung der Bewegungen. Dieses – wie wir es für die Kinder gern bezeichnen – »Fitnesstraining« für die Zunge übt schnelle Zungenbewegungen vor allem im Mund. Ergänzend können taktile Stimuli hilfreich sein. Ein besonders wichtiges Ziel dabei ist es, die Hebung der Zungenspitze und die Anbildung der normalen Ruhelage oben hinter den Schneidezähnen zu lernen. Bewährt hat es sich, dazu ein Kaffeerührstäbchen zu benutzen, mit dem man oben den Gaumen berührt. Das Kind wird aufgefordert, daran mit seiner Zunge hoch zu klettern bis zum Loch und dann die Zungenspitze mit Druck am Gaumen anzusaugen. Aus dieser Position heraus kann – wenn es noch nötig ist – das normale Schluckmuster angebildet werden. Auch mit einem angefeuchteten Wattestäbchen können Berührungspunkte bewusstgemacht werden, und das Kind kann versuchen, die Zunge jeweils zu diesen Punkten wandern zu lassen. Das wechselseitige Ausbeulen der Wangen, das »Zähneputzen« mit der Zunge, aber auch Übungen zu schnellen Wiederholungen von einzelnen Lauten wie p-p-p und zum Wechsel der Lautbildungsstellen, z. B. von »t-t-t-t« nach »k-k-k-k« und zurück, sind hilfreich für die Förderung der Zungenbeweglichkeit. Das kann sich auch positiv auswirken auf die relativ häufige Tendenz, bei Doppel-Konsonanten einen wegzulassen und dann z. B. »gün« statt »grün« zu sagen oder »Nop« statt »Knopf«.

Das meiste motorisch-funktionale Training der so genannten »Sprechorgane« lässt sich gut in verschiedene Mundspiele integrieren. Pustespiele mit Papier- oder Tischtennisball machen den Kindern meistens Spaß. Durch Umblasen von Papierfiguren z. B. mit bestimmten Lauten (p, f) ist eine spielerische Übung von Einzellauten möglich. Mit dem Strohhalm können durch Ansaugen Schokoladenlinsen von einem Teller auf einen anderen transportiert werden. Zur Kräftigung der Lippenmuskulatur und um den Mundschluss zu fördern, kann man mit einem Strohhalm, der so gebogen ist, dass ein Haken entsteht, ein »Angelspiel« gestalten. Mit einem an einem Band befestigten Knopf können die seitlichen Zungenbewegungen geübt werden. Wenn dieses Knopf-Band mit einem Joghurtbecher verbunden ist, kann man mit dem Knopf das Ausspucken und Zielen üben, um so auch auf das Ausspucken von Wasser nach dem Zähneputzen vorzubereiten. Durch solche Einbettung in Spiele und durch verschiedene themenbezogene Veränderungen ist es meistens möglich, die erforderlichen orofazialen Übungen kindgemäß zu gestalten und Frustrationen aufgrund von Misserfolgen zu vermeiden.

Aber die Übung der motorischen Grundlagen allein reicht nicht aus, um die Verständlichkeit und die Artikulation zu verbessern. Nach einer sorgfältigen Erfassung und Auswertung einer Sprechüberprüfung sollte analysiert werden, welche Einzellaute das Kind spontan richtig sprechen kann und welche erst, nachdem man sie ihm vorgesprochen hat (auditives Gedächtnis). Es ist zu klären, welche speziellen Lautverbindungen ihm Probleme bereiten und welche typischen Reduktionen auftreten. Daraus ergeben sich dann die differenziert zu beschreibenden Förderziele und das entsprechende methodische Vorgehen. Sinnvoll kann es dabei sein, eine »Leistungstreppe« aufzubauen, beginnend mit der Imitation einzelner Laute und dann einfacher Vokal-Konsonanten-Verbindungen. Ergänzend können visuelle und taktile Verstärker, wie sie das Taktkin-Konzept bietet, eingesetzt werden. Eine Kombination mit Buchstaben und Silbenbildern in Verbindung mit Lautgebärden kann zudem eine sinnvolle visuelle Unterstützung bieten. Dann werden häufig gebrauchte Wörter und typische alltagsbezogene Redewendungen geübt. Die vergleichsweise relativ guten Fähigkeiten im Bereich der visuellen Wahrnehmung sollten zum Einsetzen ergänzender symbolischer oder schriftsprachlicher Hilfen genutzt werden.

Mit einem »Ampelbuch« kann eine Visualisierung von einfachen Satzmustern (Subjekt, Prädikat, Objekt) erfolgen. Das kann mit Bildkarten (Fotos, Bilder) geübt werden, die verschiedene Personen/Akteure (ich, Papa, Hund…) und verschiedene Aktivitäten darstellen. Die Bilder werden dann entsprechend geordnet und versprachlicht. Auch eine Zuordnung von Wörtern ist möglich, damit über das Lesen eine weitere Festigung des Satzbaus erfolgt:

Rot:	Gelb:	Grün:
Mama	arbeitet	im Garten
Ich	spiele	mit der Puppe

Motivierend für Kinder kann es sein, ein »Smiley«-Heft (☺ Lachgesicht-Heft) anzulegen, in dem Bilder und Aussagen stehen über Dinge, die sie gern tun, aber auch darüber, was sie gut können. So kann ein Foto gemacht werden von dem Kind, wie es malt oder wie es den Tisch deckt. Auch zu solchen Bildern können entsprechende Satzstreifen geklebt werden, die sich am Ampelkonzept orientieren und damit ergänzende Übungen zum Lesen und Sprechen gestalten. Ergänzende technische Hilfen mit Sprachausgabe zu diesen einfachen Sätzen haben sich für einige Kinder als Motivationsunterstützung bewährt.

Zusätzlich sollten Übungen zur auditiven Wahrnehmung und zur phonologischen Diskrimination eingesetzt werden. Es gibt einfache Spiele, die eine Unterscheidung verschiedener Geräusche und Wörter in Verbindung mit entsprechenden Abbildungen üben und eine aufmerksame Beantwortung verlangen. Bei Übungen zur auditiven Diskriminierung von Wörtern beginnen wir mit deutlichen Kontrastpaaren und kommen dann zu Wörtern, die sich nur durch einen Laut (Buchstaben) unterscheiden. Auch Reime und Spiele zum Finden von passenden Reimwörtern unterstützen das genaue Hinhören. Für einige Kinder können dabei Gebärden noch eine ergänzende Hilfe sein. So sagt man z. B. den Satz »Ich höre einen Knall. Durch das Fenster fliegt ein *Ball*«, wobei Ball nicht gesprochen, sondern

9.3 Sprachförderung im Schulalter

Abb. 35: Oft wollen die Kinder nicht nur Lesen, sondern auch Schreiben lernen

nur gebärdet wird. Das Kind findet das richtige Reimwort so leichter und kann dann den ganzen Satz nachsprechen.

Der systematische Aufbau eines alltagsrelevanten aktiven und passiven Wortschatzes ist sinnvoll nicht nur für das Verstehen und Sich-Verständigen, sondern unterstützt auch das Sprechen selbst. Zudem hilft ein differenzierter guter Wortschatz auch Kindern mit eingeschränkter Sprechkompetenz, ihre Bedürfnisse und Anliegen trotz überwiegender Mitteilungen mit Ein- oder Zweiwortäußerungen relativ gut verständlich zu machen, Fragen zu verstehen und verbal oder nonverbal zu beantworten.

Schulkinder, die nur über sehr geringe verbale Fähigkeiten verfügen, benötigen ihren individuellen Bedürfnissen und Fähigkeiten entsprechende Angebote der Unterstützten Kommunikation. Zwar kann in vertrautem Umfeld von Familie und Schule die Verständigung mit Gebärden noch hinreichend gelingen, aber im erweiterten Lebensbereich können spezielle Kommunikationshilfen mit Bildern oder Symbolen (z. B. Metacom) sowie elektronische Geräte mit Sprachausgabe eine wichtige Ergänzung bieten. Dabei ist allerdings zu gewährleisten, dass ein systematisches Üben des Gebrauchs stattfindet und dann ein gestütztes Übertragen in Alltagssituationen erfolgt, damit das Kind die Wirksamkeit solcher Hilfen erleben kann.

Willi hat herausgefunden, dass sein Sprachcomputer ihm einen großen neuen Wortschatz über seine Gebärden hinaus liefert und dass er auch Dinge damit bezeichnen kann, die gerade nicht in unmittelbarer Nähe liegen, sodass man darauf zeigen kann. Wenn Willi Wurst möchte, macht er meistens als erstes die Gebärde für Wurst und sagt dann noch mit dem Talker etwa: »Ich möchte Sa-

> lami«. Und bei einigen Dingen erfahre ich erst über den Talker, dass Willi sich für sie interessiert (Müller 2014, 69).

Da Kinder mit Down-Syndrom besonders auf musikalisch-rhythmische Angebote gern eingehen, ist es sinnvoll, die Sprachtherapie entsprechend zu unterstützen und geeignete Instrumente begleitend einzusetzen. Auch bei der Therapie von Redeflussstörungen hat sich die Einbeziehung solcher Hilfen als günstig erwiesen.

9.3.3 Sprachförderung

In der Schulzeit sind die wesentlichen Ziele der Sprachförderung, den Wortschatz zu erweitern, den Satzaufbau zu fördern und die pragmatischen Fähigkeiten zu verbessern.

Auf der Grundlage eines erweiterten Lesebegriffs sollte den Kindern ein Unterricht angeboten werden, der ihren individuellen Fähigkeiten entspricht, aber auch die syndromspezifische Bedeutung visuell gestützter Information berücksichtigt. Da Hörprobleme häufig sind, ist auch bei Schulkindern eine regelmäßige Überprüfung nötig, besonders wenn das Verhalten des Kindes auf mögliche Schwierigkeiten hindeutet.

Eine wichtige Grundlage der sprachlichen Förderung im Schulalter und für die Erweiterung des Wortschatzes bieten Erfahrungen in konkreten Projekten und ein handlungsbezogenes Versprachlichen. Dabei kann das Einbeziehen visueller Darstellungen von Bildern über Symbole bis zum Erlernen des Lesens und Schreibens das Erinnern stützen und die Gesprächsführung erleichtern.

> Ein Junge mit Down-Syndrom, der eine Integrationsklasse besuchte, beteiligte sich nie am morgendlichen Gesprächskreis. Nach einem Zoobesuch mit den Eltern klebte die Mutter mit ihm zu Hause drei Bilder auf: Affe, Elefant, Eis und ergänzte diese Bilder mit wenigen Wörtern: ICH SEHE (Affe), ICH SEHE (Elefant), ICH ESSE (Eis). Mit dieser gestalteten Wort-Bildseite konnte der Junge am nächsten Tag die drei geübten Sätze im Morgenkreis sagen. Damit hatte er selbstständig mit drei Sätzen nacheinander berichtet und nicht nur auf Fragen mit Ja oder Nein oder nur mit einzelnen Wörtern geantwortet.

Die Förderung der allgemeinen Sprachkompetenz sollte im schulischen Unterricht bei der Gestaltung der entwicklungsorientierten und handlungsorientierten Lernbereiche erfolgen. Das erfordert die individuellen Kompetenzen genau zu erfassen und darauf aufbauend die sprachlichen Lernziele zu benennen sowie zu beschreiben, welche Förderziele zunächst anzustreben sind. Da Kindern mit Down-Syndrom inzidentelles Lernen schwer fällt, kann keineswegs davon ausgegangen werden, dass allein die Anregungen im gemeinsamen Unterricht und das Reden über die verschiedenen Themen bereits hinreichend für die sprachliche Förderung ist. Zudem ist zu berücksichtigen, welches Sprachverständnis das Kind mit Down-Syndrom im Vergleich zu seinen Mitschülern hat und wie viele Informationseinheiten es behalten und verarbeiten kann. Neben einer allgemeinen sprachlichen Förderung haben im Schulalter auch noch spezielle Übungen zur Fein- und Großmotorik Bedeutung sowie die Förderung der Lateralität.

So wichtig die Berücksichtigung syndromtypischer Schwächen ist, sollte doch bei den methodischen Überlegungen zur ganzheitlichen Förderung der Kinder mit Down-Syndrom möglichst von ihren Fähigkeiten ausgegangen werden, von ihrer Freude an Musik und Rhythmik und von ihrer guten sozialen Kompetenz, die sich besonders positiv auf das Lernen in kleinen Gruppen auswirken kann.

Abb. 36: Gemeinsame Sprachförderung im Spiel zusammen mit noch nicht Deutsch sprechenden Kindern in der Schule

Die leichte Ablenkbarkeit und die oft fluktuierende Aufmerksamkeit kann durch angepasste methodische Konzepte und durch das Vermeiden unnötiger Reize aufgefangen werden. Dazu können auch Anregungen übernommen werden aus dem TEACCH-Konzept.

Für das Lernen ist es hilfreich, wenn Fortschritte und Verbesserungen auch für die Kinder durch geeignete Formen der Visualisierung sichtbar gemacht werden, z. B. mit Tabellen zu Lernfortschritten, mit Fotodokumentation oder Projektdarstellungen. Die Freude über solche Erfolge ist die beste Motivation für weiteres Lernen, da solche Verstärkung im Gegensatz zu besonderen Belohnungen sachgebunden bleiben und das Interesse erhalten.

Vorwiegend abhängig von der inhaltlichen Ausrichtung können die Übungen zur Förderung der Großmotorik und Koordination im Sport- bzw. Rhythmikraum möglichst zusammen mit anderen Kindern durchgeführt werden. Dazu gehören auch Rufspiele und Übungen zum Gaumensegeltraining. Die speziellen Spiele zur Förderung der Sprechmotorik, aber auch Atemübungen oder die feinmotorische Förderung können als Angebote für ein einzelnes Kind oder auch gemeinsam in der Gruppe erfolgen. Der Aufbau der Übungseinheiten sollte nach einfachen Regeln erfolgen. Die Gewöhnung an klare Abfolgen erleichtert die Durchführung geplanter Einheiten wesentlich. Je nach inhaltlichem Schwerpunkt wird eine einzelne Übungseinheit meistens nur wenige Minuten, aber sicher nicht länger als eine halbe Stunde dauern. Oft kann es sinnvoll sein, bestimmte motorisch-funktionale

Übungen nur in kleinen Gruppen mit vier bis sechs Kindern durchzuführen, weil sie dann eher als Spiel zu gestalten sind.

Damit die individuellen Förderziele deutlich werden, sollten überschaubare Teilziele bezogen auf den geplanten Zeitrahmen genau beschrieben werden. Es ist deshalb nötig, die einzelnen Unterrichtseinheiten unter sprachförderlichen Aspekten bezogen auf die Gruppe und auf das einzelne Kind differenziert zu planen und die zu lernenden neuen Wörter und Satzmuster aufzulisten. Jeder Sachzusammenhang sollte daraufhin überprüft werden, welche Sprech- und Sprachübung er bietet. Jede Sprech- und Sprachübung sollte möglichst in sinnvollem Zusammenhang durchgeführt werden.

Verschiedene Unterrichtsthemen, die in Projekten erarbeitet oder in handlungsbezogenen Lernbereichen gestaltet werden, bieten Möglichkeiten zum anschauungsgebundenen sprachlichen Lernen. Diese Themen ergeben sich aus aktuellen Anlässen und aus Interessen der Kinder, z. B. Arztbesuch, Krankenhaus oder Feuerwehr, Bauernhof, Zoo. Sie können sich auf Jahreszeiten und auf regionale Ereignisse beziehen, z. B. Sommer, Herbst, Winter oder allgemein auf die Zeiteinteilung, auf Feste wie Schützenfest, Martinstag, aber auch auf Körperpflege und Selbstversorgung.

So lässt sich z. B. beim Thema Arzt genau beschreiben, welche sprachlichen Lernziele damit verknüpft werden sollen. In einem »Arztkoffer« können sich viele konkrete Materialen (Original oder Spielzeug) befinden, daneben auch Bilder von solchen Dingen, die man nicht zur Verfügung hat. Damit sind vielfältige Übungen möglich für eine kategorienbezogene Erweiterung des *Wortschatzes*, sowohl was das Verstehen betrifft als auch das Mitteilen. Eingebunden in Rollenspiele kann man die Kinder bitten, bestimmte Dinge richtig auszuwählen und anzureichen. Abbildungen oder auch Wortkarten können den konkreten Materialien zugeordnet werden. Neue Verben können gelernt werden und Zusammenhänge bewusstgemacht werden, z. B. *Creme* und *eincremen*, *krank* und *behandeln*. Für einzelne Kinder ist zu überlegen, welche Wörter sie *sprechen* lernen sollen (*Pflaster*, *Spritze*) und in welchem sinnvollen Kontext diese Übungen möglich sind. Eine weitere Förderung kann sich auf den *Satzbau* beziehen. Mit vorgegebenen Satzbaukarten wie nach dem »Ampelkonzept« können einzelne Themen dargestellt und differenziert versprachlicht werden. Auch können neue Satzstrukturen erarbeitet werden, z. B. »Wenn ich blute, bekomme ich ein Pflaster«. Die möglichen Fragen und Antworten (Wie geht es dir? Wo tut es dir weh?) sowie die üblichen Rituale können in einem Rollenspiel geübt werden. Für noch nicht oder nicht sprechende Kinder ist zu überlegen, wie wir ihnen helfen können, in solchen gemeinsamen Projekten zu lernen, mit Objekten, Bildern oder auch mit ihrem Sprachausgabegerät (Talker) zu kommunizieren. In manchen Förderschulen mit dem Förderschwerpunkt Geistige Entwicklung wird erfolgreich mit dem Bild- und Kartenmaterial der Kölner Kommunikationstafel zum Kern- und Randvokabular gearbeitet. Damit werden differenzierte Aussagen ermöglicht, und auch bei den sprechenden Kindern wirkt sich die Arbeit damit förderlich auf Syntax und Grammatik aus (Boenisch 2014). Auch in der Einzelförderung von Schulkindern mit Down-Syndrom – ob in der Regel- oder Förderschule – kann mit diesem Material die sprachliche Förderung ergänzend unterstützt werden.

Innerhalb vieler konkreter Themenbereiche kann den individuellen Förderplänen entsprechend auch der passive Wortschatz differenziert aufgebaut werden. Insbesondere ist das Zuhören und korrekte Beantworten von Fragen in solch klaren Kontexten einfacher zu vermitteln. Dabei ist es auch möglich, ein bei einigen Kindern auftretendes stereotypes Fragenstellen zu beeinflussen. So werden manchmal Redewendungen ohne Inhaltsbezug benutzt und häufig wiederholt: »Wie spät ist es?«, »Machst du?« oder »Wie heißt du?«. Fragen werden manchmal pauschal beantwortet mit »weiß nicht«, »kann sein«, »genau« oder es werden einzelne Ausweichwörter »so, so«, »ja-eh« eingesetzt. Die Kinder verstehen dann zwar, dass eine Antwort erwartet wird und dass sie deshalb etwas sagen müssen, aber sie sind nicht in der Lage, eine angemessene sprachliche Antwort zu geben und sagen dann irgendein Wort. Da die Inhalte bei konkreten Themenbereichen klar sind, kann man den Kindern besser helfen, die Antwort zu finden durch Vorstrukturieren oder durch Vorformulieren eines unvollständigen Satzes, den die Kinder dann ergänzen müssen. Meistens ist es sinnvoll, das Ausweichwort nicht zu beachten, aber die gezeigte Gesprächsbereitschaft positiv zu werten und die mögliche Antwort oder Alternativen anzubieten (Meinst du das … oder das …?) und auch Kopfnicken bzw. Kopfschütteln zu akzeptieren.

Durch Einbeziehung der im Schulhaus oder in der Öffentlichkeit verwendeten verschiedenen Symbole, deren Bedeutung den Kindern gerade in konkreten Situationen leicht verständlich ist, z. B. für *Feuerlöscher, Erste-Hilfe* oder *Rolltreppe*, kann eine Hinführung zum Verstehen von Piktogrammen erfolgen. Eine Erweiterung solcher optischen Symbole ermöglicht die Darstellung von Handlungsabfolgen, z. B. bei einem einfachen Kochrezept oder bei der Anleitung, wie ein Lego-Auto zu bauen ist oder ein Kastanientier gebastelt werden kann. Wichtig ist dann aber auch die Vermittlung von Strategien zur Umsetzung solcher Darstellungen in Lautsprache begleitend zum Erstellen des Produktes (ich brauche …, ich nehme …, ich klebe …). Sinnvoll kann es sein, die einzelnen Schritte zu fotografieren und als Bildergeschichte aufzukleben und mit einfachen Satzstreifen schriftlich zu fixieren. Evtl. können diese Texte zusätzlich mit Sprachausgabegeräten gekoppelt werden.

Kinder mit Down-Syndrom sind oftmals in der Lage, schon im Grundschulalter das Lesen zu erlernen – wenn es in der Schule in geeigneter Form angeboten wird. Als günstig hat sich eine Einführung mit Ganzwörtern erwiesen, allerdings haben viele Kinder das Lesen auch mit durchaus verschiedenen Verfahren erlernt. Wichtiger als die Methode scheint es zu sein, dass ihnen regelmäßig täglich – wie auch anderen Kindern im Grundschulalter – ein angemessener Unterricht erteilt wird. Zudem spielt eine Rolle, mit welchem Verfahren die anderen Kinder das Lesen lernen, damit trotz der nötigen Differenzierung im Unterricht relativ viele gemeinsame Übungssituationen möglich sind. Interessant ist, dass Kinder mit Down-Syndrom gelesene Wörter oft deutlicher sprechen können. Und gelesene Sätze werden nicht nur deutlich besser als spontan gebildete Sätze gesprochen, sondern die grammatische Strukturen werden dann oft auch in die Spontansprache übernommen.

Auch das Schreiben gelingt manchen Kindern mit Down-Syndrom sehr gut. Um motorische Probleme zu verringern, ist es ratsam, wie heute in den meisten Schulen üblich, zuerst mit Druckschrift zu beginnen und vielleicht später Schreibschrift zu lernen. Manche von Kindern und Erwachsenen mit Down-Syndrom verfassten Texte zeigen beeindruckende Kompetenzen. Es ist deshalb wichtig, entsprechende schulische Angebote zu machen, um diese Fähigkeiten hinreichend zu berücksichtigen und weiter zu entwickeln.

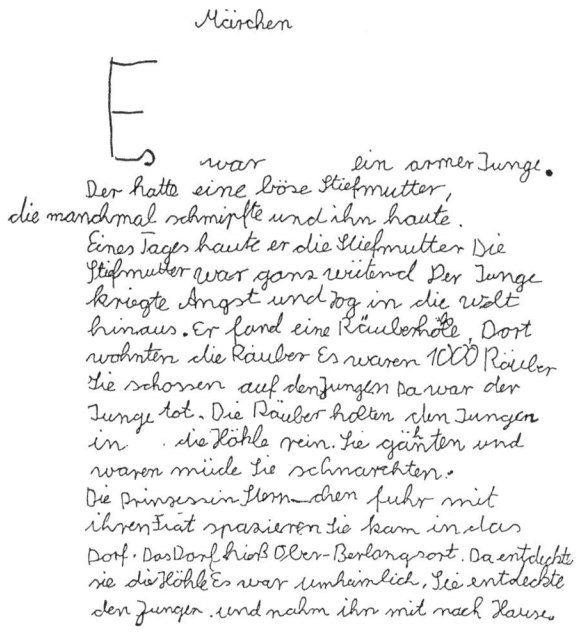

Abb. 37: Dieser Text wurde von einem zwölfjährigen Jungen im Rahmen eines Projektes zum Thema Märchen geschrieben.

Auch wenn von positiven Einzelbeispielen nicht auf die Gesamtgruppe der Kinder mit Down-Syndrom geschlossen werden kann, ist doch zu betonen, wie wichtig eine an den individuellen Fähigkeiten orientierte Förderung ist – in Abgrenzung zu einer durch Vorurteile geprägten behinderungsspezifischen Eingrenzung von Lernmöglichkeiten. Auch die häufigen Behauptungen, dass Kinder mit Down-Syndrom oft nicht verstehen könnten, was sie lesen, und dass Schreiben nicht selbstständig gelingen könnte, sondern nur unverstandenes Abmalen bleiben würde, sind nicht länger haltbar und sollten deshalb nicht länger als Begründung für ein eingeschränktes Lernangebot dienen.

Es ist wichtig, den individuellen Möglichkeiten der Kinder entsprechend differenzierte Angebote zu gestalten, und dazu gehört auch das Lesen- und Schreibenlernen. Die Satzbaukarten können dazu eine hilfreiche Unterstützung bieten. Das Erlernen von Lesen und evtl. auch vom Schreiben ist aber durchaus in verschiedenem Alter möglich. So hat ein Mädchen erst mit 18 Jahren angefangen zu lesen und etwas später sogar auch noch mit dem Schreiben in Druckschrift. Ein junger Mann mit Down-Syndrom hat im Alter von 22 Jahren in seiner Werkstatt mit Erfolg an einem Lesekurs teilgenommen. Wichtig ist dann jedoch, dass die angebotenen Texte und Verfahren altersgemäß gestaltet sind. Zunehmend bedeutsam ist auch, dass ergänzend die verschiedenen Kommunikationsmedien mit einbezogen werden. E-Mails und WhatsApps zu erhalten und zu schreiben ist motivierend und altersentsprechend.

Viele Ziele einer sprachlichen Förderung von Jugendlichen mit Down-Syndrom beziehen sich auf die sozialen und inhaltlichen Aspekte von Kommunikation. Nach sorgfältiger Einschätzung des individuellen Entwicklungsstandes und der kommunikativen Bedürfnisse können jedoch auch noch Lernziele angestrebt werden zur Verbesserung der Verständlichkeit sowie zur Förderung von Sprechflüssigkeit, Prosodie und Stimmbildung. Dazu können typische Alltagsituationen unter dem Aspekt der jeweils nötigen sprachlichen Anforderung reflektiert werden und den individuellen Möglichkeiten entsprechend in bedeutungsvollen Kontexten vermittelt werden. Ggf. sind auch weiterhin die verschiedenen Verfahren der Unterstützten Kommunikation und die möglichen speziellen technischen Hilfsmittel einzusetzen.

»Die semantische, lexikalische und pragmatische Ausbildung ... kann auch noch wirkungsvoll in der Adoleszenz und dem frühen Erwachsenenalter fortgesetzt werden« (Rondal 1996,13). Allerdings ist zu problematisieren, wenn Jugendliche unverändert mit den gleichen Übungen jahrelang regelmäßig Logopädie erhalten, weil sie immer noch nicht gut genug sprechen. Es ist deshalb unbedingt zu reflektieren, dass die fortgesetzte Therapie ihnen durchaus ein negatives Selbstbild vermitteln kann, weil ihre Sprache den gestellten Ansprüchen nicht genügt.

Abhängig von der Selbstständigkeit des Jugendlichen und von seinen allgemeinen Fähigkeiten lassen sich individuell unterschiedlich relevante soziale Kontexte beschreiben. Die Analyse der erforderlichen sprachlichen Fähigkeiten für das Bus- bzw. Straßenbahnfahren, für das Einkaufen und für die Freizeitgestaltung sowie Mitteilungsmöglichkeiten bei Krankheit, bei Kummer oder bei anderen möglichen Problemen kann deutlich machen, welche konkreten Förderziele anzustreben sind. Aber auch für gemeinsame Aktivitäten mit Freunden und am Arbeitsplatz sowie für das Zusammenleben in der Wohngruppe oder in der Familie sind typische Gesprächsmuster unter inhaltlichen und formalen Aspekten zu erweitern.

Es ist wichtig, dass der Jugendliche lernt, Fragen zu stellen und sich Informationen zu beschaffen, aber auch, auf Fragen angemessen zu antworten, Auskunft zu geben und zu erhalten, über Gefühle und Bedürfnisse zu sprechen. Neben der Förderung der pragmatischen Fähigkeiten ist es weiterhin wichtig, die Vergrößerung des Wortschatzes zu ermöglichen. Es ist für Jugendliche und Erwachsene mit Down-Syndrom aber mit zunehmendem Alter weniger wichtig, in vollständigen Sätzen zu sprechen, als berichten und differenziert Bedürfnisse und Probleme benennen zu können.

> So kam ein 14-jähriger Junge mit einer dicken Beule an der Stirn von der Schule nach Hause. Die Mutter fragte ihn, was passiert sei. Er antwortete: »Rad gefahren. Absteigen. Bum. Hingefallen. Mit Stirn aufm Lenker. Kühlkissen drauf!« Damit war der Vorfall für die Mutter hinreichend beschrieben. Ein elfjähriges Mädchen, dem in der Schule die Brille zerbrochen war, ging mit der Mutter zum Optiker und erklärte kurz und verständlich: »Brille kaputt. Neue haben. Pink und lila.«

Für die verschiedenen Themenbereiche und Handlungsfelder sind deshalb die häufig benutzten Substantive, Verben und Adjektive differenziert zu erarbeiten, wobei unterschiedliche schriftsprachliche und symbolische Darstellungsformen unterstützend sein können. Eine solche systematische Förderung kann in der Schule im handlungsorientierten Unterricht, in Projekten und im Rollenspiel dieses individuell wichtige altersgemäße Vokabular vermitteln und damit die allgemeine kommunikative Kompetenz erheblich verbessern.

Für ältere Schüler und Schülerinnen ist die alltagsrelevante Förderung der Kommunikation und der sozialen Regeln ein wichtiges Ziel. Deshalb ist es sinnvoll zu reflektieren, welche Themen individuelle Bedeutung haben und welche Funktionen die Kommunikation zu erfüllen hat. Dazu ist es erforderlich, über Personen und Dinge, Tätigkeiten und Orte, Gefühle und Wünsche sprechen zu können. Handlungen oder Dinge werden gefordert, es soll Aufmerksamkeit erreicht werden, Missverständnisse sind zu klären und Fragen sind zu stellen oder zu beantworten, ein Gespräch ist zu beginnen oder zu beenden, es gibt Regeln für das Telefonieren. Zu beachten sind auch allgemeine Konversationsregeln (was darf man zwar denken, aber nicht laut sagen, welche Wörter sind gegenüber welchen Personen angemessen), wie laut darf man wann und wo sprechen (im Bus, im Theater).

Aber diese verschiedenen Kompetenzen sind nicht primär abhängig von guten Sprechfähigkeiten, sondern von sozial angemessenem Kommunikationsverhalten und vom Sprachverständnis. Da aber für das Lernen dieser Fähigkeiten keine Altersabhängigkeit besteht, ist es sinnvoll, den Jugendlichen entsprechende Lernmöglichkeiten anzubieten. Rollenspiele eignen sich gut, um wichtige Aspekte typischer Situationen isoliert zu üben. Es ist dann möglich, entweder mit Fotos, mit einfachen Symbolen oder mit Text den Ablauf festzuhalten und die dazu benötigten Äußerungen zu notieren. So ist mit diesen Texten Wiederholen und Üben strukturiert möglich.

In Seminaren mit Jugendlichen hat sich gezeigt, dass es oft notwendig ist, mit ihnen über angemessenes Verhalten und mögliche Antworten bei Mobbing zu sprechen. Gemeinsam können dann richtige Verhaltensweisen und entsprechende Antworten ausgewählt und geübt werden (»Das ist gemein!«, »Hör auf!«, »Ich will das nicht!«) und evtl. bildlich oder schriftlich festgehalten werden.

Auch sollten die Jugendlichen allgemeine Konversationsregeln lernen und wissen, wie man mit Freunden spricht oder wie man Fremde anspricht und wie man um Auskunft bittet. Auch zuhören und aufmerksam sein ist wichtig, erkennen, wann man ein Gespräch unterbrechen darf, um Fragen oder Anliegen zu äußern, und wann gewartet werden muss. Bedeutsam sind auch angemessene Formen der Begrüßung und Verabschiedung sowie das Einhalten von allgemeinen Konversationsregeln – auch bei Wut, Ärger oder bei Freude.

9.3.4 Inklusion und sonderpädagogische Förderung

Das Recht von Menschen mit Behinderungen auf gesellschaftliche Teilhabe ist von der internationalen Staatengemeinschaft in den letzten Jahrzehnten immer wieder betont und eingefordert worden. So wird in der »Erklärung von Salamanca zur

Pädagogik für besondere Bedürfnisse« (1994) sowie in der »Charta von Luxemburg« (1996) die Forderung nach »Einer Schule für alle« erhoben. Seit 2006 liegt nun die UN-Behindertenrechtskonvention vor, die von der Bundesrepublik 2009 ratifiziert wurde. Diese Konvention fordert konkret für Menschen mit Behinderung das Recht auf ein inklusives gesellschaftliches Leben ganz allgemein und besonders im schulischen Bildungssystem. Dazu sollten für den Einzelnen »wirksame individuell angepasste Unterstützungsmaßnahmen in einem Umfeld, das die bestmögliche schulische und soziale Entwicklung gestattet, angeboten werden« (Artikel 24e). Diese rechtlichen Voraussetzungen ermöglichen zunehmend die schulische Inklusion von Kindern mit Down-Syndrom. Dazu ist allerdings wichtig, die entsprechenden schulischen Bedingungen zu schaffen und den sonderpädagogischen Förderbedarf zu ermitteln und sicherzustellen. Die ergänzende Zuordnung von Schulassistentinnen (Schulbegleitern) kann eine wichtige Unterstützung bieten, aber sie sollte nicht eine differenzierte sonderpädagogische Förderung ersetzen. Meistens werden sie mit unterschiedlichen Stundenanteilen eingesetzt, die nach den individuellen Förderbedürfnissen des Kindes berechnet werden. Für eine erfolgreiche Arbeit ist eine gut abgestimmte Kooperation aller beteiligten Pädagogen unerlässlich, das ist jedoch aus verschieden Gründen nicht immer gewährleistet (vgl. Wilken 2017, 141).

Auch wenn die meisten Kinder mit Down-Syndrom eine Beeinträchtigung der geistigen Entwicklung aufweisen, bestimmt nicht die chromosomale Veränderung den Förderbedarf. Im Gegenteil! Die syndromtypischen äußeren Merkmale sollten nicht als so dominierend gesehen werden, dass sie die tatsächlichen gegebenen individuellen Möglichkeiten überdecken. Gerade bei Kindern mit Down-Syndrom zeigt sich eine große Streubreite in allen Fähigkeitsbereichen, die größer als bei anderen Kindern ist. Deshalb muss der individuelle Förderbedarf differenziert festgestellt werden und dann sind auf der Grundlage des individuellen Förderplans (IEP) die notwendigen Bedingungen zu gewährleisten und die Lernziele genau zu beschreiben.

Das auditive Kurzzeitgedächtnis ist bei den meisten Kindern mit Down-Syndrom beeinträchtigt und längere oder kompliziertere grammatische Sätze zu verstehen und zu verarbeiten bereitet ihnen Mühe. Hilfreich kann deshalb eine visuelle Unterstützung sein und klar strukturierte Arbeitsabläufe. Obwohl das gute sprachliche Vorbild der anderen Kinder im gemeinsamen Unterricht sich günstig auswirkt, kann nicht allein davon eine hinreichende Unterstützung angenommen werden, sondern unter Berücksichtigung der erreichten sprachlichen Fähigkeiten sind Überlegungen wichtig, welche speziellen sprachfördernden und therapeutischen Maßnahmen ergänzend eingesetzt werden sollten.

Auch die möglichen zusätzlichen Beeinträchtigungen und der sich daraus ergebende besondere Förderbedarf sind zu berücksichtigen. So kann bei einigen Kindern eine Schwerhörigkeit vorliegen und erforderlich machen, dass abgeklärt wird, wo das Kind im Klassenraum sitzen sollte, um sowohl die Lehrerin als auch die Mitschüler gut zu sehen und zu verstehen. Es kann auch sein, dass das Kind aufgrund seines bestehenden Herzfehlers schneller ermüdet und ihm deshalb Ausdauer und Konzentration schwerfallen. Eine gute Gliederung des Unterrichts mit intensiven Lernphasen und erholsamen Routinearbeiten kann helfen, diese Schwierigkeiten zu vermindern. Für Kinder, die zusätzlich Autismus-Spektrum-Störungen aufweisen, sind besondere Lernbedingungen zu gestalten, die sich am TEACCH-Konzept orientieren. Durch Strukturierung von Raum, Arbeitsorganisation, Zeit und Aufgabenfolgen und besondere Arbeitsmaterialien werden dabei komplexe Lernsituationen überschaubarer und besser verstanden.

Auch wenn die meisten Kinder mit Down-Syndrom eine mentale Retardierung aufweisen, die zu unterschiedlich ausgeprägten Beeinträchtigungen der kognitiven Entwicklung führt, sollte sich die Förderung im gemeinsamen Unterricht nicht allein an den Lernprinzipien des Förderschwerpunktes geistige Entwicklung orientieren. Die Grundlage der pädagogischen Arbeit für den inklusiven Unterricht ist die Gestaltung gemeinsamer Lernsituationen für alle Kinder. Ausgehend von einer allgemeinen basalen Pädagogik, die ein kindgemäßes Lernen in heterogenen Gruppen ermöglicht, können dann auch die individuell nötigen Hilfen für die Kinder mit Beeinträchtigungen einbezogen werden. Durch eine entsprechende Strukturierung der individuellen und lehrplanbezogenen Lerninhalte und Lernziele in den sachunterrichtlichen oder fächerspezifischen Themen kann auf die aktuellen Interessen der Schülerinnen und Schüler sowie auf ihre jeweiligen Lernstände und Leistungsmöglichkeiten eingegangen werden. Dabei soll die Differenzierung nicht spontan situativ oder von Tag zu Tag vorgenommen werden, sondern ist projektgebunden, langfristig, lernzielbezogen und schülerorientiert zu planen. Die für Kinder mit Down-Syndrom wichtigen Lernziele im kognitiven, sozialen und sprachlichen Bereich sind so im gemeinsamen Lernen oftmals projektintegriert zu realisieren. Dadurch kann eine didaktisch nicht zu rechtfertigende ›Verdünnung‹ des Regellehrplanes vermieden werden, aber auch die speziellen Unterstützungsbedürfnisse werden nicht vernachlässigt. Der gemeinsame Unterricht von Kindern mit sehr unterschiedlichen Lernvoraussetzungen und Fähigkeiten erfordert aber nicht nur ein spezielles pädagogisches Konzept, sondern auch entsprechende sachliche und personelle Rahmenbedingungen. So sollte der Klassenraum in Größe und Ausstattung das parallele Arbeiten in verschiedenen Kleinlerngruppen mit unterschiedlichen Materialien erlauben und eine Differenzierung nicht nur nach Leistungsniveaus, sondern auch nach Schwerpunktthemen und Interessen.

Das Ziel dieser Pädagogik ist jedoch nicht, durch eine strukturierte Differenzierung die gegebenen Leistungsunterschiede und individuellen Lernmöglichkeiten von Schülern zu nivellieren. Auch können durch solche Maßnahmen vorliegende Beeinträchtigungen nicht aufgehoben werden, und eine oberflächliche Anpassung der behinderten Schüler an unreflektierte Standards der Regelpädagogik ist gleichfalls nicht sinnvoll. Vielmehr sollen Schüler trotz unterschiedlicher Lernfähigkeiten ihren individuellen Möglichkeiten entsprechend gemeinsam lernen, und die Leistungen des einzelnen Schülers sollen in ihrer subjektiven Bedeutsamkeit und nicht klassennormbezogen gesehen und gewertet werden.

Gemeinsamer Unterricht bedeutet damit eine pädagogisch konsequente Akzeptanz sowohl von individueller Verschiedenheit als auch von kindgemäßen Gemeinsamkeiten. Der so gestaltete Unterricht kann sich sehr positiv auf die Entwicklung von Kindern mit Down-Syndrom auswirken. Die natürlichen Kommunikationssituationen in gemeinsamen Handlungen, im Gesprächskreis, in den Projekten und das gute sprachliche Vorbild bieten den Kindern vielfältige Anregungen (Wilken 1991, 232 ff.). Nötig ist allerdings immer wieder zu reflektieren,

9.3 Sprachförderung im Schulalter

Abb. 38: Beim Wiegen und Messen werden handlungsbezogen Vorstellungen über Mengen und Zahlen vermittelt

welche Hilfen erforderlich sind, damit die Kinder solche gemeinsamen Lernsituationen nicht als Überforderung erleben und dann abschalten oder sogar störendes Verhalten entwickeln.

Ob das gemeinsame Lernen von allen Schülern als positiv erlebt wird, hängt aber ganz wesentlich davon ab, wie der Unterricht gestaltet wird und welche gemeinsamen Lernsituationen als angenehm und bereichernd empfunden werden. Auch die oft behauptete hohe Sozialkompetenz, die der inklusive Unterricht bewirkt, ergibt sich nicht einfach von selbst. Zudem kann eine überwiegende Betonung der sozialen Aspekte des inklusiven Lernens gerade für Kinder mit kognitiven Beeinträchtigungen dazu führen, dass für sie allein das Dabeisein bereits als hinreichend und anregend angesehen wird und ihren speziellen Bedürfnissen nicht oder nur ungenügend entsprochen wird.

Die große Heterogenität in der Lern- und Leistungsfähigkeit von Kindern mit Down-Syndrom wird im inklusiven Unterricht oft sehr deutlich, und mit zunehmendem Alter der Kinder werden die Lern- und Leistungsunterschiede noch größer. Das führt oft zu einer kritischen Bewertung der Möglichkeiten für eine weitere gemeinsame Beschulung nach der Grundschulzeit in Abhängigkeit von den erreichten Kompetenzen. Auch sind die bisher vorhandenen regionalen Angebote begrenzt. Vermutlich deshalb wird ein subsidiäres Förderschulsystem vorläufig noch bestehen bleiben. Es gibt zwar schon recht unterschiedliche regionale Lösungen

(Fortsetzung in der Gesamtschule, in der Realschule oder im Gymnasium), aber die bisherigen Erfahrungen lassen noch viele Fragen offen (Wilken 2017, 145).

Zu berücksichtigen ist bei Fragen zur Beschulung der älteren Kinder aber auch, wie sie sich selbst in einer Klassengemeinschaft fühlen, wenn die Interessen und Fähigkeiten der Mitschüler sehr deutlich von den eigenen abweichen und sie selbst diese Unterschiede als belastend thematisieren.

Auch wenn immer gefordert wird, dass sich die Schule den Bedürfnissen aller Kinder entsprechend verändern muss und nicht die Kinder mit Beeinträchtigungen sich den bestehenden Strukturen anpassen müssen, sind die realen Gegebenheiten kritisch zu prüfen. Eltern müssen unter den gegenwärtigen Bedingungen die Möglichkeit haben, für ihre Kinder, ob im Grundschulalter oder in der Sekundarstufe, eine Entscheidung zu treffen, die ihren Vorstellungen und den individuellen Bedürfnissen ihres Kindes entspricht. Dazu müssen auch die verschiedenen regionalen Bedingungen und die familiären Ressourcen berücksichtigt werden.

9.3.5 Tabellarische Darstellungen

Tab. 13: Förderung des Sprachverständnisses

Fähigkeiten	Förderung
Verstehen von Anweisungen mit einer Aufgabe, mit zwei Aufgaben und mehr, Fragen verstehen, Erklärungen verstehen und umsetzen, Abmachungen einhalten, Regeln verstehen bei Spielen, Verhaltensregeln einhalten (warten, helfen, nicht weglaufen), Tagesplan lesen und danach handeln, Arbeitsanweisungen lesen (Symbole, Schrift), Textverständnis, Systematische Wortschatzerweiterung, Zeitangaben verstehen: vorher – nachher, Bald, jetzt, gleich, später, heute, morgen, gestern, Präpositionen, Grammatik, Syntax, Konsequenzen bei Verhaltensproblemen verstehen, Wenn – dann, jetzt nicht – aber bald, Kritik akzeptieren	Zuhören und auditive Aufmerksamkeit, Aufgaben erteilen und Realisierung unterstützen, Erzählen (Bildergeschichten ordnen), Vorlesen und Fragen dazu beantworten, Rollenspiele: Nachspielen von Erfahrungen und von Geschichten, Gedichte und Lieder, Erarbeiten einfacher Spielgeschichten mit freien und gebundenen Texten, Regelspiele: Karten-, Brett-, Ball- und Bewegungsspiele, Verhaltensregeln visuell gestützt vermitteln, Stunden- und Tagesplan lesen und umsetzen, Leseübungen, Zeitangaben im Tagesplan verwenden und mit Symbolen unterstützen, Konsequenzen verdeutlichen (visuell, symbolisch)

9.3 Sprachförderung im Schulalter

Tab. 14: Förderung von Mitteilen und Sprechen

Fähigkeiten	Förderung
Wortschatzerweiterung (Verben, Adjektive), Kategorienbildung, Lautanbildung, Aussprache, Auditive Wahrnehmung und phonologische Aufmerksamkeit, Grammatik und Syntax: Artikel, Zeitformen der Verben, vollständige Sätze, Fragen stellen und Fragen beantworten, Kommunikationsregeln beachten, Benennen von Gefühlen, Lautsprache ergänzende oder ersetzende Kommunikationshilfen	Sach-(Bilder-)Bücher, Bildergeschichten (ordnen, erzählen), Geschichten (Rollenspiel, erzählen), Leseübungen, ergänzt mit Lautgebärden, »Ampelbuch« und »Smilyheft«, Redewendungen, Gedichte und Lieder lernen, Rollenspiele mit einfachen auswendig zu lernenden Texten, Kommunikationsregeln in Rollenspielen üben und Selbstbehauptung, Unterstützung der Identitätsentwicklung, Training zum Benutzen ergänzender und alternativer Kommunikationshilfen

Tab. 15: Syndromspezifische Förderbedürfnisse

Abweichungen	Förderung
Probleme beim Trinken und Kauen, Schwierigkeiten mit dem Mundschluss, Schlecht verständliche Sprache, Probleme bei der Artikulation, Ein- und Zwei-Wort-Sätze, Eingeschränkter Wortschatz, Grammatische und syntaktische Fehler, Stottern, Stimmstörungen, Fehlende Sprechbereitschaft, Sprachliche Stereotypien, Kontaktverhalten, Identität: Auseinandersetzung mit der eigenen Behinderung	Orofaziale Übungen, Hilfen zum Mundschluss, Lautanbildung und Übungen zur Artikulation, Handlungsbegleitendes Sprechen, Kompetenzorientierte Stottertherapie, Kontextbezogene Wortschatzerweiterung, Rollenspiele, Spielerische Stimmübungen: Flüstern, Rufen, Förderung von Syntax und Grammatik mit Standardsätzen – auch mit Lesen, Differenzierte Umgangsformen vermitteln, Kommunikationsregeln, Eigene Behinderung benennen können, Sprachlich angemessen Kontakt aufnehmen

10 Übungen zur syndromspezifischen Sprachförderung

Abb. 39: Beim gemeinsamen Ansehen des Bilderbuches werden Lautmalereien und Gebärden verknüpft

10.1 Atmungs- und Blaseübungen

Bei kleinen Kindern mit Down-Syndrom ist die Atmung oft flach und erfolgt vorwiegend durch den Mund, zudem behindern Erkältungen häufig die Nasenatmung. Ein vorsichtiges Säubern der Nase sowie Aufweichen und Entfernen von Verkrustungen mit Salzwasserspray ist manchmal hilfreich.

Durch sanftes Streichen können die Lippen des Kindes zusammengeführt werden, so dass das Kind den Mund schließt und zeitweilig durch die Nase atmet. Auch durch Druck auf den Bereich zwischen Oberlippe und Nase, am besten mit dem quer liegenden Zeigefinger, kann als Gegenreaktion der Mundschluss erreicht werden. Diese Übungen können mehrmals täglich, z. B. in Verbindung mit Pflegesituationen, durchgeführt werden.

Es kann bei Kindern mit Down-Syndrom sinnvoll sein, dass sie sich an einen »Schnuller« gewöhnen. Neben Lippen- und Zungentraining beim Saugen kann dadurch auch der Mundschluss und somit die Nasenatmung unterstützt werden, sogar wenn das Kind müde ist.

Sinnvoll ist auch ein systematisches Üben, durch die Nase zu pusten, um das Schnäuzen zu lernen. Bei älteren Kindern ist manchmal ein Nasenballon hilfreich, um die Belüftung des Mittelohres zu fördern.

Durch vorsichtiges Vibrieren kann man die Atmung unterstützen. Dazu liegt das Kind in Rückenlage auf einer weichen Unterlage. Man legt die Hände auf die Brust des Kindes, fühlt sich in den natürlichen Atemrhythmus ein und verstärkt dann durch leicht vibrierenden Druck die Ausatmung. Begleitendes deutliches Mitatmen kann dem Kind helfen, den eigenen Luftstrom bewusster wahrzunehmen, und die Lautbildung anregen. Erste Blasespiele beziehen zumeist unmittelbare Körpererfahrungen des Kindes mit ein. So wird z. B. auf den Bauch des Kindes gepustet, auf die Hände, in die Haare und dann wird das Kind aufgefordert, auch zu pusten. Die meisten Puste- und Blasespiele setzen beim Kind die Fähigkeiten voraus, imitieren zu können was wir ihnen vormachen. Hilfreich ist es, wenn sie unmittelbar die Wirkung ihrer Aktivität erleben, weil z. B. das Mobile sich bewegt oder die Papierfigur umfällt. Meistens sind solche ›Spiele‹ gegen Ende des ersten Lebensjahres durchführbar.

Mit Kleinkindern können wir beginnen, unterschiedliche Übungen zum Hauchen, Pusten und Blasen zu gestalten. Dabei muss den Kindern im spielerischen Kontext die jeweilige Übung vorgemacht und das Nachmachen unterstützt werden. Oft ergibt sich im Lebensalltag spontan eine motivierende Situation (pusten auf den heißen Brei oder weil jemand sich weh getan hat).

Es sollte jedoch nicht auf eine genaue Ausführung gedrängt werden, sondern alle Bemühungen des Kindes sind zu verstärken. So lernt es zunehmend besser mit- und nachzumachen. Die jeweilige Dauer solcher Fördersequenzen richtet sich nach dem Interesse des Kindes, sollte aber bei solchen Angeboten in der Regel nicht mehr als wenige Minuten betragen. Bei älteren Kindern ist das situationsabhängig und hängt von der Motivation und der Freude am jeweiligen Spiel ab.

Beispiele:

- Anblasen eines Mobiles oder einer am Faden hängenden Feder
- Umblasen gekniffter Papierfiguren
- Mundharmonika spielen und Töne erzeugen beim Ein- und Ausatmen
- Wegblasen von Federn, Watteflöckchen, geteilten Papiertaschentüchern, Tischtennisbällen
- Auspusten von Streichholz- oder Kerzenflamme
- Blasen auf kleinen Jahrmarkttrompeten, Flöten, Windrädchen anblasen
- Spiele mit dem Kasu (brummen = stimmhaft – pusten = stimmlos)
- Aufpusten von gerollten Papierschlangen, Luftballons, Luftballonautos
- Durch einen Trinkhalm in Seifenwasser pusten und darin Blasen machen
- Papierschiffchen und Schwimmtiere im Wasser vorwärts blasen
- Mit Blasen durch einen Trinkhalm Federn oder Watteflöckchen bewegen

- Pustefix-Spiel für Seifenblasen
- Geräuschvoll ausatmen auf »f« oder brummen auf »m«
- Hauchen auf einen Spiegel oder ans Fenster und dann darauf evtl. »Mondgesicht« malen
- Verstärkt durch die Nase ausatmen und dann Schnäuzen üben

Für größere Kinder ergeben sich verschiedene Übungen durch die Einbettung in altersentsprechende Spielformen:

Minigolf
Material:
Schiefe Ebene und Bahnen unterschiedlicher Steigung, verschiedene Brücken mit unterschiedlicher Höhe und Länge aus knifften Karton, Tischtennisbälle.
Durchführung:
Der Tischtennisball wird über die Brücken und Bahnen geblasen. Durch Kombinationen der Einzelelemente können die Kinder neue Konstruktionen herstellen. Es kann mit und ohne Strohhalm gepustet werden.

Schaukel
Material:
Eine Schaukel aus Pappe und Bindfäden. Die richtige Einstellung der Fadenlänge ist wichtig.
Durchführung:
Durch gleichmäßiges Ein- und Ausatmen (Mund) soll die Schaukel in Bewegung gehalten werden.

Sturm
Material:
Häuser, Bäume u. a. aus Papier (die Form wird aufgemalt, ausgeschnitten und kann durch einen Kniff in der Mitte stehen).
Durchführung:
Die Einzelteile werden in langer Reihe nebeneinander aufgestellt, aber so, dass die Kinder nicht mit einem Luftstoß gleich mehrere Figuren umblasen können. Die Aufgabe lautet z. B. mit »p« ein Haus nach dem anderen umzublasen. Das Ziel ist, möglichst viele Teile nacheinander, also nicht mit einem Atemstoß umzublasen. Statt »p« eignet sich auch »t«.

Wettfahrten
Material:
Schiffe, Autos, Skiläufer u. a. aus Karton. Die Teile müssen so konstruiert sein, dass sie eine breite anzublasende Fläche haben und bei seitlichem Blasen nicht zu leicht umfallen.
Durchführung:
Es kann als Wettspiel ermittelt werden, welches Auto bei einmaligem Blasen am weitesten fährt, oder es kann gefragt werden, welches Auto als erstes durch ein angegebenes Ziel fährt.

Fußball
Material:
Tischtennisball, zwei Schuhkartons als Tore.
Durchführung:
Die zwei sich gegenübersitzenden Kinder müssen versuchen, den Ball in das Tor des anderen zu blasen. »Verteidigt« wird mit Gegenblasen.

Kegelspiel
Material:
Papierkegel, die durch einen Knick im Winkel von 90 Grad in der Mitte stehen können.
Durchführung:
Die Kegel müssen entweder aus einer bestimmten Entfernung umgeblasen werden oder durch einen Tischtennisball, der gegen die Kegel geblasen wird, zum Umfallen gebracht werden.

Pfeilschießen
Material:
Blasrohr und kleine Plastikpfeile mit Saugnapf.
Durchführung:
Die Pfeile werden aus dem Blasrohr auf verschiedene Ziele gepustet.

Fliegender Teppich
Material:
Eine Einzelschicht eines Papiertaschentuches.
Durchführung:
Das Tuch wird auf das Gesicht gelegt, es wird einige Male durch die Nase vorsichtig ein- und ausgeatmet. Dann wird das Tuch mit kräftigem »p« hochgeblasen (atmen die Kinder durch den Mund ein oder schließen ihn nicht gut, bleibt das Taschentuch an den feuchten Lippen bzw. an der Zunge kleben).

Weitere Übungen, die sich gut in Spiele integrieren lassen, sind das Aufblasen von Papiertüten, Luftballons oder Luftschlangen, ist das Seifenblasenmachen sowie das Anblasen von Windrädchen, Hohlschlüsseln, Glasröhrchen (Backaroma). Auch das Blasen auf dem Kamm, der Mundharmonika oder einer Flöte kann so geübt werden. Nach Laufspielen in der Turnhalle können sich die Kinder auf eine Turnmatte legen und ausruhen, die Hände auf den Bauch legen und fühlen, wie die Luft ein- und ausströmt. Weitere Luftstromübungen, wie z. B. Ausstöhnen auf bestimmten Lauten, können dann angeschlossen werden. Einfache herkömmliche Bewegungsübungen lassen sich auch wie üblich mit Atemübungen kombinieren, z. B. beim Einatmen die Arme heben und beim Ausatmen die Arme senken.

10.2 Zungen-, Kiefer- und Kauübungen

Übungen zur Verbesserung der Zungenbeweglichkeit sind für Kinder mit Down-Syndrom besonders wichtig, um durch frühzeitige Hilfen die Entwicklung ihrer typischen Veränderungen zu vermeiden. Zudem ist eine normale Zungenmotorik Voraussetzung für richtiges Saugen, Schlucken und Kauen sowie für das Sprechen. Auch die typische Progenie kann durch Zungenübungen und Massagen vermindert werden.

Beim Säugling werden die motorischen Grundlagen der normalen Zungen- und Kieferbewegung beim Stillen und später bei der altersentsprechenden Nahrungsaufnahme erlernt. Deshalb ist es sinnvoll, den Kindern, die dabei spezielle Schwierigkeiten haben, entsprechende Hilfen zu geben. Ergänzend können orofaziale Massagen und Vibrationen eingesetzt werden.

Günstig kann sein, einem trinkschwachen Säugling Hilfen zum Mundschluss zu geben und durch einen gleichzeitig rhythmischen Druck auf den Mundboden, die Zungenhebung und das Saugen zu unterstützen. Die Fazilitation eines normalen Saug- und Schluckmusters bietet die beste Voraussetzung für normales regelmäßiges Training der Mundmotorik bei jeder Nahrungsaufnahme.

Im Alter von sieben bis neun Monaten kann man beginnen, mit dem Kind das Kauen zu üben. Kauen setzt die Beweglichkeit des Unterkiefers voraus, und umgekehrt wirken sich Übungen zur Verbesserung des Kauens auch positiv auf die Kieferbeweglichkeit aus. Durch Beißen auf Spieldinge, die das Kind sich in den Mund steckt, bereitet es das Erlernen dieser Fähigkeit außerhalb der Nahrungssituation vor. Wenn es Hunger hat, möchte es satt werden und nicht Kauen lernen! Da Kinder mit Down-Syndrom von sich aus nur wenig in den Mund nehmen, müssen wir ihnen Hilfen geben, um Munderfahrungen zu machen. Wir können sie unterstützen, an verschiedenen, üblichen Spieldingen wie Gummitieren, Stoffpuppen oder Beißringen zu lutschen oder darauf zu beißen. Geeignet sind dabei besonders solche »Mundspieler«, die längliche Formen oder Teile haben, die das Kind zum Saugen, Lutschen und Kauen gut in den Mund stecken kann, wie z. B. der Rüssel eines Elefanten, die Ohren eines Stofftieres oder ein Noppenring. Bei runden Bällen oder Rasselringen und ähnlichen flächigen Spieldingen neigt das Kind mit Down-Syndrom eher dazu, die Zunge zum Lutschen breit aus dem Mund herauszustrecken. Solches Material ist deshalb weniger geeignet.

Wenn man erste Nahrung zum Kauen anbietet, ist die Orientierung an der normalen Entwicklung sinnvoll. Zuerst werden Zwieback, Keks oder Dinkelstange gegessen, die dem Kind deutlich fühlbar machen, dass es sich jetzt anders verhalten muss als beim Breiessen. Zudem wird ein Zwieback dem Kind zwischen den Mahlzeiten gegeben, es lutscht daran und lernt erst allmählich, wenn einzelne Stücke abbrechen, diese zu kauen. Ergänzend kann man dem Kind auch manchmal kleine Keksstückchen seitlich in den Mund schieben, damit es lernt, den Keks nicht nur mit einfachen Vor- und Rückwärtsbewegungen der Zunge am Gaumen zu zerdrücken. Zunehmend kann das Kind dann lernen, normale Speisen zu essen, kauen wird es aber nur dann, wenn die Konsistenz der Nahrung dies für das Kind deutlich fühlbar verlangt. Der ständig weitertradierte Vorschlag, von flüssiger zu langsam immer festerer Nahrung überzugehen, ist zu problematisieren. Die Kinder versuchen dabei so lange wie möglich, ihre alten Essgewohnheiten beizubehalten und schlucken immer größere Stücke unzerkaut hinunter. Sie erkennen so nur schwer die anderen Anforderungen, da ihre Wahrnehmung im Mundbereich beeinträchtigt ist. Dagegen ist das Lernen über einen spürbaren Kontrast besser möglich (flüssig – trinken, fest – kauen). Auch Breinahrung mit unterschiedlicher Konsistenz verleitet das Kind eher dazu, die festeren Stückchen auszusortieren und auszuspucken. Wichtig ist für das Kauenlernen das »biologische Zeitfenster« zu beachten, das etwa im Alter von einem Jahr das Lernen günstiger ermöglicht, als wenn zu lange gewartet wird.

Eine Ergänzung dieser Hilfen zur normalen Nahrungsaufnahme sind spezielle Zungen- und Kiefermassagen. Bei der Zungenmassage werden mit dem Zeigefinger die Zungenränder abwechselnd rechts und links heruntergedrückt, und zwar so, bis sich die Gegenseite als Reaktion darauf hochwölbt. Das Tempo des Wechselns ist von der Zungenreaktion abhängig. Durch vorsichtiges Schieben mit dem Zeigefinger ist es auch möglich, die Zungenspitze nach rechts oder links sowie auf und ab zu bewegen. Leichtes Kitzeln mit einem Trinkhalm, einer Zahnbürste o. ä. vermag ähnliche Bewegungen auszulösen. Wirkungsvoll kann manchmal das vorsichtige Bürsten der Zungenränder mit einer elektrischen Zahnbürste sein. Auch die kleinen Bürsten vom so genannten Zahnputztrainerset (Nuk) sind gut geeignet. Ganz wichtig bei jeder Mundbehandlung ist, regelmäßig nach wenigem Stimulieren den Mundschluss zu unterstützen und Schlucken zu ermöglichen.

Durch Massieren der Zahnleisten können beim Säugling Kaubewegungen ausgelöst werden und durch eine Kieferkontrolle mit Zeigefinger und Daumen, wobei der Mittelfinger unter dem Kinn liegt, können der Mundschluss und vorsichtige Kieferbewegungen unterstützt werden.

Durch Streichen, sanften Druck, Klopfen mit den Fingerkuppen oder den Handflächen und durch Vibration ist die hypotone orofaziale Muskulatur zu stimulieren. Durch einseitiges Vibrieren einer Wange und betontem Druck auf die andere können Rotationsbewegungen der Zunge im Mund eingeleitet werden.

Beispiele für Übungen mit etwas größeren Kindern:

- Finger in Teig, Sahne u. a. tauchen und ablecken lassen.
- Löffel ablecken (mit Honig, Kuchenteig, Pudding u. a.).
- Klebrige Sahnebonbons oder Salmiak fest an bestimmte Stellen der Zähne andrücken und mit der Zunge ablutschen lassen.
- Honig, Nougatcreme o. ä. auf Ober- oder Unterlippe, in rechten oder linken Mundwinkel streichen und mit der Zungenspitze ablecken lassen.
- Zungenbewegungen im Mund: z. B. mit der Zunge die Wangen abwechselnd rechts und links ausbeulen, unter die Ober- oder Unterlippe schieben, am Gaumen anlegen und schnalzen, mit der Zunge die Zähne putzen.
- Mit Spatel oder Wattestäbchen am Gaumen bestimmte Punkte antippen, die die Zunge berühren soll. Evtl. die Zunge auch am Spatel nach oben zum Gaumen »klettern« lassen. Dazu sind die Kaffeerührstäbe mit einem Loch gut geeignet. Die Zunge muss daran hochklettern bis zu diesem Loch.

- Geräuschvoll mit den Zähnen klappern (die Zunge bleibt dann hinter den Zähnen).
- Plastikbecher mit den Zähnen halten und tragen, Würfel oder Murmel in den Becher legen und durch Kopfschütteln damit Geräusche erzeugen.
- Auf ein Stofftuch oder Stoffband beißen lassen und dann daran ziehen (Hund spielen).
- Knopf, der an einem langen Band befestigt ist, im Mund hin und her bewegen. Das Band festhalten und üben, den Knopf kräftig auszuspucken.
- Stoffbändchen mit dickem Knoten in Saft oder Wasser tauchen und darauf kauen.
- Plastikknöpfe an einer Kordel an Jäckchen, Anorak oder Pulli befestigen und dem Kind zum Kauen in den Mund geben.
- Zähneputzen und Mundausspülen üben.

In verschiedene kleine Spiele sind Übungen zur Förderung der Zungen- und Kieferbeweglichkeit zu integrieren und durch Bilder und Geschichten immer wieder in anderen Zusammenhängen durchzuführen:

Tierspiele
Zu verschiedenen Tierbildern werden der geplanten Übung entsprechend Geschichten erzählt:

- Die Katze schleckt sich die Lippen; dabei fährt die Zunge über Ober- und Unterlippe.
- Dem Hund hat das Futter geschmeckt; Schnalzen mit der Zunge.
- Der Hund fletscht die Zähne und knurrt.
- Der Hase knabbert an der Möhre.

Geräusche
Frieren und mit den Zähnen klappern. Mit der Zunge verschiedene Geräusche machen wie Schnalzen, Schmatzen, Zischen, Gurgeln.

10.3 Lippenübungen

Die Veränderungen der Lippen beim Down-Syndrom werden vorwiegend durch die ständige Einspeichelung und durch den Druck, den die Zunge besonders auf die Unterlippe ausübt, hervorgerufen. Deshalb sind Hilfen, den Mundschluss zu erlernen, wichtig. Beachtet werden sollte, dass die Lippen locker aufeinanderliegen, das Lippenrot sichtbar bleibt und die Lippen nicht eingezogen übereinander gelegt sind. Bei Säuglingen und Kleinkindern kann man mit Zeige- oder Mittelfinger rechts und links der Nase herunterstreichen und so die häufig hochgezogene Oberlippe der Unterlippe nähern. Zusätzlich kann man die Unterlippe durch

10.3 Lippenübungen

leichten Druck mit dem Daumen anheben. Dabei darf das Kinn nicht einfach hochgedrückt werden, weil sonst die Unterlippe leicht unter die Oberlippe rutscht. Der Ansatzpunkt für den auszuübenden Druck liegt am günstigsten im Grübchen unter der Lippe. Durch intermittierendes Vibrieren beider aufeinanderliegenden Lippen mit dem quer liegenden Zeige- und Mittelfinger ist der Mundschluss kurz zu stabilisieren. Vorstülpen und Breitziehen der Lippen, Zupfen und Vibrieren der Oberlippe (»Kutscher-R«) fördern die Beweglichkeit. Bei diesen Übungen sollten dem Kind die jeweiligen Mundstellungen gleichzeitig auch deutlich sichtbar vorgemacht werden damit es sie zunehmend bewusster wahrnehmen kann. Sinnvoll ist auch, mit Klopfmassagen und Vibrationen, mit streichenden Bewegungen von den Wangen seitwärts, von den Augen abwärts und vom Mundboden über das Kinn aufwärts zu den Lippen hin, eine Kräftigung der umgebenden Flächenmuskulatur zu unterstützen.

Übungsbeispiele

- Lippen vorstülpen und einen Rüssel machen wie ein Schwein oder einen Schornstein bilden.
- Lippen breit ziehen und maunzen wie eine Katze.
- Lippen ablecken (evtl. bestreichen mit Honig o. ä.).
- Lippen mit Pinsel, Feder, Finger streicheln.
- Küsschen geben spielen.
- Nach dem Essen den Löffel kurzzeitig im Mund halten und die Lippen fest zusammenpressen.
- Beim Trinken darauf achten, dass der Becher nicht auf die Zunge gesetzt wird.
- Mit den Lippen leichte Gegenstände (z. B. Trinkhalm) festhalten.
- Mit den Lippen verschiedene Bewegungen nachahmen (wechselseitiges Übereinanderschieben, Breitziehen, Vorstülpen).
- Verschiedene Geräusche mit den Lippen nachmachen (»Kutscher-R«, »Lippen-Schnalzen« Schmatzen, Brummen).

Auch einzelne Spiele können durchgeführt werden:

Angelspiel
Material:
Strohhalme, deren unteres Ende zu einem runden Haken geknifft wurde, verschiedene Formen aus festem Papier mit großen Ösen und Löchern.
Durchführung:
Der Strohhalm (die Angel) wird mit den Lippen festgehalten. Die Kinder müssen versuchen, möglichst viele Formen zu angeln. Dabei wird mit Lippen und Unterkiefer eine Vielzahl von Bewegungen geübt; außerdem muss durch die Nase geatmet werden.

Katze
Material:
Ein von beiden Seiten mehrfach aufgespaltener Strohhalm oder entsprechend ge-

knifftes und geschnittenes Stück Papier.
Durchführung:
Der Strohhalm oder das Papierstück ist der Schnurrbart der Katze; er wird jedoch mit den Lippen gehalten. Dann soll das Kind, eingebettet in ein kleines Rollenspiel, versuchen, etwas zu holen oder damit zu laufen und zu klettern, ohne den ›Schnurrbart‹ zu verlieren.

Indianerspiele
Durchführung:
In ein Bewegungsspiel werden so genannte Indianerrufe eingebaut. Bei diesen Rufen handelt es sich um die verschiedenen Formen des Vokalgleitens (a – u, i – u, u – o).

Kammblasen
Durchführung:
Über einen Kamm wird Pergamentpapier gelegt. Der Kamm wird an die Lippen gehalten und mit kräftigem Summen zum Klingen gebracht.

10.4 Förderung der Gaumensegelbeweglichkeit

Die vorliegende allgemeine Hypotonie bei Kindern mit Down-Syndrom bewirkt manchmal auch eine geringere Gaumensegelbeweglichkeit und macht entsprechende Übungen nötig. Da aber eine intensive Gaumengymnastik nur bei Mitbewegen der Hände vorgenommen werden sollte, um mögliche stimmliche Überforderungen, Heiserkeit und Stimmschäden zu vermeiden, sind die Übungsbeispiele mit entsprechenden einfachen Bewegungen kombiniert. Diese Spiele eignen sich für Kindergarten- und Schulkinder.

Ballspiele

- Der Ball wird mit beiden Händen auf den Boden geprellt. Dazu wird laut gerufen: aha, aho … apa
- Der Ball kann dabei auch in einen Reifen oder auf eine Bank geprellt werden.
- Je zwei Kinder können sich bei diesem Spiel auch gegenüberstehen.
- Zur Abwechslung kann man den Ball auch kräftig mit einer Hand gegen die Wand werfen lassen (auf Handdominanz achten). Immer laut dazu rufen!
- Wurf- und Rufübungen sind auch mit Kissen möglich, dabei ist das Fangen leichter.

Rufspiele
Verschiedene Rufe lassen sich mit bestimmten Bewegungen kombinieren:

- aha–die Arme werden mit Schwung hochgenommen
- ahau–es wird auf die Oberschenkel geklatscht
- ahei–es wird in die Hände geklatscht
- aho–kräftiges Stampfen mit einem Fuß

Diese Übungen sind auch mit kräftigem P, T oder K durchzuführen.

Boxen
Mit Rufen wie »piff, paff, puff« wird gegen eine an der Wand hängende Matte oder eine Matratze geboxt oder auf ein Kissen geschlagen.

Flüsterübungen
In Rollenspiele, Ratespiele (Stille Post) lassen sich gut Flüsterübungen einbeziehen.

10.5 Förderung der auditiven Wahrnehmung

Bei Kindern mit Down-Syndrom bestehen neben den häufigen Beeinträchtigungen des Hörens zusätzliche Probleme in der auditiven Wahrnehmung und Verarbeitung. Damit ist die Fähigkeit gemeint, mit dem Gehörten aufgrund von Erfahrung eine Bedeutung zu verbinden. Es ist deshalb sinnvoll, dem Kind kontextgebundene Hilfen zu geben, die das Hinhören bzw. Lauschen unterstützen. Der Unterschied zwischen Hören und Lauschen (to hear – to listen) besteht darin, dass beim Lauschen aus der Fülle der verschiedenen Geräusche selektiv wahrgenommen wird, weil diese bestimmten Höreindrücke Bedeutung haben. (Da Tonband- oder Videoaufnahmen alle akustischen Geräusche aufzeichnen, können wir uns an den typischen Nebengeräuschen den Unterschied zum selektiven Hören deutlich machen.) Die Fähigkeit zur auditiven Wahrnehmung wird im Kontext mit der Bedeutung entwickelt, den der jeweilige Höreindruck für das Kind hat. Interessanter als irgendwelche Geräusche sind für das kleine Kind jedoch die Stimmen seiner Bezugspersonen. Das ist auch bei der Förderung der auditiven Aufmerksamkeit zu beachten. Isolierte Hör-Übungen, die nach Reiz-Reaktionsmustern aufgebaut sind, vermitteln kaum Bedeutung und sind deshalb wenig förderlich. Die Einbindung in die natürlichen Alltagserfahrungen des Kindes ist die wesentliche Voraussetzung für bedeutungsvolles Erleben und Wiedererkennen von Stimme und Geräuschen, die Handlungen ankündigen. Die optimale Zeit (»sensible Phase«) für die Ausbildung gerichteter auditiver Wahrnehmung beginnt im ersten Lebensjahr und muss deshalb intensiv genutzt werden, da ohne rechtzeitige Entwicklung des selektiven Hörens eine Tendenz der verstärkten visuellen Orientierung entsteht. Während aber die kritische Periode für das Erlernen der differenzierten auditiven Wahrnehmung relativ kurz ist, ist diese Phase für die visuelle Wahrnehmung deutlich länger und bezieht sich auf die ersten Lebensjahre.

Die bei kleinen Kindern mit Down-Syndrom bestehende verzögerte und beeinträchtigte sensorische Wahrnehmungsfähigkeit kann sich somit vor allem im auditiven Bereich nachhaltig auswirken. Deshalb sind differenzierte frühzeitige Hilfen zum bedeutungsbezogenen Hören für die Kinder besonders wichtig. Durch Blickkontakt und intensive Ansprache mit überzogener Prosodie und typischen Pausen, um Antwortverhalten zu ermöglichen, ist Aufmerksamkeit für Stimme und Gesicht zu wecken. Geräusche und Klänge müssen dem kleinen Kind in strukturierten Erlebnissituationen so angeboten werden, dass sein Interesse gelenkt wird und eine gerichtete Aufmerksamkeit entstehen kann.

Beim größeren Kind gibt es vielfältige Möglichkeiten in Alltagssituationen und Spielen, die sensorische Wahrnehmung zu üben. Besonders die Förderung des phonologischen Bewusstseins ist für die sprachliche Entwicklung wichtig.

- Das Kind ansprechen und Blickkontakt unterstützen.
- Der Aufmerksamkeit des Kindes folgen und sich responsiv verhalten.
- Bei Pflegehandlungen »ankündigende« Geräusche machen (mit dem Badewasser plätschern und dann das Kind hineinsetzen, die Ölflasche schütteln und dann säubern, mit dem Löffeln rühren und gegen den Tellerrand schlagen und dann füttern usw.).
- Assoziationsmöglichkeiten von Geräuschen und Erfahrungen in Alltagshandlungen vermitteln (Horch, jetzt kommt …).
- Mit Rassel, Glocke, Schelle Geräusche erzeugen und auf eine Reaktion bzw. entsprechende Kopfwendung des Kindes warten.
- Mit dem Kind gemeinsam Geräusche erzeugen, z. B. rasseln, trommeln, läuten und durch Innehalten Aufmerksamkeit erreichen.
- Das Kind auf bestimmte, häufig wiederkehrende Geräusche aufmerksam machen, z. B. Telefon, Türklingel, Staubsauger; Auto, Straßenbahn; Hund, Ente.
- Das Kind daran gewöhnen, bei einer bestimmten Geste (z. B. erhobenem Zeigefinger) und bestimmtem Wort (z. B. horch!) aufmerksam zu lauschen.
- Geräuschquellen (z. B. Spieluhr oder Kurzzeit-Wecker, der hörbar tickt) verstecken und vom Kind suchen lassen.
- Rhythmisches Schlagen z. B. auf Topf, Trommel, Xylophon vormachen und nachahmen lassen, Rhythmen variieren (.–.–.– oder..–..–oder … …).
- Zum lauten Ticken einer Uhr passend klopfen, auch auf zwei verschiedene Gegenstände (tick – tack).
- Lautmalerische Bezeichnungen für Tiere und Gegenstände auf Tonband sprechen und ein dazu passendes Bilderbuch anlegen.
- Ein Bilderbuch mit Stickern versehen und darauf passende Geräusche aufsprechen (AnyBook Reader).
- Bekannte Geräusche auf Tonband aufnehmen und dem Kind vorspielen (Tür- und Telefonklingel, Autohupe, verschiedene Tierstimmen u. a.). Es gibt entsprechende Bilderbücher und auch Apps für das iPad.

Bei den Spielen zum aufmerksamen Hinhören für Kindergarten- und Schulkinder lassen sich verschiedene differenzierte Übungsangebote durchführen. Auch verschiedene Apps bieten interessante Lernmöglichkeiten. Bei den meisten Spielen geht es um die Erfassung, Unterscheidung und die Lokalisierung von Geräuschen und Klängen in Bezug auf Stärke oder Richtung, Tonhöhe oder Rhythmus, aber auch um das konzentrierte Umsetzen verbaler Anweisungen in Bewegungsspielen. Methodisch wird man von deutlichen Kontrasten ausgehen und dann zu geringeren Unterschieden übergehen.

Geräuschdosen
Material:
Eine Dose wird mit Material gefüllt, das beim Schütteln ein typisches Geräusch macht. Von mehreren (vier bis zehn) gleichen Dosen, Schachteln oder Gläsern (die man evtl. mit Papier undurchsichtig abgeklebt hat), jeweils zwei in gleicher Weise mit Erbsen, Nägeln, Reis, Sand, Büroklammern, Korken oder Steinen füllen.

Durchführung:

- Die Kinder haben die Augen verbunden. Sie rollen die Dose vor sich her und müssen sich am Geräusch orientieren, um die Dose zu finden.
- Es werden verschieden gefüllte kleine Dosen verwendet oder kleine Gläschen, von denen jeweils zwei den gleichen Inhalt haben. Das Kind muss die Dosen einander nach dem Klang zuordnen. Es kann auch mit mehreren Kindern gespielt werden. Dann erhält jedes Kind eine Dose und muss den Partner mit gleicher Dose finden und erkennen.

Melodien und Geräusche erkennen

- Melodien werden vorgespielt und müssen wiedererkannt werden; dazu können bestimmte bereits erlernte Bewegungen oder Gebärden gemacht werden (z. B. Eisenbahn, Skiläufer, Frosch, Pferd) oder es erfolgt eine Zuordnung zu entsprechenden Bildern.
- Geräusche vom Tonband bzw. Handy müssen erkannt werden (z. B. Glocke, Schlüsselbund, Uhrticken).
- Es gibt Apps mit den üblichen lautmalerischen Bezeichnungen für Tiere gesprochen (wau-wau, miau, muh, piep-piep, nat-nat) oder man gestaltet sie selbst. Das Kind muss die dazu gehörenden Tierbilder finden.
- Eine versteckte Geräuschquelle (Wecker, Spieluhr, klingelndes Handy) muss gesucht werden.

Mäuschen, sag mal »piep«
Ein Kind ist die Maus. Den anderen Kindern, den Katzen, werden die Augen verbunden und sie müssen versuchen, die Maus zu fangen. Deshalb muss die Maus in kurzen Zeitabständen »piep« sagen. Hat eine Katze die Maus gefangen, so werden die Rollen gewechselt.

Namen raten
Die Kinder sitzen im Kreis. Einem Kind werden die Augen verbunden. Es fragt: »Wer bist du?« Es erhält von dem Kind aber bewusst eine falsche Antwort (einen

falschen Namen: »Ich bin Denis« oder ein anderes Wort: »Ich bin ein Auto«). Das fragende Kind muss nun versuchen, an der Stimme das Kind zu erkennen und den richtigen Namen erraten.

Räuber
Die Kinder sitzen im Stuhlkreis. Ein Kind, dem die Augen verbunden werden, ist der Wächter. Unter seinem Stuhl liegt der Schlüssel. Der Räuber schleicht sich an und muss den Schlüssel unbemerkt stehlen.

Rhythmische Spiele

- Zu verschiedenen Klängen (Tamburin, Triangel, Pfeife) wird unterschiedlich gelaufen: langsam – schnell, laut stampfend – leise schleichend, auf Zehenspitzen, auf allen Vieren.
- Zu kleinen Melodien oder Liedern werden unterschiedliche spielerische Bewegungen durchgeführt: Aufwachen – Einschlafen, Waschen; aber auch »Baum im Sturm«, »Schmetterling auf einer Blumenwiese«.

10.6 Förderung der visuellen Wahrnehmung

Abb. 40: Spielerisches Üben von Nachahmung vor dem Spiegel

Die visuelle Wahrnehmung ist besonders für die frühe soziale Entwicklung des Kindes wichtig. Das aufmerksame Schauen und das erwidernde Lächeln sind Möglichkeiten der frühen Kontaktaufnahme. Durch visuelle Eindrücke wird das Kind angeregt, zu greifen und sich zu bewegen. Mit der Ausbildung der Auge-Hand-Koordination wird eine grundlegende Fähigkeit für die weitere Entwicklung erworben. Es bilden sich Vorstellungen und Situationen werden erinnert und die

Objektpermanenz entsteht. Unterstützend für das Kind ist dabei eine responsive Haltung der Bezugsperson, d. h., sie folgt der Aufmerksamkeit des Kindes und benennt, was es sieht, wohin es schaut oder was es vermutlich haben möchte. Dadurch wird der Erwerb des referenziellen Blickkontaktes gefördert und das ermöglicht dem Kind dann durch abwechselndes Blicken auf die Sache und auf die Person, sein Interesse deutlich zu machen, und es kann die Bezugsperson zum Kommentieren veranlassen. Die visuelle Wahrnehmung wird als eine Stärke der Kinder mit Down-Syndrom angesehen, weil – anders als im auditiven Bereich – sie sich beim Verstehen mehr Zeit nehmen können und geringere Gedächtnisleistungen benötigen. Wichtig ist aber, die Auge-Hand-Koordination und die sensorische Integration von auditiven und visuellen Sinnesinformationen zu fördern.

Zudem ist darauf zu achten, ob das Kind gut sieht. Viele Kinder benötigen eine Brille, und dann ist dafür zu sorgen, dass sie auch richtig sitzt und nicht so weit auf der Nase nach vorne rutscht, dass das Kind über den Brillenrand sieht.

- Das Kind anschauen, mit ihm sprechen und Blickkontakt halten.
- Responsiv dem Blick des Kindes folgen und kommentieren.
- Die Aufmerksamkeit des Kindes auf einen optisch und evtl. akustisch interessanten Gegenstand lenken; den Gegenstand hin und her bewegen.
- In Pflegehandlungen die Aufmerksamkeit des Kindes auf einen Gegenstand richten und ihn dann aus dem unmittelbaren Blickfeld verschwinden lassen; erreichen, dass das Kind nachzublicken versucht.
- Das Interesse an einem Spielzeug wecken, das Kind ermuntern, durch abwechselndes Schauen auf das Spielzeug und die Bezugsperson seine Forderung zu verdeutlichen.
- Ein Spielzeug vor den Augen des Kindes verstecken und das Kind zum Suchen ermuntern.
- Dem Kind einfache Bewegungen, Fingerspiele, Handlungen vormachen und zum Nachahmen anregen.
- Spielmaterial zum Üben der Auge-Hand-Koordination: Baubecher, Steckring, Formenhaus, Bauklötze.
- Mit der Kugelbahn, dem Xylophon oder der Hammerbank spielen.
- Steckspiele, Steckperlen
- Nachfahren von Linien mit dem Finger.
- Puzzlespiele mit einzuordnenden Einzelteilen bis hin zu Puzzles, die aus mehreren Teilen bestehen.
- Einfache Spiele mit wenigen Grundformen und Farben.
- Bilderbücher betrachten und Einzelheiten zeigen.
- Ordnungsübungen wie Gleiches zu Gleichem und Aussortieren von Verschiedenem, beginnend mit konkreten Dingen, dann Ding zu Bild und Bild zu Bild.
- Auch Apps für iPad oder Computer bieten interessante Lernmöglichkeiten.

Mit zunehmendem Alter sind Übungen möglich zur Figur-Grund-Unterscheidung, zur optischen Mengenerfassung, zur differenzierten Unterscheidung von Formen und Farben, zum Erkennen fehlender Teile bei Abbildungen und Erkennen von Unterschieden bei ähnlichen Darstellungen sowie Malen und Ausschneiden.

Die wesentlichen Übungen der visuomotorischen Koordination erfolgen integriert in verschiedenen Alltagshandlungen und in konkreten lebenspraktischen Lernbereichen. Mit zunehmendem Alter werden differenziertere Tätigkeiten und komplexere Handlungsfolgen möglich.

10.7 Förderung des Sprachverständnisses

Verstehen und Mitteilen sind in der Entwicklung aufeinander bezogen und differenzieren sich zunehmend. Dabei geht das Verstehen auf der jeweiligen Verständigungsstufe dem Mitteilen deutlich voraus. Bei Kindern mit Down-Syndrom ist dieser entwicklungstypische Unterschied aufgrund syndromspezifischer Beeinträchtigungen des orofazialen Bereichs und struktureller Veränderungen in der Entwicklung sprachspezifischer Regionen des Gehirns noch ausgeprägter.

Eine wichtige Grundlage für die Förderung von Verstehen und Mitteilen ist unser Eingehen auf das noch undeutliche Verhalten des Kindes, um es zu unterstützen und empathisch aufzunehmen. Indem wir die kindlichen Bedürfnisse verstehen und das noch nicht intentionale Verhalten interpretieren, kann das Kind lernen, dies Verhalten zu intentionalisieren und sich so zu verständigen. Verstehen und absichtsvolles Verhalten lernt das Kind kontextbezogen in bedeutungsvollen Alltags- und Spielhandlungen. Die Gestaltung von kommunikativer Erfahrung in solchen konkreten Situationen ist deshalb eine wesentliche Hilfe für die präverbale Förderung des Verstehens. Das Kind kann so zunehmend lernen, Situationen richtig zu interpretieren und entsprechend zu handeln. Es kann Anweisungen wie »halt« oder »nein« verstehen und kann dadurch lernen, sich sprachlich zu orientieren. Zusätzlich können sprachunterstützende Gebärden die Verständigung erleichtern.

Die Hilfen zur Förderung des Sprachverständnisses beginnen mit Angeboten zum kontextgebundenen Verstehen in Alltagssituationen. Über den Aufbau von Gewohnheiten können Erwartungen entstehen und in Ritualen ist ein wechselseitiger Bezug von Handlungen möglich. Aufmerksamkeit, Hin-Hören und Hin-Sehen kann unterstützt werden und die Förderung einer gewissen Antlitzgerichtetheit ist hilfreich.

Bei Kinderreimen und Fingerspielen können kleine Verzögerungen eingeplant werden (macht der Reiter ... plumps), um entsprechende Reaktionen des Kindes abzuwarten und dann zu verstärken. Bei den verschiedenen Interaktionen werden die Handlungen des Kindes mit wenigen und einfachen Wörtern versprachlicht (Oh, da ist der Teddy ... Ja, das willst du haben ..., Nein, nein ..., Prima ..., jetzt noch mal). Es hört so unsere Stimme, lernt ihren individuellen Klang unterscheiden und erkennt Stimmungen, spürt Zuwendung, Bestätigung und Verbot aufgrund der unterschiedlichen Intonation. Am Anfang der Sprachentwicklung steht die Prosodie! Auch lernt das Kind, auf seinen Namen zu reagieren. Zum Verstehen von sprachlichen Mitteilungen ist es sinnvoll, nicht zu lange Äußerungen zu machen. Auch können einzelne Wörter, die für das Kind von besonderem Interesse sind, mit

Gebärden besonders betont werden, damit es die Aussage besser versteht. Hilfreich kann es auch sein, ergänzend verschiedene lautmalerische Bezeichnungen anzubieten (z. B. wau-wau, piep-piep), da die wesentliche Funktion der erlernten Wörter in diesem Entwicklungsstadium die Begriffsbildung ist und die ist ebenso gut über das Verständnis erleichternde Zwischenstadium der lautmalerischen Kinderwörter möglich.

Zunehmend ist das Kind zu unterstützen, auf entsprechende Fragen mit hinzeigender Gebärde zu antworten. Mit dem Kind auf dem Arm kann man z. B. durch ein Zimmer oder durch die Wohnung gehen und durch Hinblicken und Hinzeigen die Aufmerksamkeit auf einzelne Dinge lenken. Durch Fragen ist das Kind zu veranlassen, uns durch sein Hinblicken und Zeigen deutlich zu machen, dass es versteht. Bedienen wir z. B. einen Lichtschalter und sagen dazu: »Licht an«, so wird das Kind bald schon lernen, zur Lampe zu schauen. Aus einem globalen Situationsverständnis entwickelt das Kind ein zunehmendes Verstehen von Handlungsfolgen. Es weiß dann, wenn es in seinen Stuhl gesetzt und das Lätzchen umgebunden wird, dass es zu essen bekommt, oder wenn die Spieluhr mit dem Schlaflied angemacht und das Licht ausgeknipst wird, dass die Mutter den Raum verlässt. Entsprechend lässt sich das Situationsverständnis in vielen verschiedenen Alltagssituationen differenzieren. Auch in gemeinsamen Spielen und Versorgungshandlungen kann das Kind lernen, durch Anbieten spielerischer Antwortformen ein zunehmendes Verstehen auch zu zeigen. So kann man z. B. nach dem Essen die Hand des Kindes auf seinen Bauch legen und »mm« sagen, beim Beginn des Badens kann man mit beiden Händen auf das Wasser schlagen und »pitsch, patsch« sagen und die Gebärde für »baden« einführen. Nach dem Abtrocknen des Kindes kann man ihm das Handtuch auf das Gesicht legen und es ihm dann wegziehen und »oh« dazu sprechen. Solche Rituale ermöglichen dem Kind eine zunehmend aktive Beteiligung, indem es Abfolgen kennt und sich seinen Möglichkeiten entsprechend daran beteiligt. Wichtig für die Erziehung des Kindes ist auch das Verständnis von familienüblichen Wörtern für Lob wie »bravo, super, fein«, für Verbote wie »nein-nein, halt, lass das« und für Tadel wie »böse, Lümmel«. Hilfreich ist es, wenn diese Kommentare durch entsprechende Gebärden unterstützt werden.

Für die Förderung des Sprachverständnisses sind auch so genannte »Rituale« sinnvoll, bei denen das Kind nach Aufforderung »winke-winke« oder »bitte-bitte« macht, zeigt wie groß es ist oder wie gut ihm etwas schmeckt. Auch Kinderlieder und Sprechverse kann man mit einfachen Gebärden begleiten (vgl. Wilken 2018). Die Mutter sieht daran auch, ob das Kind die einzelnen Lieder schon erkennt und beim Vorsingen die richtige Bewegung mitmacht. Auch bei vielen anderen Tätigkeiten können sprachbegleitende Gebärden das Verstehen unterstützen. Das Befolgen einfacher Aufforderungen (»komm, zeige, gib mir, hole mir«) kann in Alltagshandlungen und gemeinsamen Spielen vielleicht in Verbindung mit den entsprechenden Gebärden geübt werden.

- Nach verbaler Aufforderung auf Dinge, Bilder und Personen zeigen.
- Das Kind auffordern, einen bestimmten Gegenstand zu holen.
- Verschiedene Gegenstände verstecken und suchen oder in einen Stoffbeutel legen und nach Aufforderung herausholen.

- Bei gemeinsamen Handlungen bestimmte Gegenstände benennen, begleitend gebärden und das Kind auffordern, auf das jeweils Benannte zu zeigen.
- Körperteile benennen und zeigen lassen.
- Kleidung benennen und das Kind zum Anreichen der jeweiligen Teile auffordern (beim Anziehen oder evtl. beim Wäsche aufhängen).
- Bilderbücher betrachten, auf Abbildungen zeigen und Gebärden ergänzend einsetzen.
- Dialogisches Bilderbuch ansehen.

Wenn das Kind schon viele Wörter versteht und die entsprechenden Gebärden kennt, kann es sinnvoll sein, ein individuelles Gebärdenbuch mit den Bildern und den dazu gehörenden Gebärdenkarten anzulegen. So können beim gemeinsamen Betrachten die Wörter und Gebärden wiederholt und gefestigt werden. In einer Tabelle kann auch festgehalten werden, wann eine Gebärde eingeführt wurde, wann das Kind sie verstand und wann es sie erstmalig benutzte. Dadurch ergibt sich oft ein ermutigender Überblick über die Fortschritte, die das Kind macht.

Auch ein systematischer Aufbau von Zuordnungsübungen ist für die Kategorienbildung und für die weitere sprachliche Förderung hilfreich. Man kann mit der Zuordnung von konkreten Dingen beginnen, indem jeweils Gleiches zu Gleichem gelegt wird. So kann man Strümpfe nach der Wäsche paarweise zusammenlegen oder einzelnstehende Schuhe verschiedener Schuhpaare wieder richtig zusammenstellen, Bestecke, Gläser, tiefe und flache Teller sortieren usw. Bilder können den jeweiligen Gegenständen (Stuhl, Tisch, Bett) zugeordnet werden und dann Bild zu Bild (z. B. mit einfachem Lotto). Zur weiteren Unterstützung beim Aufbau des passiven Wortschatzes können Bildseiten gestaltet werden. Dazu sind auch die Bildkarten von GuK sehr geeignet. Die Zusammenstellung der Bilder kann nach den Interessen des Kindes erfolgen (Spielsachen, Kleidung, Esswaren, Tiere). Die Bildseiten werden gemeinsam mit dem Kind betrachtet, die Bilder werden benannt und es wird dazu gebärdet. Die Bilder können auch als einfache Schwarz-Weiß-Kopien vorliegen, denen dann die Original Farbbilder zugeordnet werden. Wenn das Kind die Wörter sicher kennt und Zuordnen und Auswählen auf entsprechende Fragen hin gelingt, können wir die abgebildeten Gegenstände zusätzlich beschreiben und differenzierte Fragen stellen (Was sind alles Tiere? Was kann man essen?). Für einige Kinder kann es sinnvoll sein, diese Übungen schon mit einem ganzheitlichen Lesen zu verbinden.

Gemeinsam werden mit dem Kind verschiedene Bilderbücher betrachtet und dazu wird erzählt. Das Kind lernt auf die Geschichten zu achten und auf entsprechende Fragen mit Zeigen und Gebärden zu antworten. Auch Fotogeschichten mit drei oder vier Bildern oder ein Ich-Buch mit typischem Tagesablauf lassen sich gut gestalten. Mit »Aktionsspielzeug« (Fisher-Price, Playmobil, Lego) können gemeinsam kleine Geschichten gespielt werden (»Was macht Papa? Papa steigt in das Auto. Papa fährt nach Hause. Leo (Hund) kommt und bellt. Hallo, Papa!«).

Das Kind lernt auch, kleinere Anweisungen zu befolgen, z. B. »Hole deine Schuhe, mach die Tür zu«. Solche Aufgaben und Aufträge können sprachlich zunehmend differenzierter gestaltet werden, ergeben sich aber vorwiegend aus normalen Lebenssituationen. »Nimm die Löffel und leg sie auf den Tisch«, »Geh ins

Badezimmer und hole den Eimer«. Ähnliche Aufträge können auch in gemeinsame Spiele eingebunden sein. Dabei werden gleichzeitige verschiedene Tätigkeiten benannt (»hole, gib, wasche, halte, zeige«) und auf Merkmale hingewiesen (»Gib mir den großen Löffel«« entsprechend auch klein, schmutzig – sauber, weich – hart, Farben wie gelb, rot, blau, grün und Formen wie rund und eckig). Gegensätze werden jedoch nicht gleichzeitig gelernt, sondern möglichst nacheinander, um ein Verwechseln zu vermeiden. So kann man z. B. einen roten und einen gelben Würfel nebeneinanderlegen und sagen: »gelb«, die Gebärde für gelb zeigen und dem Kind immer wieder den gelben Würfel in die Hand geben. Dann bittet man das Kind, uns den gelben Würfel zu geben, bei der Kleidung auf gelbe Teile zu zeigen oder in einem Buch gelbe Dinge zu finden. Dabei stützt die Gebärde das Erlernen der Farben, weil ein Inhaltsbezug damit gegeben wird (gelb wie die Sonne, rot wie die Lippen, blau wie der Himmel, grün wie das Gras). Wenn das Kind die Farbe sicher erkennt, kann man eine neue Farbe einführen. In gleicher Weise kann das Kind auch einzelne Formen unterscheiden lernen. Auch genauere Bezeichnungen, wo sich Gegenstände befinden (auf, unter, neben, zwischen), werden in natürlichen Situationen und beim Spiel erlernt und geübt. Durch Darstellungen in Bilderbüchern und durch entsprechend ausgewählte Bilderlottos sind dann solche Wörter zusätzlich zu festigen. Die zunehmende Fähigkeit des Kindes, diese verschiedenen Begriffe in den eigenen Wortschatz einzubeziehen, ermöglicht in normalen Handlungen und Gesprächen den weiteren differenzierten Aufbau des Verständnisses. Auch vorgelesene Geschichten und Tonbandkassetten können jetzt das Zuhören und Verstehen weiter unterstützen.

Aufgabe der Schule ist es dann, je nach erreichtem Sprachverständnis des Kindes, den passiven Wortschatz im handlungs- und fachorientierten Unterricht und in verschiedenen Projekten und Vorhaben planmäßig aufzubauen. Wichtig ist besonders der kategoriengeleitete Aufbau des Wortschatzes. So sind genauere Bezeichnungen für Gegenstände und Tätigkeiten zu lernen, das Verständnis von Zeitbegriffen (heute, gestern, morgen) und Präpositionen (oben, unten, vor, hinter) sind handlungsbezogen zu vermitteln. Auch das Verstehen von differenzierteren grammatischen und syntaktischen Regeln ist zu üben sowie die sprachliche Ankündigung von Abfolgen und Konsequenzen (wenn wir … gemacht haben, werden wir …; wenn du jetzt kommst, können wir …; wenn du wegläufst, darfst du nicht …). Es ist allerdings wichtig zu wissen, was ein Kind tatsächlich versteht, da das Sprachverständnis gerade von Sätzen und längeren Erklärungen oft deutlich eingeschränkt ist. Eine entsprechende sprachliche Überprüfung kann deshalb sinnvoll sein.

Der weitere Aufbau des Sprachverständnisses bezieht sich auch auf das Verstehen und Beantworten von Fragen, auf das Verständnis von Erklärungen und Umsetzen in entsprechendes Verhalten. Für das größere Schulkind wird mit dem Verständnis von Symbolen wichtig, auch bildlich dargestellte Hinweise oder Gebrauchsanleitungen umzusetzen.

Durch ein entsprechendes methodisches Vorgehen beim Lesenlernen ist sicherzustellen, dass die gelesenen Texte für die Kinder Bedeutung haben und sie den Inhalt verstehen können.

10.8 Förderung des Sprechens

Die insgesamt verlangsamte Entwicklung bei Kindern mit Down-Syndrom zeigt syndromspezifische zusätzliche Verzögerungen beim Sprechenlernen und bewirkt eine auffällige Diskrepanz von passiver und aktiver Sprachkompetenz. Therapeutischen Maßnahmen und frühen Hilfen zur Unterstützung des Spracherwerbs kommt deshalb eine besondere Bedeutung zu. Dabei handelt es sich um Übungen, die sich auf die speziellen orofazialen und motorisch-funktionalen Schwierigkeiten beziehen und um Hilfen zum Spracheintritt und zur weiteren Förderung des Sprechens.

Die Massagen zur Kräftigung und Aktivierung von Zunge, Lippen und Kiefer wirken sich häufig auch schon auf die Lallfreude aus und unterstützen erste Lautäußerungen. So können bei der Stimulierung der Lippen Saug- und Schmatzlaute entstehen, die das Kind evtl. unmittelbar danach spontan oder aufgrund sofortiger Verstärkung durch Spiegelung von uns noch einmal wiederholt. Auch die vom Kind produzierten anderen »vegetativen« Laute und die typischen Lalllaute seiner jeweiligen Entwicklungsstufe kann man imitieren und ihm deutlich vormachen. Dabei kann man das Kind unterstützen, bei uns mit seiner Hand das Lallen am Mund bzw. Kehlkopf zu fühlen.

Als besondere Hilfe zur Förderung der Lallfreude beim etwas größeren Säugling erweisen sich »Vibrationen«. Dabei liegt der Säugling auf einer federnden Unterlage auf dem Rücken und man drückt in regelmäßigen, dem Atemrhythmus angepassten Abständen mit beiden Händen leicht auf den Brustkorb. Dazu werden ihm vibrierende »a«- oder »e«- und »o«-Laute zur Unterstützung vorgelallt. Oft dauert es nicht lange und das Kind fängt auch an, entsprechend zu lautieren. Durch das Vibrieren auf der federnden Unterlage kommt es zu den typischen Lautschwankungen, gleichzeitig hilft der leichte Druck auf den Brustkorb, die Phonierphase etwas zu verlängern. Durch Hilfen zum Mundschluss zur Bildung von »b«-, »p«- und »m«-ähnlichen Lauten und durch rhythmisierende Unterstützung kann das Kind zu Lautketten wie »bababa« und »mamama« kommen. Eine rhythmische Stimulierung des Mundbodens, wie beim Saugen, kann manchmal auch die Zunge aktivieren, so dass es zur Bildung von »k«-ähnlichen Lauten kommt. Auch in der Bauchlage auf einem großen Gymnastikball können solche Übungen durchgeführt werden. Entsprechend ist in vielen anderen Spielsituationen (Kniereiter, Wippe, Schaukelpferd, Hopser) ein Lautieren aus den verschiedenen Bewegungen heraus anzuregen.

Solche Hilfen zur Lautbildung fördern zwar nicht direkt das Sprechen, aber durch die häufige Erfahrung gleichzeitiger kinästhetischer und auditiver Eindrücke können sich beim Kind zunehmend »Vorstellungen« bilden, die ihm dann ermöglichen, die eigenen Lalllaute zu wiederholen. Die Speicherung erster auditiver Vorstellungen von Lauten erleichtert die spätere Nachahmung von vorgesprochenen Lauten und Wörtern. Eine andere Hilfe zur Unterstützung des Sprechbeginns bieten verschiedene Übungen zur allgemeinen Förderung der Nachahmung, weil eine gewisse Aufmerksamkeit und Antlitzgerichtetheit und eine Bereitschaft zur Imitation positive Voraussetzungen für das Sprechen sind.

Wenn das kleine Kind in der Lage ist, einfache Handzeichen nachzuahmen, kann man einzelne Gebärden, die für das Kind interessant sind, handlungsintegriert anbieten, damit es so lernt, sich mitzuteilen. Es ist auch möglich, die Ausführung durch direkte Bewegungsunterstützung zu vermitteln. Dadurch kann das Kind lernen, ein konventionelles Zeichensystem zur Mitteilung einzusetzen und basale kognitive Strukturen des Spracherwerbs zu entwickeln.

Beim etwas älteren Kind können ergänzende spielerische Angebote gemacht werden, die die Nachahmung fördern, eine Verbindung von Gebärden und Prosodie unterstützen und basale sprachliche Kompetenzen fördern.

- Klopfen und Hämmern mit verschiedenen Dingen (z. B. Löffel aus Metall oder Holz, Schneebesen, Rasseln) auf verschiedene Gefäße (z. B. Topf, Dosen, Schachteln). Das Kind zum Nachahmen auffordern.
- Winken, Klatschen, Arme hochnehmen, Hände unter den Tisch, Hände auf den Bauch, vormachen und nachmachen lassen – dazu lautieren.
- Abwechselnd auf zwei verschiedene Gefäße schlagen (Topf und Dose, Topf und Tisch).
- Anzahl der Schläge vorgeben (1, 2, 3).
- Verschiedene Schlagrhythmen vormachen (–.., –.., –…).

Diese allgemeinen Nachahmungsübungen können ergänzt werden durch Imitieren von Mundspielen und Handlungen, die sich auf das Gesicht beziehen.

- Finger in den Mund oder in die Ohren stecken, Finger auf den Mund, die Nase anfassen.
- Eine Hand auf den Kopf oder vor den Mund legen.
- Augen zuhalten.
- Kopfnicken, Kopfschütteln.
- Wange streicheln, Wange müde in die Hand legen.
- Zähneputzen mit der Zunge, Wangen aufblasen, Zunge nach links und rechts, nach oben und unten wandern lassen.

Bei allen diesen Spielen wird man handlungsbegleitende Intonationsmuster benutzen. So kann man, den kindlichen Möglichkeiten entsprechend, beim Klopfen z. B. rhythmisch »ba, ba, ba« mitsprechen, beim Streicheln gedehnt »ei, ei, ei« und beim Schieben eines Autos »brum, brum«. Auch können viele »natürliche« Laute vorgemacht werden, wie husten, räuspern, stöhnen oder niesen. Die Einbeziehung von spielerischen Mundmotorikübungen lässt sich leicht durchführen und erstes Benennen wird möglich. Dazu ist es hilfreich, mit lautmalerischen Bezeichnungen zu beginnen. Gleichzeitig kann eine aktive Unterstützung der Artikulation erfolgen. So kann man dem Kind ein Auto zeigen, dazu mit den Lippen brummen und gleichzeitig mit dem Finger so über die Lippen des Kindes streichen, dass diese leicht vibrieren. Das Kind vermag dabei zu lernen, wie es bestimmte Töne erzeugen kann und dass diese Töne etwas ganz Bestimmtes meinen können. Verschiedene interessante Umweltgeräusche wie Telefon oder Polizeiauto und Tierlaute können in dieser Weise in Verbindung mit den entsprechenden Gebärden geübt werden.

Durch ein systematisches Angebot lautmalerischer Bezeichnungen ist in diesem Vorstadium des eigentlichen Sprechens dem Kind möglich, verbale Zeichen zu benutzen. In Verbindung mit den Gebärden wird damit die Mitteilungsfähigkeit gefördert.

Die meisten lautmalerischen Bezeichnungen sind einfacher zu lernen, wenn die Dinge zu sehen sind, damit umgegangen wird und wenn die typischen Geräusche zu hören sind. Dazu ist ergänzend auch unterschiedliches Spielzeug wie ein Polizeiauto oder ein Spielzeughandy mit Klingelton gut geeignet.

Mögliche lautmalerische Bezeichnungen sind:

- Auto = Lippenbrummer,
- Polizeiauto = Ta-tü-ta-ta oder ui,ui
- Wecker = rrr – rasseln lassen,
- Kerzen = fff – ausblasen vormachen,
- Fliege = sss – auf das Geräusch aufmerksam machen und lauschen,
- Hund = wau-wau, Katze = miau, Vogel = piep-piep, Pferd = hopp-hopp.

Wenn ein gewisser Grundwortschatz an Gebärden vorliegt, ist es sinnvoll, ein Bilderbuch mit den entsprechenden Abbildungen von Tieren und Dingen anzulegen und evtl. mit Fotos von bekannten Personen zu ergänzen. Gut geeignet sind dafür Klappfotoalben, in die diese Bilder eingeschoben werden können. Dazu kann man auch die Bild- und Gebärdenkarten von GuK verwenden – allerdings für die nicht bildhaften Wörter (z. B. fertig) nur die Gebärdenkarten. Beim gemeinsamen Betrachten dieser Bilder können die schon gelernten Gebärden wiederholt werden und mit deutlicher prosodischer Betonung der Wörter benannt und mit den verschiedenen möglichen lautmalerischen Bezeichnungen ergänzt werden. Zudem kann es hilfreich sein, auf diese Karten Sticker zu kleben, die man mit den entsprechenden Wörtern besprochen hat. Das Kind ist dadurch besonders motiviert, sich die Wörter immer wieder vorsprechen zu lassen, sollte aber ermuntert werden, selbst dazu zu gebärden und seinen Möglichkeiten entsprechend dazu zu lautieren oder zu sprechen. In gleicher Weise kann auch ein Gebärdenbilderbuch (Wilken, Halder 2013) zum dialogischen Betrachten eingesetzt und mit besprochenen Stickern zusätzlich versehen werden. Das Erlernen neuer Gebärden erfolgt aber immer in natürlichen Situationen und nicht mit den Gebärden-Bildern.

Für die weitere Förderung von Gebärden und Sprechen kann eine entwicklungsgemäße Orientierung bei der Auswahl der in den verschiedenen Interaktionen wichtigen Wörter hilfreich sein. Da Verhalten und Sprachverständnis der Kinder oft deutlich machen, dass sie etwas mitteilen möchten, ist es wichtig, das Gebärdenvokabular differenziert aufzubauen. Zeigt das Kind z. B. auf ein gewünschtes Objekt, wird man ihm anfangs immer das entsprechende Wort vorsprechen und die Gebärde dazu – evtl. auch mit Handführung – vermitteln. Zeigt das Kind z. B. auf einen Keks, wird man »Keks« sagen und die Gebärde dazu zeigen. Wenn das Kind diese Gebärde schon selber benutzt, bietet man ihm vielleicht eine Erweiterung an wie »Du möchtest einen *Keks haben*«, indem man die beiden letzten Wörter gebärdet und dabei besonders die neue Gebärde »haben« betont. Das Kind lernt so, erste Zwei-Wort-Sätze durch die Kombination von Gebärden und gesprochenen Wörtern zu bilden. In gleicher Weise wird man auch einzelne gewünschte Handlungen und

Tätigkeiten verbal und mit Gebärden benennen. Meistens lernen die Kinder dann als erstes, statt der Gebärde »haben« das gesprochene Wort einzusetzen und mit Gebärden für verschiedene Dinge zu kombinieren, indem sie z. B. *Ball, Auto, Teddy* gebärden und dazu *haben* sprechen. Ein wesentliches Ziel auf dieser Entwicklungsstufe ist es, durch eine entsprechende kindorientierte Auswahl der wichtigen Wörter den weiteren Aufbau des aktiven Wortschatzes zu erleichtern und die Kommunikation mit dem Kind zu verbessern.

Ergänzend sind auch spielerische Übungen zum Nachsprechen einzelner Laute und Silben möglich:

- Einatmen und auf m ausatmen.
- Lautreihen ma-ma-ma, me-me-me, mu-mu-mu; auch mit p und l.
- Spiegel und Fenster anhauchen, in die Hand hauchen (h).
- Lachen: ha-ha oder auch hatschi.
- Vokale a, e, i, o, evtl. auch verbinden mit Bewegung.
- Aushauchen durch eine Enge zwischen Oberzähnen und Unterlippe (f).
- Lautverbindung h-f.
- Zungenspitze an die obere Lippe legen und phonieren (Lippen-n), dann an die Zähne und schließlich an den Zahndamm (n).
- Von Pusteübungen mit p übergehen zum »Pusten« mit t.
- Zu einzelnen Lauten können unterstützend Bilder eingesetzt werden (P-Pusteblume, b-b-b-Fisch mit ›Blubberblasen‹).

In ähnlicher Weise lassen sich viele Laute spielerisch üben. Dabei ist zu beachten, dass auf dieser Entwicklungsstufe keine Normlaute angestrebt werden. Die Übungen sind keine Stammeltherapie, sondern wollen spielerisch gezielte Hilfen zur Bildung einzelner Laute geben!

Mit zunehmenden Fähigkeiten treten jetzt begleitend zu den Gebärden vermehrt einzelne Wörter auf. Bei bereits gutem Sprachverständnis kann es nun zu einem relativ raschen Anwachsen des aktiven Wortschatzes kommen. Gebärden können den Spracherwerb auf dieser Entwicklungsstufe beschleunigen.

Das Stadium des Ein-Wort-Satzes kann bei Kindern mit Down-Syndrom aufgrund unterschiedlicher individueller Faktoren sehr lange andauern und auch noch im Schulalter bestehen. Eine gewisse Bequemlichkeit und Sprechunlust kann manchmal die Folgen der syndromspezifischen Schwierigkeiten zusätzlich verstärken. Auch eine zu große Bereitschaft der Bezugspersonen, dem behinderten Kind die nur angedeuteten Wünsche zu erfüllen, kann die Motivation, sich sprachlich mitzuteilen, mindern.

Durch systematische Übungen mit Gebärden, Einzellauten oder Silben sollte die differenzierte Erweiterung der verbalsprachlichen Kompetenz gefördert und Zwei- und Mehr-Wort-Sätze gezielt aufgebaut werden. Durch Anbieten von Alternativen ist dem Kind deutlich zu machen, dass es Entscheidungen mitteilen muss und nicht nur geschlossene Fragen durch Nicken bestätigen kann.

Auch in gemeinsamen Handlungen und konkreten Spielsituationen kann durch entsprechende Strukturierung versucht werden, Syntax und Grammatik zu fördern. So kann man auf den Tisch ein großes Tuch legen und zusammen mit dem Kind nacheinander verschiedenes Spielzeug darunter verschwinden lassen, während man begleitend spricht: Das Auto ist weg, die Puppe ist weg, der Ball ist weg ... Beim Aufdecken kann man dann sagen: Das Auto ist da, die Puppe ist da.

In gleicher Weise wird auf dieser Sprachentwicklungsstufe der Gebrauch von Verben, Substantiven, Adjektiven und Interjektionen in einfachen Sätzen geübt, indem vorwiegend in gemeinsamen Handlungen durch Vorgeben von Modellsätzen und durch Satzerweiterungen kindlicher Sätze (»kaputt«, »ja, das Glas ist kaputt«) Sprache als kommunikatives Mittel erlebt wird. Auch die Unterstützung der richtigen Lautbildung (*Sch*uhe: schau einmal *sch*, ein Rüsselchen bilden) ist möglichst integriert zu gestalten. Mit Hilfe rhythmischer Strukturierung in Verbindung mit den entsprechenden Gebärden ist bei drei- und mehrsilbigen Wörtern, wie z. B. Ba-na-ne oder Ei-sen-bahn, dem häufigen Silbenauslassen zu begegnen. Mit Playmobil- oder Legofiguren können verschiedene Tätigkeiten gespielt und benannt werden. Auch altersgemäße Rollenspiele sind sinnvoll. Verschiedene lautmalerische Geräusche können dabei einbezogen werden und Satzerweiterungen sind systematisch anzubieten.

- Mit verschiedenen konkreten Gegenständen spielen und begleitend sprechen.
- Spielzeug oder Bilder nach Themen auswählen und Satzreihen bilden, in dem einmal das Substantiv verändert wird (das Auto fährt, das Boot fährt, der Bus fährt) oder sich das Verb ändert (Peter schläft, Peter arbeitet, Peter badet).
- Verschiedene Bilderlottos, Legespiele, erste Kartenspiele ermöglichen spielgebundene Wiederholungen von Modellsätzen (ich brauche ..., gib mir ..., ich bringe ...) und dienen der Begriffsbildung (z. B. »Wir ziehen um«, »Koffer packen«, Quartett, »Schwarzer Peter«).
- Bilderbücher mit differenziert gestalteten themenbezogenen Seiten (»Bei uns im Dorf«, »Bei uns in der Stadt«, »Mein erster Brockhaus« ermöglichen wechselseitiges Erzählen (Rate, was ist im Wasser? Was macht der Junge? Was ist rot?).
- Bildtafeln zu Oberbegriffen lassen sich leicht mit Katalogbildern oder Fotos individuell für das Kind gestalten (Bei uns in der Küche, im Bad, im Wohnzimmer), aber auch andere Themenseiten können mit einfachen Bildern oder Fotos zusammengestellt werden (Im Supermarkt, bei uns im Kindergarten, meine Spielsachen).
- Bildergeschichten, auch zum Legen, einfache Bilderwitze, wie z. B. Suppe mit der Gabel essen, Memory, einfache Würfelspiele (Farben-, Formen- und Zahlenwürfel) und kindgemäße Geschichten können Sprechbereitschaft und Sprachaufbau weiter fördern.
- Ausführlichere Fingerspiele (»Ich bin der Kasper ...«), Sprechspiele mit häufigen Wiederholungen (Löwen- oder Quietschi-Jagd), Sing- und Kreisspiele (Dornröschen, Butzemann) und Sprech-Mal-Verse (Punkt, Punkt, Komma Strich ...) bieten vielfältige Möglichkeiten zum begleitenden Sprechen zu motivieren.
- Ratespiele (Ich sehe was, was du nicht siehst) oder Kim-Spiele fördern ebenfalls Benennen und einfache Satzgrundmuster.

Der weitere systematische Sprachaufbau für Kinder mit Down-Syndrom in der Schule erfolgt in Unterrichtsprojekten, in handlungs- und fachorientierten Lernbereichen und im Deutschunterricht – oft in Verbindung mit dem Lesenlernen.

Aber auch viele übliche Gruppenspiele, Lieder und Gedichte sind weiterhin wichtig. Zudem kann es sinnvoll sein, auch kleinere Gruppen von etwa vier Kindern nach dem erreichten Sprachentwicklungsstand oder nach sprachspezifischen Aspekten zusammenzufassen, um dann gemeinsam differenziertere Übungen durchzuführen (z. B. gemeinsame Übungen zur Wortschatzerweiterung mit noch nicht deutschsprechenden Kindern der Klasse).

Ergänzend sind auch sprachtherapeutische Maßnahmen für einzelne Kinder insbesondere zur Verbesserung der Artikulation wichtig. Um den individuellen Sprachentwicklungsstand zu erfassen, kann man beim Spielen oder in vorgegebenen strukturierten Situationen die vom Kind gesprochenen Sätze notieren und analysieren in Bezug auf Artikulation, Syntax und Grammatik. Ergänzend können auch verschiedene Sprachtests eingesetzt werden.

Im Projektunterricht können Ausstellungen entstehen, die das Versprachlichen der Ergebnisse mit Bildern, Symbolen, Wörtern oder einfachen Texten unterstützen. Einfache Bildergeschichten die aus konkreten, überschaubaren Erlebnissen der Kinder erwachsen sind, können »schriftlich« dargestellt werden und helfen den Kindern, zeitliche Abfolgen besser zu erinnern und nachzuerzählen. So können Projektberichte abgefasst werden, und eigene Erlebnisse sind auch ohne Schriftkenntnis schon darstellbar.

Abb. 41: Einfache Bildergeschichten

Geplante Aktivitäten können besprochen und vorweg notiert werden. Nach der Durchführung sind sie dann »nachzulesen« und mit der Planung zu vergleichen. Auch für das Erlernen verschiedener Verben und Adjektive, dem Üben von bestimmtem und unbestimmtem Artikel sowie dem richtigen Gebrauch von Ortsbestimmungen können graphische Symbole oder Schrift eine gute Unterstützung bieten. Mit solchen einfachen Bildern können auch richtige und falsche Verhaltensweisen dargestellt und durch die visuelle Unterstützung öfter wiederholt und besser erinnert werden.

Auch Arbeitsanweisungen oder Kochrezepte können nicht schriftsprachlich notiert werden. Ergänzend sind einfache ganzheitliche Leseübungen möglich. Solche Übungen sind besonders sinnvoll, wenn sie eingebettet bleiben in konkrete Unterrichtsinhalte und Sachzusammenhänge.

Es ist durchaus möglich, dass sich daraus eine Form der schriftlichen Mitteilung entwickelt für diejenigen Kinder, die das sinnerfassende Lesen und Schreiben noch nicht beherrschen. So schrieb ein Jugendlicher aus den Werkstattferien der Mutter eine Karte nach Hause (▶ Abb. 42).

Abb. 42: Karte aus den Ferien

Eine Mutter, die allein mit ihrem erwachsenen Sohn mit Down-Syndrom lebt, berichtete, dass sie entsprechende Nachrichten und sogar Aufträge für ihren Sohn hinterlässt, wenn sie bei seinem Heimkommen von der Werkstatt nicht anwesend sein kann (▶ Abb. 43).

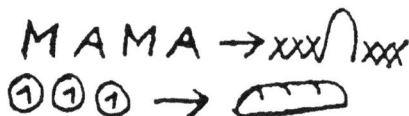

Abb. 43: Gezeichneter Auftrag

Entsprechende einfache Lesetexte mit einer Kombination von Bildern, Symbolen und Schrift sind relativ einfach zu gestalten und förderlich für die sprachliche Kommunikation.

Die großen individuellen Unterschiede in den Lern- und Leistungsmöglichkeiten von Kindern mit Down-Syndrom erfordern ein differenziertes Angebot weiterer sprachlicher Förderung in der Schule. Unterrichtsintegriert und handlungsorientiert können Übungen durchgeführt werden zum Erlernen der Steigerungsformen, zur Bildung von Einzahl und Mehrzahl und zur Verneinung, zum Gebrauch von Hilfsverb und Verb sowie den Zeitformen der Verben, zum Beherrschen der Fälle und der Bildung von Haupt- und Nebensätzen. Auch Hilfen zur deutlicheren Aussprache und zur Verbesserung der Artikulation, evtl. Maßnahmen bei Stottern oder Poltern sowie Funktionstrainingsübungen sind weiterhin für viele Kinder wichtig.

Ein kontinuierlicher und systematischer Aufbau des aktiven Wortschatzes sollte für Kinder und Jugendliche mit Down-Syndrom an lebenspraktischen Erfordernissen orientiert sein und ist ein wichtiger Aspekt der gesamten Förderung. Die sprachlichen Kompetenzen, die erreicht werden, sind sehr unterschiedlich. Während viele Kinder und Jugendliche große Probleme mit dem verständlichen Sprechen haben, ist oftmals aber ein sicherer Gebrauch der üblichen Umgangssprache erreichbar. Auch das Lesen und Schreiben erlernen zunehmend mehr Kinder mit Down-Syndrom aufgrund von entsprechendem Unterricht. Zudem fördert das Lesen sehr deutlich die sprachlichen Fähigkeiten. Häufig gelesene Wörter werden von den Kindern in den aktiven Wortschatz übernommen und auch Satzstrukturen können so gefestigt werden. Oft werden gelesene Texte deutlicher gesprochen, und die Artikulation kann dadurch gebessert werden.

Schreiben setzt die Beherrschung zumindest einiger grundlegender Rechtschreibregeln voraus, um verständlich zu sein. Dies gelingt aber einigen Kindern mit Down-Syndrom relativ gut. Um feinmotorische Schwächen auszugleichen, wird oftmals bevorzugt Druckschrift geschrieben, allerdings lernen manche Kinder auch sehr gut die Schreibschrift (vgl. Kap. 9.3.3, S. 193).

Abb. 44: Ein Diktat, das von einem neujährigen Mädchen mit Down-Syndrom geschrieben wurde

Ein solches Diktat macht deutlich, welche Kompetenzen bei einigen dieser Kinder gegeben sein können.

Wichtig ist zunehmend, die Möglichkeiten, die durch den Einsatz von Computern gegeben sind, differenziert auch im Unterricht zu nutzen. So können etliche Kinder lernen, Texte zu schreiben und mit der Rechtschreibkorrektur umzugehen, einige haben E-Mail- und WhatsApp-Kontakte.

Auch wenn herausragende Einzelleistungen nicht verallgemeinert werden dürfen, ist doch deutlich zu machen, wie notwendig eine individuelle, den jeweiligen Leistungsmöglichkeiten entsprechende Förderung ist und wie problematisch eine syndrombezogene Begrenzung sein kann.

10.9 Förderung der Feinmotorik

Übungen zur Förderung der Handmotorik und der Koordination sollen die feinmotorische Schwäche von Kindern mit Down-Syndrom vermindern. Möglicherweise erfolgt durch die wechselseitige Beeinflussung von Steuerungsprozessen der dominanten Hand und der sprechmotorischen Grundlagen auch eine positive Auswirkung auf die Sprechmotorik. Vorwiegend in Alltagshandlungen, aber auch durch Übungen wird deshalb die beidhändige Koordination und die Händigkeitsentwicklung gefördert. Die Angebote orientieren sich an der Normalentwicklung und ermöglichen dem Kind durch angepasste Hilfen grundlegende Erfahrungen.

Beim Säugling sind erste Übungen das passive Öffnen und Schließen der Hände, leichtes Spreizen der Finger und leichtes Drehen der Hände im Handgelenk. In Bauchlage sind die Hände flach auf eine feste Unterlage zu legen, vorsichtig können dann die Finger etwas abgehoben werden. Um das Festhalten zu üben, kann man einen Finger mit leichtem Druck in die Handfläche des Säuglings legen und mit der anderen Hand die Finger des Kindes schließen. Auch das Halten von Rasseln, Greiflingen aus Holz oder Plastik und Stoffpuppen oder Stofftieren wird so unterstützt, damit das Kind einhändig und beidhändig halten lernt. Wichtig ist auch die Unterstützung des Handwechsels, eine Fähigkeit, die sich bei Kindern mit Down-Syndrom oft deutlich verzögert. Indem wir dem Kind helfen, einen Gegenstand von einer Hand in die andere zu nehmen und die Körpermitte zu kreuzen, kann es zunehmend die notwendige Handkoordination erlernen.

Beispiele:

- Leichte Greiflinge dem Kind geben und den Handwechsel unterstützen.
- Kugelkette, Klangspiele in Reichweite für das Kind über Bett oder Kinderwagen hängen.
- Leine oder Stange über dem Laufstall oder zwischen zwei Stühlen befestigen, daran immer wieder anderes Spielzeug zum Greifen aufhängen. Das Kind liegt

darunter, kann aber die einzelnen Dinge erreichen und damit spielen, ohne dass sie wegfallen und nicht mehr erreichbar sind.
- Zur Erleichterung der Augen-Hand-Koordination das Kind zeitweilig in eine Babywippe setzen und geeignete Spielangebote machen (Ring, Stange).
- Kugelstange, Spieluhr zum Aufziehen, »Quietsch«-Tiere.
- Sprechverse, Fingerspiele und Gebärden.

Mit zunehmendem Alter des Kindes gibt es vielfältiges Spielmaterial, das die Handmotorik und die Auge-Hand-Koordination erfordert und übt. Dazu gehören einfache Steckspiele, Legebretter, Formenkästen, aber auch kleine Plastikpuppen, die in Autos oder auf Stühle gesetzt werden können, sowie die verschiedenen Baukästen und Knetmaterialien.

Auch Alltagshandlungen können so gestaltet werden, dass sie vielfältige Lernerfahrung vermitteln. Das selbstständige Trinken und Essen, das Waschen, Seifen und Eincremen, das An- und Ausziehen, die »Mithilfe« bei der Hausarbeit, Putzen und Zerkleinern von Obst und Gemüse, all das bietet differenzierte Möglichkeiten zum Üben von Hand-Hand-Koordination und von Geschicklichkeit.

Mit zunehmendem Alter können die Aufgaben differenzierter gestaltet werden und es ist möglich, die deutliche Entwicklung einer Handdominanz zu unterstützen, damit das Kind lernt, mit einer Hand zu halten und mit der anderen die differenzierteren Bewegungen durchzuführen.

- Mit Schaufel und Löffel Sand umfüllen, mit Sandförmchen spielen
- Mit Bauklötzen bauen und differenzierte Anregungen geben
- Papier zerreißen und Reißbilder kleben
- Papier zu Kügelchen knüllen und aufkleben zu »Bildern«
- Mit Knetgummi einfache Figuren herstellen (Bälle, Schneemann, Schnecke)
- Malen mit Fingerfarben, Kreide, Wasserfarben, Wachsmalblöcken, Buntstiften
- Werfen und Fangen üben
- Schneiden mit der Schere
- Öffnen und Schließen von großen und kleinen Schraubverschlüssen von Gläsern, Dosen, Flaschen, Tuben
- Perlen aufziehen, anfangs große Holzperlen auf Schnürsenkel, schließlich auch kleinere Perlen auf geeignete Fäden, »Bügelperlen« aufstecken
- Fingerspiele und Spiellieder, die Kratzen, Schnippen, Fingerlaufen, Spreizen, Beugen, Krabbeln, Strecken sowie Öffnen und Schließen der Finger einbeziehen
- Ausmalen von Formen (z. B. Malbücher)
- Gegenständliches Malen, auch als ›Maldiktat‹ (Ich mache einen Punkt. Ich mache einen Kreis…Vormachen und vom Kind nachmachen lassen.)
- Reiß- und Klebebilder anfertigen (z. B. bei einer aufgemalten Katze als Fell kleine Papierkügelchen aufkleben, einen Luftballon mit Papierschnitzeln bekleben)
- Kneten und Formen mit Ton
- Taktiles Unterscheiden von Gegenständen, die unter einem Tuch oder in einem Stoffsäckchen versteckt sind
- Mit Messer und Gabel essen
- Mit dem Messer ein Brot bestreichen lernen

- An- und Ausziehen, Knöpfe, Reißverschluss und Klettverschluss öffnen und schließen, Schnürbänder binden
- Wurf- und Fangspiele
- Kissen, Bälle, Wurfpfeile

Im Allgemeinen Mal-, Koch-, Werk- und Handarbeitsunterricht und mit zunehmender Beteiligung an häuslichen Aufgaben und in der Selbstversorgung erfolgt die weitere feinmotorische Übung immanent oder wird gezielt vermittelt. Die Förderung der Handdominanz hat dabei eine besondere Bedeutung.

10.10 Motorikübungen

Die frühe motorische Entwicklung beim Down-Syndrom lässt sich durch intensiven Körperkontakt in gemeinsamen Bewegungserfahrungen beim Tragen, Wickeln und Baden fördern. Die heute eigentlich allen Kindern mit Down-Syndrom angebotene physiotherapeutische Behandlung hat das Ziel, die erheblich verzögerte Bewegungsentwicklung zu unterstützen und vor allem syndromtypische Abweichungen zu vermeiden. Dabei werden die einzelnen Bewegungsmuster in entwicklungsorientiertem Aufbau angebahnt und geübt, d. h., nacheinander wird das Heben des Kopfes, das Drehen von Bauch in Rückenlage und umgekehrt, das Robben, Kriechen, Sitzen, Aufrichten, Stehen und Gehen gelernt. Von diesen Maßnahmen sind positive Wirkungen für die Gesamtentwicklung zu erwarten und auch günstige Auswirkungen auf basale sprachliche Vorbedingungen.

Motorische und rhythmische Übungen lassen sich besonders mit zunehmendem Alter sinnvoll im Rahmen einer ganzheitlichen Sprachförderung einsetzen.

- Schaukelspiele:
  Das Kind auf den Knien wippen lassen, in verschiedene Stellungen bringen. Schaukeln in Bauchlage auf der Rolle, auf dem Bauch des Erwachsenen liegend und bewegungsbegleitend lautieren.
- Hopsspiele:
  Das Kind halten und auf dem Schoß hopsen lassen, auf einem Ball, auch in Sitzhaltung, auf einer federnden Unterlage (Bett, Sofa, Matratze, Trampolin). Diese Übungen sind gut rhythmisch mit Lauten zu begleiten.
- Körperbewegungsspiele:
  Um die eigene Achse rollen, auf allen Vieren laufen, bücken und aufrichten, klatschen, stampfen, hocken und hüpfen, auf einer Linie laufen. Dabei sind bewegungsbegleitende Reime und Lieder sinnvoll einzubeziehen.
- Spielzeug:
  Schaukelpferd, Hüpfpferd oder -ball, Dreirad, Laufrad, Roller, Schaukel, Klettergerüst, Trampolin, Fahrrad, Inliner.

Tierspiele

- *Bären:* brummen, klettern (über die Bänke, Stühle, an der Sprossenleiter) schlecken gern Honig (Mund mit den Lippen abputzen).
- *Katzen:* miauen, laufen über Dächer (Bänke) und klettern auf Bäume (Stühle).
- *Löwen:* brüllen und klettern.
- *Hunde:* bellen, laufen auf allen Vieren, wohnen in der Hundehütte (unter dem Stuhl), haben scharfe Zähne und kauen tüchtig.
- *Esel:* rufen »ia« haben lange Ohren (Hände werden an die Ohren gelegt) und ziehen einen Wagen (ein anderes Kind).
- *Pferde:* wiehern, rennen, können springen (Hürden aus Bauklötzen).
- *Frösche:* quaken und hüpfen.
- *Vögel:* piepen und können fliegen (die Kinder springen vom Stuhl oder vom Kasten auf eine Matte).

In ähnlicher Weise lassen sich verschiedene Gangarten (auf den Zehenspitzen, auf allen Vieren, rückwärtsgehen) mit Geschichten verbinden und spielerisch gestalten, ebenso Klettern, Springen, Laufen und Balancieren.

Zirkus

Unter dieser Bezeichnung lassen sich viele Spiele durchführen:

- *Seiltänzer:* Die Kinder gehen auf einem aufgemalten Kreidestrich oder über den Schwebebalken.
- *Clown:* Lustige Bewegungen, auch mimische, werden vorgemacht und die anderen Kinder versuchen, sie nachzuahmen.
- *Dompteur:* Die Kinder stellen bestimmte Tiere dar. Sie laufen im Raum herum und zeigen »Kunststücke«; die Seehunde klettern auf die Stühle, die Löwen kriechen durch die Reifen, die Pferde springen über die Klötze usw. Dabei haben die Kinder auf die Anweisungen des »Dompteurs« zu achten.
- *Artisten:* Verschiedene Seil- und Reifenspiele sowie Kletterübungen werden vorgeführt.

Tätigkeiten darstellen

Begleitet von einfachen Melodien werden verschiedene Bewegungen durchgeführt: Die Kinder machen die Gebärde für *kochen* und singen: »Suppe rühren, Suppe rühren, die Suppe schmeckt gut« oder »Sahne schlagen, Sahne schlagen, Sahne schlecken macht Spaß«. Weitere Tätigkeiten lassen sich in ähnlicher Weise spielerisch gestalten, z. B. Waschen, Kochen, Trommeln, Hämmern, Rühren. Typische Spiellieder lassen sich gut begleitend einbeziehen (»Wer will fleißige Handwerker sehen …«).

Lieder spielen

Viele der bekannten einfachen Kinderlieder lassen sich gut spielen, z. B. »Alle meine Entchen«, »Bienchen summ herum«, »Pferdchen lauf Galopp«, »Häschen in der Grube«, »Große Uhren machen tick, tack«.

Kinderlieder, zu denen bekannte Fingerspiele oder Bewegungsspiele durchgeführt werden, gibt es zahlreich (Mein Wagen hat vier Räder, Der dicke Tanzbär, Katzentanz u. a.). Auch viele Kreisspiele sind gut geeignet (Plumpsack, Katze und Maus).

Kissenschlacht
Die Kissen werden mit einer Hand geworfen und wieder gefangen. Es wird anfangs noch kein Ball genommen, da die Kinder sonst beide Arme lediglich vorstrecken und nicht richtig zugreifen. Dieses Spiel lässt sich mit verschiedenen Rufübungen kombinieren. Später können dann ein Luftballon, ein Wasserball und schließlich auch ein normaler Ball geworfen und gefangen werden.

10.11 Förderung der Selbstständigkeit und der sozialen Fähigkeiten

Ein wichtiges Ziel der Förderung von Kindern mit Down-Syndrom ist im Rahmen ihrer jeweiligen individuellen Möglichkeiten die Erziehung zur Selbstständigkeit und zu sozialer Kompetenz. Dabei ist zu bedenken, dass kleinen Kindern Loslösung erst möglich wird, wenn zuvor intensiver Kontakt gegeben war. Eine sichere Bindung ist Voraussetzung für Selbstständigkeit; und aus geglückten gemeinsamen Spielerfahrungen erwächst ganz wesentlich die Fähigkeit des Kindes, auch allein zu spielen. Auch benötigt das Kind nicht eine Fülle von Spielmaterial, damit es gut allein spielen kann, sondern Material, das eine selbstständige Auseinandersetzung und Ausprobieren ermöglicht.

Allerdings können die Hypotonie und die geringeren Möglichkeiten des Kindes, Interaktionen aktiv mitzugestalten, sich erschwerend auf die frühe Kommunikation und auf das Spielverhalten auswirken.

Für die Entwicklung von Selbstständigkeit und sozialer Kompetenz lässt sich in den verschiedenen Lern- und Erfahrungsbereichen ein reifungs- und altersbezogener Aufbau gestalten.

Das Baby kann Beziehungen über den Hautkontakt aufnehmen und auf das Bewegtwerden reagieren. Auch mit Riechen und Schmecken kann es sich orientieren. Es nimmt Blickkontakt auf, lächelt in sozial angenehmen Situation und lautiert. Es erkennt vertraute Stimmen wieder und entwickelt einen »Bewusstseins-Kontakt«. Während das Kind anfangs die Mutter hören und sehen will, während es spielt, braucht es sie dann nur noch zu hören und schließlich ist nur das Gefühl wichtig, dass sie in der Nähe und jederzeit erreichbar ist. Häufige Rückbestätigung bleibt jedoch nötig. Deshalb kommt es oft mit kleinen Anliegen, um sich zu vergewissern. Mit zunehmendem Alter verträgt dieser Bewusstseins-Kontakt größere räumliche und zeitliche Trennung, so dass das Kind schließlich in der Lage ist, eine längere Trennung zu verstehen. Dieses schrittweise Selbstständigwerden des Kindes

10.11 Förderung der Selbstständigkeit und der sozialen Fähigkeiten

und die Loslösung von der Mutter sollte auch bei Kindern mit Beeinträchtigungen gefördert werden.

Die Hilfen zum Selbstständigwerden und zum sozialen Verhalten beziehen sich auf viele Entwicklungsbereiche und sind einbezogen in alltägliche Erfahrungen und Handlungen. Sie entwickeln sich im Verhalten in der Familie, im Spiel mit Geschwistern und Nachbarskindern, in Krippe, Kindergarten und in der Schule. Für das Selbstständigwerden und das soziale Verhalten lassen sich in den verschiedenen Lernbereichen graduell unterschiedliche Lernziele beschreiben, die in Abhängigkeit vom Alter und von den individuellen Möglichkeiten des Kindes angestrebt werden können.

Abb. 45: Gemeinsame Unternehmungen in einer Jugendgruppe fördern Selbstständigkeit und Selbstbewusstsein

Ein solcher schrittweiser Aufbau ist z. B. gegeben, wenn das kleine Kind lernt, allein zu essen und zu trinken. Dann lernt das größere Kind die Benutzung von Messer und Gabel und ist schließlich in der Lage, bei der Zubereitung von Mahlzeiten zu helfen. Es lernt vielleicht, selbstständig einkaufen zu gehen und Einkaufszettel mit Symbolen oder mit Schrift zu lesen oder alternative Kommunikationshilfen zu benutzen. Das Kind lernt, sich die Hände zu waschen und Zähne zu putzen. Jugendliche können vielleicht lernen, sich allein zu duschen oder zu baden, sich die Haare zu waschen und die eigene Körperpflege verlässlich durchzuführen.

Nachdem das Kind in der Lage ist, deutlich zu machen, wann es auf den Topf muss, lernt es die Toilette allein zu benutzen und schließlich auch, sich selbstständig zu säubern.

Vielleicht kann der Jugendliche auch lernen, sich angemessen zu kleiden, Regeln einzuhalten, wann schmutzige Wäsche gewechselt werden muss, oder er ist in der Lage, auch die Waschmaschine richtig zu bedienen, die Wäsche zu trocknen und sogar zu bügeln.

Anfangs kann das Kind einfache Anweisungen befolgen, dann lernt es kleine Aufträge auszuführen, Aufgaben zu übernehmen, aufgetragene Arbeiten verlässlich durchzuführen und nicht vorzeitig abzubrechen und bei Fehlern Kritik zuzulassen.

Aus Spielen und Interessen erwächst beim Jugendlichen und Erwachsenen die Fähigkeit, die Freizeit eigenständig zu gestalten und ein Hobby zu pflegen.

Freundschaften mit anderen Kindern und gemeinsame Spiele und Vorhaben helfen, soziales Verhalten zu entwickeln. Teilen und Rücksichtnehmen, um Hilfe bitten oder selber zu helfen, Bedürfnisse anderer wahrzunehmen und warten zu können sind wichtige Kompetenzen, um als Erwachsener mit anderen zusammenleben zu können und um Freundschaft und Partnerschaft zu ermöglichen.

Es ist sehr unterschiedlich, welche Kompetenzen Jugendliche und Erwachsene erwerben können, aber das reflektierte Vermitteln von Selbstversorgungsfähigkeiten ist eine wesentliche Voraussetzung für ein möglichst selbstbestimmtes Erwachsenenleben.

11 Perspektiven

Abb. 46: Lebensbegleitende Assistenz ermöglicht Teilhabe und Mitbestimmung sowie eine positive Zukunftserwartung

Für die Zukunft der jetzt Heranwachsenden mit Down-Syndrom ergeben sich abhängig von den erreichten Kompetenzen und dem individuellen Assistenzbedarf recht unterschiedliche Perspektiven. Es ist allerdings wichtig, dass die Arbeits- und Wohnmöglichkeiten entsprechend differenziert gestaltet und kreativ weiterentwickelt werden, damit die Fähigkeiten der Jugendlichen und Erwachsenen angemessen berücksichtigt werden können.

> »Ich wohne noch bei meinen Eltern zu Hause. Ich arbeite in einer Großküche. Da fahre ich jeden Tag allein mit dem Bus hin. Das ist ein Außenarbeitsplatz von der Werkstatt. Mein Freund arbeitet in der Werkstatt. Er ist in der Montage. Nach der Arbeit treffen wir uns oft. Er besucht mich zu Hause. Wir gehen auch zusammen zum Tanzen bei der Lebenshilfe. Mein Freund wohnt im Wohnheim. Ich weiß noch nicht, ob ich da mal einziehen will. Meine Eltern sagen, es gibt verschiedene Möglichkeiten. Mal seh'n!« (Aus dem Brief einer 20-Jährigen)

In der Frühförderung und in der schulischen Förderung von Kindern mit Down-Syndrom haben differenzierte entwicklungsbegleitende und altersentsprechende Konzepte zu deutlichen Veränderungen der Lebens- und Lernsituation geführt. Deshalb ist es jetzt erforderlich, dementsprechend auch für Erwachsene neue kompetenzorientierte Angebote für die berufliche Tätigkeit, für die Freizeitgestaltung und für das Wohnen mit individuell angepassten Formen der Assistenz zu machen. Die angemessene Unterstützung der kommunikativen Fähigkeiten ist weiterhin wichtig und hat das Ziel, sprachliche Kompetenzen zu erhalten oder auch noch zu erweitern. So sollten auch für Erwachsene verschiedene Fortbildungsangebote ihren Interessen, Fähigkeiten und Bedürfnissen entsprechend gemacht werden. Durch die Möglichkeit, sich an einer Unterhaltung in der Familie, in einer Gruppe oder am Arbeitsplatz beteiligen zu können, erlebt sich der Erwachsene mit Down-Syndrom als zugehörig und akzeptiert. Zudem ist es eine wichtige Bedingung für die psychische Gesundheit, anderen Personen seine Gefühle und Bedürfnisse verständlich mitteilen zu können (McGuire, Chicoine 2008, 24). Deshalb haben kommunikative Fähigkeiten für die Integration und Teilhabe in sozialen Beziehungen im Lebensalltag des Erwachsenen und für ein möglichst selbstbestimmtes Leben eine wesentliche Bedeutung.

Literaturverzeichnis

Aktas, M. (2006): Zum theoretischen Einsatz standardisierter Sprachtests bei Kindern mit geistiger Behinderung. Frühförderung interdisziplinär 25, 79–91
AnyBook Reader; Franklin Eletronic Publisher, Feldkirchen
Arnold, G. E. (1970): Die Sprache und ihre Störungen. Wien
Ariadnes-Ideen-Katalog, Karlsruhe
Arnold, G. (1970): Die Sprache und ihre Störungen. Wien
Ayres, J. A. (1984): Bausteine der kindlichen Entwicklung. Berlin, Heidelberg
Bates, E., Dick, F. (2002): Language, Gesture, and the Developing Brain. In: Developmental Psychobiology 40 (3), 293–310
Baun, M. (1981): Förderung sprachlicher Kommunikation bei Geistigbehinderten. Berlin
Bender, G. (1986): So erlebe ich meine Welt – Bilder und Geschichten eines behinderten Mädchens. Freiburg
Binkert, F., Mutter, M., Schinzel, A. (1999): Beeinflusst die vorgeburtliche Diagnostik die Häufigkeit von Neugeborenen mit Down-Syndrom? Institut für Medizinische Genetik, Universität Zürich, 18–19
Binkert, M.-S. (1963): Die Sprache des schwachbegabten Kindes bei der Einschulung. Heilpäd. Werkblätter 1
Bird, E., Cleave, P., Trudeau, N., Thordottir, E., Sutton, A., Thorpe, A. (2005): The Language Abilities of Bilingual Children with Down-Syndrome. In: American Journal of Speech-Language Pathology.14, 187–199
Bird, G., Buckley, S (1993): Meeting the Educational Needs of Children with Down's Syndrom. The Sarah Duffen Centre. Portsmouth 1994
Bird, G., Buckley, S. (2000): Handbuch für Lehrer von Kindern mit Down-Syndrom. Zirndorf 2000
Birner-Janusch, B. (2007): Sprechapraxie im Kindesalter. In: Lauer, N., Birner-Janusch, B.: Sprechapraxie im Kindes- und Erwachsenenalter. Stuttgart
Board, T. (2006): Das Stillen eines Babys mit Down-Syndrom. La Leche Liga. Hille
Boenisch, J. (2014): Kernvokabular im Kindes- und Jugendalter. In: uk & forschung Heft 3, 4–23
Boenisch, J., Sachse, S. (2007): Diagnostik und Beratung in der Unterstützten Kommunikation. Karlsruhe
Buchka, M. (1971): Das Sprachbild bei Mongoloiden. VHN 4
Bühler, H., Mühle, G. (Hrsg.) (1974): Sprachentwicklungspsychologie. Weinheim
Buckley, S. (1985): Teaching Parents to Teach Reading to Teach Language. In: Wolfendale, S., Topping, K.: Parental Involvement in Children's Reading. Croom Helm
Buckley, S., Bird, G. (2009): The Links between Signing and Talking. Unpubl. Handout, Dublin
Buckley, S. (1994): Sprachentwicklung bei Kindern mit D. S. In: Leben mit Down-Syndrom, Nr. 16
Buckley, S., Emslie, M., Haslegrave, G., LePrevost, P. (Hrsg.) (1993): The Development of Language and Reading Skills in Children with Down's Syndrome. University of Portsmouth 1993
Buckley, S., Sacks, B. (1994): The Adolescent with Down's Syndrom. Portsmouth Polytechnic

Bundschuh, K., Basler-Eggen, A. (2000): Gestützte Kommunikation (FC) bei Menschen mit schweren Kommunikationsbeeinträchtigungen. Im Auftrag des Bayerischen Staatsministeriums. München

Bundesverband evangelische Behindertenhilfe (BeB) (2007): Schau doch meine Hände an. Berlin

Bundesvereinigung Lebenshilfe (Hrsg.) (1983): Plastische Chirurgie bei Menschen mit Down-Syndrom, Bd. 9. Marburg

Brown, R. (2006): Growing Older: Challenges and Opportunities. In: Stratford, B., Gunn, P. (Hrsg.): Approaches to Down Syndrome. London, 249–267

Bruner, J. (1979): Von der Kommunikation zur Sprache. In: Martens, K. (Hrsg.): Kindliche Kommunikation. Frankfurt a. M.

Cabanas, R. (1954): Some Findings in Speech and Voice Therapy among Mentally Deficient Children. Folia Phoniatrica

Cairns, S., Pieterse, M. (1989): Das Macquarie-Programm. Iserlohn (Übers. Oberwalleney)

Canning, C., Püschel, S. M. (1987): Zum Verlauf der Entwicklung des Kindes. In: Püschel, S. M. u. a.: Kinder mit Down-Syndrom. Wachsen und Lernen. Marburg

Carr, J. (1975): Young Children with Down's-Syndrome. London, Butterworths

Castillo Morales, R., Brondo, J., Hoyer, H., Limbrock, E. J. (1985): Die Behandlung von Kau-, Schluck- und Sprechstörungen bei behinderten Kindern mit der orofazialen Regulationstherapie nach Castillo Morales: Aufgabe für Pädiater und Zahnarzt. In: Zahnärztliche Mitteilungen 9, 935–951

Castillo Morales, R. (1991): Die orofaziale Regulationstherapie. München

Chapman, R. (1999): Language and Cognitive Development in Children and Adolescents with Down-Syndrome. In: Miller, J., Leddy, M., Leavitt, L. (Hrsg.): Improving the Communication of People with Down-Syndrome. Baltimore, 41–60

Chicoine, B., McGuire, D. (2013): Gesundheit für Jugendliche und Erwachsene mit Down-Syndrom, Lauf

Chilla, S. (2020): Mehrsprachige Entwicklung. In: Sachse, S., Bockmann, A-K., Buschmann, A. (2020): Sprachentwicklung. Berlin

Clibbens, J. (1995): Der Einsatz von Gebärdensprache bei Kindern mit Down-Syndrom. In: Leben mit Down-Syndrom, Nr. 19, 12–14

Clibbens, J. (2001): Signing and Lexical Development in Children with Down Syndrome. In: Down Syndrome Research and Practice 7 (3), 101–105

Cronk, C. E., Pueschel, S. M. (1984): Anthropometric Studies. In: Pueschel, S. M. (Hrsg.): The Young Child with Down Syndrome. New York

Crossley, R. (1994): Gestützte Kommunikation. Ein Trainingsprogrammm. Weinheim, Basel

DS-InfoCenter – Deutsches Down-Syndrom InfoCenter (2011): Mein Gesundheitsbuch, Lauf

DS-InfoCenter – Deutsches Down-Syndrom InfoCenter (Hrsg.) (2018): DS-Gesundheitscheck

Diehl, M. (2007): Ernährung bei Kindern mit Down-Syndrom – eine alternative Sichtweise. DS-InfoCenter (Hrsg.). Lauf

Dittmann, W. (1975): Die Häufigkeit des Auftretens von Kindern und Jugendlichen mit Down-Syndrom (Mongolismus) in Sonderschulen für geistig Behinderte. Praxis d. Kinderpsychologie u. Psychologie, 144–149

Dittmann, W. (Hrsg.) (1992): Kinder und Jugendliche mit Down-Syndrom. Bad Heilbrunn

Dittmann, W. (2004): Syndromspezifische Aspekte von Intelligenz und Lernen. In: Wilken, E. (Hrsg.): Menschen mit Down-Syndrom. Marburg

Dörnhofer, R. (2006): Gute Erfahrungen mit Unterstützter Kommunikation. In: Leben mit Down-Syndrom, Nr. 52, 45–47

Dudenhausen, J. W. (Hrsg.) (1992): Down-Syndrom: Früherkennung und therapeutische Hilfen. Frankfurt a. M.

Engels, N. (1991): Förderung der sozialen Kompetenz bei Kindern und Jugendlichen mit Down-Syndrom nach Prof. Feuerstein. In: EDSA Memo-Sonderdruck, Symposium: Das Kind mit Down-Syndrom in seiner Familie und in der Gemeinschaft. München

Fohrmann, P. (2005): Ein Leben ohne Lügen. Swisttal

Fraas, Ch. (1999): Ich kann schreiben. Zirndorf

Fraas, Ch. (1996): Leben mit Hermine. Erfurt

Fthenakis, W., Sonner, A., Thrul, R., Walbinger, W. (1985): Bilingual – bikulturelle Erziehung des Kindes. München
Fürnschuß-Hofer, S. (2007): Das Leben ist schön. Zirndorf
Fuhrmann, W., Vogel, F. (1968): Genetische Familienberatung. Berlin
Gelb, M. (2006): Die Bedeutung von Nahrungsergänzung für Kinder mit Down-Syndrom. In: Tagungsbericht, Down-Syndrom. Österreich, Leoben
Gibson, D. (1978): Down's Syndrome. Cambridge
Goodwyn, S., Acredolo, L., Brown, C. (2000): Impact of Symbolic Gesturing on Early Language Development. Journal of Nonverbal Behavior, 24, 81–103
Grimm, H. (2012): Störungen der Sprachentwicklung. Göttingen
Gunn, P., Crombie, P. (1996): Language and Speech. In: Stratford, B., Gunn, P. (Hrsg.): Approaches to Down-Syndrom. London, 249–267
Haberstock, B. (1992): Orofaziale Befunde und ihre Frühtherapie In: Dudenhausen (Hrsg.): Down-Syndrom: Früherkennung und therapeutische Hilfen. Frankfurt a. M.
Halder, C. (2007): Das Frühförderprogramm »Kleine Schritte«. In: Haveman, M. (Hrsg.): Entwicklung und Frühförderung von Kindern mit Down-Syndrom. Stuttgart, 89–105
Hammersen, G. (2017): Gesundheit und Krankheit bei Kindern mit Down-Syndrom. In: Wilken, E.: Kinder und Jugendliche mit Down-Syndrom. Förderung und Teilhabe. Stuttgart, 207–229
Haveman, M. (Hrsg.) (2007): Entwicklung und Frühförderung von Kindern mit Down-Syndrom. Stuttgart
Hatebur, M. (2007): Ergebnisse in Bezug auf die Fördereffekte bei den Kindern. In: Haveman, M. (Hrsg.): Entwicklung und Frühförderung von Kindern mit Down-Syndrom. Stuttgart, 128–145
Heel, M., Janda, S., Schönauer-Schneider, W. (2015): Die Timogeschichte – eine Möglichkeit zur Überprüfung des Textverstehens im Vorschulalter. In: Praxis Sprache 4, 206–213
Heel, M., Janda, S. (2014): Mehrdimensionale Diagnostik von Sprachverständnis im Vorschulalter mit der Timogeschichte – eine explorative Untersuchung. In: Forschung Sprache 2 (1), 14–32
Hendl, H. (2017): Frühe Förderung in Unterstützter Kommunikation (UK). In: Leben mit Down-Syndrom, Nr. 85, 24–33
Hennies, J. (2013): Schnittstellen zwischen gebärdensprachlicher Mehrsprachigkeit und Unterstützter Kommunikation. In: uk & forschung, Heft 2, 13–17
Hennies, J., Hintermair, M. (2020): Sprachentwicklung, Diagnostik und Förderung bei Kindern mit Hörschädigung. In: Sachse, S., Bockmann, A-K., Buschmann, A.: Sprachentwicklung. Berlin
Hömberg, N. (2018): With a Little Help from Your Friends. Unterstützte Kommunikation im integrativen Unterricht. In: Wilken, E. (Hrsg.): Unterstützte Kommunikation. Stuttgart, 166–187
Horsch, U., Roth, J., Scheele, A., Werding, S. (2008): Topologie des frühen Dialogs. Zu den Zusammenhängen dialogischer Verhaltensweisen von Eltern und Kind im Kontext von Down-Syndrom. In: Zs. f. Heilpäd. 1, 10–20
Horstmeier, D. (1995): Kommunikation – sich miteinander verständigen. In: Püschel, S. (Hrsg.): Down-Syndrom – Für eine bessere Zukunft. Stuttgart, 155–173
Iven, C. (2007): Poltern. In: Grohnfeldt, M. (Hrsg.): Lexikon der Sprachtherapie. Stuttgart, 240–247
Jacobs, C. (2008): Jedes Kind kann lesen lernen. In: Focus Schule, Nr. 2
Jacobson, B. (1999): Das Gebärdenbuch. Hamburg
Jeltsch-Schudel, B. (1999): Zur Situation von Menschen mit Down-Syndrom in der deutschsprachigen Schweiz. In: VHN 68, 48–65
Johansson, I. (1996): Artificial palate Plates in oral Motor and Sensory Stimulation in Children with Down's Syndrom. Paper. 10th World Congress Int. Ass. f. the Study of I. D. Helsinki
Johnston, J. C., Durieux-Smith, A., Bloom, K. (2005): Teaching Signs to Infants to Advance Child Development: A Review of the Evidence. In: First Language 25 (2), 235–251
Kainz, F. (1964): Sprachentwicklung im Kindes- und Jugendalter. München

Kamping, R. (2017): Orthopädische Probleme bei Kindern und Jugendlichen mit Down-Syndrom. In: Wilken, E.: Kinder und Jugendliche mit Down-Syndrom. Förderung und Teilhabe. Stuttgart, 231–241
Kane, G. (2006): Diagnose der Verständigungsfähigkeit bei nicht sprechenden Kindern. In: Wilken, E. (Hrsg.): Unterstützte Kommunikation. Stuttgart, 18–37
Keilmann, A. (2007): Dysphonie bei Kindern. In: Grohnfeldt, M. (Hrsg.): Lexikon der Sprachtherapie. Stuttgart, 94–96
Kestner, K. (2002): Tommys Gebärdenwelt 1–3. Guxhagen
Klatte-Reiber, M. (1997): Elterliche Vorstellungen zum eigenen Wertewandel und zur schulischen Förderung ihres Kindes mit Down-Syndrom. In: Klöpfer. S. (Hrsg.): Sonderpädagogik praktisch. Reutlingen, 187–189
Klinghammer, D. (1972): Probleme der geistigen Entwicklung bei Mehrfachbehinderten. In: Das mehrfachbehinderte, hörgeschädigte Kind, hrsg. vom »Schweizerischen Taubstummenverein«, Berlin
König, K. (1959): Der Mongolismus. Stuttgart
Kolzowa, M. (1975): Untersuchungen zur Sprachentwicklung. In: der kinderarzt, 6, 643–648
Krause-Burmester, M. (2013): Umgang und Einsatz von Gebärden bei Kindern mit Down-Syndrom. In: uk & forschung, Heft 2, 23–26
Krebs, H. (1983): Außenseitermethoden oder Schulmedizin. In: Geistige Behinderung, Heft 1, 13–25
Kumin, L. (1994): Communication Skills in Children with Down Syndrome. Bethesda
Kurucz, A. (2007): Gebärdenunterstützte Kommunikation im Unterricht mit geistigbehinderten Kindern. In: Mit Sprache. Österreichische Gesellschaft für Sprachheilpädagogik 4, 81–89
Lambert, J.-L. (1997): Trisomie 21 et age adulte. Lausanne
Langdon-Down, J. (1996): Über einige der Geisteskrankheiten der Kindheit und Jugend. Karlsruhe
Launonen, K. (1998): Early Manual Sign Intervention: Eight-Year-Follow-up of Children with Down Syndrome. In: ISAAC Dublin, 1–12
Lebersorger, K. (2022): Verstehendes Umgehen mit dem Autonomiekonflikt von Menschen mit Down-Syndrom. In: Leben mit Down-Syndrom, 44–47
Leddy, M. (1999): The Biological Bases of Speech in People with Down-Syndrom. In: Miller, J., Leddy, M., Leavitt, L. (Hrsg.): Improving the Communication of People with Down-Syndrome. Baltimore
Leitlinienreport AWMF online (2016): Down-Syndrom im Kindes- und Jugendalter. Register Nr. 027/051
Legerstee, M., Fisher, T. (2008): Sharing Experiences with Adults and Peers. Coordinated Attention, Declarative and Imperative Pointing in Children with and without Down Syndrome. In: First Language 28, 281–311
LePrevost, P. (1993): The Use of Signing to Encourage First Words. In: Buckley, S., Emslie, M., Haslegrave, G., LePrevost, P. (Hrsg.): The Development of Language and Reading Skills in Children with Down's Syndrome. University of Portsmouth
Limbrock, J. (2011): Die Gaumenplatte nach Catillo Morales. In: Leben mit Down-Syndrom, Nr. 66, 16–18
Löwe, A. (1984): Gehörlosenpädagogik. In: Solarova, S. (Hrsg.): Geschichte der Sonderpädagogik. Stuttgart
Maisch, G., Wisch, F.-H. (1996): Gebärdenlexikon. Hamburg
Manske, Chr. (2004): Entwicklungsorientierter Lese- und Schreibunterricht für alle Kinder. Weinheim, Basel
McGuire, D., Chicoine, B. (2008): Erwachsene mit Down-Syndrom verstehen, begleiten und fördern, Lauf.
Meisel, J. (2006): Do You Play English? Interview mit M. Spiewak. In: Die Zeit, Nr. 10
Müller, B. (2017): Wir verstehen ihn auch so? Ein Erfahrungsbericht. Unterstützte Kommunikation 1, 30–34
Miller, J., Leddy, M., Leavitt, L. (Hrsg.) (1999): Improving the Communication of People with Down-Syndrome. Baltimore

Müller, C., Wolf, M., Aktas, M. (2021): Entwicklungsorientierte Sprachdiagnostik und Förderplanung bei minimal verbalen Kindern mit Beeinträchtigung. In: Wilken, E. (Hrsg.): Unterstützte Kommunikation. Stuttgart, 38–64

Moore, B. C., Thuline, H. C., Capes, L. V. (1968): Mongoloid and Non-Mongoloid Retardates: A. Behavioral Comparison. In: Amer. J. ment. Defic. 73, 433–436

Müller, B. (2014): Let's Talk about Wurst, Baby! Willi bekommt einen Talker. In: Leben mit Down-Syndrom, Nr. 75, 68–71

Murken, J., Dietrich-Reichart, E. (Hrsg.) (1990): Down-Syndrom, aktuelle Bezeichnung für Mongolismus. Starnberg-Percha

Nagy, C. (1993): Einführung in die Methode der Gestützten Kommunikation. HAK RV München

Nagy, C. (2006): »eigentlich erinnert mich das schreiben an richtiges sprechen«. Gestützte Kommunikation mit unserem Sohn Christoph. In: Wilken, E. (Hrsg.): Unterstützte Kommunikation. Stuttgart, 212–237

Neuschäfer-Rube, Ch., Spiecker-Henke, M. (2007): Dysphonie. In: Grohnfeldt, M. (Hrsg.): Lexikon der Sprachtherapie. Stuttgart, 84–92

Netzwerk Leichte Sprache: Regeln für Leichte Sprache: http://www.leichte-sprache.org/wp-content/uploads/2017/11/Regeln_Leichte_Sprache.pdf (31.01.2018)

Novak, A. (1972): The Voice of Children with Down's Syndrome. In: Folia phoniat. 24, 182–194

Nußbeck, S. (2000): Gestützte Kommunikation. Göttingen

Oelwein, P. (1997): Kinder mit Down-Syndrom lernen lesen. Zirndorf

Ohrenkuss: Magazin gemacht von Menschen mit Down-Syndrom. Redaktion Ohrenkuss Bonn

Olbrisch, R. (1983): Warum Plastische Chirurgie bei Menschen mit Down Syndrom? In: Bundesvereinigung Lebenshilfe (Hrsg.): Plastische Chirurgie, Bd. 9. Marburg

Opitz, K. (2002): Gebärden als Chance und Schlüssel im Spracherwerb von Kindern mit Down Syndrom. Unveröff. Magisterarbeit, Fachbereich Anglistische Linguistik der Universität Mannheim

Ostad, J. (2006): Zweisprachigkeit bei Kindern mit Down-Syndrom. Dissertation (Dr. phil.). Humboldt-Universität. Berlin

Paulmichl, G. (1994): Ins Leben gestemmt. Innsbruck

Penrose, L. S., Smith, G. F. (1966): Down's Anomaly. London

Petermann, F., Rißling, J. K., Melzer, J. (2016): Sprachstandserhebungstest für Kinder im Alter zwischen 3 und 5 Jahren (SET 3–5). Göttingen

Pfeiffer, R. A. (1975): Stellungnahme zur Frage der Behandlung des Down-Syndroms aus klinischer und zytogenetischer Sicht. In: Mschr. Kinderheilk. 123, 678–683

Pieterse, M., Treloar, R., Cairns, S. (2001): Kleine Schritte – Frühförderprogramm für Kinder mit einer Entwicklungsverzögerung. DS-InfoCenter (Hrsg.). Lauf

Porsch, B. (2006): Ina spricht nicht, aber erzählt viel! In: Leben mit Down-Syndrom, Nr. 52, 44–45

Portmann, A. (1993): Wenn mir die Worte fehlen. Schüpfheim

Pueschel, S. u. a. (1987): Cognitive and Learning Processes in Children with Down Syndrome. In: Research in Developmental Disabilities 8

Püschel, S. (Hrsg.) (1995): Down-Syndrom – Für eine bessere Zukunft. Stuttgart

Rabensteiner, B. (1975): Sozialverhalten, Musikalität und visuelle Wahrnehmung bei mongoloiden Kindern. In: Rett, A. (Hrsg.): Die chromosomale Aberration. Wien

Rauh, H. (1983): Analyse geistiger Behinderung im Rahmen der Piagetschen Theorie. In: Montada u. a. (Hrsg.): Kognition und Handeln. Stuttgart

Rauh, H. (1992): Entwicklungsverläufe bei Kleinkindern mit Down-Syndrom. In: Geistige Behinderung 3

Rauh, H., Schellhas, S., Goeggerle, S., Müller, B. (1996): Diachronic Developmental Assessment of Mentally Handicapped Young Children. In: Brambring, M., Rauh, H., Beelmann, A. (Hrsg.): Early Childhood Intervention. Berlin, New York, 128–154

Regenbrecht, J. (1983): Beurteilung unserer Operationsergebnisse durch die Eltern. In: Bundesvereinigung Lebenshilfe (Hrsg.): Plastische Chirurgie, Bd. 9. Marburg

Rett, A. (1977): Mongolismus. Bern

Rittmeyer, Ch. (1996): Lesenlernen bei geistigbehinderten Kindern. In: Baudisch, W., Schmetz, D. (Hrsg.): Schriftspracherwerb und Sprachhandeln im Primar- und Sekundarbereich. Frankfurt a. M.
Röhm, A. (2016): Imitation und Bewegungslernen. In: Zimpel, A.: Trisomie 21. Was wir von Menschen mit Down-Syndrom lernen können. Göttingen, 140–152
Rondal, J. A. (1996): Sprachentwicklung und Sprachgebrauch bei Menschen mit Down-Syndrom. In: Leben mit Down-Syndrom, Nr. 22
Rondal, J. A. (1999): Language in Down-Syndrom: Current Perspective. In: Rondal J., Perera, J., Nadel, L. (Hrsg.): Down-Syndrom: A Review of Current Knowledge. London, 143–149
Rusam, K. (2008): Redeflussstörungen bei jungen Erwachsenen mit Down-Syndrom. In: Leben mit Down-Syndrom, Nr. 57
Sarimski, K. (2018): Entwicklung von Kindern mit Down-Syndrom im frühen Kindesalter. Ergebnisse der Heidelberger Down-Syndrom-Studie. Heidelberg
Sarimski, K. (2017): Handbuch interdisziplinäre Frühförderung. München, Basel
Sarimski, K. (2016): Soziale Teilhabe von Kindern mit komplexer Behinderung in der Kita. München
Sarimski, R. (2013): Diagnostikverfahren TASP: Eine Evaluationsstudie. In: uk & forschung, Heft 2, 4–12
Schamberger, R., Zimmermann, U. (1988): Zur Variabilität des Down-Syndroms unter schulischem Aspekt, In: Sozialpädiatrie in Praxis und Klinik 7, 498–503
Scherzinger, A. (1995): Kinder und Jugendliche, deren Erstsprache nicht Deutsch ist. In: Die Sprachheilarbeit 40, 466–474
Schlack, H. (1989): Paradigmawechsel in der Frühförderung. In: Frühförderung interdisziplinär 8, 13–18
Schmid, F. (1987): Das Mongolismus-Syndrom. Münsterdorf
Schmidt, A. (1990): Fehlbildungen des Magen-Darm-Traktes bei Kindern mit Morbus Down. In: Murken, J., Dietrich-Reichart, E. (Hrsg.) (1990): Down-Syndrom, aktuelle Bezeichnung für Mongolismus. Starnberg-Percha
Schorn, K. (1990): Hör- und Sprachstörungen bei Morbus Down. In: Murken, J., Dietrich-Reichart, E. (Hrsg.) (1990): Down-Syndrom, aktuelle Bezeichnung für Mongolismus. Starnberg-Percha, 159–171
Schwinger, E. (1992): Chromosomenbefunde bei Down-Syndrom. In: Dudenhausen, J. W. (Hrsg.): Down-Syndrom: Früherkennung und therapeutische Hilfen. Frankfurt a. M., 31–34
Siegel, G. (1995): Wissenschaftliche Erklärungsansätze zum Einsatz von Gebärden. In: Arbeitspapier MAKATON-Deutschland
Speck, O. (1987): System Heilpädagogik. München
Statistisches Bundesamt (Destatis 2021). Artikelnummer: 2010220207004
Stern, E. (2006): Do You Play English? Interview mit M. Spiewak. In: Die Zeit, Nr. 10
Storm, W. (1995): Das Down-Syndrom. Stuttgart
Stengel-Rutkowski, S. (1990): Das Symptomenspektrum des Down-Syndroms. In: Murken, J., Dietrich-Reichart, E. (Hrsg.) (1990): Down-Syndrom, aktuelle Bezeichnung für Mongolismus. Starnberg-Percha
Straßmeier, W. (1981): Frühförderung konkret. München
Strixner, S., Wolf, S. (2004): Kleines Wörterbuch der Gebärdensprache. Wiesbaden
Szagun, G. (1983): Sprachentwicklung beim Kind. München
Tatsumi-Miyami u. a. (1997): An Opinion Survey on Material Serum Tests for Prenatal Diagnosis of Down-Syndrom in Japan. In: Congenital Anomalies 37, 298
UN-Behindertenrechtskonvention vom 13.12.2006 (2009). In: Beauftragte der Bundesregierung für die Belange behinderter Menschen: Alle inklusive! Die neue UN-Konvention. Bonn
Unterstützte Kommunikation (2012): UK-Apps im Überblick, Heft 4, 37–42
Van der Haar, G. Zeinstra (2021): Wageningen Food & Biobased Research (WFBR) ISBN 978-94-6395-005-3 Research-Report 376
Villinger, U., Mathis, A. (1972): Zur Sprache Mongoloider. In: VHN 2
Wagner, L. (2007): Mehrsprachigkeit. In: Grohnfeldt, M. (Hrsg.): Lexikon der Sprachtherapie. Stuttgart, 192–195

Wagner, S., Sarimski, K. (2010): Guckst Du? Wortschatzumfang für Gebärden und gesprochene Worte bei kleinen Kindern mit Down-Syndrom. In: Leben mit Down-Syndrom, Nr. 65, 46–50

Wagner, S., Sarimski, K. (2013): Entwicklung des Wortschatzes für Gebärden und Worte bei Kindern mit Down-Syndrom im Verlauf. In: uk & forschung, Heft 2, 19–22

Weber, E., Rett, A. (1991): Down-Syndrom im Erwachsenenalter. Bern

Wendeler, J. (1988): Psychologie des Down-Syndroms. Bern

Weikert, K. (2007): Stottern. In: Grohnfeldt, M. (Hrsg.): Lexikon der Sprachtherapie. Stuttgart, 334–338

Weiss, H. (1995): Bedingungs- und Wirkungszusammenhänge in der Frühförderung. In: Frühförderung interdisziplinär 14, 59–71

WHO: Down's Syndrom: http://www.who.int./Genf2000

Wilken, E. (1973): Sprachförderung bei Kindern mit Down-Syndrom. Berlin

Wilken, E. (1977): Sprachliche Förderung bei Kindern mit Down-Syndrom. Phil.-Diss. Päd. Hochschule/Univers. Hannover

Wilken, E. (1986): Sprachförderung bei Kindern mit Down-Syndrom. Berlin

Wilken, E. (1992): Schulische Integration – unter besonderer Berücksichtigung von Kindern mit Down-Syndrom. In: Dittmann, W. (Hrsg.): Kinder und Jugendliche mit Down-Syndrom. Bad Heilbrunn, 116–126

Wilken, E. (1996): Förderung der Kommunikationsfähigkeit bei nicht oder noch nicht sprechenden Kindern und Jugendlichen mit geistiger Behinderung. In: Geistige Behinderung, 2, 115–121

Wilken, E. (Hrsg.) (1998): Neue Perspektiven für Menschen mit Down-Syndrom. Lauf

Wilken, E. (1999): Elternarbeit als Empowermentprozess – Seminare für Eltern mit behinderten Kindern. In: Wilken, E., Vahsen, F. (Hrsg.): Sonderpädagogik und Soziale Arbeit, Neuwied, 106–131

Wilken, E. (1999): Familiensituation, Entwicklungsverläufe und Kompetenzen von Kindern mit Down-Syndrom heute. Fachtagung Down-Syndrom. Bochum

Wilken, E. (2000): Die Gebärden-unterstützte Kommunikation (GuK). Lauf

Wilken, E. (2001): Down-Syndrom – Wir gehören dazu. Ergebnisse der Fragebogenauswertung. In: Leben mit Down-Syndrom, Nr. 38, 7–11

Wilken, E. (2004): Förderung und Therapie – alles zum Wohl des Kindes? In: Lebenshilfe (Hrsg.): »Das Gras wächst nicht schneller, wenn man daran zieht«. Marburg, 49–59

Wilken, E. (2008): Diagnostische Aspekte und kommunikative Förderung im frühen Kindesalter. In: Leyendecker, Chr. (Hrsg.): Gemeinsam handeln statt behandeln. München, 139–145

Wilken, E. (2009): Menschen mit Down-Syndrom in Familie, Schule und Gesellschaft, Marburg

Wilken, E. (2011): Orofaziale Regulationstherapie und die Gaumenplatte. In: Leben mit Down-Syndrom, Nr. 67, 33–35

Wilken, E. (2011): Sprachförderung von Teenagern mit Down-Syndrom. In: Leben mit Down-Syndrom, Nr. 68, 24–28

Wilken, E. (2012): Syndromspezifische frühe Förderung von Kindern mit Down-Syndrom. In: Gebhard, B., Hennig, B., Leyendecker, Chr. (Hrsg.): Interdisziplinäre Frühförderung. Stuttgart, 53–61

Wilken, E. (2013a): Gebärden-unterstützte Kommunikation (GuK) in der Frühförderung. In: LmDS, Nr. 72, 26–30

Wilken, E. (2013b): Alterungsprozesse und Lebensqualität bei Menschen mit Down-Syndrom. In: Teilhabe – Die Fachzeitschrift der Lebenshilfe 52 (4), 158–161

Wilken, E., Halder, W. (2013): Und nun? Lisa und Tom haben viele Ideen. Lauf

Wilken, E. (2017): Die Gebärden-unterstützte Kommunikation (GuK) 1+2. Kartenmaterial. Neuauflage. Hilfsmittelnr. 16.99.01.0000. Lauf

Wilken, E. (2017): Kinder und Jugendliche mit Down-Syndrom. Förderung und Teilhabe. Stuttgart

Wilken, E. (Hrsg.) (2018): Unterstützte Kommunikation. Eine Einführung in Theorie und Praxis. Stuttgart

Wilken, E. (2018): GuK mal! Sprechverse und Lieder mit GuK begleiten. Lauf
Wilken, E. (Hrsg.) (2022, i. E.): Zwei- und Mehrsprachigkeit bei Kindern mit kognitiven Beeinträchtigungen Stuttgart
Wilken, U. (1992): Professionelle Moral und das Ethos verantwortlicher Elternschaft – Anfragen zu Anthropologie und Ethik der pränatalen Diagnostik. In: Z. f. Heilpäd. 3, 183–190
Wishart, J. (1988): Early Learning in Infants and Young Children with Down-Syndrome. In: Nadel, L. (Hrsg.): The Psychologie of Down-Syndrome. Cambridge, 7–50
Wishart, J. (2006): Avoidant Learning Styles and Cognitive Development in Young Children. In: Stratford, B., Gunn, P. (Hrsg.): Approaches to Down-Syndrome. London
Witecy, B., Szustkowski, R., Penke, M. (2018): Sprachverstehen bei Kindern und Jugendlichen mit Down-Syndrom: Charakteristische Probleme sowie Empfehlungen für den Umgang in Schule und Praxis. In: KIDS Aktuell, Nr. 37
Wolken, E.-M. (2004): Förderung der Sprache und Kommunikation von Kindern mit Down-Syndrom durch GuK. Unveröff. Examensarbeit. Universität Hannover
Wunderlich, Chr. (1977): Das mongoloide Kind. Stuttgart
Zschiesche, S. (1983): Mundraum- und Zungenfunktion beim Kind mit Down-Syndrom – Erfahrungen mit der Gaumenplatte nach Castillo Morales. In: Bundesvereinigung Lebenshilfe (Hrsg.): Plastische Chirurgie, Bd. 9, Marburg
Zimpel, A. (2016): Trisomie 21. Was wir von Menschen mit Down-Syndrom lernen können. Göttingen